Organisationskommunikation

Studien zu Public Relations/Öffentlichkeitsarbeit
und Kommunikationsmanagement

Reihe herausgegeben von
G. Bentele, Leipzig, Deutschland

Die Reihe „Organisationskommunikation. Studien zu Public Relations/Öffentlichkeitsarbeit und Kommunikationsmanagement" zielt darauf, wesentliche Beiträge zur Forschung über Prozesse und Strukturen der Kommunikation von und in Organisationen in ihrem gesellschaftlichen Kontext zu leisten. Damit kommen vor allem Arbeiten zum Tätigkeits- und Berufsfeld Public Relations/Öffentlichkeitsarbeit und Kommunikationsmanagement von Organisationen (Unternehmen, politische Organisationen, Verbände, Vereine, Non-Profit-Organisationen, etc.), aber auch zur Werbung oder Propaganda in Betracht. Nicht nur kommunikationswissenschaftliche Arbeiten, sondern auch Beiträge aus angrenzenden Sozialwissenschaften (Soziologie, Politikwissenschaft, Psychologie), den Wirtschaftswissenschaften oder anderen relevanten Disziplinen zu diesem Themenbereich sind erwünscht. Durch Praxisbezüge der Arbeiten sollen Anstöße für den Professionalisierungsprozess der Kommunikationsbranche gegeben werden.

Weitere Bände in der Reihe http://www.springer.com/series/12118

Heinz-Georg Tebrake

Meinungspflege als Beruf

Etablierung und Professionalisierung
der PR-Beratung in der Bundesrepublik
Deutschland bis 1974

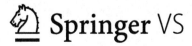

Heinz-Georg Tebrake
Düsseldorf, Deutschland

Dissertation Heinrich-Heine-Universität Düsseldorf, 2017

u.d.T.: Heinz-Georg Tebrake: „"Meinungspflege" als Beruf. Etablierung und Professionalisierung der PR-Beratung in der Bundesrepublik Deutschland bis 1974".

D 61

ISSN 2524-3225 ISSN 2524-3233 (electronic)
Organisationskommunikation
ISBN 978-3-658-24926-7 ISBN 978-3-658-24927-4 (eBook)
https://doi.org/10.1007/978-3-658-24927-4

Die Deutsche Nationalbibliothek verzeichnet diese Publikation in der Deutschen Nationalbibliografie; detaillierte bibliografische Daten sind im Internet über http://dnb.d-nb.de abrufbar.

Springer VS
© Springer Fachmedien Wiesbaden GmbH, ein Teil von Springer Nature 2019
Das Werk einschließlich aller seiner Teile ist urheberrechtlich geschützt. Jede Verwertung, die nicht ausdrücklich vom Urheberrechtsgesetz zugelassen ist, bedarf der vorherigen Zustimmung des Verlags. Das gilt insbesondere für Vervielfältigungen, Bearbeitungen, Übersetzungen, Mikroverfilmungen und die Einspeicherung und Verarbeitung in elektronischen Systemen.
Die Wiedergabe von Gebrauchsnamen, Handelsnamen, Warenbezeichnungen usw. in diesem Werk berechtigt auch ohne besondere Kennzeichnung nicht zu der Annahme, dass solche Namen im Sinne der Warenzeichen- und Markenschutz-Gesetzgebung als frei zu betrachten wären und daher von jedermann benutzt werden dürften.
Der Verlag, die Autoren und die Herausgeber gehen davon aus, dass die Angaben und Informationen in diesem Werk zum Zeitpunkt der Veröffentlichung vollständig und korrekt sind. Weder der Verlag, noch die Autoren oder die Herausgeber übernehmen, ausdrücklich oder implizit, Gewähr für den Inhalt des Werkes, etwaige Fehler oder Äußerungen. Der Verlag bleibt im Hinblick auf geografische Zuordnungen und Gebietsbezeichnungen in veröffentlichten Karten und Institutionsadressen neutral.

Springer VS ist ein Imprint der eingetragenen Gesellschaft Springer Fachmedien Wiesbaden GmbH und ist ein Teil von Springer Nature
Die Anschrift der Gesellschaft ist: Abraham-Lincoln-Str. 46, 65189 Wiesbaden, Germany

Vorwort

Die vorliegende Studie „‚Meinungspflege' als Beruf. Etablierung und Professionalisierung der PR-Beratung in der Bundesrepublik Deutschland bis 1974" entstand als Dissertation am Lehrstuhl für Kommunikations- und Medienwissenschaft der Heinrich-Heine-Universität Düsseldorf. Sie beschäftigt sich mit dem Berufsfeld externe PR-Beratung, das sich in der Bundesrepublik aus begrenzten Anfängen nach dem zweiten Weltkrieg sowohl im Hinblick auf die Zahl der Beschäftigten als auch auf seine wirtschaftliche Bedeutung zu einer maßgeblichen Größe entwickelt hat. Innerhalb des Gesamtberufsstandes der PR-Fachleute nimmt der Typus des in einem eigenen Markt agierenden, externen PR-Beraters eine sehr spezifische Rolle ein. Sie ist bestimmt durch das Angebot und die Nachfrage an fachlicher Expertise in Verbindung mit einem unternehmerischen Eigeninteresse. Die Studie rekonstruiert in ihrem Hauptteil ein „historisches Bild" der Grundlagen, Entstehung und Professionalisierung dieses Berufsfeldes. Ihrer grundlegenden Konzeption liegt ein theoriegeleiteter, systematischer Zugriff auf Geschichte zugrunde. Dabei werden Ausprägung, Verlauf und Umfang der Professionalisierung analysiert. Im Resultat werden die maßgeblichen Etablierungs-, Institutionalisierungs- und Professionalisierungsfaktoren auch in Abgrenzung zum gesamten PR-Berufsfeld und benachbarten Berufen bestimmt.

Auf dem Weg bis zur Veröffentlichung haben mich viele Menschen auf unterschiedliche Weise motiviert und unterstützt. Diese Arbeit wäre ohne ihre Hilfe nicht zustande gekommen. Danken möchte ich an erster Stelle meinem Doktorvater Herrn Prof. Dr. Gerhard Vowe. Seine konstruktive, sachkundige und humorvolle Unterstützung in vielen persönlichen Gesprächen war immer wieder inspirierend, ermutigend und eröffnete neue Perspektiven in der Fortführung der Arbeit. Mein herzlicher Dank gebührt auch Professor Dr. (em.) Günter Bentele für seine vielen hilfreichen Hinweise und zielführenden Ratschläge sowie seine Bereitschaft, das Zweitgutachten zu erstellen. Meinen Kollegen Markus Pontzen, Jörn Hoffmann und Olav Lippmann danke ich für ihre Geduld und motivierenden Worte in Phasen, in denen die Dissertation den beruflichen Alltag allzu sehr dominierte. Schließlich gilt mein ganz besonderer Dank meiner Frau Carolin und meiner Tochter Lili. Ihre unermüdliche Unterstützung sowie die gütige Nachsicht mit meinem Wunsch „noch einmal zu promovieren" trugen entscheidend zum Erfolg dieses Vorhabens bei.

Heinz-Georg Tebrake

Inhaltsverzeichnis

		Seite
Vorwort		5
Abkürzungsverzeichnis		15
Abbildungs- und Tabellenverzeichnis		17
1	Einleitung	19
2	Fragestellung und Überblick	21
2.1	Themeneingrenzung	21
2.2	Zielsetzung und Forschungsfragen	21
2.3	Kommunikations- und sozialhistorische Einordnung	22
2.4	Gang der Untersuchung	24
3	Der Untersuchungsgegenstand	27
3.1	Definition und Bestimmung von PR-Beratung	27
3.2	Abgrenzung zur PR-Dienstleistung	29
3.3	Das Berufsfeld der Medien- und Kommunikationsberufe	30
3.4	Begriffsbestimmung des Berufes PR-Berater	32
3.5	Marktbezogene Organisationseinheiten	32
3.6	Der Markt für PR-Beratungsleistungen	34
3.7	Zusammenfassung	35
4	Forschungsstand	37
4.1	PR-Geschichtsforschung	37
4.2	Nationale und internationale PR-historische Periodisierungsansätze	38
4.3	PR-Berufsfeldforschung	40
4.4	Periodisierung und Professionalisierung benachbarter Kommunikationsberufe	42
4.4.1	Werbung und Werbeberuf...	42
4.4.2	Journalismus	43
4.5	Forschungsdefizite	45

4.6	Zusammenfassung	46

5 Theoretischer Bezugsrahmen 47

5.1	Verständnis berufssoziologischer Termini	47
5.2	Zum Institutionen- und Institutionalisierungsbegriff	51
5.3	Ansätze und Perspektiven der Professionstheorie	52
5.4	Professionstheoretische Diskussion im PR-Berufsfeld	57
5.5	Zusammenfassung	59

6 Der spezifische Professionalisierungsansatz der Studie 61

6.1	Spezifischer Theorierahmen	62
6.2	Kategoriensystem	64
6.2.1	Kategorie: Rahmenbedingungen	64
6.2.2	Kategorie: Akteure und Markt	65
6.2.3	Kategorie: Wissensbasis	66
6.2.4	Kategorie: Ausbildung	67
6.2.5	Kategorie: Fachliche Organisation	67
6.2.6	Kategorie: Abgrenzung und interprofessionelle Konkurrenz	68
6.2.7	Kategorie: Kodizes und Standards	68
6.2.8	Kategorie: Identität und Image	69
6.2.9	Interpretationsspezifische Kategorien	70
6.2.9.1	Kategorie: Motive für Professionalisierungsbestrebungen	70
6.2.9.2	Kategorie: Professionalisierungsrelevante Strategien	70
6.3	Untersuchungsphasen	72
6.4	Zusammenfassende Übersicht	72

7 Konzeption und Methodik 75

7.1	Untersuchungsraster und Operationalisierung	75
7.2	Angewandte Methoden	76
7.3	Literatur- und Quellenlage	77
7.4	Darstellung des Archivbestandes	78
7.5	Zusammenfassung	80

8	**Die Entstehung der Berufsrolle und ihre Entwicklungsgeschichte bis 1945**	**81**
8.1	Entwicklung der Berufsidee und Rollendefinition des PR-Beraters	81
8.1.1	Press agentry – erste Entwicklungen	82
8.1.2	Historische Grundlegung des Dienstleistungsprinzips Agent und Agentur	83
8.1.3	Funktionsbestimmung von *advertising agents* und *press agents*	84
8.1.4	Erste Institutionalisierung in größere Dienstleistungseinheiten	85
8.1.5	Der Wandel des Publicity-Begriffs	87
8.1.6	Lees Declaration of Principles	88
8.1.7	Die theoretische Grundlegung des Berufs durch Bernays	90
8.1.8	Etablierung der US-amerikanischen PR-Branche in den 1920er Jahren	93
8.1.9	Gründung erster Berufsnetzwerke	94
8.1.10	Zusammenfassung	95
8.2	Entwicklungsmomente und -linien der Berufsrolle in Deutschland bis 1945	97
8.2.1	Ansätze dienstleistungsspezifischer Öffentlichkeitsarbeit im staatlichen Bereich	97
8.2.2	Linien der Verberuflichung im angrenzenden Berufsfeld Journalismus	99
8.2.3	Erste personengebundene Beratungsansätze in der wirtschaftlichen Öffentlichkeitsarbeit	100
8.2.3.1	Friedrich List	101
8.2.3.2	Ludwig Roselius	102
8.2.3.3	Victor Schweinburg	103
8.2.4	Linien der Verberuflichung in und Interdependenzen mit der Werbung	105
8.2.5	Angelsächsische Einflüsse auf die deutsche Werbebranche in der Zwischenkriegs- und NS-Zeit	108
8.2.6	Der PR-Experte unter den Werbern: Hanns W. Brose	109
8.2.7	„America on my mind" – PR-spezifische Einflüsse in der Zwischenkriegs- und NS-Zeit	110
8.2.8	Zusammenfassung	114
9	**Die Formierungsphase 1945-1957**	**117**
9.1	Rahmenbedingungen	117
9.1.1	Politik	118
9.1.2	Wirtschaft	119
9.1.2.1	Der Weg zum wirtschaftlichen Aufschwung	119
9.1.2.2	Amerikanisierung der deutschen Wirtschaft?	121

9.1.2.3	Aufbruch in die Konsumgesellschaft	122
9.1.3	Gesellschaft und Technologie	123
9.1.3.1	Die Etablierung der Medienlandschaft	123
9.1.3.2	Relevante professionshistorische Entwicklungsmomente nach 1945	124
9.2	Akteure und Markt	126
9.2.1	Erste PR-Berater und -Agenturen in den späten 1940 und 50er Jahren	126
9.2.1.1	Beratergründungen in der Nachkriegszeit	126
9.2.1.2	Deutschlands erste PR-Agentur und weitere Agenturgründungen in den 50er Jahren	128
9.2.1.3	Frühe „PR-Spezialisierungen" in Werbeagenturen	130
9.2.1.4	Übersicht: PR-Dienstleister bis Ende der 50er Jahre	130
9.2.1.5	Marktbeziehungen zu amerikanischen PR-Agenturen	132
9.2.2	Erste Untersuchungen zur Marktsituation	133
9.2.3	Erste „dienstleistergesteuerte" Kampagnen der 50er Jahre	135
9.2.3.1	Die Anti-Demontage-Kampagne der Ruhrindustrie und der „Fall Kesselring"	135
9.2.3.2	Die WAAGE-Kampagne in der Zusammenarbeit mit Brose	138
9.3	Wissensbasis	140
9.3.1	Relevanz des Berufsfeldes und Manifestierung ersten Berufswissens	140
9.3.2	Berufswissen innerhalb der Fachliteratur	140
9.3.3	Erste Verwissenschaftlichung: Doktorarbeiten an deutschsprachigen Lehrstühlen	145
9.4	Ausbildung	146
9.5	Fachliche Organisation	147
9.6	Abgrenzung und interprofessionelle Konkurrenz	147
9.6.1	Aufgabenfeld und Abgrenzung zur Festanstellung	148
9.6.2	Interprofessionelle Konkurrenz und Abgrenzung zum Berufsfeld Werbung	150
9.6.3.	Zum Berufsfeld Journalismus	153
9.7	Kodizes und Standards	154
9.8	Identität und Image	156
9.9	Zusammenfassung	159

10	**Die Institutionalisierungsphase 1957-66**	**163**
10.1	Rahmenbedingungen	163
10.1.1	Politik	163
10.1.2	Wirtschaft	164
10.1.3	Gesellschaft und Technologie	165
10.1.3.1	Gesellschaftsstrukturelle Veränderungen	165
10.1.3.2	„Wohlstand für alle" – die Konsumgesellschaft in den 60er Jahren	166
10.1.3.3	Relevante Entwicklungslinien innerhalb der Medien	167
10.2	Markt und Akteure	169
10.2.1	Branchenentwicklung	169
10.2.2	Einblicke in die Sozialstruktur	170
10.2.3	Marktentwicklung und Gründungstätigkeit	171
10.2.3.1	Gründungen deutscher PR-Dienstleister bis Mitte der 60er Jahre	171
10.2.3.2	Aktivitäten internationaler Agenturen	173
10.2.4	Exemplarisches Leistungsportfolio eines selbständigen PR-Beraters	173
10.2.5	Entwicklungsstand der Public Relations und Nachfrage im Markt	174
10.3	Wissensbasis	178
10.3.1	Berufswissen und Berufsbild in einschlägiger Fachliteratur	178
10.3.2	Fachzeitschriften und erster Branchendienst	181
10.3.3	Weiterführende Verwissenschaftlichung	182
10.4	Ausbildung	182
10.5	Fachliche Organisation	184
10.6	Abgrenzung und interprofessionelle Konkurrenz	189
10.7	Kodizes und Standards	192
10.8	Identität und Image	195
10.8.1	PR-Beratung in der öffentlichen Wahrnehmung	195
10.8.2	Erster von Dienstleistern initiierter PR-Fachkongress	197
10.9	Zusammenfassung	199
11	**Die Ausdifferenzierungsphase 1966-74**	**203**
11.1	Rahmenbedingungen	203
11.1.1	Politik	203

11.1.2	Wirtschaft	205
11.1.3	Gesellschaft und Technologie	207
11.1.3.1	Prosperität und Generationenkonflikt	207
11.1.3.2	Konsum, Marketing und Werbung	208
11.1.3.3	Medien und Journalismus	209
11.2	Akteure und Markt	210
11.2.1	Branchenentwicklung	210
11.2.2	Gründungen deutscher PR-Dienstleister bis 1974	211
11.2.3	Entwicklungsstand der Public Relations und Nachfrage im Markt	213
11.2.4	Marktentwicklung und Trends	215
11.2.5	Leistungsportfolio, Positionierung und Arbeitsweise zweier PR-Agenturen 1970/71	217
11.3	Wissensbasis	219
11.3.1	Etablierung von Branchenpublikationen	219
11.3.2	Berufsgruppenspezifische Wissens- und Themenfelder	220
11.3.2.1	Honorare	220
11.3.2.2	Erfolgskontrolle	222
11.3.2.3	Kundenakquise und -beziehungen	223
11.3.2.4	Allgemeine berufspolitische Themen	225
11.3.3	Weiterführende Verwissenschaftlichung	226
11.4	Ausbildung	226
11.5	Fachliche Organisation	228
11.5.1	Interessenvertretung der PR-Berater und -agenturen innerhalb der DPRG	228
11.5.2	Spezifisch beratungsrelevante Themenbereiche innerhalb der DPRG	231
11.5.3	Zwischenfazit	236
11.5.4	Gründung der Gesellschaft PR-Agenturen (GPRA)	237
11.5.5	Der GPRA-Gründungsprozess in Auseinandersetzung mit der DPRG	241
11.5.6	Zwischenfazit	243
11.5.7	Erste verbandsinitiierte Vermessungen des Berufsfeldes	244
11.5.7.1	DPRG-Primärerhebung Berufsbild 1969	244
11.5.7.2	DPRG-Primärerhebung Berufsbild 1973	251
11.6	Abgrenzung und interprofessionelle Konkurrenz	253
11.7	Kodizes und Standards	255

11.8	Identität und Image	257
11.8.1	PR-Beratung in der externen Wahrnehmung	257
11.8.2	Berufsbild und Selbstverständnis in Literatur und Medien	260
11.8.3	Sozialprestige der Branche	262
11.9	Zusammenfassung	264

12 Schlussbetrachtung 269

12.1	Berufsrolle und Entwicklungslinien	269
12.2	Historische Rahmenbedingungen	271
12.3	Markt und Akteure	273
12.4	Wissensbasis	275
12.5	Ausbildung	276
12.6	Fachliche Organisation	276
12.7	Abgrenzung und interprofessionelle Konkurrenz	277
12.8	Kodizes und Standards	279
12.9	Identität und Image	280
12.10	Motive, Strategien und Treiber der Professionalisierung	281
12.11	Historische Phaseneinteilung	284

13 Fazit und Ausblick 285

Quellen- und Literaturverzeichnis 289
Verzeichnis der Archivalien 289
Verzeichnis der Zeitungs- und Zeitschriftenartikel 293
Verzeichnis der Fachzeitschriftenartikel 295
Verzeichnis der Literatur 299

Anhang 317

Abkürzungsverzeichnis

AIW	Arbeitsgemeinschaft für Innerbetriebliche Werbung
BArch	Bundesarchiv
BDW	Bundesverband Deutscher Werbeberater
BFB	Bundesverband der freien Berufe e.V.
BPA	Bundespresseamt
bzw.	beziehungsweise
CdI	Centralverband deutscher Industrieller
d. h.	das heißt
d. Vf.	der Verfasser
DPRG	Deutsche Public Relations Gesellschaft e. V.
DIPR	Deutsches Institut für Public Relations
DJU	Deutsche Journalistinnen- und Journalisten-Union
DJV	Deutscher Journalisten Verband
ebd.	ebenda
ERP	European Recovery Programm
FAZ	Frankfurter Allgemeine Zeitung
GfG	Gesellschaft für Gemeinschaftswerbung
GfK	Gesellschaft für Konsumforschung
GLI	German Library of Information
GPRA	Gesellschaft der Public Relations Agenturen e. V.

GWA	Gesamtverband Kommunikationsagenturen e. V.
HJV	Hamburger Journalistenverband
IfD	Institut für Demoskopie
IFK	Institut für Kommunikationsforschung
IPRA	International Public Relations Association
k. A.	keine Angaben
NAAPD	National Association of Accredited Publicity Directors
NS	Nationalsozialismus
NSRDW	NS-Reichsfachschaft Deutsche Werbefachleute
PR	Public Relations
PRSA	Public Relations Society of America
RWJV	Rheinisch-Westfälischer Journalistenverband
usw.	und so weiter
usf.	und so fort
VHW	Verband Hamburger Werber
vgl.	vergleiche
WPV	Wirtschaftspublizistische Vereinigung e.V.
z. B.	zum Beispiel
z. T.	zum Teil

Abbildungs- und Tabellenverzeichnis

Seite

Abbildung 1:	Befragung Dienstleistungsfunktion	246
Abbildung 2:	Befragung Mitarbeiteranzahl	247
Abbildung 3:	Befragung Mitarbeiter Werbung	247
Abbildung 4:	Befragung Herausgabe eigener Informationsdienst	248
Abbildung 5:	Befragung Kundenstruktur	249
Abbildung 6:	Befragung Beratungsaufträge	250
Abbildung 7:	Befragung Umsatzentwicklung	250
Abbildung 8:	Befragung Informationsquellen	252
Tabelle 1:	Inhaltlich-funktionale Abgrenzung zwischen Werbung, Public Relations und Journalismus	31
Tabelle 2:	Perioden der deutschen PR-Berufsfeldgeschichte	39
Tabelle 3:	Schematische Übersicht der Kategorien, Phasen und Leitfragen	317
Tabelle 4:	Übersicht Quellenmaterial GPRA	79
Tabelle 5:	Gründungen deutscher PR-Dienstleister bis 1959	130
Tabelle 6:	Übersicht ausgewerteter biografischer Daten von PR-Beratern	318
Tabelle 7:	Gründungen deutscher PR-Dienstleister bis 1965	171
Tabelle 8:	DPRG Mitgliederentwicklung 1962-65	187
Tabelle 9:	Gründungen deutscher PR-Dienstleister bis 1974	211
Tabelle 10:	Entwicklung Zusammenarbeit Unternehmen – PR-Dienstleister	214
Tabelle 11:	Abweichungen Zusammenarbeit Unternehmen – PR-Dienstleister	225

Tabelle 12:	Mitgliederentwicklung DPRG 1966-74	229
Tabelle 13:	Mitgliederstruktur der DPRG 1965 und 1966	230
Tabelle 14:	Mitgliederstruktur der DPRG 1970	230

1 Einleitung

Das Berufsfeld externe PR-Beratung hat sich in der Bundesrepublik aus begrenzten Anfängen nach dem zweiten Weltkrieg sowohl im Hinblick auf die Zahl der Beschäftigten als auch auf seine wirtschaftliche Bedeutung zu einer maßgeblichen Größe entwickelt. Schätzungen gehen von 10.000 bis 12.000 Branchenangehörigen aus, was vage einem Viertel des Gesamtberufsstandes Public Relations entsprechen würde (Szyszka, Schütte & Urbahn, 2009, S. 200). Allein die in dieses Berufsfeld fallende PR-Agenturbranche beschäftigte 2016 dem PR-Agentur-Umsatzranking zufolge 5.985 Mitarbeiter und erwirtschaftete Honorarumsätze von 645,44 Millionen Euro (Pfeffers PR-Agenturranking 2016, PR-Journal, 20.4.2017).

Innerhalb des Gesamtberufsstandes nimmt der Typus des in einem eigenen Markt agierenden, externen PR-Dienstleisters eine sehr spezifische Rolle ein. Sie ist bestimmt durch das Angebot und die Nachfrage an fachlicher Expertise in Verbindung mit einem unternehmerischen Eigeninteresse.

Fröhlich (2015) weist zu Recht auf die erschwerte Differenzierung gerade dieser Berufsgruppe hin, bewege sie sich doch „im professionellen Handlungsprofil zwischen journalistischen Tätigkeiten, Werbehandwerk und dem Kerngeschäft PR" (S. 558). Hinsichtlich der Weiterentwicklung und Professionalisierung des PR-Berufes wird ihr in der Literatur eine wichtige Rolle als Sozialisationsinstanz, Innovationsmotor und Vorreiter zugewiesen (Röttger & Zielmann, 2009, S. 7). Andererseits weisen aber auch Studien (Bentele & Seidenglanz, 2004) auf weniger positive Einflussmomente hin. So beeinträchtigen immer wieder unethische Praktiken einzelner PR-Berater oder -Agenturen das Image der Public Relations und des Gesamtberufsstandes negativ. Trotz seiner Bedeutung hat der fachliche Diskurs zu dieser spezifischen Berufsgruppe erst in den letzten zehn Jahren an Fahrt aufgenommen. Im Vordergrund stehen neben der theoretischen Auseinandersetzung mit PR-Beratung (Röttger & Zielmann, 2009a, S. 35-58), vor allem ihre aktuelle Vermessung und Befindlichkeit (Szyszka, Schütte & Urbahn, 2009, S. 209-245).

Über den wesentlichen Stellenwert einer PR-Geschichte als Bestandteil der PR-Wissenschaft besteht seit der Veröffentlichung des richtungsweisenden Standardwerks „Auf der Suche nach Identität" (Szyszka, 1997) Konsens. Auch fast zwanzig Jahr danach hat die dort von Zerfass (1997) aufgestellte Forderung: „Die historische PR-Forschung soll konzeptionelle und empirische Forschung ergänzen, indem sie die Genese heutiger Öffentlichkeitsarbeit und heutiger PR-Theorie erklärt." ihre Gültigkeit (S. 35). So sieht Szyszka den Erkenntniswert historischer PR-Forschung besonders in ihrem Gegenwartsbezug. Sie erkläre „Phänomene der Gegenwart aus ihrem Werden. Sie stellt Fragen nach Kontinuität, Entwicklung, Fortschreibungen und Brüchen, Vergleichbarem und nicht Vergleichbarem und vor allem nach Einflußfaktoren." (Szyszka, 1997a, S. 132-133)

Bereits 1997 konstatierte Fuhrberg ein PR-historisches Defizit, als er plakativ von „PR-Geschichte ohne PR-Berater" sprach (1997, S. 219). Fast zwanzig Jahre später hat sich daran nichts geändert. Auch wenn externe PR-Beratung in Deutschland aufgrund ihres wirtschaftlichen Stellenwerts immer mehr in den Focus des wissenschaftlichen Diskurses getreten ist, historisch sind ihre Wurzeln bisher nicht erforscht.

Die vorliegende Arbeit will einen Beitrag zur deutschen PR-Geschichtsschreibung leisten, nicht nur im Sinne einer ereignisgeschichtlichen Rekonstruktion, sondern über einen professionstheoretischen Ansatz auch als Analysebeitrag zur historischen Genese dieses Berufsfeldsegments, das wie der Gesamtberufsstand einer nach wie vor kritischen Professionalisierungsdiskussion ausgesetzt ist. Nach Einschätzung eines überwiegenden Teils der PR-Berufsforschung befindet sich das Berufsfeld in einem kontinuierlichen Professionalisierungsprozess. Ob es den Status einer Profession erreichen wird, gilt über die diversen professionstheoretischen Ansätze hinweg als umstritten.

Eine Aufarbeitung der PR-Geschichte der Berufsgruppe PR-Beratung in der Bundesrepublik entwickelt mit Blick auf die bestehende Professionalisierungsproblematik in mehrfacher Hinsicht Relevanz. Ohne die historische Bestandsaufnahme ist ein umfassendes Verständnis gegebener struktureller Defizite kaum möglich. Dies gilt nicht nur für das spezifizierte Berufsfeld, sondern erweitert auch für den Gesamtberufsstand. Eine historische Auseinandersetzung kann wesentliche Anhaltspunkte zur Entstehung des Berufsbildes, Professionalisierungsdynamik, Abgrenzung zu benachbarten Kommunikations- und Berufsfeldern sowie zu dem Einfluss von Marktmechanismen auf Expertise, Innovation und ethische Orientierung liefern. Gefundene Erklärungsmuster tragen zur theoretischen Fundierung und systematischen Vermessung des Berufsfeldes Public Relations bei. Darüber hinaus fundiert sie durch die Anwendung eines professionstheoretischen Ansatzes auf ein fallspezifisches Berufsfeld die allgemeine empirische Professionalisierungsforschung. Jenseits der Professionalisierungsaspekte liefert die Studie einen Beitrag zur allgemeinen Aufarbeitung von PR-Geschichte.

2 Fragestellung und Überblick

Im Weiteren wird eine regionale und zeitliche Eingrenzung der Untersuchung vorgenommen, die Forschungsfragestellungen und Zielsetzungen werden entwickelt und die Forschungsproblematik wird kommunikations- und sozialhistorisch eingeordnet. Der Gang der Untersuchung wird im Überblick skizziert.

2.1 Themeneingrenzung

Der Untersuchungsgegenstand externe PR-Beratung wird im Verlauf der Studie eingehender präzisiert. Räumlich bezieht sich die Untersuchung ausschließlich auf das Gebiet der Bundesrepublik Deutschland mit Ausnahme der historischen Verortung der Berufsidee und der grundlegenden nationalen und internationalen Entwicklungslinien.

Eine zeitliche Begrenzung seiner Etablierung, Institutionalisierung und Professionalisierung erfolgt losgelöst von bestehenden periodenspezifischen Einteilungen (Bentele, 2015). Der Startpunkt der Analyse liegt noch vor der eigentlichen Gründung der Bundesrepublik und fällt zusammen mit der historisch markanten Zäsur des Endes des 2. Weltkrieges. Den Endpunkt setzten die Gründung der Gesellschaft Public Relations Agenturen (GPRA) 1973/74 und der Beginn der Rezession von 1974. Weitere die Untersuchungsphasen strukturierende Ereignisse sind die Gründung der Deutschen Public Relations Gesellschaft (DPRG) 1958 und die erste bundesdeutsche Wirtschaftskrise von 1966/67.

2.2 Zielsetzung und Forschungsfragen

Zusammenfassende Zielsetzung ist die Rekonstruktion von PR-Geschichte, die Überprüfung professionstheoretischer Vorgaben und die Statusbestimmung einer Professionalisierungsphase:

- Die Historie des Berufsfeldes PR-Beratung wurde bisher weder national noch international erforscht. Dahingehend beschränkt sich die historische Rekonstruktion

nicht nur auf den definierten Untersuchungszeitraum, für den im wesentlichen Primärquellen ausgewertet werden, sondern auch auf die Entwicklungslinien, deren Basis allerdings hauptsächlich Sekundärliteratur ist. Damit wird empirisch eine Kenntnislücke geschlossen.
- In ihrer professionstheoretischen Perspektive verfolgt die Forschungsarbeit das Ziel, erklärende Verlaufsmuster zu identifizieren und in einen theoretischen Sinnzusammenhang einzuordnen. Über die zielführende Anwendung eines neusystematisierten Theorierahmens findet sie Anschluss an die allgemeine Professionstheorie und erweitert deren Nutzwert für die Untersuchung professionshistorischer Fragestellungen.
- Die historische Statusbestimmung der Professionalisierungsphase bis 1974 kann Fundierungsmomente, aber auch Defizite offenlegen, die die historische Genese des aktuellen Professionalisierungsstandes eingehender erklären und der Diskussion innerhalb des PR-Berufsfeldes zusätzliche Hinweise liefern.

Beantwortet werden soll die zentrale Forschungsfrage:

- Wie entstand und professionalisierte sich das Berufsfeld externe PR-Beratung in der Bundesrepublik Deutschland zwischen 1945 und 1974?

und die damit verbundenen, untergeordneten Forschungsfragen:

- Auf welcher historischen Basis etablierte sich das Berufsfeld?
- Welche Ausprägung, welchen Verlauf und welchen Umfang hatte die Professionalisierung in diesem Zeitraum?
- Wer und was waren maßgebliche Etablierungs-, Institutionalisierungs- und Professionalisierungsfaktoren?
- Welche Motive und Strategien bestimmten maßgebliche Professionalisierungsbestrebungen?

Aus diesen Forschungsfragen werden in Verbindung mit dem individuellen professionstheoretischen Ansatz der Studie weitere, spezifische Unterfragen entwickelt, die den Forschungsprozess maßgeblich leiten.

2.3 Kommunikations- und sozialhistorische Einordnung

Eine historische Auseinandersetzung mit dem Berufsfeld PR-Beratung berührt sowohl Aspekte der Sozial-, der Wirtschafts- und der Kommunikationsgeschichte. Ob es um die Entwicklung der bundesrepublikanischen Nachkriegsgesellschaft, die Etablierung eines

Dienstleistungsmarktes oder der PR-Beratung als kommunikationsbezogenen Beruf handelt, die Schnittmengen dieser drei historischen „Bindestrich-Disziplinen" mit den Sozial- und Wirtschaftswissenschaften erheben Interdisziplinarität zum wissenschaftlichen Anwendungsprinzip. Daher steht die Arbeit in der Tradition der historischen Sozialwissenschaften und orientiert sich nicht nur an Ereignissen, sondern auch an Strukturen und Verlaufsmustern. In diesem interdisziplinären Anwendungskontext steht die historische Methode der Quellenforschung nicht zur Disposition, sie verarbeitet jedoch einen sozialwissenschaftlichen, modell- und theoriegeleiteten Ansatz, der hilft, Fakten zu systematisieren, Verlaufsmuster aufzuzeigen und Entwicklungen zu erklären. Dies unter der Vorgabe, keine ahistorischen Konzepte auf geschichtliche Wirklichkeit anzuwenden. Bentele (1997) unterscheidet innerhalb der PR-Geschichtsschreibung den faktenorientierten und den modell- bzw. theorieorientierten Ansatz. Der faktenorientierte steht in der Tradition der Ereignisgeschichte und verzichtet auf eine Theoriebasis. Der modell- und theoriegeleitete will nicht nur historische Fakten beschreiben, sondern strebt auf Basis einer Systematisierung erklärendes Verstehen an (S. 144-147). Der von Bentele entwickelte Ansatz der funktional-integrativen Schichtung für die Geschichte der Public Relations ist modellorientiert und bezieht funktional den Kontext sowohl benachbarter, wie Werbung und Journalismus, als auch übergreifender Systeme, wie Politik und Wirtschaft, mit ein. Er sieht PR-Geschichte als integrativen Bestandteil der menschlichen Kommunikationsgeschichte und der Geschichte von Öffentlichkeit. Sein Entwicklungsprinzip der Schichtung geht davon aus, dass Kommunikationsmedien und -systeme und kommunikative Muster, die sich innerhalb der Geschichte als erfolgreich erwiesen haben, häufig als selbständige Systeme erhalten bleiben und die Basis für weitere Systeme bilden (S. 150-152). Für die PR-Historiographie schlägt Bentele ein Schichtenmodell vor, das nach spezifischen Kriterien fünf Schichten der PR-Entwicklungsgeschichte bestimmt, die nicht phasenweise nacheinander abfolgen, sondern in dem sich frühere Schichten in den späteren wiederfinden. Für Bentele ist jegliche Form von beruflicher Public Relations eine kommunikative Tätigkeit. Diese „Kommunikationsschicht" hat sich in der Public Relations im historischen Verlauf erhalten. Als weitere Abgrenzungskriterien, die jeweils eine historische „Schichtengrenze" markieren, benennt er öffentliche Kommunikation, Organisationsgebundenheit, Hauptberuflichkeit und die Etablierung von Public Relations als sozialem System (S. 153-159). Diese Forschungsarbeit orientiert sich in ihrem theoriegeleiteten Vorgehen an Benteles Ansatz. Sie bezieht bewusst benachbarte und übergreifende Systeme der Public Relations in die historische Analyse mit ein und versucht, durch Systematisierung Verlaufsmuster zu identifizieren. Sein PR-Schichtenmodell liefert wertvolle Hinweise im Hinblick auf die Erarbeitung entwicklungsgeschichtlicher Linien.

Das Professionalisierungskonzept ist innerhalb der deutschen Sozialgeschichte allgemein anerkannt und in seinem analytischen Nutzwert unbestritten, ob es nun zu untersuchende Berufsgruppen mit dem „zentralen Phänomen der neuzeitlichen Modernisierung westlicher Gesellschaften" (Conze & Kocka, 1985, S. 19) oder den „historisch-systematischen Konzepten von Bürgerlichkeit und Bürgertum" (Siegrist, 1988, S. 19) verknüpft oder konfliktsoziologisch den Prozess sozialer Ungleichheit (Conze & Kocka, 1985, S. 20) beleuchtet. Besonders die Fragestellung, wie Professionalisierungsvorgänge in bestimmten Phasen mit anderen Aspekten der Entstehung moderner Gesellschaftsstrukturen korrespondieren, bildet einen wichtigen Untersuchungskomplex (Rüschemeyer, 1980, S. 311-325). Trotz dieser allgemeinen Akzeptanz bleibt eine „grundsätzliche Skepsis" gegenüber der Anwendung „fragwürdiger" Gesamttheorien der Professionssoziologie. Angemahnt wird die Individualität der historischen Rahmenbedingungen, besonders in Abgrenzung zu einer zu großen Orientierung der „gängigen Professionalisierungstheorien auf die gesellschaftlichen, kulturellen und ökonomischen Rahmenbedingungen der angelsächsischen Staaten." (McClelland, 1985, S. 237). So wird immer wieder auf die Besonderheit kontinentaleuropäischer bzw. deutscher Professionalisierungsprozesse hingewiesen, bei denen die staatliche Initiative ein deutliches Unterscheidungsmoment gegenüber englischen oder amerikanischen Entwicklungen darstellt (Rüschemeyer, 1980, S. 324; McClelland, 1985, S. 240; Siegrist, 1988, S. 16). In der historischen Forschung werden die nationalen Rahmenbedingungen weitgehend reflektiert und verarbeitet. Das Professionskonzept findet seine Verwendung mit dem „Ziel einer Varianten erfassenden Typologisierung" (Conze & Kocka, 1985, S. 21).

2.4 Gang der Untersuchung

Die vorliegende Studie untersucht die für die Beantwortung der Forschungsfragen notwendigen Sachverhalte. Grundlage ist die Erfassung und Beschreibung der dafür relevanten historischen Gegebenheiten und deren theoriegeleitete Analyse.

Neben der sachlichen, zeitlichen und räumlichen Eingrenzung der Forschungsarbeit war das aus einem spezifischen Professionalisierungsansatz entwickelte Kategoriensystem leitend bei der Identifizierung, Klassifizierung und Analyse des historischen Quellenmaterials und der maßgeblichen Sekundärliteratur, die unter forschungsrelevanten Aspekten neu gesichtet und verarbeitet wurde.

Da sich die Forschungsarbeit auf eine klar umrissene medienrelevante Berufsgruppe und eine eng definierte Spanne innerhalb der bundesrepublikanischen Zeitgeschichte beschränkt, bilden Eingrenzung und Bestimmung des Untersuchungsgegenstandes den Auftakt. Zur Grundlegung gehört auch die Aufarbeitung des aktuellen Forschungsstandes in mediengeschichtlicher, berufsfeldspezifischer und professionssoziologischer Hinsicht. Der spezifische Professionalisierungsansatz der Studie und das Kategoriensystem wurden auf Basis einer Sichtung und Diskussion der relevanten Professionstheorien entwickelt.

Zum Vorverständnis gehört die Annahme, dass der Etablierung eines Berufsfeldes die grundsätzliche Entwicklung einer Berufsidee und die Ausgestaltung einer Berufsrolle vorausgehen. Die zeitliche und regionale Verortung der Anfänge und ersten Entwicklungsschritte des Berufs PR-Berater bilden die Grundlage für die weitergehende nationale Ausdifferenzierung. Dabei war davon auszugehen, dass sich diese, eingebettet in die Entwicklungsgeschichte der Public Relations allgemein, maßgeblich in den Vereinigten Staaten finden würde, was einen Abgleich mit den historischen Grundlagen in Deutschland notwendig macht, zum einen um eigenständige nationale Entwicklungsstränge, zum anderen um internationale Inter-dependenzen im historischen Vorlauf zu identifizieren. Der Hauptteil der Studie gliedert den Untersuchungszeitraum in drei chronologisch aufeinander folgende Phasen, deren jeweiliger historischer Verlaufsstrang innerhalb der definierten professionalisierungs-relevanten Kategorien beschrieben und analysiert wird. Abschließend wird der Professionalisierungsverlauf über den gesamten Zeitraum zusammengefasst und bewertet und der Professionalisierungsstand zu Beginn des Untersuchungszeitraums mit dem am Ende in Abgleich gebracht.

3 Der Untersuchungsgegenstand

Der zentrale Untersuchungsgegenstand dieser Studie ist das Berufsfeld externe PR-Beratung in einer spezifischen historischen Entwicklungsphase. Bevor dieses Berufsfeld analytisch erschlossen werden kann, bedarf es einer definitorischen Eingrenzung und Bestimmung. Dabei geht es um den aktuellen Forschungsstand und Aspekte im historischen Wandlungsprozess. Im Folgenden soll der Begriff PR-Beratung näher spezifiziert werden, besonders in seiner Erweiterung um die Variante extern, die in inhaltlicher Verbindung mit dem mehr ökonomisch geprägten Begriff der PR-Dienstleistung und seiner Marktrelevanz steht. Darüber hinaus bedarf es einer berufsdefinitorischen Grundlegung des PR-Beraters (Soweit im Folgenden Berufs- und Gruppenbezeichnungen Verwendung finden, sind mit diesen stets sowohl männliche als auch weibliche Personen gemeint. d. Vf.) auch in Abgrenzung zu benachbarten Berufsfeldern und einer auf die Dienstleistung bezogenen Definition der am Markt für PR-Beratungsleistungen agierenden Organisationseinheiten PR-Einzelberater und PR-Agentur.

3.1 Definition und Bestimmung von PR-Beratung

In der folgenden begrifflichen Bestimmung der PR-Beratung liegt der Fokus nicht auf einer Auseinandersetzung mit den historischen und zeitaktuellen Bezügen des Beratungs- und Dienstleistungsgegenstandes Public Relations. Das Verständnis war historisch einem steten inhaltlichen und semantischen Wandel unterworfen und wird in dieser Studie an gegebener Stelle thematisiert. Eine Systematisierung der existierenden Definitionsansätze bieten Fuhrberg (2010, S. 19-24) und Fröhlich (2015, S. 103-120). Nach Ansicht von Fröhlich ist es bisher „auf der Ebene der Berufs(feld)perspektive nicht zu allgemeingültigen Definitionen gekommen, die wissenschaftlichen Ansprüchen standhalten könnten." (2015, S. 108). In Ermangelung einer solchen allgemeingültigen Definition bedient sich diese Studie als Arbeitsgrundlage einer kontextgebundenen PR-Definition, die aus der Endphase des Untersuchungszeitraumes stammt und ihre berufsfeldspezifische Relevanz durch die Urheberschaft der Deutsche Public Relations Gesellschaft (DPRG) entwickelt. Demnach sind Public Relations „methodisches Bemühen eines Unternehmens, Verbandes, einer Institution, Gruppe oder Person um Verständnis und Vertrauen in der Öffentlichkeit […]" (DPRG, 1971[?], S. 27).

So selbstverständlich wie der Begriff der PR-Beratung in der Praxis der Disziplin seine Anwendung findet, so wenig wurde die spezifische Beziehung zwischen PR-Berater und einer Organisation bisher wissenschaftlich fundiert. Der theoretische Zugang zur PR-Beratung erfolgt innerhalb der PR-Forschung über Ansätze der klassischen Organisationsberatung und über die systemische Beratungstheorie (Fuhrberg, 2010, S. 33-37; Röttger & Zielmann, 2009a, S. 35-58). Während in den erstgenannten Ansätzen die direkte Intervention in eine Organisation durch Fremdsteuerung im Vordergrund steht, sieht die systemische Beratungstheorie die Interaktionsbeziehung zwischen Berater- und Klientensystem unter dem Aspekt der gegenseitigen Beobachtung und dem Setzen von Veränderungsimpulsen. Die Berechtigung zur Intervention liegt in dem Beobachtungsstandpunkt des beratenden Systems, über das der Klient selbst nicht verfügt. Der Berater ist nicht Teil des Klientensystems und als Beobachter zweiter Ordnung in der Lage zu objektivieren. Wesentlich ist darüber hinaus, dass PR-Beratung innerhalb seiner Interaktionsbeziehung mit einer Organisation immer in Bezugnahme auf öffentliche Kommunikation agiert. Daher ist die Standardstruktur der Interaktion anders als bei der klassischen Organisationsberatung als Triade von Berater, Klient und Öffentlichkeit zu sehen (vgl. Röttger & Zielmann, 2009a, S. 37-42).

Historisch relevant sind „Unschärfeprobleme", auf die Szyszka (2009, S. 59-71) und Fuhrberg (2010, S. 24-27) hinweisen. Den indifferenten Umgang mit dem Beratungsbegriff, und damit auch mit der Berufsbezeichnung des PR-Beraters, sieht Szyszka als „bewusste semantische Dehnung des Begriffs" (Szyszka, 2009, S. 70). Er vermutet dahinter eine Aufwertung des beruflichen Status, die letztendlich eine klare Positionierung verhindert und bei der Definition von PR-Beratung den Abgleich mit der sozialen Wirklichkeit und eine Ausdifferenzierung notwendig macht (vgl. ebd., S. 70).

Bei professionshistorischer Annäherung an den Begriff PR-Beratung finden sich allein in den Anfängen der PR-Berufsgeschichte zahlreiche Hinweise, die Szyszkas These stützen – und damit die Definitionsmöglichkeit über Leistungsmomente deutlich einschränken. So wurde unter anderem der Beratungsbegriff innerhalb der Public Relations bereits von den „Gründervätern" Lee und Bernays instrumentalisiert. Zum einen war er eng verbunden mit dem Wandel ihres Kommunikations- und Berufsverständnisses vom „Verkäufer" der Belange eines Auftraggebers gegenüber der Öffentlichkeit zum „Interpreten" der öffentlichen Meinung, zum anderen strebten sie eine deutliche Abgrenzung gegenüber dem Beruf des „press agent" an, indem sie sich über das interpretierende und beratende Moment wertiger positionierten und eine dem Rechtsanwalt vergleichbare Berufsrolle anstrebten (zur Entwicklung der Berufsrolle Kapitel 7.1).

3.2 Abgrenzung zur PR-Dienstleistung

Zur weitergehenden Bestimmung des PR-Beratungsbegriffs bedarf es der Abgrenzung zum Begriff PR-Dienstleistung. Die Leistungsmomente der PR-Beratung können in Bezug auf eine Organisationseinheit sowohl intern von einem angestellten PR-Berater als auch extern von einem PR-Berater oder einer PR-Agentur in Dienstleistung erbracht werden. Historisch bedeutsam ist, dass sich für den angestellten PR-Berater zwar mittlerweile andere Berufsbezeichnungen etabliert haben, sie aber im Untersuchungszeitraum teilweise übergreifend sowohl für die Berufsausübung in Anstellung als auch in Dienstleistung verwendet wurde.

Eine Definition von Bruhn & Meffert (2012) bestimmt Dienstleistungen als selbständige, marktfähige Leistungen, die mit dem Vorhalten von Leistungsfähigkeit verbunden sind, interne und externe Faktoren im Erstellungsprozess der Dienstleistung kombinieren und diese Faktorenkombination nutzen, um an den externen Faktoren, Menschen und deren Objekte, nutzenstiftende Wirkungen zu erzielen (vgl. ebd., S. 17). Eine PR-Dienstleistung wäre in diesem Sinne somit eine selbständige und marktfähige Leistung, die Probleme innerhalb der Kommunikationsdisziplin Public Relations strategisch und operativ löst. Sie kombiniert dabei im Erstellungsprozess der PR-Dienstleistung Ressourcen auf Dienstleister- und Kundenseite, um für den Kunden eine nutzenstiftende Kommunikationswirkung zu erzielen (hierzu auch Fuhrberg, 2010, S. 31). Hinzu kommt der kommerzielle Aspekt in Form einer finanziellen Kompensation für die PR-Dienstleistung durch den Kunden.

In Bezug auf den PR-Beratungsbegriff sind folgende Aspekte abgrenzungsrelevant. Beide Begriffe werden zu Unrecht synonym benutzt. Da PR-Beratung nach wie vor die Möglichkeit der intern wie extern erbrachten Leistung beinhaltet, kann sich die PR-Dienstleistung inhaltlich nur auf externe PR-Beratung, im Sinne von außerhalb eines Unternehmens in Dienstleistung erbracht, beziehen.

Innerhalb der PR-Beratung unterscheidet Szyszka (2009) zwei Basistypen. Zum einen die Beratung in einem engeren Sinne, bei der Beratung sich auf Umsetzung, Umgang und Kommunikation von unternehmenspolitischen Entscheidungen bezieht, und Beratung im weiteren Sinne, die sich auf die Planung und Umsetzung von Kommunikationskonzepten bezieht. Beide Basistypen rechnet er grundsätzlich den externen Dienstleistern zu, schränkt aber ein, dass Beratung im engeren Sinne auch zum Aufgabenbereich eines angestellten PR-Beraters gehören kann. Er sieht den Beratungsbegriff im PR-Kontext nicht auf externe Dienstleister beschränkt (vgl. ebd., S. 61-62). Neben diesen Basistypen der Beratungsleistung verwendet er den Begriff der operativen Dienstleistungen, unter die er PR-Leistungen zusammenfasst, die aus Kostengründen oder Ressourcenmangel vom Unternehmen an einen externen Dienstleister vergeben werden (vgl. Szyszka et al., 2009, S. 62-63).

Die vorliegende Studie arbeitet vornehmlich mit dem historisch relevanteren Begriff der PR-Beratung. Diesen bezieht sie hauptsächlich auf extern erbrachte PR-Leistungen, deren Leistungsmomente offen sind und sowohl Beratung, Planung als auch Umsetzung beinhalten. Kommerzielle Basis ist eine zeitliche Befristung der Dienstleistungsbeziehung und eine finanzielle Entlohnung.

3.3 Das Berufsfeld der Medien- und Kommunikationsberufe

Die Entstehung der Medien- und Kommunikationsberufe ist ein Prozess, der bis in das 19. Jahrhundert zurückreicht. Er ist eng gekoppelt an wirtschaftliche und gesellschaftspolitische Bedingungen und an die technologischen Entwicklungen des Mediensektors. Obwohl – aber auch gerade weil – sich in der heutigen Mediengesellschaft Kommunikation und Information zu einem entscheidenden Produktivitätsfaktor entwickelt haben und das Berufsfeld der „Kommunikatoren" stetig wächst und sich weiter ausdifferenziert, gibt es bisher keine einheitliche Definition oder Begriffsbestimmung des Medien- und Kommunikationsberufs (Wienand, 2003, S. 85).

Siegmund (2006) konstatiert, dass in der Literatur unter die Oberbegriffe „Medienberuf" und „Kommunikationsberuf" ganz unterschiedliche Berufs- und Tätigkeitsfelder subsummiert werden. Um erste Abgrenzungen vornehmen zu können, schlägt sie eine erste Trennung zwischen institutioneller und funktionaler Sichtweise vor und unterscheidet zwischen Berufen in den Medien und Berufen mit dem Schwerpunkt Kommunikation (S. 172-173).

Als Arbeitsformel für den Oberbegriff Kommunikationsberuf, zu dem die benachbarten Berufsgruppen aus Werbung, Journalismus und Public Relations gezählt werden, bietet sich ein breites Begriffsverständnis an, das Wienand (2003, S. 81-83) bereits für ihre Untersuchung des Berufsfeldes Public Relations grundgelegt hat. Für sie ist wichtig, dass Tätigkeiten, die in unterstützender, vor- und nachbereitender oder produktionstechnischer Funktion im Kommunikationsbereich erbracht werden, eingebunden sind in eine berufliche Struktur, sei es haupt- oder nebenberuflich, angestellt oder frei. Darüber hinaus unterscheidet sie nach Leistungsabnehmern. Im Journalismus sind es beispielsweise die Medien, in Werbung und Public Relations Organisationen oder gesellschaftliche Akteure.

Grundlegend für eine trennscharfe Bestimmung der unter die Kommunikationsberufe fallenden spezifischen Berufsfelder sind eine inhaltlich-funktionale Abgrenzung der Kommunikationsdisziplinen Werbung, Journalismus und Public Relations. Die schematische Darstellung basiert auf einer Tabelle von Fröhlich (2015, S. 113) und wurde um den Kommunikationsbereich Journalismus erweitert:

Werbung	Public Relations	Journalismus
ist im Wesentlichen produkt- oder dienstleistungsbezogen	ist auf natürliche oder juristische Personen verschiedenster Art ausgerichtet	ist auf die Gesamtgesellschaft ausgerichtet
soll verkaufen helfen; beeinflusst das Kaufverhalten	soll Verständnis und Vertrauen aufbauen und pflegen; beeinflusst Imagevorstellungen	ist der Objektivität und Offenlegung dahinterstehender Interessen verpflichtet
dient der Information und Koordination des Marktes	wendet sich an die breite Öffentlichkeit oder unterschiedlichste Kreis der Bevölkerung	trägt zur öffentlichen Meinungsbildung bei
ist eine Funktion des Verkaufs und untersteht meist der Verkaufsleitung eines Unternehmens oder arbeitet eng mit ihr zusammen	gehört zu den Führungsfunktionen einer Organisation	hat eine gesamtgesellschaftliche Funktion (vierte Gewalt)
wirkt ganz überwiegend einseitig auf den/die intendierte(n) Käufer(in)	wirkt zweiseitig in Richtung Öffentlichkeit und nach innen	wirkt beidseitig in Richtung Gesellschaft und stellt Öffentlichkeit her
soll Marktanteile gewinnen	soll Sympathieanteile gewinnen	soll informieren, hinterfragen und kontrollieren
ist in ihrer Wirkung eher kurzfristig angelegt	sind in ihrer Wirkung eher langfristig angelegt	ist in seiner Wirkung kurz- und langfristig

Tabelle 1: Inhaltlich-funktionale Abgrenzung zwischen Werbung, Public Relations und Journalismus (eigene Darstellung; basierend auf Fröhlich, 2015, S. 113)

Im Hinblick auf die Abgrenzungsproblematik zu den Berufsfeldern Journalismus und Werbung arbeitet diese Untersuchung mit einer Journalisten-Definition, die Riesmeyer (2007) in Aufarbeitung des spezifischen Diskussionsstandes entwickelte:

> „Journalismus ist eine Sammelbezeichnung für Tätigkeiten, die Journalisten ausüben. Dazu gehören das hauptberufliche Aufgreifen, Kontrollieren, Hinterfragen und Kritisieren von aktuellen Themen und gesellschaftlichen Handlungen. Über ein Massenmedium werden diese Informationen veröffentlicht und an die Rezipienten weitergegeben, mit denen die Journalisten über gesellschaftliche, politische und wirtschaftliche Kontakte stets verbunden sind. Über seine Informationspflicht nimmt Journalismus Einfluss auf die Meinungsbildung der Bürger." (S. 17)

Weitaus problematischer erweist sich eine klare Abgrenzung des Berufsfeldes Werbung, da die Tätigkeitsbereiche hier äußerst unterschiedlich und von einer hohen Heterogenität geprägt sind. Grundlegend für diese Studie ist ein dem Untersuchungszeitraum zeitnahes Verständnis von Werbung als eine „absichtliche und zwangfreie Form der Beeinflussung, welche die Menschen zur Erfüllung der Werbeziele veranlassen soll." (Behrens, 1976, S. 12). In der relevanten historischen Perspektive ist es besonders das Berufsfeld des Werbeberaters, das einer näheren Bestimmung bedarf. Nach Behrens ist der Werbeberater

> „als freiberuflicher Fachmann tätig und berät einen oder mehrere – fast stets branchenverschiedene – Betriebe. Sein Arbeitsbereich wechselt von der gelegentlichen einmaligen Beratung bis zur umfassenden, alle Werbemaßnahmen eines Unternehmens einschließenden Beratungstätigkeit. [...] Der moderne Werbeberater übernimmt jedoch auch alle vorbereitenden Arbeiten wie Marktforschung und Produktanalyse, ferner die Produktgestaltung sowie die praktische Durchführung aller in Frage kommenden Webemaßnahmen; [...] als Vergütung fließt dem Werbeberater entweder ein fester Betrag zu, der gelegentlich mit einer Umsatzprovision verbunden ist, oder er erhält einen bestimmten Prozentsatz des Werbeetats." (S. 176-177)

3.4 Begriffsbestimmung des Berufes PR-Berater

Die Berufsbezeichnung des PR-Beraters wird aktuell allgemein in Zusammenhang mit extern erbrachter Dienstleistung verwendet. Sie kennzeichnet Mitarbeiter in PR-Büros oder PR-Agenturen sowie selbständig arbeitende PR-Einzelberater. Die historische Ausprägung und Spezifizierung seiner Rollendefinition ist Teil dieser Studie. Während in Bernays´ Berufsdefinition die Unterscheidung zwischen Anstellung und Dienstleistung keine maßgebliche Rolle spielt (Bernays, 1923, S. 78), verortet eine der ersten deutschen Veröffentlichungen, die sich ausschließlich mit dem Berufsbild des amerikanischen Public Relations Beraters auseinandersetzt, diesen eindeutig in der Dienstleistung (Falk, 1955, S. 104). Auch eine einschlägige nationale Definition des PR-Beraters der DPRG vermutlich von 1971 (DPRG, 1971[?]) betont die Selbständigkeit. Danach ist der PR-Berater ein

> „freiberuflich arbeitender PR-Experte, der Institutionen, Unternehmungen usw. in Fragen der Planung, Gestaltung und Durchführung von PR-Aktivitäten berät. Leistungsgrundlage ist meist ein mittel- oder langfristiger Beratungs- oder Konsultationsvertrag mit dem Auftraggeber. PR-Berater, die Mitglieder der DPRG sind, üben ihre Beratungsaufgaben in Übereinstimmung mit deren Grundsätzen aus und berechnen sie entsprechend den Honorar-Richtlinien der DPRG." (S. 25)

Fuhrberg (2015) klassifiziert in seiner Definition noch eingehender die Form der Leistungserbringung. Für ihn sind (externe) PR-Berater Akteure, die „zumindest phasenweise beraterische PR-Tätigkeiten ausüben" (S. 654), entweder strategisch oder operativ. Er knüpft diese Form der Tätigkeit ganz wesentlich an das Vorschlagen, Begründen und Bewerten von Handlungsempfehlungen und die letztendliche Entscheidungshoheit des Kunden. Beauftragt der Kunde ihn lediglich mit der Umsetzung von vorgegebenen PR-Maßnahmen bezeichnet er dies als PR-Umsetzung. Liegt die Entscheidung und Umsetzung vom Kunden übertragen beim (externen) PR-Berater, spricht er von PR-Betreuung (vgl. ebd., S. 654).

3.5 Marktbezogene Organisationseinheiten

Eindeutiger in der Zuordnung in das begriffliche Umfeld der PR-Dienstleistung ist die Bezeichnung PR-Einzelberater. Sie beschreibt vornehmlich die Organisationsform, in der der selbständige PR-Berater seine Dienstleistung am Markt anbietet. Dies kann in Form einer unmittelbaren Hospitanz und Teilintegration in ein Unternehmen als „fast-Angestellter" (Falk, 1955, S. 105) geschehen oder als kleines PR-Büro mit Assistenz. Diese Kategorie ist sehr heterogen besetzt und nicht eindeutig abgrenzbar, besonders in Richtung selbständiger Journalisten, die PR-Aufgaben wahrnehmen (vgl. ebd., S. 104-105).

Eine größere Organisationseinheit sind die PR-Agenturen. Nöthe (1994) definiert sie als

> „erwerbswirtschaftlich orientierte Dienstleistungsunternehmen, die im Auftrag anderer Unternehmen, Institutionen, gesellschaftlicher Gruppen oder Einzelpersonen Funktionen im Bereich Public Relations

übernehmen. Mit einer Mindestbelegschaft von fünf festangestellten Mitarbeitern (sowie eventuell projektbezogen tätigen freien Mitarbeitern) verwalten PR-Agenturen treuhänderisch Etats zur Lösung kommunikativer Aufgaben und erzielen durch diese Tätigkeit vollständig oder hauptsächlich ihre Erlöse." (S. 66)

Inhaltlich deckt sich ihre Definition in weiten Teilen mit der der DPRG von vermutlich 1971. Danach ist eine PR-Agentur

„ein Dienstleistungsunternehmen, das nach treuhänderischen Usancen und – wenn Mitglieder der DPRG, in Übereinstimmung mit deren Grundsätzen und Honorar-Richtlinie – im Full-Service alle mit der Planung, Gestaltung und Durchführung von PR-Aktivitäten verbundenen Leistungen für Auftraggeber wie Institutionen, Unternehmungen, Verbände usw. übernimmt. Diese Aufgaben werden meist aufgrund eines mittel- oder langfristigen Dienstleistungsvertrages übernommen, von Fall zu Fall aber auch kurzfristig Einzelaktionen." (DPRG, 1971[?], S. 23)

Fuhrberg (2010) gliedert das Dienstleistungsangebot dieser Organisationseinheiten in fünf Elemente:

- Arbeitselemente, die sich aus dem PR-Konzeptionsprozess ergeben,
- PR-Instrumente der Information und Kommunikation
- Branchenkenntnisse
- Bezugsgruppenkenntnisse
- PR-Leistungsbündel, die aus anderen Elementen zusammengestellt werden.

Den im Zusammenhang mit PR-Agenturen häufig benutzen Begriff des „Full Service" bezieht er auf die Möglichkeit, als Agentur mindestens konzeptionelle Elemente und PR-Instrumente anbieten zu können. Er weist aber auch darauf hin, dass dieser Begriff innerhalb der Dienstleistungsbranche uneinheitlich genutzt wird (vgl. ebd., S. 30-31). Als besonderes Spezifikum unter den Organisationseinheiten muss zudem das PR-Dienstleistungsangebot von Werbeagenturen und von anderen Ersatzdienstleistern (vgl. ebd., S. 59) gesehen werden. Bereits Falk (vgl., 1955, S. 106) kategorisierte in seiner Übersicht über Organisationseinheiten der amerikanischen PR-Beratung „Gesellschaften, die nicht ausschließlich PR-Beratung durchführen" (S. 106). Darunter fielen bei ihm Werbeagenturen und Wirtschaftsprüfungsgesellschaften. Am transparentesten war für ihn PR-Know-how bei den Werbeagenturen verortbar, wenn diese über eine eigene PR-Abteilung mit entsprechenden Fachleuten verfügten. Falk berichtet aber auch, dass „das Arbeitsgebiet Public Relations mehr oder weniger nur ein Bestandteil des Kundendienstes" (S. 106) sei.

3.6 Der Markt für PR-Beratungsleistungen

Professionsleistung ist eine in Märkten gehandelte Ware und somit Teil ökonomischer Tauschprozesse. Das Interaktionsverhältnis zwischen Professionellen und Klient wird hiervon zu einem Großteil geprägt. Professionalisierung setzt also die Existenz eines Marktes voraus (vgl. Brandt, 2009, S. 57). In der ökonomischen Theorie wird der Markt als Preisbildungsmechanismus beim Aufeinandertreffen von Angebot und Nachfrage gesehen. Erst die Neue Institutionenökonomik (NIÖ) und die Wirtschaftssoziologie rücken die sozialen Prozesse zwischen den Marktakteuren in den Mittelpunkt. Historisch und sozialwissenschaftlich ist die Betrachtung eines Marktes im Sinne der NIÖ als ein soziales Netzwerk von Akteuren, das innerhalb eines Systems geltender Regeln miteinander in Handelsbeziehung steht, eine naheliegende Perspektive (Mikl-Horke, 2008, S. 129-130; Richter & Furubotn, 2003, S. 340-341). Ein solche Perspektive führt nicht ausschließlich zu einer Diskussion der Strukturen von Angebot und Nachfrage, sondern erweitert sie um eine soziologische Erklärung von Beziehungen und dem Markthandeln der Akteure. Sie rückt die Unternehmung, die sich seine Märkte in Beziehung und Konkurrenz zu anderen schafft, in den Mittelpunkt der Betrachtung. Dabei richtet sich die Aufmerksamkeit der Unternehmungen nicht nur auf die Schätzung und Schaffung von Nachfrage, sondern auch auf die Bestimmung ihrer Position im Markt in Relation zu anderen. Wettbewerb, Macht und institutionelle Faktoren üben ebenso einen Einfluss aus wie normative Strukturen (vgl. Mikl-Horke, 2008, S. 141-149). In diesem System setzen Unternehmungen Ressourcen ein und entwickeln Strategien, um sich zu erhalten und weiterzuentwickeln. Sie versuchen den Markt durch die Entwicklung von Produkten und Dienstleistungen, Absatzstrategien etc. zu erzeugen und zu lenken. Dies bringt sie nicht nur in Beziehung mit dem Kunden, sondern auch mit konkurrierenden und vermittelnden Unternehmen (vgl. ebd., S. 137).

Für den Markt der PR-Beratung unterscheidet Fuhrberg (2010, S. 42-43) in Anlehnung an das fünf-Kräfte-Modell von M. E. Porter fünf Wettbewerbskräfte. Sie bestimmen maßgeblich die Intensität des Wettbewerbs und damit die Attraktivität der Branche. Im Mittelpunkt des Wettbewerbs stehen die PR-Dienstleistungen anbietenden PR-Berater und PR-Agenturen, deren Wettbewerbsintensität durch das Nachfragevolumen und die Anzahl der anbietenden Dienstleistungseinheiten bestimmt wird (vgl. ebd., S. 44). Erweitert wird der Bestand an Marktakteuren durch die Gründung von Dienstleistungseinheiten, die sich auf dem Markt als Wettbewerber etablieren. Behindert werden Neugründungen durch Markteintrittsbarrieren, Zugang zu Vertriebskanälen oder Kapitalbedarf. Die Wahrscheinlichkeit der Bedrohung durch neue Wettbewerber ist in Märkten mit niedrigen Einstiegsbarrieren ausgeprägter. Ebenfalls bedroht wird der Markt durch Ersatzdienst-leistungen. Darunter subsummiert Fuhrberg Angebote mit gleicher Funktion, die von anderen Branchen erbracht werden können. Für den Untersuchungszeitraum sind hier besonders Werbeagenturen und PR-Angebote durch Journalisten von Relevanz. Weitere Wettbewerbskräfte sind die jeweilige Verhandlungsmacht des Kunden und des Lieferanten. Zu den Lieferanten zählt er sowohl die Mitarbeiter der

Dienstleistungseinheiten als auch externe Lieferanten, die nicht unbedingt zum PR-Kerngeschäft gehörende Dienstleistungen beibringen, und Journalisten als kommunikative Mittler, die zwar in keiner unmittelbaren finanziellen Beziehung stehen, aber durch ihre Medienberichterstattung den PR-Erfolg der Berater, der Agenturen und deren Kunden maßgeblich beeinflussen. Das grundsätzliche Bestreben von Kunden besteht darin, zu möglichst niedrigen Preisen, die qualitativ beste Dienstleistung zu bekommen. Ihre Ausgangsposition zur Durchsetzung dieser Zielsetzung ist dann besonders erfolgversprechend, wenn Berater oder Agentur auftragsspezifisch abhängig sind oder für den Kunden leicht zu realisierende Dienstleisteralternativen bestehen, sei es am Markt oder innerhalb des eigenen Unternehmens (vgl. ebd., S. 56-66).

3.7 Zusammenfassung

Eine Bestimmung des Untersuchungsgegenstandes PR-Beratung ist nur durch Annäherung möglich. Zum einen kann der Beratungsgegenstand Public Relations verständnisspezifisch nicht allgemeingültig gefasst werden, zum anderen gilt der Begriff der Beratung als wissenschaftlich nicht ausreichend fundiert. Primär wird Beratung als Interaktion zwischen einem Berater- und Klientensystem definiert, bei dem unter dem Aspekt gegenseitiger Beobachtung Veränderungsimpulse gesetzt werden. Bei PR-Beratung wird diese Standardstruktur von Berater und Klient um die Öffentlichkeit als Bezugssystem erweitert. Überdies trägt die Dehnung des Begriffs PR-Beratung aus berufsspezifischen Positionierungsgründen zur definitorischen Unschärfe bei.

Externe PR-Beratung ist eng verbunden mit dem Begriff der PR-Dienstleistung. Diese wird allgemein als marktfähige Leistung definiert, die Probleme innerhalb der Kommunikationsdisziplin Public Relations löst und außerhalb eines Unternehmens oder einer Institution erbracht wird. Gebunden ist sie an die Organisationseinheiten des externen PR-Beraters und der PR-Agentur. Der Arbeit wird eine Definition des PR-Beraters zugrunde gelegt, die historisch dem Untersuchungszeitraum zugeordnet werden kann. Sie betont besonders den freiberuflichen Aspekt der Leistungserbringung und fasst den Beratungsbegriff mit Planung, Gestaltung und Durchführung von PR-Aktivitäten sehr weit. Als Grundlage der Kundenbeziehung gilt ein entsprechend terminierter Beratungsvertrag. Die größere Organisationseinheit der PR-Agentur ist erwerbswirtschaftlich als Unternehmen organisiert, nimmt mit mehreren Mitarbeitern für Kunden PR-Aufgaben wahr und verwaltet treuhänderisch entsprechende Etats. Alle dienstleistenden Akteure agieren auf einem entsprechenden Markt, den sie in ihrem Sinne zu erzeugen und zu lenken versuchen. In historischer Perspektive sind nicht nur die Strukturen von Angebot und Nachfrage am Markt von Relevanz, sondern auch die Beziehungen der Akteure zueinander und ihr jeweiliges Markthandeln. Das Berufsfeld PR-Beratung ist außerdem gekennzeichnet durch die Existenz inhaltlich-funktionaler Schnittmengen mit angrenzenden Kommunikationsberufen, vornehmlich in Werbung und Journalismus. Dieser Umstand erforderte neben einer klaren Grenzziehung zwischen den Kommunikationsdisziplinen auch eine definitorische Grundlegung der maßgeblichen Berufsbilder.

4 Forschungsstand

In diesem Abschnitt wird der untersuchungsrelevante Forschungsstand aufgearbeitet. Im Mittelpunkt stehen die PR-Geschichtsforschung, die durch eine Auflistung nationaler und internationaler PR-historischer Periodisierungsansätze zusätzlich spezifiziert wird, und die aktuelle PR-Berufsfeldforschung. Erweiternd erfolgt ein Überblick über die historische Periodisierung und Professionalisierung der benachbarten Kommunikationsberufe in Werbung und Journalismus. Den Abschluss bildet die Benennung existierender Forschungsdefizite.

4.1 PR-Geschichtsforschung

Allmählich rückt nach einer ersten Aufarbeitung der nationalen PR-Geschichte von ihren Anfängen bis hin zur ihrer Rolle innerhalb des Nationalsozialismus die Zeit nach 1945 in den Focus. Neuere Publikationen, die ereignisorientiert einen nationalen Gesamtüberblick bieten, beruhen größtenteils auf einer Aufarbeitung von Sekundärliteratur, z. B. die aktuelle Forschung verarbeitenden Kapitel zur PR-Geschichte in Kunzciks „Public Relations" (2010). Eine aktuelle Darstellung über die Entwicklung und den Stand der PR-Geschichtsforschung in Deutschland bietet Bentele (2013). Zielsetzung seines Beitrages war es, „den Diskurs über PR-Geschichte und PR-Geschichtsschreibung innerhalb der letzten 20 Jahre zumindest skizzenhaft nachzuzeichnen." (S. 197). International bilden „The proceedings of the international history of Public Relations conference" (Watson, 2015) den aktuellen Stand der PR-Geschichtsforschung ab. Hier sind wegen ihres Einflusses auf die deutsche PR-Nachkriegsgeschichte besonders die Entwicklungen in den USA und Großbritannien von Relevanz (u. a. L´Etang, 2004). Die Auseinandersetzung mit der deutschen PR-Geschichte bewegt sich seit fast zwei Jahrzehnten auch entlang ihrer historischen Phaseneinteilung. Grundlegend für das zu bearbeitende Forschungsthema sind die Modelle von Bentele (1997) und Szyszka (Szyszka et al., 2009). Szyszkas ursprüngliches Phasenmodell wurde mittlerweile von ihm überarbeitet und in Einzelheiten revidiert (Szyszka, 2011). Ein momentaner Stand der Periodisierung der deutschen PR-Geschichte findet sich bei Bentele (2015). Die erste umfangreiche Auseinandersetzung mit der nationalen PR-Geschichtsschreibung ist das Standardwerk „Auf der Suche nach der Identität" (Szyszka, 1997). Schwerpunkte der historischen Aufarbeitung bilden bis in die heutige Zeit, nicht zuletzt aufgrund einer übersichtlicheren Quellenlage, die Theoriegeschichte und die Entwicklungen im staatlichen

Bereich (Kunczik, 2010, S. 133-142). Richtungsweisend, besonders im Hinblick auf die Erschließung neuerer Primärquellen, sind die Biographie von Albert Oeckl (Mattke, 2006) und in Teilen die Dissertation von Heinelt (2003). Beide Autoren setzen sich kritisch mit den Karrieren der deutschen „PR-Gründerväter" auseinander und verfolgen diese auch über das Jahr 1945 hinaus. Zu erwähnen ist in diesem Zusammenhang auch die Biographie von Lehming (1997) über Carl Hundhausen. Einen historischen Überblick über die Geschichte der deutschen Öffentlichkeitsarbeit bis in die Weimarer Republik bietet Kunzcik (1997). Ebenfalls fundamental ist das Kapitel „Die historische Entwicklung von PR und PR-Agenturen" (Teil B) der Arbeit von Bettina Nöthe (1994). Obwohl sich ihre Forschung auf den damaligen Stand der deutschen PR-Agenturlandschaft fokussiert, bietet ihre Herleitung wertvolle Hinweise. Den aktuellen Stand der nationalen Berufsfeldgeschichte bildet ein Handbuch-Beitrag von Szyszka (2015) ab.

Erfreulicherweise ist in den letzten Jahren auch die Wirtschaftswerbung als verwandte „Schwester" der Public Relations in den Sichtkreis der Historiker getreten, was dazu führte, dass der Einfluss von deutschen „Werbeikonen" und Agenturgründern wie Hanns W. Brose, Hans Domizlaff, aber auch Hubert Strauf auf Theorie und Praxis der Public Relations nähergehender untersucht wurde (Kunczik 2010, S. 256-265; Schindelbeck & Illgen, 2002). Aus professionshistorischer Sicht wichtig und grundlegend für das Berufsfeld Werbung ist die Studie von Hirt (2013). In seiner sozial- und mentalitätsgeschichtlichen Arbeit analysiert er das Berufsfeld der Werbeberater und Werbeleiter von der Weimarer Republik bis zur Rezession von 1966/67.

4.2 Nationale und internationale PR-historische Periodisierungsansätze

Die Frage der Periodisierung von PR-Geschichte ist für die Einordnung und den Abgleich spezifischer Entwicklungsphasen von großem Interesse, sei es national auf die deutsche PR-Entwicklungsgeschichte bezogen oder international mit Schwerpunkt Vereinigte Staaten und Großbritannien. Die vielfältigen existierenden Periodisierungsansätze verarbeiten unterschiedliche Kriterien der Differenzierung. Bentele (2013) benennt das politische System, die wirtschaftliche Entwicklung, die kommunikationstechnische Entwicklung und berufsfeldinterne Momente als Hauptkriterien. Er unterscheidet in Abgrenzung zur „PR-Vorgeschichte" mittlerweile sieben Perioden der deutschen PR-Geschichte:

1. Entstehung des Berufs (Anfang des 19. Jahrhunderts bis 1918)
2. Konsolidierung und Wachstum (1918-1933)
3. NS-Periode (1933-1945)
4. Neubeginn und Aufschwung (1945-1958)
5. Konsolidierung des Berufsfeldes (1958-1985)
6. Boom des Berufsfeldes; Professionalisierung (1985-1995)

7. Einfluss des Internets, Globalisierung, Social Media (1995-heute) (S. 221).

Konkret bezogen auf die Entwicklung des nationalen Berufsfeldes differenziert Szyszka (2015, S. 502) fünf Phasen (siehe Übersicht). Für ihn (2011, S. 39-53) teilt sich die Berufsfeldgeschichte in zwei größere Abschnitte. Der erste Abschnitt ist geprägt durch den Einfluss des wirtschaftlichen und gesellschaftlichen Paradigmenwechsels innerhalb der jungen Bundes-republik. Der zweite Abschnitt markiert die Entwicklung des modernen Berufsfeldes, die er als Folge von Veränderungen im Mediensystem sieht. Innerhalb der Periode der „Identitätssuche" von 1951-1972 sind für ihn die 1960er Jahre charakterisiert durch eine gesteigerte Publizitätsnachfrage und der damit verbundenen verstärkten Produkt- und Marketing-orientierung der Public Relations. Eine maßgebliche Zäsur sieht er mit Beginn der siebziger Jahre begründet durch die Erosion des Wirtschaftswunders und der sozialen Marktwirtschaft.

Abschnitt	Phase	Externe Entwicklung	Interne Entwicklung
Identitätssuche	Konzeptualisierung (1951 – 1960)	*Zeitgeschichte* Etablierung einer neuen Gesellschafts- und Wirtschaftsordnung	PR-Diskurs mit zwei Diskurslinien führt zu erster Koorientierung; Herausbildung erster berufsständischer Strukturen
Identitätssuche	Fremd-Positionierung (1961 – 1972)	*Zeit-/Wirtschaftsgeschichte* Wandel von Nachfrage- zu Angebotsmärkten schafft Publizitätsnachfrage	Renaissance von Produkt-Publizität/Produkt-PR; Integration von PR-Arbeit in das Marketing
Moderne Entwicklung	Re-Postionierung (1973 – 1983)	*Mediensystem* Wirtschaftskritische Medien; zunehmende Empörung und Skandalisierung	kleiner Expansionsschub; unternehmenspolitische Funktion (Umgang mit Akzeptanz) rückt neben absatzpolitische Funktion
Moderne Entwicklung	Expansion (1984 – 2004)	*Mediensystem* Privatisierung des Rundfunks leitet Expansion klassischer Massenmedien ein	großer Expansionsschub; PR-Arbeit bei allen gesellschaftlichen Organisationstypen; Koordinations-/Integrationsbedarf
Moderne Entwicklung	Ausdifferenzierung (seit 2005)	*Mediensystem* Internet verändert Mediensystem und öffentliche Kommunikation	zunehmender unternehmenspolitischer Stellenwert; Suche nach einem Operationsmodus für die ‚neue' Öffentlichkeit

Tabelle 2: Perioden der deutschen PR-Berufsfeldgeschichte (Szyszka, 2015, S. 502)

International mit Schwerpunkt Vereinigte Staaten identifizieren Raaz & Wehmeier (2011) mehrere Periodisierungsansätze aus den 1940er und 50er Jahren (Bernays, Goldmann, Gras), die ebenso wie der aktuellere von Cutlip, Center & Broom (2006) eine evolutionäre Entwicklung von der „one-sided communication" zur „socially beneficial form of information" zu Grunde legen (S. 266). Letztere unterscheiden historisch folgende Perioden (Broom & Sha, 2013):

1. Seedbed Era (1900-1916)
2. World War I Period (1917-1918)
3. Booming Twenties Era (1919-1929)
4. Roosevelt Era and World War II (1930-1945)
5. Postwar Era (1946-1964)
6. Period of Protest and Empowerment (1965-1985)
7. Age of Digital Communication and Globalization (1986-present) (S. 107).

Den Beginn der relevanten Nachkriegs-Perioden bildet in den Vereinigten Staaten das Ende des zweiten Weltkriegs mit seinem ökonomischen Wandel von der Kriegs- zur Friedenswirtschaft und dem Start einer wirtschaftlichen und gesellschaftlichen Boom-Phase. Diese fand erst 1965 einen Schlusspunkt. Maßgeblich hierfür waren gesellschaftskritische Strömungen, wie die Friedens-, Umwelt- und Bürgerrechts-Bewegungen, die den sozialen Wandel beförderten, und damit die Anforderungen an Kommunikation veränderten. Eine weitere Zäsur war erst der Eintritt in das "digitale Zeitalter" 1985.

Für Großbritannien klassifiziert L´Etang (2004) die Phase zwischen 1914-1945, die maßgeblich geprägt wurde von den politischen und staatlichen Anforderungen an Kriegspropaganda und Informationspolitik. Öffentlichkeitsarbeit wurde in den 1920er und 30er Jahren vornehmlich von nationalen und lokalen Regierungsstellen betrieben, besonders im Kontext britischer Welt- bzw. Kolonialpolitik (S. 20-60). Eine Etablierungsphase der Profession datiert L´Etang zwischen 1945-1960. Wichtigster Meilenstein ist für sie die Gründung des britischen „Institute for Public Relations" (IPR) 1948, das der Professionalisierung ein institutionelles Fundament gab (S. 227). Mit dem Beginn der 1960er Jahre sieht sie innerhalb der boomenden Nachkriegswirtschaft eine deutliche Orientierung der Public Relations hin zu Konsum und Produkt (S. 222). Diese Phase ist auch mit dem Aufstieg der „public relations consultancies" verbunden. Anhaltspunkte für die Zunahme ihrer wirtschaftlichen Bedeutung und ihres wachsenden Einflusses innerhalb der Branche sind für sie die Notwendigkeit der Integration von „consultancy und agency" in das IPR 1960 (S. 118) und die Etablierung einer eigenen „Public Relations Consultants Association" 1969 (S. 121).

4.3   PR-Berufsfeldforschung

Das PR-Berufsfeld hat sich – national wie international – in den vergangenen Jahrzehnten zu einem stark bearbeiteten Bereich kommunikationswissenschaftlicher Forschung entwickelt.

Interessant für diese Studie waren besonders neuere internationale Forschungsansätze, die sich der Geschichte des Berufsfeldes über die Biografieforschung nähern (Harrison & Moloney, 2004; Yaxley, 2011).

In der Bundesrepublik werden seit Anfang der 1990er Jahre in regelmäßigen Abständen und in unterschiedlicher Breite Berufsfeldstudien durchgeführt (Röttger, 2000; Szyszka, Schütte, & Urban, 2009; Röttger, 2010; Bentele et. al., 2005, 2007, 2009, 2012, 2015). Allerdings fehlen, wie Fröhlich (2015) bemängelt, aktuellere repräsentative Studien, da sich die Forschung der letzten Jahre hauptsächlich auf einzelne Teilbereiche konzentriert.

In Tiefe und Bandbreite, auch was Theorie und Historie des Berufsfeldes betrifft, ist die Arbeit von Wienand (2002) grundlegend. Sie bietet einen Überblick über die Entstehung und Entwicklung des Berufsfeldes. Sie stützt sich im Wesentlichen auf Sekundärliteratur; der Bereich PR-Dienstleistung findet kaum Beachtung. Einen aktuellen Stand der Berufsfeldforschung auch in Bezug auf historische Aspekte bietet die breit angelegte empirische Studie von Szyszka, Schütte und Urban (2009) zu Public Relations in Deutschland. Sie bietet zudem einen generellen Blick auf die gegenwärtige Struktur externer PR-Dienstleistung.

Bisher gehen die meisten Betrachtungen des Berufsfeldes davon aus, dass PR-Arbeit von ihrer historischen Entwicklung her zunächst am markantesten beim Organisationstypus Unternehmen funktionalisiert wurde und sich dieser Status bis heute erhalten hat. Der Dienstleistungssektor rückt nur langsam in den Fokus. Eine erste Bestandsaufnahme, die sich explizit mit externer Dienstleistung – speziell PR-Beratung – befasst, ist der Sammelband von Röttger und Zielman (2009), darin auch die Studie von Vowe und Opitz (2009) zur Unterscheidung externer Dienstleister für politische PR von anderen Kommunikationsdienstleistern. Besonders auf den politischen Bereich zielen eine neuere Studie von Röttger und Zielman (2012) zu den Interaktionsstrukturen zwischen Beratern und Klienten und die Studie von Seitz (2014) zur Rolle von PR- und Werbeagenturen in der Regierungs-kommunikation. Begriffsbestimmungen in Bezug auf den aktuellen PR-Dienstleistungsmarkt und die Organisationseinheit PR-Agentur leisten die Dissertationen von Fuhrberg (2010) und Säuberlich (2013).

Nationale professionstheoretisch geleitete Untersuchungen teilweise mit historischem Bezug existieren für die im weiteren Sinne benachbarten Berufsfelder Steuerberatung (Holldorf, 2003), Unternehmensberatung (Höner, 2008), EU-Journalismus (Offerhaus, 2011) und Personalberatung (Neudeck, 2015).

4.4 Periodisierung und Professionalisierung benachbarter Kommunikationsberufe

Wie bereits ausgeführt sind die Berufsfelder der benachbarten Kommunikationsdisziplinen Werbung und Journalismus von besonderem Interesse.

4.4.1 Werbung und Werbeberuf

Periodisierungen und spezifische Phaseneinteilungen deutscher Werbegeschichte werden in der Forschung nur vereinzelt diskutiert (Reinhardt, 1993, S. 429-445). In Deutschland wird die Etablierung des Werbeberufs auf die Mitte des 19. Jahrhunderts datiert (Hirt, 2013, S. 115). Die Entstehung eines Berufs „freiberuflicher Werbeberater" erfolgte ungefähr 50 Jahre später (S. 118). Nach rascher Ausbreitung und Etablierung der Werbung (Brecheis & Siegert, 2010, S. 71) stellte der erste Weltkrieg eine erste wesentliche Zäsur für die Angehörigen des Werbeberufs dar. Die Werbewirtschaft befand sich aufgrund politisch motivierter Einschränkungen und der kriegsbedingten Wirtschaftslage in einer prekären Lage. Viele Werber kämpften um ihre Existenz, was sich durch die Nachkriegsinflation noch weiter verstärkte (S. 126-127). Die wirtschaftliche Erholung in den 1920er Jahren verschaffte dann dem noch jungen Berufsfeld eine erste wirtschaftliche und gesellschaftliche Anerkennung, was auch zu einer zunehmenden Verbreitung des Werbeberufs führte (S. 130). Die mit der Normalisierung der allgemeinen Wirtschaftssituation in den „Goldenen Zwanzigern" erstarkende Werbewirtschaft zeigte in dieser Zeit mit der Ausformulierung des Berufsbildes, anfänglicher Ausbildung und Verwissenschaftlichung erste Professionalisierungsmomente (S. 136-164). Dieser Aufschwung fand in der Weltwirtschaftskrise von 1929 ein abruptes Ende. Viele Werbekommunikatoren projizierten zu Beginn der 1930er Jahre ihre berufsspezifischen Hoffnungen in den Nationalsozialismus (S. 216). Während des NS-Regimes wurde die Werbewirtschaft teilweise gleichgeschaltet. Die klassische Werbetätigkeit der NS-Werber verlor immer mehr an Bedeutung und je stärker die Rüstungsanstrengungen während des Krieges forciert wurden, umso mehr wurden sie in die Rolle politischer Propagandisten gedrängt (S. 364). Auch für die deutsche Werbewirtschaft schlug 1945 die „Stunde Null". Der wirtschaftliche und strukturelle Neubeginn fand mit der Währungsreform 1948 seinen Anfang (S. 390). Die erste große Konsumwelle der Nachkriegszeit bescherte der Werbewirtschaft einen Höhenflug, verbunden auch mit der Etablierung neuer Werbeträger, allen voran dem Fernsehen. Gegen Ende der 1950er Jahre wurde dann langsam auch der Einfluss neuer Marketingansätze spürbar. Die Phase werbewirtschaftlicher Prosperität fand dann Mitte der 60er Jahre durch die Sättigung der Märkte ein erstes Ende. Hinzu kamen die massiven politischen und gesellschaftlichen Umbrüche begleitet von Protestbewegungen. Die Werbung wurde zum Kumulationspunkt der Kritik. Diese Phase der Werbekritik reichte bis in die Mitte der 70er Jahre und führte zu einem Imageverlust der Werbung und zur Verunsicherung vieler Werber, die bis in die 80er Jahre reichen sollte. Erst die Inszenierung der Aktiv-Kultur ab Mitte der 70er Jahre sorgte für neuen wirtschaftlichen Aufschwung (Brecheis & Siegert, 2010, S. 74-77).

Eine Professionalisierungsdiskussion innerhalb des Berufsfeldes wird nur in Ansätzen geführt. Hirt (2013) spricht von einer „Expertengemeinschaft" der Werbekommunikatoren, deren Professionalisierungsgrad allerdings bis in die 1970er und 80er Jahre relativ gering blieb. Zwar verfügten viele über eine abgeschlossene Berufsausbildung, doch war das Berufsfeld zwischen 1919 und 1939 geprägt von Autodidakten und Quereinsteigern. Maßgebliche Defizite sieht er in seinem Untersuchungszeitraum in dem Mangel an zertifizierten Ausbildungsstrukturen und universitärer Verankerung (S. 486). Siegert und Brecheis (2010) verorten bis in die heutige Zeit hinein die Werbung auf einem Pfad zunehmender Professionalisierung, befördert durch die Ausdifferenzierung des Berufs, die Etablierung spezifischer Ausbildungsgänge und eine steigende Berücksichtigung wissenschaftlicher Erkenntnisse (S. 177). Koppetsch (2006) macht hierfür, mit Blick auf die kreativen Werbeberufe, die Abkehr von der rein absatzorientierten Sichtweise und die Ästhetisierung von Werbung verantwortlich. Sie sieht diese Neukonfiguration des Berufsfeldes seit den 1980er Jahren als „Aufstiegsprojekt" der Kreativen und das Konzept der „Kreativwerbung" als Professionalisierungsstrategie (S. 164-171). Trotzdem beurteilt sie den Professionalisierungsgrad der Werbeberufe als gering. Ihr Hinweis gilt der limitierten Organisations- und Verbandsmacht des Berufsfeldes, das nach ihrer Ansicht auch in Zukunft von ökonomischen Konjunkturen und den Interessen der Auftraggeber abhängig bleiben wird (S. 182).

4.4.2   Journalismus

Eine historische Periodisierung des Journalismus befindet sich auch fast neunzig Jahre nach der Veröffentlichung einer ersten Berufsgeschichte durch Baumert im Jahre 1928 immer noch in einem Entwicklungsstadium. Baumerts (2013) Grundeinteilung in eine präjournalistische Phase und die Unterscheidung entlang des Wandels der journalistischen Grundfunktionen zwischen „korrespondierenden", „schriftstellerischen" und „redaktionellen" Journalismus hat bis heute Bestand. Erst durch die Arbeit von Birkner (2012) erfährt die Geschichte des Journalistenberufes in Deutschland für die Zeit zwischen 1605 und 1914 eine aktuellere Aufarbeitung. Er unterscheidet die Phasen

- Genese (1605-1848)

- Formierung (1849-73)

- Ausdifferenzierung (1874-1900)

- Durchbruch des modernen Journalismus (1900-1914).

Birkners Periodisierungsvorschlag ist allerdings aufgrund seiner eng gesetzten Grenzen in der Forschung nicht unumstritten (Wilke, 2013, S. 86). Eine Phaseneinteilung der Zeit nach dem ersten Weltkrieg findet bisher lediglich im Rahmen der allgemeinen Presse- und Mediengeschichte statt. Die Phase zwischen 1914 und der Machtergreifung 1933 ist berufsfeldgeschichtlich kaum erschlossen. Insgesamt war die Presse durch Inflation (bis 1923) und politische Krisensituation (ab 1930) soweit geschwächt, dass sie mit Beginn der 30er Jahre zahlreiche Ansatzpunkte für die pressepolitischen Maßnahmen der Nationalsozialisten bot (Pürer & Raabe, 2007, S. 81). Unmittelbar nach der Machtergreifung begann der Nationalsozialismus mit der teilweisen Aus- und sukzessiven Gleichschaltung der Presse. Für die Nachkriegsgeschichte unterscheiden Pürer und Rabe

- Wiederaufbau des Pressewesens nach 1945

- Phase der Lizenzzeitungen und Altverleger-Presse (1949-1954)

- Phase der Pressekonzentration (1954-1976)

- Phase der Konsolidierung (1976-1985).

In ihrer sich auf die medialen Wandlungsprozesse der Bundesrepublik bis 1973 konzentrierenden Historiographie grenzt von Hodenberg (2006) Phasen voneinander ab, die auch berufsgeschichtliche Aspekte verarbeiten. Sie unterscheidet die Lizenzphase zwischen 1945-1949, die durch Entnazifizierung und Neuordnung des Medienwesens gekennzeichnet war. Darauf folgt bei ihr die Phase der „kurzen Fünfziger" bis 1957, die eine Rückkehr zu den journalistischen Vorkriegsstandards brachte (S. 442-443). Insgesamt ist für sie die Phase zwischen 1945-1957 eine „Ära der eingehegten Kritik", in der sich der Journalismus bedingt durch die Medienpolitik der Alliierten und den Maßgaben der „Kanzlerdemokratie" Adenauers konsensorientiert entwickelte (S. 226-228). Einen tiefgreifenden Wandel in Öffentlichkeit und Medienbranche sieht sie im Verlauf der 60er Jahre, der auch durch Veränderungen im Selbstverständnis der Journalisten befördert wurde. Bereits im letzten Drittel der 50er Jahre zeichnete sich ein Generationswechsel ab, der das Profil der Berufsgruppe deutlich verändern sollte (S. 229). Jüngere Journalisten etablierten sich und veränderten die Medienpraxis (S. 293). Sie bezeichnet die Periode zwischen Ende der 50er Jahre und 1964 als „Orientierungskrise" (S. 444). Diese Phase war auch gekennzeichnet von zunehmender Zeitkritik, die sich dann zwischen 1965 und 1973 durch die Protestbewegungen weiter radikalisierte (S. 361).

Das Thema Professionalisierung wird in der Journalismusforschung seit Jahrzehnten diskutiert. Bereits Mitte der 1970er Jahre stellte Kepplinger (1976) die Frage nach der Professionalisierung des Journalismus und befand anhand einer Auswahl berufssoziologischer Merkmale, dass es sich bei diesem Beruf nicht um eine Profession handelte. Verantwortlich machte er hierfür den offenen Berufszugang, die fehlende Kompetenz und Verantwortung und die Eingriffsmöglichkeiten von Berufslaien. Er schloss allerdings damals nicht aus, dass sich der

Beruf in einem Professionalisierungsprozess befinden würde, der unter bestimmten Umständen erfolgreich abgeschlossen werden könnte. Der Beginn eines solchen Professionalisierungsprozesses in Deutschland wird auf das 19. Jahrhundert datiert. Verbunden mit Bevölkerungswachstum und Expansion der Tagespresse wurde Journalismus immer mehr zum vollwertigen Lebensberuf. Es bildete sich ein homogenes, berufliches Selbstverständnis und Berufsorganisationen begannen Standesinteressen zu artikulieren. Um die Jahrhundertwende kamen erste Ansätze einer Journalistenausbildung hinzu (Wilke, 2013, S. 90-93). Die neuere Forschungsdiskussion zum Berufsfeld beschäftigt sich grundlegend mit der Frage, ob der Journalismus überhaupt professionalisierbar ist. Kepplingers Antwort fällt vierzig Jahre später negativ aus. Er sieht eine professionelle Kompetenz und Autonomie immer noch nicht als gegeben und glaubt nicht mehr an eine Professionalisierbarkeit – hält sie aber in einer liberalen Demokratie auch nicht mehr für erforderlich (Kepplinger, 2011, S. 245-249). Donsbach (2013) teilt die kritische Einschätzung Kepplingers. Er plädiert für das Modell einer „Wissens-Profession Journalismus", für die er den Abschied von gängiger Ausbildung und üblichen Berufsstrukturen fordert. Die Professionalisierung des Journalismus ist für ihn letztlich „eine Frage des angemessenen Rollenverständnisses, der daraus folgenden Kompetenzen und der Fähigkeit des Berufs als soziale Organisation, die entsprechende Qualität auch einzufordern." (S. 108-110).

4.5 Forschungsdefizite

Studien, die eine historische Aufarbeitung der PR-Dienstleistungsbranche bieten, gibt es bisher nicht, obwohl eine Auseinandersetzung mit ihrer Entstehung und Entwicklung sinnvoll wäre – ist sie doch im Laufe der Jahrzehnte zu einem maßgeblichen Wirtschaftsfaktor geworden.

In der kommunikationswissenschaftlichen Forschung spielt sie so gut wie keine Rolle (Röttger, 2009, S. 8-9). Grundlegende Studien, die sich explizit ihrer Geschichte widmen, liegen bisher nicht vor. In einem ersten „Defizitbericht" thematisiert Reinhold Fuhrberg bereits 1997 (Fuhrberg, 1997, S. 219-232) diese Forschungslücke. Sandhu erneuert 2009 die Forderung nach „Analyse der Genese und Entwicklung der PR-Beratung" (Sandhu, 2009, S. 167).

Dringend geboten ist in Anbetracht einer aktuell kaum erschlossenen Quellensituation eine systematische Recherche nach und Erschließung von Beständen in Unternehmen, Institutionen, Agenturen und Ausbildungseinrichtungen nach 1945. Eine Erschließung von Beständen zur Berufshistorie festangestellter PR-Fachleute für diesen Zeitraum fehlt bisher ebenfalls. Notwendig wäre zudem eine Identifizierung von Zeitzeugen, die für eine PR-historische Erschließung der Zeit nach 1970 befragt werden könnten. Relevante Zeitzeugen standen für den bearbeiteten Zeitraum dieser Untersuchung leider nicht zu Verfügung. Über ein solches Material könnte unter anderem auch eine Professionalisierung des beruflichen Handelns (Raupp, 2009, S. 173-185) historisch erarbeitet werden. Ein wesentlicher Fundus, der für generelle PR-historische Forschung bisher ungenutzt geblieben ist, sind die Bestände der existierenden PR-Fachzeitschriften. Gerade sie liefern umfangreiche Inhalte zur strukturellen Etablierung der Public Relations jenseits der ideengeschichtlichen Entwicklung. Zur Einordnung der nationalen Entwicklungslinien würden vergleichende Länderstudien und vergleichende Professionalisierungsstudien mit benachbarten Berufsfeldern beitragen.

4.6 Zusammenfassung

Seit ihren Anfängen zu Beginn der 1990er Jahre stand innerhalb der deutschen PR-Geschichtsforschung besonders die Zeit vor 1945 im Focus. Die Zeit nach dem zweiten Weltkrieg rückt erst langsam in den Blick. Primärquellen sind bisher kaum erschlossen. Die Auseinandersetzung mit der deutschen PR-Geschichte bewegt sich seit fast zwei Jahrzehnten auch entlang ihrer historischen Phaseneinteilung. Deren Modelle werden bis in die heutige Zeit angepasst. Während sich die Wirtschaftswerbung ebenfalls zu einem Forschungsfeld der Geschichtswissenschaft entwickelt hat, erfolgt die Auseinandersetzung mit PR-Geschichte fast ausschließlich innerhalb der PR-relevanten kommunikationswissenschaftlichen Studienrichtungen. Die PR-Berufsfeldforschung zeichnet sich durch rege Forschungstätigkeiten aus. Es dominieren aktuellere Erhebungen zum Berufsstand, die mit professionstheoretischen Diskussionen verbunden sind, in denen verschiedene Ansätze und der Professionalisierungsstatus des Berufsfeldes erörtert werden. Historische Aspekte werden bisher nur marginal berücksichtigt. Intensiviert hat sich in den letzten Jahren die Forschung zur PR-Beratung und -Dienstleistung. Der Blick auf die benachbarten Kommunikationsdisziplinen Werbung und Journalismus zeigt jeweils eine sich in der Entwicklung befindliche historische Periodisierung und Ansätze einer Professionalisierungsdiskussion. So werden in beiden Berufsfeldern Professionalisierungsprozesse festgestellt, der Entwicklungsgrad aber als eher gering eingestuft. Das Erreichen des Professionsstatus gilt als unwahrscheinlich.

Forschungslücken sind in der generellen PR-historischen Aufarbeitung der Zeit nach 1945 festzustellen. Historische Studien zur PR-Beratung oder PR-Dienstleistungsbranche existieren bisher nicht. Auch das PR-Gesamtberufsfeld ist historisch bisher kaum erforscht. Wichtig ist in diesem Zusammenhang die Recherche nach historischen Primärquellen für diesen Zeitraum und deren Erschließung.

5 Theoretischer Bezugsrahmen

Für die Entwicklung des theoretischen Bezugsrahmens der Forschungsarbeit ist ein grundlegendes Verständnis berufssoziologischer Termini und eine Definition des Institutionen- und Institutionalisierungsbegriffs Voraussetzung. Im Folgenden werden diese ebenso erörtert wie die innerhalb der Professionssoziologie existierenden Theorieansätze und ihre Entwicklungsmomente. Darüber hinaus wird die professionstheoretische Diskussion innerhalb des PR-Berufsfeldes nachgezeichnet. Mit Blick auf die historische Forschungsproblematik wird innerhalb eines spezifischen Theorierahmens der individuelle Professionalisierungsansatz dieser Studie entwickelt. Das daraus abgeleitete Kategoriensystem strukturiert den Forschungsprozess.

5.1 Verständnis berufssoziologischer Termini

Die vorliegende Analyse bedient sich theoriegeleitet eines Fundus berufssoziologischer Termini, deren Bedeutung und Verständnis im Folgenden erläutert werden. Ausgangspunkt ist die Annahme, dass es sich bei PR-Beratung bzw. dem PR-Berater im soziologischen Sinne um einen Beruf handelt. Des Weiteren wird davon ausgegangen, dass eine Profession eine besondere Form von Beruf ist, so dass Professionalisierung (eine nähergehende Spezifizierung dieses Schlüsselbegriffs erfolgt in einer gesonderten Betrachtung) im weitesten Sinne als Wandel eines Berufs zur Profession bezeichnet werden kann.

Eine Bestimmung des Berufsbegriffs basiert auf einem neuzeitlichen Verständnis von Arbeit. Mit der Moderne im 17./18. Jahrhundert etablierte sich ein säkularisiertes Verständnis von Arbeit. In Abkehr vom antiken und jüdisch-christlichen Arbeitsbegriff wandelt sich Arbeit zu einer „weltlichen Leistung". Maßgeblich beeinflusst durch die Thesen von John Locke wird die bisherige Vorstellung von Arbeit als Mühsal und Last durch die Idee der technischen Arbeitserleichterung ersetzt. Der Mensch erwirbt sich durch Arbeit ein Eigentumsrecht an Dingen und verleiht diesen ihren Wert. Adam Smith legt dann die Basis für ein modernes ökonomisches Verständnis von Arbeit. Für ihn schafft nur agrarische oder industrielle Arbeit wirklich Werte und ist Grundlage für Wohlstand und Reichtum. Der Arbeitsbegriff von Karl Marx knüpft daran an. Er sieht Arbeit, im Sinne von Produktionsarbeit, als zentralen Vermittlungsmechanismus von Mensch und Umwelt. Der Mensch sichert durch zielgerichtetes

Eingreifen in die Natur sein Überleben. Arbeit ist eine ursprüngliche Wesensbedingung jeden menschlichen Daseins. Diesen grundsätzlich positiven Arbeitsbegriff entwertet erst die Trennung zwischen Kapital und Arbeit. Menschliche Geschichte und Arbeitswert sind für Marx unmittelbar verknüpft. Zu Beginn war Arbeit nicht entfremdet, sondern unmittelbar bezogen auf den Bedarf des Menschen. Erst diese Trennung entfremdet den Menschen von seiner Tätigkeit und seinen Produkten. Arbeit wird zur Ware. Unter kapitalistischen Bedingungen kann der mittellose Mensch nur leben, wenn er seine Arbeitskraft als Ware verkauft (vgl. Pfadenhauer, 2003, S. 15-18). Diese Einstellung der Moderne zur Arbeit, mitgetragen von der protestantischen Arbeitsethik Luthers und Calvins (hierzu Weber, 2005), sowie die zunehmende Arbeitsteilung gelten als Basis für die heutige Arbeitsorganisation in Berufen. Historisch rückführbar ist der Berufsbegriff auf Martin Luther, der im Spätmittelalter das griechische Wort für Arbeit mit Beruf übersetzte. Sein Kerngedanke war die „göttliche" Berufung des Einzelnen zur Arbeit. Erst zu Beginn des 19. Jahrhunderts kam es semantisch zu einer deutlichen Trennung der auf Erwerb des Lebensunterhalts zielenden Berufsarbeit und der theologischen Bedeutung im Sinne von Berufung. Diese begriffliche Abgrenzung ging einher mit der „Säkularisierung" des Arbeitsbegriffs (vgl. Conze, 1972, S. 490-507).

Ebenso zentral für das moderne Berufsverständnis ist die arbeitsteilige Ausdifferenzierung der Industriegesellschaft. Arbeitsteilung bedeutet, dass nicht der Einzelne alle Arbeiten zur Sicherung seiner Existenz selbst erbringen muss, sondern Arbeit sich auf die Mitglieder der Gesellschaft spezialisiert verteilt und über Kooperation und Marktbeziehungen ausgetauscht wird. Nur unter den sozioökonomischen Bedingungen eines entwickelten Warenaustausches in Verbindung mit Lohnarbeit konnten sich systematisch die allgemeinen Strukturmerkmale der beruflichen Form von Arbeitsorganisation herausbilden. Innerhalb dieser Form muss eine bestimmte Tätigkeit als gesellschaftlich wertig gelten, um sie als Berufstätigkeit bezeichnen zu können. Sie muss darüber hinaus als fachmännisch anerkannt, organisiert und (relativ) dauerhaft mit einer Erwerbs- und Versorgungschance verknüpft sein (vgl. Beck et al., 1980, S. 41). Auf allgemeine Zustimmung trifft bis in die heutige Zeit Max Webers Definition eines Berufs als Spezifizierung, Spezialisierung und Kombination von Leistungen einer Person als Grundlage einer kontinuierlichen Versorgungs- und Erwerbschance (vgl. Weber, 1972, S. 80). In der deutschen Berufssoziologie ist die Berufsdefinition von Beck, Brater und Daheim (1980) weitgehend akzeptiert:

> „In diesem Sinne können wir Berufe definieren als relativ tätigkeitsunabhängige, gleichwohl tätigkeitsbezogene Zusammensetzungen und Abgrenzungen von spezialisierten, standardisierten und institutionell fixierten Mustern von Arbeitskraft, die u. a. als Ware am Arbeitsmarkt gehandelt und gegen Bezahlung in fremdbestimmten kooperativ-betrieblich organisierten Arbeits- und Produktionszusammenhängen eingesetzt werden." (S. 20)

Dem Beruf kommt hier im Hinblick auf den Kauf und Verkauf von Arbeitskraft eine klare Tauschwertfunktion zu, die nur zum Tragen kommt, wenn der Markt den Gebrauchswert der Arbeitskraft – nur inhaltlich besondere Fähigkeiten können als Ware angeboten werden – als relevant erachtet. Unter diesen Bedingungen entwickelt sich die spezifische Berufsform der

Arbeit in einem Prozess der Verberuflichung nach einem theoretischen Muster: Zur Wahrung der eigenen Versorgungschance entwickelt der Arbeitende die Tendenz zur Abschottung und Monopolisierung seines Arbeitsbereiches. Durch diese Kompetenzmonopole entstehen sozial stabilisierte Abgrenzungen, innerhalb derer verschiedene Spezialisten ihre Arbeitsfelder sich gegenseitig definieren, indem sie ihren Bereich festlegen und andere daraus fernhalten. Gleichzeitig löst sich der Arbeitsbereich vom einzelnen Anbieter ab und wird intergenerationell übertragbar. Das System verselbständigt sich gegenüber den Einzelnen und erhält Dauer. Die Arbeitsteilung verfestigt sich zu sozialen Positionen, in denen die individuellen Positionsinhaber austauschbar werden. Die Besitzer identischer Arbeitsfelder bilden eine Definitionsfront gegenüber denen die diese Fähigkeiten nicht besitzen und schließen sie vom Zugang aus. Unter Marktbedingungen entsteht der Zwang zur ständigen Rationalisierung. Die Arbeitenden werden gezwungen, über die Ausbildung ihre eigene Qualifikationsentwicklung auf vermarktbare Qualifikationen zu beschränken (vgl. ebd., S. 35-37).

Doch der Beruf ist nicht nur ein ökonomisches Organisationsprinzip, er ist auch eine soziale Vermittlungsinstanz zwischen Gesellschaft und Individuum. Mit dem Beruf werden persönliche Attribute wie Bildung, Fertigkeiten und Wertvorstellungen verbunden. Er markiert die Position des Individuums in der Gesellschaft, seinen Status, seine Macht, sein Prestige und seine Ressourcen (vgl. Höhner, 2008, S. 121). Er gilt als „der entscheidende Faktor der biographischen Identitätsbildung und der individuellen Konstruktion von Lebenssinn" (Pfadenhauer, 2003, S. 22).

Die Fremd- und Selbstidentifizierung mit dem Beruf prägen die Persönlichkeit und sind grundsätzlich nicht negativ zu bewerten, denkt man z. B. an das Standesbewusstsein der freien Berufe oder den Produzentenstolz der Industriearbeiter. Der Warenaustausch hat die traditionellen identitätsstiftenden Beziehungen wie Religion oder Verwandtschaft in den Hintergrund treten lassen. Der Mensch begegnet sich in der modernen Gesellschaft in seiner Eigenschaft als Teilnehmer am Warenaustausch entweder als Anbieter oder Abnehmer. Die Ware ist der Bezugspunkt, auf den hin alle anderen Merkmale und Verhaltensweisen der Person Relevanz entwickeln. Der Beruf verdinglicht die Sozialbeziehungen, in denen sich die Menschen nicht als konkrete Individuen, sondern in ihren Rollen als Warenbesitzer begegnen. Die Selbstidentifizierung mit dem Beruf ist eng verknüpft mit der Übernahme der durch signifikante Andere zugeschriebenen Identität. Aber auch die innere Verpflichtung auf den gewählten Beruf durch Ausbildung, Spezialisierung und Karriereverlauf verstärken Bindung und Identifikation. Die Erreichung eines Expertenstatus verleiht aufgrund des eigenen Wissens-monopols und der realen Abhängigkeit von Laien vom eigenen Wissen und Können ein Überlegenheitsgefühl, das ebenfalls zur Quelle von Selbstwert und Selbstbestätigung wird. Sie findet ihren Ausdruck in einem beruflichen Habitus, der die theoretischen und praktischen Schemata, die in diesen lebensgeschichtlichen Bildungsprozessen aufgebaut werden, in wechselnden Situationen funktionalisiert (vgl. Windolf, 1981, S. 13). In dieser Kombination ist der Beruf nicht irgendeine Rolle mit peripheren Anforderungen und Sozialisationspotentialen, sondern der Mittelpunkt sozialer Identitätszuschreibung und persönlicher Selbstidentifizierung (vgl. Beck et al., 1980, S. 215-223).

Einen besonderen Status innerhalb der Gesellschaft nehmen die sogenannten „freien oder liberalen Berufe" ein. Der Begriff geht bis in die Spätantike zurück und bezieht sich auf das Studium der sieben freien Künste, der artes liberales, das ausschließlich freien Bürgern vorbehalten war. Anfänglich stand das Erlernen dieser Künste um ihrer selbst willen im Vordergrund. Erst im Frühmittelalter entstanden aus ihnen, befördert durch die Gründungen von Universitäten, Tätigkeiten, die dem Lebensunterhalt dienten. Im Vordergrund der Berufsausübung standen altruistische Motive und Gemeinwohlorientierung. Zu den „freien Berufen" zählten im Mittelalter die Heilberufe, die Jurisprudenz sowie Künstler und Schriftsteller. Die wirtschaftliche und technische Komplizierung des Lebens seit der Renaissance führte zu einer Erweiterung der „freien Berufe" um technische und wirtschaftsberatende Berufe.

Die historische und kulturelle Abhängigkeit des Begriffs erschwert eine klare allgemeingültige Definition. Während es der Soziologie schwer fällt, das komplexe Phänomen „freier Beruf" abzugrenzen und adäquat zu erfassen, hat sich eine Definition des Bundesverbandes der freien Berufe (BFB) etabliert (vgl. Mieg, 2003, S. 17; vgl. Höhner, 2008, S. 126). Die BFB-Mitgliederversammlung hat 1995 folgende Definition verabschiedet: "Die Freien Berufe haben im Allgemeinen auf der Grundlage besonderer beruflicher Qualifikation oder schöpferischer Begabung die persönliche, eigenverantwortliche und fachlich unabhängige Erbringung von Dienstleistungen höherer Art im Interesse der Auftraggeber und der Allgemeinheit zum Inhalt." (BFB-Website, 2016). Geprägt sind sie durch die Attribute hohe Professionalität, Verpflichtung gegenüber dem Allgemeinwohl, strenge Selbstkontrolle, Eigenverantwortlichkeit und Unabhängigkeit (vgl. ebd., 2016). Im engeren Sinne konzentriert sich Freiberuflichkeit auf zwei wesentliche Merkmale. Zum einen handelt es sich um eine persönliche Leistung, bei der ein schutzwürdiges Verhältnis zu einem Klienten aufgebaut wird, zum anderen handelt es sich um eine selbständige und weisungsungebundene Arbeit.

Für die Charakterisierung von Professionen ist der Begriff „freie Berufe" nach Einschätzung der deutschen Professionssoziologie allerdings nicht ausreichend (vgl. Mieg, 2003, S. 18). In der wissenschaftlichen Diskussion wird einheitlich von Professionen gesprochen. Zurückführen lässt sich der Begriff Profession auf das lateinische Verb „profiteri", dem das „subjektive Moment des Bekenntnisses im Sinne eines (Ordens-)Gelübdes" innewohnt. Der Sonderstatus jener Berufe, die heute noch als Professionen bezeichnet werden, kann darauf zurückgeführt werden: Ärzte, Geistliche und Juristen. Doch obwohl sich die Idee des Eides noch in einigen Berufen gehalten hat, wird dieses Kriterium nicht zur Unterscheidung von Professionen und anderen Berufen angeführt. Der kleinste gemeinsame Nenner, auf den sich die Vertreter der unterschiedlichen professionstheoretischen Ansätze einigen können, ist, dass sie sich von anderen Berufen anhand bestimmter Merkmale unterscheiden. Um welche relevanten Merkmale es sich handelt, darüber besteht eine lange Tradition der Auseinandersetzung (vgl. Pfadenhauer, 2003, S. 31-32).

Pragmatischer ist hier die Geschichtswissenschaft. Eine Arbeitsdefinition, die zwar einfach, aber klar umrandet ist, kommt von Charles McClelland (1985). Eine moderne *profession* sieht er als

> „Beruf, der andauernde, praktisch ausschließliche Arbeit im Dienst-leistungssektor aufgrund langjähriger, spezialisierter Ausbildung auf tertiärer Ebene und nach Ausweisung eines entsprechenden kognitiven Wissens durch Examen verlangt. Die Professionalisierung ist dementsprechend der dynamische, vielseitige Prozess, durch den moderne *professions* gestaltet, d. h. neue erst geschaffen und alte „klassische" modernisiert werden."
> (S. 237)

Wichtig ist in diesem Zusammenhang besonders der historische Bezug auf die unterschiedlichen nationalen Berufstraditionen. In der anglo-amerikanischen Berufswelt bezeichnen die *professions* eine organisierte Berufsgruppe mit einer relativ hohen Autonomie, die ihren Ausdruck in der Kontrolle der Arbeitsbedingungen, wie Berufsausbildung, Marktzutritt und Leistungsdefinition, findet. Sie grenzen sich damit von den *occupations*, den gewöhnlichen Berufen ab. In der kontinentaleuropäischen Berufstradition findet diese Autonomie keine Entsprechung, da besonders die Berufsausbildung sich weitgehend in staatlicher Obhut befindet (vgl. Mieg, 2003, S. 11-14).

5.2 Zum Institutionen- und Institutionalisierungsbegriff

Weitere Begriffe, die forschungsproblematisch ein- und abgegrenzt werden müssen, sind Institutionalisierung bzw. Institution. Auch hier gibt es unterschiedliche Ebenen des Zugangs, die je nach Disziplin variieren.

Sehr unscharf und in der Alltagssprache wie in der wissenschaftlichen Diskussion oft heterogen gebraucht ist der Institutionenbegriff. Sozialwissenschaftlicher Konsens ist, dass es sich um soziale Beziehungs- und Verhaltensmuster handelt, die eine gewisse Gleichförmigkeit in zeitlicher und räumlicher Hinsicht aufweisen (vgl. Zapf & Dierkes, 1994, S. 9). Für den Wirtschaftshistoriker und Vordenker der Neuen Institutionenökonomik (NIÖ) Douglass C. North (1992) sind Institutionen erdachte Spielregeln menschlicher Interaktion. Ihr Hauptzweck ist es, durch die Schaffung einer stabilen Ordnung diesen Interaktionen die Unsicherheit zu nehmen. Zu ihrer Wirkungsweise gehört die Feststellung und Sanktion von Regelverletzungen. Institutionen sind einem kontinuierlichen Wandel unterworfen. North unterscheidet sehr deutlich zwischen den Begriffen Institution und Organisation. Auch Organisationen bringen als Gruppen von Einzelpersonen, die ein gemeinsamer Zweck oder ein Ziel verbindet, Ordnung in menschliche Interaktionen (vgl. ebd., S. 3-7).

Der Begriff der Institutionalisierung kann sowohl als Zustand als auch als Prozess definiert werden. Als Zustand bedeutet Institutionalisierung, dass die von den Mitgliedern der Gesellschaft geteilten Deutungssysteme als objektiv und extern betrachtet werden. Institutionen besitzen den Status eines sozialen Faktums. Für diese Arbeit wesentlicher ist das Prozessverständnis. Danach ist Institutionalisierung ein Vorgang, durch den soziale Beziehungen und Handlungen selbstverständlich sind und nicht mehr hinterfragt werden (vgl. Kieser & Ebers, 2006, S. 355). Nach Berger und Luckmann (2004) wird dieser Prozess in vier Phasen gegliedert: Habitualisierung, Typisierung, Objektivierung und Sedimentierung. Mit Habitualisierung sind die Reproduktion von Handlungen und ihre routinierte Verinnerlichung gemeint. Hängen diese Handlungen nicht mehr vom einzelnen Individuum ab, sondern wird ihr Sinn auch von anderen verstanden, spricht man von Typisierung. Die Objektivierung tritt ein, wenn durch die Weitergabe der habitualisierten Handlungen eine objektive Wirklichkeit sprich Institution entsteht, die einen langfristigen Charakter und die Kontrolle besitzt, Handlungen in eine bestimmte Richtung zu lenken. Werden diese Handlungsweisen und Praktiken über Generationen weitergegeben, werden sie durch Sedimentierung in der Gesellschaft „abgelagert". Hat der Institutionalisierungsprozess diese Phase erreicht, gilt er als vollständig und verankert (vgl. ebd., S. 58-74).

Wird der Prozess der Institutionalisierung nun auf den Beruf bzw. das berufliche Handeln übertragen, so durchläuft er nach Mayntz (1988) drei Stufen:

1. Berufliche Handlungen als situative Problemlösungen: ein Akteur übernimmt anlassbezogen eine Aufgabe und löst das Problem.

2. In dieser Stufe ist eine wiederkehrende Struktur von Handlungen erkennbar, die sich in bestimmten Funktionsrollen niederschlägt. Gleiche Akteure übernehmen regelmäßig bestimmte berufliche Aufgaben und entwickeln Routinen in der Problemlösung.

3. Die größeren sozialen Gebilde dieser Stufe zeichnen sich dadurch aus, dass sie berufliche Handlungen nach dem immer gleichen Prinzip wiederholen und Arbeitsteilung in formalen Organisationsstrukturen mit spezifischen Routinen praktizieren (vgl. ebd., S. 20-23).

5.3 Ansätze und Perspektiven der Professionstheorie

In der Professionssoziologie existiert eine Vielzahl teilweise aufeinander aufbauender teilweise konkurrierender Theorieansätze. Einen Überblick über die maßgeblichen Entwicklungsstränge und Denkschulen bieten die Darstellungen von Mieg (2003 und 2005), Pfadenhauer (2003) und Schmeiser (2006), die in vielen professionsspezifischen Studien der letzten Jahre (Spatzier 2011, Offerhaus 2011; Brandt 2009; Höner 2008) grundlegend verwendet wurden.

Schmeiser systematisiert idealtypisch drei unterschiedliche Ansätze, die er historisch ableitet und die seines Erachtens die Grundstruktur der Professionssoziologie bis Ende der 1990er Jahre gut erfassen. Er unterscheidet das mehr soziographische Merkmalskatalogverfahren, das den Beginn der theoretischen Auseinandersetzung mit Professionen markiert, und die struktur- und machtorientierten Perspektiven, die analytisch anspruchsvollere Weiterent-wicklungen darstellen.

Differenzierter und unter Einbeziehung der aktuelleren Forschung unterscheidet Offerhaus (2011) fünf mit soziologischen Paradigmen verbundene bzw. sechs verschiedene Ansätze. Während der Merkmalsansatz als „theoriefrei" gilt, betonen der strukturfunktionalistische, der (revidierte) strukturtheoretische, der systemtheoretische, der machttheoretische und der symbolisch-interaktionistische jeweils unterschiedliche Perspektiven der Herausbildung von Professionen und des professionellen Handelns (vgl. ebd., S. 30).

Der Merkmalsansatz definiert einen Katalog von Merkmalen, die ein Beruf erfüllen muss, um als professionalisiert zu gelten. Abgeleitet werden diese Kriterien von prototypischen Professionen wie Ärzten, Juristen oder anderen akademischen Berufen. Jeder Beruf gilt grundsätzlich als professionalisierbar. Verbunden wird dieser frühe und einfachste Ansatz mit den Arbeiten von Carr-Saunders und Wilson (1964) und Wilensky (1964), der ein Verlaufsmodell entwickelte, das typische Etappen beschreibt, die Professionen historisch durchlaufen, und das häufig zur Beurteilung des Professionalisierungsgrades von Berufen angewendet wird.

Der strukturfunktionalistische Theorieansatz sieht die Professionen als Treuhänder zentraler gesellschaftlicher Werte wie Gesundheit, Gerechtigkeit und Wahrheit und rückt ihren Beitrag zur Lösung gesellschaftlich relevanter Probleme in den Vordergrund. Verbunden ist dieser Ansatz mit den Arbeiten von Talcott Parsons und William J. Goode. Für sie ist die wesentliche Aufgabe der Professionellen, relevantes Wissen und kognitiv anspruchsvolle Dienstleistungen der Gesellschaft zur Verfügung zu stellen. Zur Wahrnehmung dieser Aufgabe werden ihnen spezielle Rechte und Pflichten zugewiesen. Wesentlich ist die Vermittlungsfunktion zwischen der Wissenschaft und deren Anwendung in der Gesellschaft. Die Professionen wenden dieses Wissen an und wachen gleichzeitig über deren Erzeugung, Verbreitung und Verbesserung (Höner, 2008, S. 168-174; Schmeiser, 2006, S. 303-306).

Der strukturtheoretische Ansatz stellt eine Weiterentwicklung des strukturfunktionalistischen Ansatzes durch die deutsche Professionssoziologie dar und ist verbunden mit den Überlegungen von Ulrich Oevermann (1996). Sein Ansatz einer „revidierten Theorie professionalisierten Handelns" greift die analytischen Defizite der Strukturfunktionalisten im Hinblick auf die inneren Handlungsprobleme der Professionen auf und fokussiert die Binnenstruktur professionellen Handelns. Seine Klassifizierung als Profession basiert auf der Untersuchung der Professionalisierungsbedürftigkeit bestimmter Tätigkeiten beziehungsweise Berufe. Zudem stellt er die „Treuhänder"-Funktion infrage, die sich seiner Ansicht nach erst aus der institutionalisierten Stellung ergibt, und nicht aus der Binnenstruktur der Professionen (vgl. Höner, 2008, S. 178-182).

Zentral für Oevermann (1996) ist die Funktion der „stellvertretenden Krisenbewältigung". Im Leben der Menschen treten immer wieder Krisen auf, die eine adäquate Problembewältigung nur unter Zuhilfenahme professionalisierter Tätigkeiten ermöglicht. Er definiert drei Felder, auf denen dies erfolgt:

- zur Aufrechterhaltung von psycho-sozialer Integrität (zum Beispiel durch Ärzte)

- zur Aufrechterhaltung von Recht und Gerechtigkeit (zum Beispiel durch Juristen)

- zur methodischen Sicherung von Wahrheit (durch die Wissenschaft) (vgl. ebd., S. 88).

Doch geht es Oevermann in seiner Theorie nicht nur um die Bestimmung eines Professionalisierungsgrades. Maßgeblich ist für ihn der vorgelagerte Begriff der Professionalisierungsbedürftigkeit, den er anhand zweier Strukturmerkmale – dem wissenschaftlichen Diskurs und dem klientenbezogenen Arbeitsbündnis – ermittelt. Nur wenn diese beiden Professionalisierungsebenen vorliegen, kann für ihn von einer Profession gesprochen werden (vgl. ebd., S. 135; S. 124).

Der systemtheoretische Ansatz geht auf die Arbeiten von Niklas Luhmann zurück, obwohl er explizit keine Theorie der Professionen entworfen hat, sondern sich nur im Rahmen seiner religions- und rechtssoziologischen Schriften mit ihnen auseinandersetzt. Für Schmeiser (2006) ist dieses Maß der Auseinandersetzung zu gering, um eine tatsächliche Urheberschaft dieses Ansatzes zu begründen. Eher sind es die von der Systemtheorie beeinflussten Schriften von Rudolf Stichweh, die die Brücke in die Professionssoziologie schlagen. Wesentlich für diesen Ansatz ist die Frage nach dem Stellenwert der Professionen in einer funktional differenzierten Gesellschaft. Den Ursprung sieht er in der Rollendifferenzierung – in Funktionssystemen bilden sich Leistungs- und Komplementärrollen heraus. In professionalisierten Funktionssystemen werden diese Rollen als Professionellen-Klienten-Verhältnis institutionalisiert. Professionen wie Ärzte und Juristen übernehmen Leistungsrollen im Gesundheits- bzw. Rechtssystem. Die Patienten bzw. Mandanten übernehmen Komplementärrollen (vgl. ebd., S. 310).

Für Stichweh sind Professionen ein Phänomen des Übergangs von der ständisch organisierten Gesellschaft des alten Europa zur funktional differenzierten Gesellschaft der Moderne (Stichweh, 1996, S. 49-50; Mieg, 2005, S. 345). Gekoppelt ist die Entstehung der Professionen an den Aufstieg der Berufsidee in der europäischen frühen Neuzeit. Sie haben sich zu einem besonderen Typus von Beruf weiterentwickelt, dadurch dass sie „die Berufsidee reflexiv handhaben, also das Wissen und das Ethos eines Berufs bewusst kultivieren, kodifizieren, vertexten und damit in die Form einer akademischen Lehrbarkeit überführen" (Stichweh, 1996, S. 51).

Den bisherigen Theorieansätzen gegenüber stehen Perspektiven, welche kollektive und individuelle Interessenslagen als Ausgangspunkte ihrer Überlegungen nehmen und die Rolle der Professionen als politische Kollektiv-Akteure mehr in den Vordergrund rücken. Als Begründer dieser Theorietradition gilt Everett C. Hughes (1958) einer der Hauptvertreter der „Chicago School". Weiterentwickelt wurde sein Modell von Andrew Abbott (1988) und im deutschsprachigen Raum von Fritz Schütze (1992).

Die interaktionistische Professionstheorie basiert auf der These, dass die moderne Gesellschaft auf dem Prinzip der Arbeitsteilung beruht, welches des Zusammenwirkens der unterschiedlichen Berufe bedarf. Diese Interaktion kennzeichnet ihre sozialen Rollen. Professionen gelten als Berufe, die in einem speziellen Interaktionsverhältnis zu ihren Klienten stehen und für diese stellvertretend Probleme von besonderer Tragweite bearbeiten. Zwischen dem Professionellen und dem Klienten besteht ein Gefälle des Wissens und Könnens, das letztendlich aufgrund eines Abhängigkeitsverhältnisses auch ein Machtgefälle ist (vgl. Höner, 2008, S. 196-197).

Hughes definiert als zentrale Charakteristika von Professionen die Begriffe Lizenz und Mandat. Die Lizenz berechtigt eine bestimmte berufliche Tätigkeit auszuüben, das Mandat geht darüber hinaus und verleiht den Professionen die von der Gesellschaft legitimierte Vollmacht, ihr Tätigkeitsfeld legal, moralisch und intellektuell zu definieren und auszufüllen (vgl. Hughes, 1958, S.18-20).

Schütze (1992) bietet folgende Definition einer Profession:

> „(sie) ... ist ein – von der alltäglichen Laienwelt, aber auch von anderen Expertensinnwelten – relativ abgegrenzter Orientierungs- und Handlungsbereich, in welchem sowohl wissenschaftlich als auch praktisch ausgebildete Berufsexperten gesellschaftlich lizensierte Dienstleistungen für ihren per gesellschaftlichem Mandat anbefohlene Klienten bzw. Abnehmer vollbringen." (S. 135)

Abbott richtet sein Augenmerk auf den jeweiligen Zuständigkeitsbereich einer Profession und ihren Wettbewerb mit anderen Professionen und Berufen. Grundlage seines Verständnisses ist die Exklusivität der Zuständigkeiten. Veränderungen dieser Zuständigkeiten führen zu interprofessionellen Konflikten.

Eine Weiterentwicklung der interaktionistischen Sichtweisen stellt der inszenierungstheoretische Ansatz dar. Michaela Pfadenhauer (2003) begreift Professionalität im Wesentlichen als Darstellungsproblem. Für sie ist Professionalität eine soziale Etikettierung, die aufgrund spezieller Kompetenzansprüche und/oder Kompetenzunterstellungen vorgenommen wird. Aus dieser dramatologischen Perspektive ist sie ein Anspruch, den

Einzelne oder ein Kollektiv für ihr Handeln erheben und für das sie situativ um Anerkennung werben müssen. Der Professionelle ist dahingehend ein „darstellungskompetenter Kompetenzdarsteller". Wichtig ist für ihn, seine beanspruchte Kompetenz hinlänglich glaubhaft machen zu können. Dies geschieht durch symbolische Handlungen, die die Zugehörigkeit zu einem entsprechenden Kompetenz-Kollektiv dokumentieren (vgl. ebd., S. 116). Grundbedingung für Glaubwürdigkeit ist das Prinzip der Zertifizierung. Sie stellt die Befähigung zur Problemlösung sicher. Nur wer formale Kompetenznachweise erbringen kann, ist berechtigt im Bereich seiner Zuständigkeit Probleme zu definieren und Lösungen bereitzustellen und anzuwenden (vgl. ebd., S. 207-208).

Die Vertreter des machttheoretischen Ansatzes – auch „power approach" – (Freidson, 1970; Larson, 1977) entwickelten ihre Überlegungen in der interaktionistischen Theorietradition und in kritischer Auseinandersetzung mit den Positionen des Strukturfunktionalismus. Für sie sind Professionen Berufe, die mittels Initiativen und Strategien ihre auf Autonomie und Höherbewertung gerichteten Interessen durchsetzen, ihre Märkte monopolisieren und sich dadurch wirtschaftliche und politische Macht sichern. Für Larson (1977) ist Professionalisierung ein Prozess, in dessen Verlauf Marktchancen für wissenschaftlich begründete Expertise als Dienstleistung realisiert werden. Wichtig ist hierbei die Standardisierung und Kodifizierung des beruflichen Wissens, um es als Gut oder Ware für eine mögliche Zielgruppe unterscheidbar und attraktiv zu machen (vgl. ebd., S. 40). Historisch sind für ihn die Anfänge der Professionen verortbar in der Frühphase des Industriezeitalters, als erste Berufe mittels einer kollektiven Strategie der Professionalisierung begannen, sich höhere Einkommen und privilegierte soziale Positionen zu sichern. Die Ablösung der überkommenen Gilde- und Ständeorientierung durch eine zunehmende Marktorientierung vergrößerte den Bedarf und die Nachfrage immer breiterer Bevölkerungsschichten nach den Leistungen der sich etablierenden Professionen (vgl. ebd., S. 4-13). Um eine Dienstleistung am Markt zu etablieren, bedarf es ihrer Standardisierung. Eine wissenschaftliche Ausbildung legt durch professionelle Sozialisation den Grundstein für eine personengebundene kognitive Standardisierung. Einen Maßstab für eine standardisierte Leistungserbringung am Markt schafft eine einheitliche Ausbildung. Um den Markt nun zu monopolisieren, bedarf es institutioneller Mechanismen, die Berufszugang und -ausübung rechtlich lizensieren. Gesetzliche Regulierung ist das vordringliche Ziel aller Professionalisierungsbemühungen, die nur als kollektive Initiative Erfolg haben können. Damit gesetzliche Kontrolle aber nicht von einem externen Organ wahrgenommen wird, drängt das Berufsfeld auf einen Berufsverband, der Normen und Standards in Eigenverantwortung kontrolliert (vgl. Höner, 2008, S. 203-204). Gegen diesen Ansatz werden von Kritikern vor allem zwei Punkte ins Feld geführt. Sie betreffen die Rolle der Universitäten und die Rolle des Staates. Zum einen ist es besonders der von den Professionen losgelöste Entstehungsprozess der modernen Universitäten, der zwar das enge Interagieren beider Systeme zulässt, den Universitäten aber eine hohe Unabhängigkeit mit entsprechendem Einfluss auf die Professionen attestiert. Ähnlich verhält es sich mit der Rolle des Staates, wenn unterschiedliche nationale Professionalisierungsprozesse historisch verglichen werden. Während sich in den angelsächsischen Ländern diese als kollektive Bemühung der Berufsangehörigen von unten darstellen, spielt in Kontinentaleuropa der Staat bei der Entstehung der Professionen eine lenkende und unterstützende Rolle (vgl. Pfadenhauer & Sander, 2010, S. 371-372). Kern und Bezugspunkt aller theoretischen Ansätze ist das Vorstellungsbild der klassischen Professionen im 19. Jahrhundert. Je nach Ansatz werden unterschiedliche Aspekte in den Vordergrund gestellt. Während der Merkmals- und Verlaufsansatz sich auf Definition und Beschreibung von Professionen und deren Institutionalisierungsprozesse konzentrieren, setzen der strukturfunktionalistische und der systemtheoretische Ansatz Professionen mit der Gesamtgesellschaft bzw. mit gesellschaftlichen Teilsystemen funktional in Beziehung. Der machttheoretische und der interaktionistische rücken die kollektiven und individualistischen Interessenslagen der Akteure in den Vordergrund der Analyse.

Es soll hier nicht versucht werden, die existierenden Professionsansätze vergleichend gegeneinander abzuwägen (hierzu Maiwald, 2004, S. 20-39). Wesentlich im Hinblick auf den spezifischen Professionalisierungsbegriff der Arbeit ist ein möglichst weitgefasstes Verständnis, wie es Tasso Brandt in seiner Arbeit entwickelt (2009). Für ihn ist Professionalisierung ein „multidimensionaler, richtungsoffener Prozess der Herausbildung einer bestimmten Organisationsform eines Tätigkeitsfeldes" (S. 33). Hinzu kommt die grundsätzliche Differenzierung zweier Ebenen. Wie bereits ausgeführt wird der Begriff der Professionalisierung im alltagssprachlichen wie wissenschaftsdiskursiven Bereich unterschiedlich belegt und akzentuiert. Im Sinne einer Abgrenzung und Konkretisierung ist es notwendig, die zwei ihm innewohnenden Begriffsebenen deutlich zu unterscheiden: auf einer strukturell institutionellen Ebene beschreibt er generell den Prozess der sozialen Organisation von Tätigkeitsbereichen, den Wandel eines Berufs in Richtung einer Profession (Mieg, 2003, S. 22; Brandt, 2009, S. 20), auf einer individuellen Ebene bezieht er sich auf das professionelle Handeln beziehungsweise die Professionalität einzelner Akteure und beschreibt die berufsbiographische Herausbildung eines spezifischen Habitus (Pfadenhauer, 2003, S. 15).

5.4 Professionstheoretische Diskussion im PR-Berufsfeld

Mittlerweile bildet auch die professionstheoretische Diskussion innerhalb der allgemeinen PR-Berufsfeldforschung die aktuelleren Ansätze der Professionssoziologie ab. (Wienand, 2003, S. 211-222; Raupp, 2009, S. 173-185; Szyszka, 2009, S. 247-251; Röttger, 2010, S. 59-70; Spatzier, 2011, S. 101-117; Schulte, 2011, S. 15-19, Fröhlich 2015, S. 555-570). Dominiert wird die Diskussion von einem langsamen „Abschied" vom klassisch deskriptiven Merkmalsansatz hin zum machttheoretisch geprägten Strategieansatz. Im Mittelpunkt steht die Frage nach dem Status der Professionalisierung und der Professionalisierbarkeit des Berufsfeldes. Während Stignitzer und Merten das Berufsfeld auf einem fortschreitenden Professionalisierungsweg sahen (Stignitzer, 1994, S. 267; Merten, 1997, S. 48), wurden im Abgleich mit den klassischen

Professionsindikatoren in der frühen Professionalisierungsdiskussion der PR-Forschung der nicht geregelte Berufszugang und das noch als zu gering erachtete verwissenschaftliche und systematisierte Berufswissen als eindeutige Defizite gesehen. Die Anforderungen an eine Standesvertretung und eine Berufsethik galten hingegen als gegeben. Eine kritische Auseinandersetzung mit dem Merkmalsansatz fand nicht statt.

Erst mit den Arbeiten von Wamser (1999) und der Berufsfeldstudie von Röttger (2000) nahm die Diskussion an Fahrt auf und verarbeitet neuere berufssoziologische Ansätze. Beide erweitern das PR-Professionalisierungsverständnis um die Perspektive des Strategieansatzes. Während Wamser (1999, S. 218) innerhalb dieses Ansatzes an die Professionalisierbarkeit des PR-Berufes glaubt, lässt Röttger diese Frage offen. In ihrer aktuelleren Berufsfeldstudie betont Röttger (2010) die Vorteile des Strategieansatzes: PR-Professionalisierung wird nicht mehr nur im defizitären Abgleich zu den klassischen Professionen betrachtet, sondern erlaubt eine differenzierte Betrachtung, was die Eigenheiten des Berufsfeldes im Hinblick auf die Bindung der PR-Akteure als beauftragte Kommunikatoren an ihre Auftraggeber betrifft. Grundsätzlich schließen sich für sie der Merkmals- und der Strategieansatz nicht zwingend aus. Sie beobachtet in der angewandten Forschung häufig Verbindungen beider Perspektiven, da Analysen berufspolitischer Strategien auch immer Indikatoren zur Bestimmung von Professionalisierungsprozessen benötigen (vgl. ebd., S. 67).

Grundlegend für das spezifische Berufsfeld der PR-Beratung ist ein professionstheoretisches Ordnungsschema, das Raupp (2009) entwickelt hat und das neben den bekannten Ansätzen auch den Entwicklungsansatz von Burrage und Thorstendahl (1990) und die interaktionistische Perspektive verarbeitet. Hauptaspekt ist die Unterscheidung zwischen der Institutionalisierung und Professionalisierung des Berufsfeldes und der Professionalität des beruflichen Handelns. In diesem Zusammenhang wird von ihr die Frage diskutiert, ob mit Blick auf Professionalisierung zwischen PR und PR-Beratung unterschieden werden soll. Sie kommt zu keinem abschließenden Befund. Einerseits wird die Managementfunktion von PR im Unternehmen gerne als interne Beratung qualifiziert, obwohl sie sich Organisationszwängen beugen muss, andererseits übernehmen externe Berater, deren Externalität bessere Voraussetzungen für professionelles Handeln bietet, häufig Umsetzungs- und Entscheidungsfunktionen und verspielen auf diese Weise einen eventuellen Professio-nalisierungsvorsprung (vgl. Raupp, 2009, S. 173-185).

Losgelöst von Ansätzen steht eine eindeutige Zielerreichung des Professionsstatus noch aus, der Befund für das gesamte Berufsfeld fällt ernüchternd aus. Zwar befindet sich nach dem überwiegenden Teil der PR-Berufsforschung das Berufsfeld in Gänze in einem andauernden Professionalisierungsprozess, ob es den Status einer Profession erreichen wird, gilt jedoch als ungewiss (Wienand, 2003).

Nach Röttger (2010) sind Expertise und Fachwissen nur eine notwendige aber keine hinreichende Bedingung für die Professionalisierung von Berufen. Ohne die institutionalisierte öffentliche Anerkennung der Expertise bleiben der Profession die für sie typischen Statusmerkmale verwehrt (vgl. S. 59). Eingedenk dieses Defizites eröffnet Astrid Spatzier (2011) mit einem imageorientierten Theorienentwurf, der auf dem symbolisch-interaktionistischen Professionalisierungsansatz fußt, eine neue Sichtweise, die der wissenschaftlichen und berufspolitischen Diskussion weitere Impulse geben soll. Auch sie bescheinigt dem Berufsfeld PR, dass es den Status einer Profession noch nicht erreicht hat. Die Gründe hierfür sind nach ihrer Ansicht ein diffuses Wahrnehmungsbild, keine klare Berufsidentität, keine deutliche Abgrenzung zu anderen Berufsfeldern und der Umstand, das „alle Handlungen aller PR-Berufsangehörigen nicht mit entsprechenden Handlungs- und Interaktionsmodalitäten zur Problemlösung ausgestattet sind" (S. 218). Sie sieht den Professionalisierungsprozess vor allem wissenschaftlich motiviert und durch Verbände angetrieben und bescheinigt den Berufsangehörigen keine Motivation, den Professionsstatus erreichen zu wollen. Zwar hat eine quantitative und qualitative Weiterentwicklung stattgefunden, die allerdings kein Meilenstein auf dem Weg zur Profession darstellt (vgl. ebd., S. 218-219). Den sieht sie nur unter Berücksichtigung der Außenperspektive, d. h. des Images des Berufsfeldes, und der Sicherstellung einer fundamentalen Motivation aller Berufsangehörigen als beendbar an (vgl. ebd., S. 227).

5.5 Zusammenfassung

Dem theoretischen Bezugsrahmen liegt als Ausgangspunkt die Annahme zugrunde, dass es sich bei PR-Beratung bzw. dem PR-Berater im soziologischen Sinn um einen Beruf handelt. Für den Berufsbegriff gibt es im deutschen Sprachraum mehrere etablierte Definitionen. Zentral für das moderne Berufsverständnis ist die arbeitsteilige Ausdifferenzierung, bei der sich Arbeit innerhalb der Gesellschaft spezialisiert und über Kooperationen und Marktbeziehungen verteilt wird. Arbeitsorganisation ist sozioökonomisch an einen entwickelten Warenaustausch und Lohnarbeit gebunden. Wesentliche Kernpunkte des Berufsbegriffs sind die Abgrenzung und die fachmännische Anerkennung des spezifischen Tätigkeitsbereichs, die Realisierung kontinuierlicher Erwerbs- und Versorgungschancen und der Handel von Arbeitskraft als Ware an einem spezialisierten Markt. Neben der Funktion als ökonomischem Organisationsprinzip kommt dem Beruf auch eine wichtige Rolle als soziale Vermittlungsinstanz zwischen Individuum und Gesellschaft zu. Einen besonderen Status innerhalb der Gesellschaft nehmen die auf den „freien Berufen" basierenden Professionen ein. Sie unterscheiden sich von den anderen Berufen durch einen spezifischen Merkmalskatalog. Eine mögliche Arbeitsdefinition sieht für Professionen eine vertiefte Wissensbasis, die durch langjährige Ausbildung erworben und durch Examina zertifiziert wurde, als maßgeblich an. Die Berufsausübung ist an den Dienstleistungssektor gebunden. Als Professionalisierung wird dementsprechend der Wandlungsprozess eines Berufs zur Profession verstanden. Weitergehend bestimmt wird der Prozess der Institutionalisierung. Generell ist er als Vorgang zu verstehen, durch den soziale

Handlungen selbstverständlich und nicht mehr hinterfragbar werden. Mit Bezug auf berufliche Tätigkeiten bedeutet er das Durchschreiten dreier Stufen. In der ersten lösen berufliche Handlungen situative Probleme, in der nächsten etablieren sich wiederkehrende Handlungsstrukturen und Funktionsrollen und in der letzten Stufe bilden sich arbeitsteilige Organisationseinheiten, die spezifische Routinen praktizieren.

In der Professionstheorie werden mittlerweile sechs verschiedene Ansätze unterschieden. Als theoriefrei gilt der Merkmalsansatz. Der strukturfunktionalistische, der (revidierte) strukturtheoretische, der systemtheoretische, der machttheoretische und der symbolisch-interaktionistische betonen jeweils unterschiedliche Perspektiven der Herausbildung von Professionen und des professionellen Handelns. Die existierenden Professionsansätze werden erläutert, aber nicht vergleichend gegenübergestellt. Dieser historischen Untersuchung liegt ein möglichst weitgefasstes Verständnis zugrunde, das Professionalisierung als multidimensionalen und richtungsoffenen Prozess sieht. Grundsätzlich unterschieden werden eine strukturell-institutionelle Ebene der sozialen Organisation von Tätigkeitsbereichen und eine individuelle Ebene, die sich auf das professionelle Handeln bezieht.

Die professionstheoretische Diskussion innerhalb der PR-Berufsfeldforschung bildet die aktuelleren Ansätze der Professionssoziologie ab. Lange Zeit vorherrschend war der klassisch deskriptive Merkmalsansatz. Der aktuelle Diskurs wird geprägt vom machttheoretisch beeinflussten Strategieansatz. Im Mittelpunkt steht die Frage nach dem Status der Professionalisierung und der Professionalisierbarkeit des Berufsfeldes. Grundlegend für das spezifische Berufsfeld der PR-Beratung ist das professionstheoretische Ordnungsschema von Raupp (2009), das zwischen der Institutionalisierung und Professionalisierung des Berufsfeldes und der Professionalität des beruflichen Handelns unterscheidet.

6 Der spezifische Professionalisierungsansatz der Studie

Ein kategoriengeleitetes Vorgehen erfordert einen auf den Forschungsgegenstand und das Erkenntnisinteresse bezogenen, theoriegeleiteten Professionalisierungsansatz. Eingedenk der aktuellen Professionalisierungsdiskussion innerhalb der PR-Berufsfeldforschung und ihrer unterschiedlichen Statusbestimmungen, die je nach theoretischem Ansatz variieren, sollte er den Diskussionsstand zwar abbilden, im historischen Zugang aber keine dogmatische Einengung auf einen einzigen Theorieansatz und sein entsprechendes Kategoriensystem aufweisen, um den Blick auf die Professionalisierungsmomente und -verläufe im Untersuchungszeitraum und ihre Individualität als geschichtliches Phänomen von vornherein zu begrenzen.

Die Untersuchung beschränkt sich auf einen Professionalisierungsbegriff, der sich auf die strukturelle Ebene konzentriert und ein lebensweltliches Verständnis von Professionalisierung im Sinne von professionellem Handeln oder Professionalität nur in Teilaspekten berücksichtigt. Dies geschieht eingedenk der Tatsache, dass ein fokussierter Zugang auf die makrosoziologische Organisationsebene sicherlich nur einen bestimmten Bereich der Professionalisierung abbildet. Die Forschung der letzten Jahre (Raupp, 2009; Brandt, 2009; Offerhaus, 2010) kombiniert in ihren spezifischen Ansätzen beide Aspekte, den Zugang zur strukturellen (makrosoziologischen) und individuellen (mikrosoziologischen) Ebene miteinander, um eine möglichst große Bandbreite von Untersuchungsaspekten abzudecken. Allerdings handelt es sich bei diesen Arbeiten nicht um historische Untersuchungen, sondern um professionssoziologische Statusbestimmungen ausgewählter Berufsfelder. Eine sachliche Eingrenzung auf die strukturelle Ebene ist nicht zu verstehen als eine professionstheoretische Priorisierung, sondern als eine Fokussierung auf spezifisches historisches Datenmaterial. Eine ertragreiche Analyse der mikrosoziologischen Ebene erfordert den Zugang zu bzw. die Generierung einer erweiterten Datenbasis (z. B. analysefähige Individualdaten).

Nicht im Zentrum der vorliegenden Arbeit steht die Beantwortung gesellschaftstheoretischer Fragestellungen. Die institutionellen Merkmale von Professionen und funktionalen Erfordernisse an Professionalisierung innerhalb der Gesamtgesellschaft und gesellschaftlicher Teilsysteme werden nicht berücksichtigt. Die strukturfunktionalistische, strukturtheoretische und die systemtheoretische Perspektive spielen daher eine untergeordnete Rolle.

Der individuelle Ansatz dieser Studie nimmt vielmehr die kollektiven und individuellen Interessenslagen von Akteuren zum analytischen Ausgangspunkt. Er bedient sich dabei vornehmlich interaktionistischer und machttheoretischer Perspektiven, die er in einem leitenden und systematisierenden Kategoriensystem zusammenführt. Dabei steht im Mittelpunkt nicht nur die Rekonstruktion vergangener Ereignisse im Sinne einer Identifizierung professionalisierungsrelevanter Prozesse, sondern auch das „Weshalb und Warum" etwas geschehen ist aus der Perspektive eines aktuellen Theoriezusammenhangs. Konkret bedeutet dies die chronologische Nachzeichnung eines Prozesses und die Hinterfragung seiner Dimensionen, seiner Akteure – ihrer Interaktionen, Motive und Strategien – sowie der unterschiedlichen historischen Rahmenbedingungen, innerhalb derer er sich entwickelt. Wesentlich ist, den zeitlich definierten Professionalisierungs- und Institutionalisierungsprozess des umrissenen Berufsfeldes als historisches Kontinuum zu begreifen. Dessen Beginn und Endpunkt markieren lediglich einen Abschnitt, in dem der jeweilige Professionsstatus beziehungsweise Professionalisierungsgrad ein relativer und dynamischer ist. Veränderungen können nur im Abgleich dieser zeitlichen Bezugspunkte aufgezeigt werden.

6.1 Spezifischer Theorierahmen

Der spezifische Forschungsansatz verarbeitet in seinem Kategoriensystem grundlegend das Professionalisierungsmodell von Brandt (2009), die machttheoretische Perspektive (u. a. Freidson, 1986), den berufssoziologischen Strategieansatz nach Becker, Brater und Daheim (1980), das Professionalisierungs-Framework von Burrage, Jarausch und Siegrist (1990), den interaktionistischen Ansatz (Abbott, 1988, Pfadenhauer, 2003) sowie den imageorientierten Theorieentwurf von Spatzier (2011). Zum berufsbezogenen Institutionalisierungsprozess liefert das Stufenmodell bei Mayntz (1988) wertvolle Ansatzpunkte.

Maßgeblich forschungsleitend ist das Professionalisierungsmodell von Brandt (2009). Er definiert Professionalisierung als einen komplexen, multidimensionalen Prozess, der richtungsoffen und nie wirklich abgeschlossen ist. Maßgeblich in diesem Prozess sind strukturelle Merkmale, die er Professionalisierungsdimensionen nennt und denen er spezifische Professionalisierungsmotive unterlegt. Seine Dimensionen sind eine spezifizierte Wissensbasis, der organisatorische Zusammenschluss der im Feld Tätigen, Standards professionellen Handelns sowie Ausbildungsprogramme und Kontrollmechanismen (vgl. ebd., S. 35). Zwar verarbeitet er auch den Merkmalsansatz nach Willensky (1964, zu seiner Merkmalsstruktur: S. 142-146), da es ihm aber nicht um die exakte Bestimmung des Status eines Tätigkeitsfeldes als Profession, sondern um die möglichst vielschichtige Erfassung des Entwicklungsprozesses geht, setzt er sich deutlich von dem linearen Prozess dieses Modells – der dann bei Willensky zwangsläufig in der Entstehung einer Profession mündet – ab (Brandt, 2009, S. 25). Brandts Prozessstruktur ist offen und ohne den Zwang des Durchlaufens von Entwicklungsstufen. Zur

Bildung von möglichst weitgefassten historischen Untersuchungskategorien ist sein Modell daher geeigneter. Auch in der neueren PR-Forschung (Röttger, 2010, S. 62-63) gilt der merkmalstheoretische Ansatz aufgrund seiner lediglich beschreibenden und sich am Muster idealtypischer Professionen orientierenden Sichtweise als überholt. „Die zentralen Kritikpunkte an der merkmalstheoretischen Perspektive beziehen sich entsprechend auf die nicht berücksichtigte historisch-kulturelle Formung des Professionskonzeptes und damit auf die fehlende Einbeziehung gesellschaftlicher und ökonomischer Wandlungsprozesse." (ebd., S. 63).

Die machttheoretische Perspektive betrachtet Professionen als das Ergebnis erfolgreicher Berufsaufwertung durch die kollektive Vermarktung von Expertise. Im Mittelpunkt der Betrachtung steht besonders das berufspolitische Handeln der Akteure unter den Bedingungen des Marktes. Für eine Einbindung dieses Theorieansatzes sprechen mehrere Gründe: Der Marktaspekt spielt in dem zu untersuchenden Berufsfeld des „dienstleistenden PR-Beraters" eine wesentliche Rolle. Zudem rückt die Eingrenzung der Untersuchung auf die strukturelle Ebene besonders die Organisation und strategische Durchsetzung von Interessen in den Vordergrund. Auch innerhalb der aktuellen professionstheoretischen Diskussion innerhalb des PR-Berufsfeldes hat sich der machttheoretisch inspirierte Strategieansatz, der von Ulrike Röttger vertreten wird (vgl. Röttger, 2010, S. 63-67), zu einer ertragreichen Analyserichtung der PR-Professionalisierung entwickelt. Er verarbeitet den berufssoziologischen Strategieansatz nach Becker, Brater und Daheim (1980), der Professionalisierungsprozesse als berufspolitische Strategien der Berufsaufwertung begreift. Nicht zuletzt hat sich auch innerhalb der deutschen Geschichtswissenschaft in den letzten Jahrzehnten ein starker Strang machttheoretisch inspirierter Studien zur Geschichte von Professionen etabliert (Schmeiser, 2006, S. 309).

Eine akteurszentrierte Forschungsperspektive für die das „actor-based framework for the study of the professions" von Burrage, Jarausch und Siegrist (1990) ein grundlegendes Muster darstellt, rückt den Blick zwangsläufig auch auf die speziellen Interaktionsverhältnisse zum einen in einer arbeitsteilig organisierten Gesellschaft zwischen unterschiedlichen Berufen, zum anderen zwischen der Profession und ihren Klienten. Auch der inszenierungstheoretische Ansatz von Pfadenhauer (2003) ist im Hinblick auf die Interaktion und Leistungsdarstellung des PR-Dienstleisters gegenüber seinem Klienten von Interesse. Der berufsbezogene Institutionalisierungsprozess nach Mayntz (1988) setzt in seinen Mittelpunkt akteursbezogene, berufliche Handlungen, die über die einzelne Problemlösung und erste Routinen von Akteuren in spezifischen Funktionsrollen zu größeren arbeitsteiligen Organisationseinheiten führen.

Die funktionale Nähe des PR-Berater-Berufs zu benachbarten Berufsgruppen in Werbung und Journalismus macht besonders den Theorieansatz von Andrew Abbott (1988) verfolgenswert. Er interpretiert Professionalisierungsprozesse in und von spezifischen Tätigkeitsbereichen als Auseinandersetzung unterschiedlicher Expertisen um die Zuständigkeit. In einem ähnlichen Zusammenhang steht der neuere PR-berufsfeldbezogene Theorieentwurf von Astrid Spatzier

(2011). Die Analyse, inwieweit Identität, Selbst- und Fremdbild des zu untersuchenden PR-Berufs bereits in der historischen Perspektive professionalisierungsrelevante Faktoren waren, scheint lohnenswert, angesichts der von ihr – auch aufgrund identitäts- und imagerelevanter Faktoren – und von dem heutigen PR-Gesamtberufsfeld attestierten unzureichenden Professionalisierung.

6.2 Kategoriensystem

Das aus dem definierten Theorierahmen abgeleitete Kategoriensystem begrenzt den historischen Forschungsprozess auf ausgewählte, im Sinne des spezifischen Forschungsansatzes professionalisierungsrelevante Untersuchungsfelder und systematisiert die Analyse. Innerhalb der Kategorien werden Leitfragen ausdifferenziert, die unmittelbar handlungsanleitend in Bezug auf Auswahl und Auswertung der historischen Faktenbasis sind, und einen Zwischenschritt zur Operationalisierung darstellen. Der spezifische Professionalisierungsansatz unterscheidet folgende forschungsleitende Kategorien:

6.2.1 *Kategorie: Rahmenbedingungen*

Professionalisierung kann nicht losgelöst von einem gesamtgesellschaftlichen Zusammenhang betrachtet werden. Sie ist zum einen Indikator für gesellschaftlichen Wandel, zum anderen kann dieser Wandel auch Professionalisierungsprozesse bewirken. Die Fragen, unter welchen Rahmenbedingungen es zur Professionalisierung kommt und welche Faktoren sie begleiten und bestimmen, sind zentral. Offerhaus (2011) unterscheidet in modernen funktional ausdifferenzierten Gesellschaften vier Bestimmungsfaktoren, die die Entstehung und den Wandel von Berufen maßgeblich beeinflussen:

- **politische**

Wenn die Professionalisierung eines Berufstandes als gesellschaftlich notwendig erachtet wird, wird sie entsprechend politisch gesteuert und gefördert. Für die kontinentaleuropäischen Amtsprofessionen des 19. Jahrhunderts trat z. B. der Staat als Bestimmungsfaktor der Professionalisierung auf, indem er Berufszugang und Verwissenschaftlichung politisch regelte (vgl. ebd., S. 56-59).

- **wirtschaftliche**

Ökonomische Faktoren beeinflussen in hohem Maße die Marktrelevanz eines Berufes, und damit auch seine Professionalisierung. Volkswirtschaftliche Gegebenheiten und Antriebskräfte, wie die Amerikanisierung, die Kommerzialisierung der Nachkriegszeit oder die Etablierung der sozialen Marktwirtschaft, durchdrangen im Untersuchungszeitraum viele Gesellschaftsbereiche und setzten einen maßgeblichen Rahmen.

- **gesellschaftlich-technologische**

Die Professionalisierung von Berufen kann Folge bestimmter Entwicklungen in gesellschaftlichen Teilsystemen sein. So ist z. B. die zunehmende Bedeutung von Massenmedien und öffentlicher Kommunikation eine veränderte gesellschaftliche Bedingung, welche die Entstehung des Berufsfeldes Public Relations beförderte. Des Weiteren kann technologischer Fortschritt zur Ausdifferenzierung neuer Berufe oder zur Professionalisierung bestehender führen. Allein die technischen Innovationen der Massenproduktion oder des Mediensystems führten zu unzähligen neuen oder veränderten Berufen.

Leitfragen:

Wie war die historische Gesamtsituation im Untersuchungszeitraum?
Welche Rahmenbedingungen waren für den Institutionalisierungs- und Professionalisierungsprozess gesetzt?
Welche historischen Bestimmungsfaktoren hatten Einfluss auf den Institutionalisierungs- und Professionalisierungsprozess?

6.2.2   Kategorie: Akteure und Markt

Die Arbeit bedient sich einer akteursorientierten Perspektive. Jede Analyse bedarf einer klaren Identifikation der einzelnen Personen, Gruppen und Organisationen, deren Aktion und Interaktion den Prozess der Professionalisierung bestimmen. Burrage, Jarausch und Siegrist (1990) unterscheiden vier maßgebliche Akteure: den(ie) Professionellen, den(ie) Klienten, den Staat und die Bildungsinstitutionen (vgl. ebd., S. 207). In ihrem Framework sparen sie, nicht aus theoretischer Fundierung heraus, sondern eher aus Gründen der Übersichtlichkeit, einen weiteren wichtigen Akteur aus, der ganz maßgeblich mit dem theoretischen Ansatz von Andrew Abbott (1988) verbunden ist – andere benachbarte, bzw. konkurrierende Professionen.

Professionalisierungsprozesse setzen die Existenz eines Marktes voraus, in dem eine gesellschaftliche Nachfrage nach Problemlösungen und das Angebot der Expertise von Akteuren aufeinandertreffen (vgl. Brandt, 2009, S. 57). Die NIÖ definiert einen Markt als

> „soziale Einrichtung sich wiederholenden Tauschs zwischen einer Mehrheit von Tauschreflektanten. Persönliche Kontakte, „Verhältnisse", soziale Beziehungen zwischen den Tauschreflektanten, Kooperationen spielen eine Rolle. Dementsprechend wird auch der Markt als eine Organisation angesehen, als ein soziales

Netzwerk relationaler Verträge zwischen Tauschreflektanten mit den Zweck, den Tausch effizient zu gestalten." (Richter & Furobotn, 2003, S. 336)

Tätigkeitsfelder bzw. Märkte werden durch das Aufeinandertreffen und die Auseinandersetzungen unterschiedlicher professioneller Akteure geprägt. Entscheidend für die Durchsetzungsfähigkeit einer Gruppe sind neben ihrer Wissensbasis und organisatorischen Stärke besonders die Charakteristika der jeweiligen Märkte. Hierzu gehören potentielle Konkurrenzgruppen bzw. -expertisen ebenso, wie die Struktur der relevanten Nachfrage. Wesentliche und letztendliche Definitionsmacht besitzt der Staat, der das Berufs- und Beschäftigungssystem regulieren kann (vgl. Brandt, 2009, S. 58-59).

Leitfragen:

Wer waren die maßgeblichen Akteure auf den verschiedenen Handlungsebenen und wie interagierten sie?
Welche Tätigkeits- und Kompetenzbereiche beanspruchte PR-Beratung?
Wie und in welcher Form institutionalisierten sich erste berufsspezifische Strukturen?
Wann und wo manifestierte sich ein erster Markt für PR-Beratung?
Wie beeinflussten Nachfrage und Markt den Professionalisierungsprozess?

6.2.3   Kategorie: Wissensbasis

Eine wesentliche Voraussetzung für die Entwicklung beruflicher Strukturen ist „die Herausbildung, und Etablierung einer spezifizierten, allgemein anerkannten Wissensbasis, die Handlungs- und Erklärungswissen für einen gesellschaftlich als relevant angesehenen Problembereich bereitstellt". (Brandt, 2009, S. 36). Sie bildet den Ausgangspunkt für mögliche Kompetenz- und Kontrollansprüche der Akteure im Hinblick auf den bestimmten Problembereich und die Entwicklung weitergehender institutioneller professioneller Strukturen. Wesentlich ist zudem die deutliche Abgrenzung von in Konkurrenz stehender Wissensbasen und die Anerkennung und Akzeptanz von Klienten, Staat und Öffentlichkeit auf die Bearbeitung dieses Problembereichs (vgl. Brandt, 2009, S. 36-38).

Leitfragen:

Wo manifestierte sich generelles PR-berufliches Wissen?
Welche Wissensbasen standen zur Verfügung?
Inwieweit differenzierte sich eine spezifische Wissensbasis PR-Beratung aus?

6.2.4   Kategorie: Ausbildung

Die Institutionalisierung von Ausbildungsprogrammen, in denen das Handlungs- und Erklärungswissen des jeweiligen Tätigkeitsbereichs vermittelt wird, ist eine weitere Voraussetzung für die Herausbildung professioneller Strukturen. Ausbildungsinstitutionen übernehmen die zentrale Aufgabe der beruflichen Sozialisation der individuellen Akteure. Die nach außen wirkenden Kompetenz- und Kontrollansprüche des Berufsfeldes lassen sich nur über entsprechende Ausbildungszertifikate, die eine gewisse Mindestqualifikation des Akteurs belegen, glaubwürdig vertreten. Sie bieten damit auch eine Form von Zugangskontrolle auf das jeweilige Berufsfeld. Eine zentrale Rolle spielen die Universitäten. Die universitäre Verankerung der Ausbildung und die damit verbundene Akademisierung des Berufsfeldes dokumentieren den angemessenen Umgang mit der durch hohe Komplexität und Unsicherheit behafteten Wissensbasis. Erst die Einbindung in einen durch Forschung und Lehre geprägten akademischen Kontext schafft die Voraussetzungen für eine ständige Weiterentwicklung des Wissens, eine Anpassung an gesellschaftliche Veränderungsprozesse und die Deutungshoheit über den abgegrenzten Problembereich (vgl. ebd., S. 54-55).

Leitfragen:

Welche Ausbildungsangebote wurden geschaffen?
Wer waren die maßgeblichen Akteure und Träger dieser Angebote?
An wen richtete sich dieses Angebot?
Wann und wo differenzierten sich PR-beratungsspezifische Ausbildungsangebote aus?

6.2.5   Kategorie: Fachliche Organisation

Der Zusammenschluss der in dem Berufsfeld tätigen Akteure in einer fachlichen Organisation ist ein weiterer Prozessschritt innerhalb einer Professionalisierung. Sie übernimmt die Repräsentation und artikuliert die Interessen nach außen. Des Weiteren ist sie ein wichtiger Faktor bei der Bestimmung und Weiterentwicklung der Wissensbasis und der Einrichtung und Kontrolle von Ausbildungsprogrammen und professionellen Standards. Diese Aspekte bedingen und fördern die Herausbildung einer gemeinsamen beruflichen Identität, die wiederum rückwirkend den fachlichen Zusammenschluss stärkt. Über die Bedeutung der Verbände bei der Initiierung von Professionalisierungsprozessen gehen in der soziologischen Forschung die Meinungen auseinander. Historische Vergleiche zeigen vor allem nationale Unterschiede. Interessant sind besonders die internen Interessens- und Machtkonstellationen (vgl. ebd., S. 44-47).

Leitfragen:

Welche fachlichen Organisationen institutionalisierten sich?
Wie organisierte sich das spezifische Berufsfeld PR-Beratung innerhalb des PR-Gesamtberufsfeldes?
Welchen Einfluss entwickelte die fachliche Organisation auf die Professionalisierung?

6.2.6 *Kategorie: Abgrenzung und interprofessionelle Konkurrenz*

Eine wesentliche These in Abbotts Theoriegebäude (1988) ist, dass Professionen miteinander im Wettbewerb stehen. Gegenstand dieser Auseinandersetzung ist der Kompetenzbereich (*jurisdiction*) einer Profession. Sein „Systems of Professions" ist ein interdependenter systemischer Prozess, in dem jede Profession für die eigenen Klienten eine mehr oder weniger abgegrenzte Dienstleistung erbringt. Für neu entstehende Professionen existieren zwei Wege, um in dieses System zu gelangen. Zum einen durch das Bedienen neuer Klientengruppen, welche zuvor durch etablierte Professionen vernachlässigt wurden, zum anderen durch die Vereinnahmung eines Kompetenzbereiches, der zuvor von mehreren Professionen bedient wurde. Gleichzeitig weist er darauf hin, dass in einem Kompetenzbereich nicht gleichzeitig zwei Professionen existieren können, die dominantere setzt sich durch. Gerade im Hinblick auf das zu untersuchende Berufsfeld ist interprofessionelle Konkurrenz eine Analysekategorie von absehbarer Relevanz.

Leitfragen:

Welche Berufsgruppen vertraten einen ähnlich gelagerten Kompetenzbereich?
In welchen Bereichen kam es zu Abgrenzungskonflikten?
Gelang es dem Berufsfeld PR-Beratung sich gegenüber interprofessioneller Konkurrenz abzugrenzen?
Inwieweit beförderte Professionalisierung die Abgrenzung oder wurde durch Abgrenzungsbestrebungen befördert?

6.2.7 *Kategorie: Kodizes und Standards*

Berufliche Kodizes und Standards liefern eine Orientierungs- und Reflexionsbasis und treten nach außen als sichtbarer Bezug zu Normen und Werten auf. Sie deuten auf generelle Verhaltensmaßstäbe der Akteure hin und knüpfen damit an gesamtgesellschaftliche Wertvorstellungen an. Der Zentralwertbezug und die Gemeinwohlorientierung, die auch innerhalb machttheoretischer Professionalisierungsansätze eine Rolle spielen und als Faktoren für die Durchsetzung von Kompetenz- und Kontrollansprüchen gelten, werden damit dokumentiert (vgl. ebd., S. 51; S. 40). Besonders ethische Kodizes erfüllen diese Funktion, während Standards eher die Charakteristika der professionellen Leistung definieren. Zusammen reflektieren sie das Interaktionsverhältnis zwischen Professionellen und Klient im Hinblick auf die der jeweiligen Problembearbeitung zugrunde liegenden Wissensbasis. Sie bieten eine Bezugsgrundlage für Kontroll- und Sanktionsmechanismen, die über Selbstverpflichtung und kollegiale Kontrolle sichergestellt werden. Zum Tragen kommen sie aber nur dann, wenn sie in einem entsprechenden institutionellen System auch durchsetzungsfähig sanktioniert werden können (vgl. ebd., S. 52-53).

Leitfragen:

Welche Kodizes und Standards wurden entwickelt?
Wer waren die maßgeblichen Akteure bei der Entwicklung erster Standards?
Welche Inhalte wurden thematisiert?
Aus welchen Ursprüngen heraus entwickelten sich erste ethische Grundlagen?

6.2.8   Kategorie: Identität und Image

Die inszenierungstheoretische Perspektive (Pfadenhauer, 2003) und der professionstheoretische Entwurf von Spatzier (2011) lenken den Fokus auf zwei Faktoren, deren Einfluss auf den Professionsgrad eines Berufsfeldes nachvollziehbar ist. Sowohl die Herausbildung einer eigenen Identität – und dem damit verbundenen Selbstbild – als auch der öffentlichen Identität – dem Fremdbild oder Image – beeinflussen die professionelle Bewusstseinsbildung und Kompetenzfundierung.

Ob positiv sinnstiftend und damit Professionalisierung vorantreibend oder in eine entgegengesetzte Richtung wirkend, ist zu untersuchen (vgl. ebd., S. 99-100).

Auch in der Kompetenzdarstellung spielen Identität und Image eine maßgebliche Rolle. So macht die überzeugende Darstellung von Kompetenz faktische Kompetenz zwar wahrscheinlich, setzt sie aber nicht zwingend voraus. Wem es also gelingt als kompetent anerkannt zu werden, erfüllt bereits erste grundlegende Voraussetzungen zur Erlangung des Expertenstatus und des damit von ihm angestrebten Images (Pfadenhauer, 2003, S. 115-117). Das Nachvollziehen der Verbindungslinien zwischen Identität, Image und Professionalisierung liefert einen eingehenderen Blick auf die Entwicklung einer eindeutigen Berufsidentität in Abgleich zwischen Selbstwahrnehmung und -inszenierung und Wahrnehmung im öffentlichen Raum.

Leitfragen:

Wie und wann bildete sich eine erste Identität des spezifischen Berufsfeldes heraus?
Wie nahm die Öffentlichkeit das Berufsfeld wahr?
Gab es Unterschiede im Selbst- und Fremdbild?
Gab es Veränderungen von Identität und Image im Zeitverlauf?
Inwieweit beeinflussten sie Professionalisierungsprozesse?

6.2.9   Interpretationsspezifische Kategorien

6.2.9.1   Kategorie: Motive für Professionalisierungsbestrebungen

Ganz im Sinne einer akteursorientierten Forschungsperspektive sind auch die hinter den Professionalisierungsbestrebungen der Akteure stehenden Motive und Zielsetzungen zu berücksichtigen. Funktionalistisch wie machttheoretisch interpretiert, identifiziert die Forschungsliteratur (dazu Brandt, 2009, S. 34) unterschiedliche Motive, die sich nicht unbedingt ausschließen müssen. Gemeinwohlorientierung kann als Motiv akteursspezifisches Verhalten ebenso beeinflussen, wie das gemeinsame Interesse verschiedener Akteure, einen bestimmten Wissensfundus zu etablieren oder weiterzuentwickeln, um Qualität, Kontrolle und Transparenz von Leistungen eines bestimmten Tätigkeitsfeldes zu verbessern. Häufig werden Professionalisierungsbestrebungen durch ökonomische Interessen befeuert. Ein sozialer Status soll verbessert, ein Markt kontrolliert, eine bestimmte Leistung monopolisiert werden. Auch interprofessionelle Konkurrenz ist ein machttheoretisches Motiv, dass sich auf ökonomische Interessen zurückführen lässt (vgl. ebd., S. 34).

Leitfragen:

Welche grundlegenden Motive lassen sich für Professionalisierungsbestrebungen innerhalb des spezifischen Berufsfeldes erkennen?
Gab es Unterschiede zum Gesamtberufsfeld?
Gab es akteursspezifische Unterschiede?

6.2.9.2   Kategorie: Professionalisierungsrelevante Strategien

Ein weiteres hinter Professionalisierungsbestrebungen stehendes Handlungsmuster können spezifische Strategien sein. Ihre Identifizierung trägt zum Verständnis professionalisierungsrelevanter Interaktionen bei. Der berufspolitische Strategieansatz (vgl. Beck et al., 1980, S. 81-90) geht von dem objektiven Interesse der Arbeitenden an einer dauerhaften Vermarktung ihrer Arbeitskraft aus. Die Chancen einer erfolgreichen Selbstvermarktung steigert er dadurch, dass er sein Arbeitskraftangebot unverzichtbar und vielfältig nutzbar macht. In diesem Sinne haben der Arbeitende bzw. die ihn vertretenden Verbände das Interesse, „die eigene

Wichtigkeit und Unverzichtbarkeit zu steigern, Konkurrenz zu reduzieren, mögliche Einsatzfelder zu erweitern und Fremdkontrollen durch Eigenkontrollen zu ersetzen." (S. 82).

Um diese Interessen durchzusetzen, bedienen sie sich spezifischer Strategien.

- **Unverzichtbarkeitsstrategien**

Das Interesse des Arbeitenden ist darauf ausgerichtet, einerseits möglichst breit einsetzbare Qualifikationen zu besitzen, andererseits sich durch ein gewisses Maß an Spezialisierung unverzichtbar zu machen. Zur Wahrung seiner Arbeitsmarktposition muss er die Balance finden. Doch dies ist noch keine Strategie. Wesentlich für den Status des Inhabers einer speziellen Kompetenz ist die Interpretation seiner Unverzichtbarkeit. Nur wenn er die Möglichkeit hat und nutzt, die funktionale Wichtigkeit seiner beruflichen Kompetenz mit zu definieren, ja zu mystifizieren, entwickelt sich eine günstige Grundlage für seine Marktposition. Derartige Strategien richten sich darauf aus, durch Öffentlichkeitsarbeit, durch Beeinflussung informeller Normen und Standards oder Durchsetzung gesetzlicher Regelungen die berufliche Kompetenz aufzuwerten (vgl. ebd., S. 84).

- **Strategien zur Konkurrenzreduzierung**

Innerhalb dieses Strategiebereichs muss zwischen Formen der inner- und zwischenberuflichen Konkurrenzsteuerung und -reduzierung unterschieden werden. Es geht also auf der einen Seite um die „Ergänzung und Verstärkung der nicht völlig trennscharfen Abschottung mehr oder weniger verwandter Berufe gegeneinander", auf der anderen Seite um die Einschränkung der Konkurrenz im eigenen Teilarbeitsmarkt zwischen Anbietern des gleichen Arbeitsvermögens. Innerberuflich können sich die Berufsausübenden bemühen, das Einmalige ihres individuellen Arbeitsvermögens herauszustellen oder versuchen, die Konkurrenz untereinander durch Marktzugangskontrolle zu minimieren. Interne Absprachen, z. B. Taxordnungen, Qualitätsvorschriften oder Arbeitsreglements helfen ebenfalls, die Binnenkonkurrenz zu vermeiden. Zur Abschottung gegenüber anderen Berufsgruppen gilt es, die Grenzlinien zu markieren und die Eigenidentität deutlich zu betonen. Hier sind rechtliche Fixierungen und ausbildungstechnische Mittel entscheidende Hebel (vgl. ebd., S. 85-87).

- **Strategien zur Erweiterung möglicher Einsatzfelder**

Beck, Brater und Daheim (1980) betonen innerhalb dieser Strategie die Arbeitsplatzflexibilität. Die strategische Stellung einer Berufsgruppe ist günstiger, wenn ihre Berufsinhaber zwischen möglichst vielen Betrieben wählen können, was durch eine weitgehende Homogenisierung von Qualifikationsanforderungen gewährleistet werden kann (vgl. ebd., S.87).

- **Strategien der Ersetzung von Fremdkontrollen durch Eigenkontrollen**

Dem Staat kommt bei der Festlegung und Kontrolle beruflicher Selbstverwaltungsstrukturen eine wesentliche Rolle zu. Für den „Anbieter von Arbeitskraft" kommt es darauf an „über staatliche Macht- und Kontrollmittel mögliche Konkurrenten" auszuschließen und die Aufsicht über eigene berufsinterne Vorgänge möglichst zu vermeiden. Das bedeutet, dass eine entsprechende Strategie darauf abzielen muss, Ausbildungsordnungen, Verbandsanerkennungen oder Besitzstandswahrungen „als im öffentlichen Interesse liegend zu befördern", gleichzeitig aber zu vermeiden, unter eine staatliche Kontrolle zu fallen, die den eigenen Erwerbs- und Besitzstand gefährdet. Um einer solchen Aufsicht zu entgehen, muss die Überflüssigkeit einer solchen Kontrolle nachgewiesen werden. Dies gelingt nur, wenn ausreichende Eigenkontrolle verfügbar ist und durchgesetzt werden kann. In diesem Zusammenhang spielt eine Orientierung gebende, verpflichtende und durchsetzbare Berufsethik eine wesentliche Rolle (vgl. ebd., S. 88-90).

Leitfrage:

Können innerhalb des Professionalisierungsprozesses spezifische Strategien identifiziert werden?

6.3 Untersuchungsphasen

Die zeitliche Eingrenzung der historischen Untersuchungsphasen erfolgt in Kenntnis aber losgelöst von bestehenden periodenspezifischen Einteilungen (Bentele, 2015). Der Startpunkt der Analyse liegt noch vor der eigentlichen Gründung der Bundesrepublik und fällt zusammen mit der historisch markanten Zäsur des unmittelbaren Endes des 2. Weltkrieges. Den Endpunkt setzen die Gründung der Gesellschaft Public Relations Agenturen (GPRA) 1973/74 und der Beginn der Rezession von 1974. Weitere die Untersuchungsphasen strukturierende Ereignisse sind die Gründung der Deutschen Public Relations Gesellschaft (DPRG) 1958 und die erste bundesdeutsche Wirtschaftskrise von 1966/67.

6.4 Zusammenfassende Übersicht

Die Untersuchung konzentriert sich in ihrem Professionalisierungsbegriff auf die strukturelle Ebene und nimmt die kollektiven und individuellen Interessenslagen von Akteuren zum analytischen Ausgangspunkt. Sie bedient sich vornehmlich interaktionistischer und machttheoretischer Perspektiven, die in einem die historische Untersuchung leitenden und systematisierenden Kategoriensystem zusammenführt und auf leitende Forschungsfragen heruntergebrochen werden. Historisch eingegrenzt werden Ereignisse und Prozesse der Etablierung, Institutionalisierung und Professionalisierung des Berufsfeldes auf die Bundesrepublik in der Zeit zwischen 1945 und 1974. Das Schema im Anhang (Tabelle 3) fasst Kategorien, Phasen und Leitfragen im Überblick zusammen.

7 Konzeption und Methodik

Innerhalb des Abschnitts Konzeption und Methodik werden ein in der Kommunikationsgeschichte entwickeltes Untersuchungsraster adaptiert und die anzuwendenden sozial- und geschichtswissenschaftlichen Methoden festgelegt. Auf dieser Basis wird für die vorliegende Untersuchung ein entsprechendes Vorgehen abgeleitet. Darüber hinaus werden die Literatur- und Quellenbasis eingehend beschrieben und die bearbeiteten Archivbestände vorgestellt.

7.1 Untersuchungsraster und Operationalisierung

Eine historische Auseinandersetzung mit dem Berufsfeld PR-Beratung unter professionstheoretischen Gesichtspunkten liegt im Grenzgebiet der Sozial- und Geschichtswissenschaften. Der grundlegenden Konzeption der Forschungsarbeit liegt ein theoriegeleiteter systematischer Zugriff auf Geschichte zugrunde, dessen Erkenntnisinteresse über den ereignisbezogenen historischen Einzelfall hinausgeht und die historische Rekonstruktion als Grundlage nutzt, theoriegeleiteten Zusammenhängen nachzugehen. Methodisch erfordert die Bearbeitung der Forschungsfragen ein Untersuchungsraster, dem sowohl ein sozial- als auch geschichtswissenschaftliches Instrumentarium zugrunde liegen. Für die Kommunikationsgeschichte existiert zur Bearbeitung solcher Fragestellungen der Entwurf eines kategoriengeleiteten Vorgehens (Löblich, 2008). Löblichs Untersuchungsraster (S. 433-454) strukturiert den Forschungs- und Erkenntnisprozess von der Textanalyse über die Quellenauswahl bis zur Ergebnisdarstellung. Bei historistischen Studien wird angenommen, dass ein Dokument hermeneutisch erschlossen werden kann und verschiedene Quellen sich gegenseitig erläutern und stützen. Löblich vertritt die Grundannahme, dass relevante Informationen über ein analytisches Instrumentarium auf Basis sozialwissenschaftlicher Theorien herausgefiltert werden können, die nicht allein nur den Quellen inhärent sind. Das zentrale Instrument dieses Ansatzes sind Kategorien, die aus der Theorie und aus dem historischen Vorwissen abgeleitet wurden. Als System zusammengefasst bilden sie ein Gliederungsprinzip, das die unterschiedlichen Aspekte des Forschungsgegenstandes abgrenzt und eine Strategie zur Identifizierung und Klassifizierung relevanten Quellenmaterials bietet. In Löblichs methodologischer Diskussion ihres Vorgehens werden in Auseinandersetzung mit der geschichtswissenschaftlichen Arbeitsweise, die auf den Prinzipien der Quellennähe und den Regeln der Quellenkritik und Hermeneutik basiert, Problemfelder identifiziert, deren Annahmen in die Methodik dieser Untersuchung eingeflossen sind.

In Anlehnung an ein für die Kommunikationswissenschaften entwickeltes, systematisches Vorgehen bei historischen Forschungsarbeiten (Schönhagen, 1999) liegen dem Gang der Untersuchung folgende Arbeitsschritte zugrunde. Zu Beginn werden das Erkenntnisinteresse und die wesentlichen Untersuchungsfragen vorformuliert und in einem zweiten Schritt mit den fachwissenschaftlichen und theoretischen Erkenntnissen diskutiert und fundiert. Für das systematische Vorgehen ist besonders die theoretische Fundierung ausschlaggebend, ergeben sich doch aus ihr die wesentlichen Untersuchungskriterien und Kategorien, anhand deren die Auswahl und Analyse der historischen Materialien durchgeführt werden soll. In einem weiteren Schritt wurden die notwendigen Materialien bzw. Quellen für die Untersuchung festgelegt, recherchiert und aufbereitet. Im vierten Schritt werden die aus der Theorie abgeleiteten Kategorien in einem Untersuchungsraster operationalisiert und danach in einem fünften das historische Material anhand der Systematik ausgewertet. Im letzten Schritt wird das ausgewertete, strukturierte Material interpretiert (vgl. ebd., S. 329-334). Die Grundstruktur der Untersuchung bildet dieses Vorgehen ab.

7.2 Angewandte Methoden

Im Rahmen des dargestellten Untersuchungsrasters kommen sowohl sozialwissenschaftliche als auch geschichtswissenschaftliche Methoden zur Anwendung. Den Kern der Methodik dieser Unter-suchung bildet das kategoriengeleitete Vorgehen in Anlehnung an Löblich (2008). Mit Blick auf die Forschungsfragen werden aus der Theorie Analysedimensionen extrahiert, die in Kategorien heruntergebrochen werden. In einem weiteren Schritt werden sie auf die Ebene des Quellenmaterials übertragen, auf ihre historische Relevanz überprüft und geschichtlich aufgeladen. Dabei werden die historischen Daten und Sachverhalte so zusammengestellt, dass sie chronologisch, inhaltlich und in Bezug auf Handlungsebene und Kategorie geordnet sind. Um der interpretationsbedürftigen Besonderheit und der Einmaligkeit historischer Situationen gerecht zu werden, und damit ihrer Gebundenheit an Hermeneutik und Kontext nachzukommen, wurde die Kategorienbildung, anders als bei rein sozialwissenschaftlichen Analysen, weitaus früher beendet. Der Entstehungskontext der verwandten Theorien und Kategorien und ihre zeitliche Distanz zur soziokulturellen Wirklichkeit des Unter-suchungsgegenstandes wurden reflektiert und aufgrund des relativ geringen historischen Abstandes zwischen dem Entstehungszeitraum dieser Professionalisierungstheorien – die maßgeblichen wurden zwischen 1964 und 2010 entwickelt – und dem Untersuchungszeitraum als nicht problematisch erachtet.

Grundlegend ist im Umgang mit historischem Quellenmaterial die Methodik des „historischen Verstehens" in Anwendung hermeneutischer Verfahren. Dementsprechend folgt auch diese Forschungsarbeit den geschichtswissenschaftlichen Vorgaben der äußeren und inneren Quellenkritik (Seiffert, 1996, S. 72-101). Das Verstehen und die Interpretation dieses Materials erfolgen nach den Regeln der Hermeneutik und unter Beachtung des „hermeneutischen

Zirkels". Ziel ist „das Einordnen der Zeugnisse in einen Sinnzusammenhang – und zwar mit dem Ziel, eine (zeitlich, räumlich oder „sozial" definierte) historische Situation in ihrer Eigenart möglichst genau zu durchschauen und zu erfassen" (Seiffert, 1996, S. 123).

Die Beantwortung der theoriegeleiteten Fragestellungen an das spezifische Quellenmaterial erforderte die Integration weiterer Methoden in das Untersuchungsraster. Besonders bei biografischem Material, sei es in Form von Primärquellen oder in Form von Biografien verarbeitender Sekundärliteratur, war die Anwendung der „biografischen Methode" zielführend. Dabei ging es nicht um die Rekonstruktion der Lebensgeschichten von Einzelpersonen. Im Vordergrund stand vielmehr das Erkenntnisinteresse an beruflichen Laufbahnen, denen häufig eine feste Sequenzstruktur zugrunde liegt, und deren Analyse und Vergleich helfen, Typologien und Verlaufsmuster bei Angehörigen des untersuchten Berufsstandes zu identifizieren. Da im Rahmen der Forschungsarbeit keine Interviews durchgeführt wurden, bezog sich die Anwendung ausschließlich auf schriftliches Material (Bauer, 2005, S. 254-268; Nawratil, 1999, S. 335-358).

7.3 Literatur- und Quellenlage

Trotz der kategoriengeleiteten Vorgehensweise und der inhaltlichen und zeitlichen Begrenzung erforderte die Untersuchung die Identifizierung und Verarbeitung einer umfangreichen und äußerst vielfältigen Materialbasis. Grundlegend waren die zur Theoriebildung notwendige professionstheoretische und die inhaltlich relevante PR-spezifische Fachliteratur. Bei der Darstellung der untersuchungsrelevanten historischen Rahmenbedingungen wurden allgemeinhistorische Darstellungen verwendet, die auf Basis des Forschungsstandes Bezüge zu den relevanten Kategorien herstellen ließen. Die mit dem Forschungsgegenstand in Bezug stehende historische Fachliteratur, wie PR-historische Darstellungen, historische Monografien zur Werbung, zum Journalismus, zur Medienkunde etc. oder Biografien von themenrelevanten Persönlichkeiten, wurde ebenfalls kategoriengeleitet ausgewertet.

Das verarbeitete historische Quellenmaterial wurde selektiv ausgewählt und bildet in der Grundgesamtheit der verfügbaren Quellen eine Teilmenge ab. Hierbei wurde wissentlich und unwissentlich von einem nicht mehr verfügbaren Quellenbestand ausgegangen. Zudem ist zu beachten, dass sich im Verlauf des Untersuchungszeitraumes und mit fortschreitender Etablierung des Berufsfeldes auch das Volumen der zur Selektion stehenden Quellen um ein Vielfaches vergrößerte, was Auswirkungen auf den Selektionsprozess hatte. Ausgewertet wurde die maßgebliche zeitgenössische PR-Fachliteratur hauptsächlich für den Untersuchungszeitraum zwischen 1945 und 1974 ohne Anspruch auf letztendliche Vollständigkeit. Hierzu gehörten auch PR-spezifische Dissertationen an deutschen Hochschulen, deren relevante Inhalte verarbeitet wurden. Hinzu kamen Autobiografien und autobiografische Texte von für das Berufsfeld maßgeblichen Zeitzeugen, die in einem beschränkten Umfang vorhanden waren. Die anfängliche Intention Zeitzeugen zu befragen und über die Methoden der Oral History Quellen selbst zu generieren, wurde aufgrund ihrer begrenzten Anzahl und eingeschränkten „Zugänglichkeit" nicht weiter verfolgt. Die Identifizierung und Klassifizierung von Akteuren in dem Berufsfeld und auf dem relevanten Dienstleistungsmarkt erfolgte über entsprechende Verzeichnisse, Findbücher und Mitgliederlisten.

Ein Bild der zeitgenössischen Medienberichterstattung lieferte die Auswertung der für den Untersuchungszeitraum relevanten bundesrepublikanischen Leitmedien „Spiegel", „Frankfurter Allgemeine Zeitung" und „Die Zeit". Zu den systematisch verarbeiteten Fachzeitschriften gehörten „Die Anzeige", „werben & verkaufen", „aus unseren Kreisen", „Public Relations Report", „PR", „ZV+ZV" und „absatzwirtschaft". Ihre Bestände und Teilbestände wurden gesichtet im Institut für Zeitungsforschung, Dortmund, im Pressearchiv des Instituts für Kommunikationswissenschaft der Westfälischen Wilhelms-Universität, Münster, in der Deutschen Nationalbibliothek, Frankfurt und in der Universitätsbibliothek der Heinrich-Heine-Universität, Düsseldorf. Darüber hinaus gehende historische Zeitungs- und Zeitschriftenartikel entstammen den im Folgenden aufgeführten Archivbeständen.

7.4 Darstellung des Archivbestandes

Insgesamt ist die Quellenlage von großer Unübersichtlichkeit gekennzeichnet und die Identifikation und Erschließung relevanter Archivbestände erforderte einen hohen Recherche- und Auswertungsaufwand. Privat- und Firmenarchive sind kaum gesichtet, es ist aber von einem eher „bescheidenen" Bestand auszugehen, da in mittelständisch geprägten Organisationsstrukturen systematische Archivierung selten anzutreffen ist. Die Archive der Branchenverbände wurden bisher nicht aufgearbeitet. Für die vorliegende Arbeit wurden insgesamt vier Archivbestände gesichtet und relevantes Quellenmaterial ausgewertet.

Das Archiv des Berufsverbandes DPRG befand sich zum Zeitpunkt (August 2013) der Sichtung in Berlin in einem vollkommen unerschlossenen Zustand. Die erste Durchsicht ergab das Nichtvorhandensein von organisatorisch und inhaltlich verbandsrelevanten Unterlagen aus dem Gründungsumfeld 1958 bis Ende der 1960er Jahre. Über den Verbleib des Bestandes bestehen bis zu diesem Zeitpunkt nur Spekulationen. Erschlossen wurden nur einige wenige Dokumente, im Wesentlichen Ordnungen und Protokolle von Mitgliederversammlungen aus der Zeit zwischen 1967 und 1973.

Umfangreicher sind die Bestände des Bundespresseamtes (BPA) zur DPRG im Bundesarchiv (BArch) in Koblenz. Das BPA archivierte in dem relevanten Zeitraum Dokumente der DPRG zum einen im Rahmen seiner Grundsatzbeobachtung politisch und gesellschaftlich relevanter Verbände innerhalb der Bundesrepublik, zum anderen waren Leiter des Amtes ordentliche Mitglieder der DPRG und wurden als solche mit Protokollen, Mitgliederlisten, Rundschreiben und Broschüren bedacht. Diese persönlichen Exemplare wurden ebenfalls der amtlichen Archivierung zugeführt. Darüber hinaus gab es offizielle Schriftwechsel zwischen dem BPA und der DPRG zu PR-relevanten Problemstellungen. Konkret handelt es sich um die Bestände mit der Bestandssignatur B145 Archivnummern 4034 und 4035.

Auch das Verbandsarchiv der GPRA befand sich zum Zeitpunkt (August 2011) der Einsichtnahme in Frankfurt in einem unerschlossenen Zustand. Gesichtet und verwertet wurde Quellenmaterial aus der Gründungsphase aus folgenden Ordnern:

Ordner	Medienarbeit 1972-1990
Ordner	Mitgliederinfo 1973-1977
Ordner	Mitgliederversammlung Protokolle 1973-1990
Ordner	Präsentationshonorare ab 1973
Ordner	Texte Entwicklung der GPRA seit Gründung
Ordner	Vereinsregister ab 1972

Tabelle 4: Übersicht Quellenmaterial GPRA

Der Nachlass von Dr. Friedrich Korte befand sich zum Zeitpunkt (Dezember 2013) der Sichtung im PR-Archiv des Instituts für Kommunikations- und Medienwissenschaften der Universität Leipzig. Auch er war in einem unerschlossenen Zustand. Die in dieser Arbeit verwendeten Quellen sind mit den innerhalb des Dokuments aufgeführten Titeln und Zeitangaben im Literaturverzeichnis niedergelegt. Es handelt sich dabei im generellen um persönliche Manuskripte und Schriften von Dr. Korte, von ihm als Verbandsmitglied archivierte Unterlagen und Broschüren zur DPRG sowie publiziertes Informationsmaterial und zahlreiche Zeitungs- und Zeitschriftenausschnitte zu PR-relevanten Themen. Zwischenzeitlich wurde der Nachlass dem Universitätsarchiv Leipzig übergeben und unter der Signatur NA Korte 001 bis 430 erschlossen.

7.5 Zusammenfassung

Der Konzeption der Forschungsarbeit liegt ein theoriegeleiteter, systematischer Zugriff auf Geschichte zugrunde. Methodisch erforderlich ist ein Untersuchungsraster, das sowohl auf einem sozial- als auch geschichtswissenschaftlichen Instrumentarium basiert. Den Kern bildet ein kategoriengeleitetes Vorgehen.

Zentral ist im Umgang mit historischem Quellenmaterial die Methodik des „historischen Verstehens" in Anwendung hermeneutischer Verfahren. Konkret unterliegt der Untersuchung folgende Verfahrensweise: Das Erkenntnisinteresse und die wesentlichen Untersuchungsfragen werden vorformuliert und mit den existierenden fachwissenschaftlichen und theoretischen Erkenntnissen in Abgleich gebracht und fundiert. Aus der theoretischen Fundierung ergeben sich die wesentlichen Untersuchungskriterien und Kategorien, welche die Recherche, Auswahl und Analyse der historischen Materialien lenken. Die Kategorien werden in einem Untersuchungsraster operationalisiert, mit dem das historische Material systematisch ausgewertet wird. Den letzten Schritt bildet die Interpretation des strukturierten Materials. Neben umfangreicher Sekundärliteratur werden publizierte, zeitgenössische Quellen, Archivalien aus vier Beständen und diverse zeitgenössische Zeitungen, Zeitschriften und Fachzeitschriften des Untersuchungszeitraums verarbeitet.

8 Die Entstehung der Berufsrolle und ihre Entwicklungsgeschichte bis 1945

Das folgende Kapitel zeichnet die historischen Entwicklungen nach, die zur Entstehung und Ausgestaltung der Berufsrolle führten, und bildet somit die Ausgangsbasis für die nationalen Entwicklungen in der Bundesrepublik. Entstanden ist die Berufsrolle im „Mutterland" der modernen Public Relations, den Vereinigten Staaten, unter den Vorgaben eines sich verändernden Verständnisses von Öffentlichkeit. Großen Einfluss auf die Ausgestaltung der Berufsrolle übten die PR-Gründerväter Edward L. Bernays und Ivy L. Lee aus, die auch erste Professionalisierungsschritte mitinitiierten und die PR-Branche ihres Landes prägten. Die Entwicklung in Deutschland weist innerhalb der Vorgaben der „nationalspezifischen Öffentlichkeitsarbeit" nur vereinzelte Ausprägungen einer vergleichbaren Berufsrolle auf. In diesem Zusammenhang sind auch die Linien der Verberuflichung in den benachbarten Berufsfeldern Journalismus und Werbung von Interesse. Erst nach dem ersten Weltkrieg entstehen Interdependenzen mit den Vereinigten Staaten, die Kommunikationsdisziplin und Berufsrolle bekannter machen.

8.1 Entwicklung der Berufsidee und Rollendefinition des PR-Beraters

Die Etablierung der Berufsrolle des PR-Beraters ist eng verknüpft mit der Entwicklung der modernen Public Relations in den Vereinigten Staaten mit der Wende vom 19. ins 20. Jahrhundert. Der sich verändernde Umgang mit Medien und Öffentlichkeit begründete den Siegeszug des modernen PR-Verständnisses und seiner pragmatischen Umsetzung und trug entscheidend zur Idee und Definition des Berufs eines PR-Beraters bei. Sicherlich gab es im Vorlauf die Ausprägungen einer verwandten Berufsrolle in Form des *press agent*. Grundlegend für eine eigenständige Entwicklung war die Veränderung des Kommunikationsverständnisses von *press agentry* über *public information* oder *publicity* hin zur *two-way communication* (vgl. Grunig & Hunt, 1984, S. 22). Diesen Wandel und seine professionellen Implikationen dokumentieren anschaulich die beruflichen Eigendefinitionen der PR-Gründerväter Edward L. Bernays und Ivy L. Lee. Bernays änderte über einen Zeitraum von zehn Jahren seine Berufsbezeichnung mehrmals. Noch vor dem ersten Weltkrieg bezeichnete er sich als *press agent*. Als er 1919 sein erstes Büro eröffnete, erachtete er *publicity direction* als bessere Umschreibung seiner angebotenen Expertise (vgl. Bernays, 1967, S. 126), aber schon ein Jahr später bezeichnete er sich als *public relations counsel* (vgl. Tye, 1998, S. 53). Ähnlich verhielt es sich mit Lee. Er eröffnete sein Publicity Büro 1904 und bezeichnete sich die kommenden Jahre als *publicist*. Erst in den 1920er Jahren wechselte er seine Berufsbezeichnung zu *public relations advisor* (vgl. Gower, 2008, S. 307).

Bisher existiert kein aktueller Forschungstand zur generellen Entwicklung der Berufsrolle. Eine erste Auseinandersetzung stammt von Eric F. Goldman (1948). Das folgende Kapitel systematisiert generelle historische PR-Forschung, aber auch Inhalte von Originalquellen im Hinblick auf die Grundlegung des Berufs eines PR-Beraters und seiner spezifischen Organisationseinheiten unter Berücksichtigung angrenzender Berufsrollen. Ein besonderes Augenmerk gilt dabei dem Wandel des Ausgangsberufs eines *press agent* durch ein verändertes Kommunikationsverständnis, der Grundlegung und Etablierung erster Dienstleistungseinheiten, dem Einfluss der PR-„Gründerväter" und dem letztendlichen Entstehen einer ersten PR-Branche und ihrer Professionalisierungsmomente.

8.1.1 Press agentry – erste Entwicklungen

Press agentry, der Vorläufer moderner Public Relations Praxis, hat seinen professionellen Ursprung im 19. Jahrhundert und ist mit der amerikanischen Industrialisierung verbunden. Bei einer Orientierung am Fundus von Techniken moderner Medienarbeit kann noch weiter zurückgegangen werden. Der amerikanische Politiker Samuel Adams gilt als *father of press agentry*. Er entwickelte und praktizierte während der amerikanischen Revolution unterschiedliche Methoden zur Beeinflussung der Medien und der öffentlichen Meinung (vgl. Fellow, 2010, S. 51-59). Ähnlich arbeitete Amos Kendall, der in den 1830ern unter Präsident Andrew Jackson zum *first presidential secretary* aufstieg und diesen in fast allen Belangen der Öffentlichkeitsarbeit beriet (vgl. Cutlip, 1995, S. 87). Erst die Industrialisierung beförderte *press agentry* ebenso wie Promotion und Werbung. Zudem war die zweite Hälfte des 19. Jahrhunderts geprägt von einem revolutionären Wandel der Kommunikationslandschaft (vgl. Hochfelder, 2006, S. 313-314). Der kommerzielle Nutzen dieser kommunikativen Infrastruktur wurde schnell erkannt. Der Circus, der sich in dieser Zeit als eine Unterhaltungsbranche etablierte, stimulierte die Entwicklung. Die heutigen Muster von *press agentry* und Promotion entstanden in dieser Zeit und sind verbunden mit Phineas Taylor Barnum (vgl. Cutlip, 1997, S. 19). In seiner Karriere erscheint *press agentry* mehr als eine persönliche Kommunikationsbegabung, denn als definierter Teil einer Berufsausübung, getrieben sicherlich von einem für diese Zeit typischen unternehmerischen Ansatz. Der früheste Gebrauch der Berufsbezeichnung *press agent* datiert auf 1867/68 und bezeichnet einen gewissen William W. Durand (vgl. Cutlip, 1995, S. 174 er führt ihn als W.W. Duran), der zur Führungsriege des „John Robinson´s Circus and Menagerie" gehörte. Er galt als talentierter Schreiber, der später für weitere Circus-Unternehmen arbeitete (vgl. Slout, 1998, S. 87-88).

Typisch für die unterschiedlichen Berufseintritte und Karriereverläufe von *press agents* sind eine wie auch immer geartete literarische Vorbildung und der stete Wechsel der Engagements. Die meisten waren dienstleistende Einzelunternehmer, die von Auftraggebern aus Circus und Theater zeitlich befristet beschäftigt wurden.

8.1.2 *Historische Grundlegung des Dienstleistungsprinzips Agent und Agentur*

Der Beruf des *press agent* reflektiert die Rolle des *agent* als Vermittler zwischen zwei Parteien. Im Hinblick auf die funktionelle Definition und den historischen Ursprung dieser Rolle verweist Yaxley (2012) auf die mittelalterliche *commenda*, einem bilateralen Vertragssystem, das den Handel zwischen Kaufleuten organisierte (vgl. S. 399-400). Historisch unmittelbarer sind, besonders unter dem Aspekt der sich weiterentwickelnden Dienstleistungsmodelle, rechtsgeschichtliche Hintergründe der Neuzeit im anglo-amerikanischen Rechtsraum. Entwickelte Wirtschaftssysteme mit arbeitsteiliger Produktion und Verteilung wirtschaftlicher Güter und Dienstleistungen sind ohne das Vertretungsprinzip nicht denkbar. Personen, die aus unterschiedlichen Gründen nicht selbst tätig werden können, schalten Hilfspersonen ein, die „in ihrem Auftrag", „für ihre Rechnung" oder „in ihrem Interesse" mit Dritten in Beziehung treten (vgl. Zweigert & Kötz, 1996, S. 428). Grundlegend ist das juristische Prinzip der Stellvertretung. Kennzeichnend für dieses Prinzip ist die Beteiligung dreier Personen – in der deutschen Terminologie: Geschäftsgegner, Intermediär und Prinzipal. In der Regel stehen sich von den drei Beteiligten immer nur zwei tatsächlich gegenüber. Im Vorfeld nimmt der Intermediär die Beauftragung oder Weisung des Prinzipals entgegen. Der Leistungsaustausch oder das Stellvertretergeschäft erfolgt dann zwischen Geschäftsgegner und Intermediär. Rein wirtschaftlich betrachtet stehen sich Prinzipal und Geschäftsgegner gegenüber, dem Intermediär kommt nur eine helfende Funktion zu (vgl. Moser, 2010, S. 51-52). Während die kontinentaleuropäische Rechtstradition sehr viel Wert auf die Unterscheidung zwischen dem Handeln im „eigenen Namen" und dem Handeln im „fremden Namen" legt, existiert im anglo-amerikanischen Common Law *agency* überall dort, wo ein *principal* einem anderen, dem *agent*, den Auftrag gibt, „on it´s behalf" tätig zu werden (vgl. Zweigert & Kötz, 1996, S. 429). Sie verleiht dem *agent* die Rechtsmacht, die Rechtsposition des *principal* im Verhältnis zu einem Dritten zu verändern. Der Handlungsrahmen des *agent* umfasst wirtschaftliche Momente, wie das Abschließen von Verträgen oder die Übertragung von Vermögensgegenständen, ist aber nicht nur auf rechtsgeschäftliches Handeln beschränkt, sondern kann sich auch auf rein tatsächliches Handeln beziehen (vgl. Moser, 2010, S. 160). Dieses Basisprinzip der Stellvertretung hat wirtschaftlich zu unterschiedlichen Rollendefinitionen des Agenten/*agent* geführt. Vom Makler über den Kommissionär bis hin zu verschiedenen Ausprägungen des Repräsentanten – sei es kommerziell, verwaltungstechnisch oder managementbezogen.

8.1.3 Funktionsbestimmung von *advertising agents* und *press agents*

Bei den ersten *advertising agents*, die in ihrer Anfangsphase mehr die Medien als die Werbetreibenden repräsentierten, bevor sie dann unabhängige *space brookers* wurden, stand eher das Rollenbild des Händlers als das des Kommunikators im Vordergrund (vgl. Yaxley, 2011, S. 400). Erst nach 1890 veränderte diese Berufsgruppe grundsätzlich ihr Profil, indem sie weitere Aufgaben für den Kunden übernahm (vgl. Walker Laird, 1992, S. 309).

Bei beiden Berufsgruppen den *advertising agents* und den *press agents* war die Vermittlungsfunktion zwischen dem jeweiligen *principal* und den Medien maßgeblich. Die Rolle des *press agent* muss weitaus differenzierter gesehen werden. Natürlich stand immer da, wo Medienpräsenz in Verbindung mit Werbung oder Promotion gekauft wurde, auch bei ihr der kommerzielle Aspekt des *brookers* im Vordergrund. Entscheidend war die kommunikative Vermittlungsfunktion. Aufgrund seiner Expertise, die meistens aus literarischer oder journalistischer Berufserfahrung bestand, war er in der Lage, die Interessen seines Auftraggebers zielführend zu vertreten. Diese Zielführung war durchaus ambivalent, da die Vermittlungsformen variieren konnten. Neben dem mediengerechten Aufarbeiten und Vermitteln entsprechender Botschaften, wurde häufig im Auftrag verdeckt, d. h. ohne Transparenz hinsichtlich des *principal* gearbeitet. Ein unternehmerisches Geschäftsmodell ist dieser Vermittlungsfunktion per se nicht inhärent, was die Koexistenz festangestellter und freier dienstleistungsbezogener Beschäftigungsmodelle zeigt. In der Anfangsphase war der Bedarf dieser spezifischen Expertise eher situativ, so dass eine kontinuierliche Beschäftigung sich erst allmählich durchsetzte. Entsprechend war die eigenverantwortliche freie Mitarbeiterschaft des *press agent* häufig anzutreffen. Yaxley definiert diese Position als die eines Arbitrageurs und stellt damit das unternehmerische Moment in den Vordergrund, das sie als notwendige Qualität in der unsicheren und ungeordneten Gesellschaft der USA jener Tage ausmacht (vgl. Yaxley, 2011, S. 401). Tatsächlich war die Zeit nach dem Bürgerkrieg eine Periode rasanten ökonomischen Wachstums. Zwischen 1865 und 1920 versiebenfachte sich das Bruttoinlandsprodukt. Der technologische Fortschritt war enorm. Diese zweite industrielle Revolution wurde befördert durch den amerikanischen Unternehmergeist. Unternehmensneugründungen, die technologische Entwicklungen in die Märkte trugen, waren an der Tagesordnung. „If ever there was a time or place when entrepreneurs were the most admired figures in society, it was the United States during the late nineteenth century" (Lamoreaux, 2010, S. 367). Die Namen der *captains of industry* waren in weiten Teilen der Bevölkerung bekannt und das höhere Ziel eines jeden jungen Amerikaners war es, einmal ein *self-made man* zu werden. Das Leben als abhängiger Angestellter, selbst in höheren Positionen war verpönt und kam einer moralischen Verfehlung gleich (vgl. ebd., S. 367-368).

8.1.4 Erste Institutionalisierung in größere Dienstleistungseinheiten

Auch die Institutionalisierung in größere Dienstleistungseinheiten muss für die Berufsgruppen der *avertising agents* und der *press agents* vergleichend betrachtet werden, gibt es doch wichtige Entwicklungen, die nur einige Jahrzehnte zeitversetzt durchlaufen wurden. Noch zu Beginn des 19. Jahrhunderts gab es weder in Europa noch in Amerika *advertising agents*. Wer werben wollte, wandte sich direkt an die Zeitung. Die ersten „modernen" werblichen Dienstleistungen wurden in England gegen Ende des 18. Jahrhunderts erbracht. Vermutlich war William Taylor der erste, der sich 1786 im „Maidstone Journal" als *advertising agent* bezeichnete. James White, ein weiterer englischer Pionier, gründete seine Agentur 1800 und Charles Barker 1837 (vgl. Egan, 2007, S. 7). Mit Beginn der 1830er Jahre wurde es in den Vereinigten Staaten üblich, dass Redaktionen in größeren Städten von Zeit zu Zeit Mitarbeiter aussandten, die sich bei der lokalen Unternehmerschaft um Anzeigen bemühten. Schnell verstanden diese Mitarbeiter, dass es lukrativer sei, die Aufträge mehrerer Zeitungen zu bündeln und auf Kommission zu arbeiten. Dies hatte für den Werbetreibenden den Vorteil, dass er in unterschiedlichen Zeitungen Anzeigen schalten konnte, es in der Abwicklung bequemerweise aber nur mit einer Person zu tun hatte. Das rasante Zeitungswachstum dieser Jahre ermöglichte und beförderte diese Entwicklung (vgl. Hower, 1949, S. 10).

Die erste amerikanische Agentur gründete Volney B. Palmer 1842 in Philadelphia. Erst ab 1849 firmierte er offiziell als *advertising agency*. Palmer verstand sich nicht als passiver Mittelsmann, sondern vertrat gegenüber seinen Anzeigenkunden bereits in der Anfangsphase einen beratenden Ansatz. Er beriet bei der Budgetplanung, bei der Medienselektion, bei der Produktion der Anzeige und schrieb oder bewertete Texte. Zu seinem Leistungsumfang gehörte sogar Pressearbeit – er platzierte „Editorial and Business Notices" (vgl. Holland, 1974, S. 354-362). Interessant und bezeichnend für die Anfangsjahre war auch die Form der Kundenbeziehungen. Palmer war ein Agent der Zeitungsverleger, zu denen dauerhafte und loyale Verbindungen bestanden. Die Anzeigenkunden kamen und gingen, das aber im positiven Sinne, da der beraterische Mehrwert seiner Dienstleistung im Markt zunehmend Anerkennung fand (vgl. ebd., S. 370). Palmer verkaufte Zeit seines Berufslebens ein systematisches Konzept von Werbung, das für ihn an erster Stelle stand. Viele Funktionen moderner Werbeagenturen gehörten bereits zu seinen Basisleistungen. Erfolgreich machte ihn zudem seine professionelle Einstellung zur Dienstleistung, die es für Verleger und Anzeigekunden gleichermaßen gewinnbringend machte, mit seiner Agentur zusammenzuarbeiten (vgl. ebd., S. 380). „Palmer created the business, its terms, it´s methodolgy, its techniques." (ebd., S. 373). Entscheidend war, dass sich die Rolle des *advertising agent*, bzw. die Aufgaben einer *advertising agency*, weiter veränderten und professionalisierten – für die Zeitungen wurde Anzeigenraum verkauft, gegenüber dem Werbetreibenden wuchs die Rolle eines Beraters hinsichtlich der Planung und Verwendung des Werbebudgets (vgl. Fox, 1997, S. 14).

Die Gründung der später maßgeblichen Werbeagenturen J. W. Thompson (1864) und N. W. Ayer & Son´s (1869) fällt in die Zeit wirtschaftlichen Aufschwungs nach dem Bürgerkrieg (vgl. Cutlip, 1995, S. 180). Während Gründer J. W. Thompson einen eigenen Markt schuf, indem er sich als einzige Agentur jener Zeit auf Magazine spezialisierte (vgl. Fox, 1997, S. 29-31), entwickelte N. W. Ayer das Geschäftsmodell wesentlich weiter. Er startete als Anzeigenverkäufer und spezialisierte sich nach seiner Agenturgründung anfänglich auf religiöse Publikationen (vgl. Hower, 1949, S. 28-29). Entscheidend für Ayer und die gesamte Werbebranche war das Jahr 1875. Grundsätzlich unzufrieden mit der Rolle der *advertising agents* als reine Mittelsmänner revolutionierte er die Branche mit seinem open-contract-Modell. Er begann ausschließlich für die Werbekunden zu arbeiten, aber auf einer transparenten Basis, was die finanziellen Konditionen betraf. Anstatt wie bisher Anzeigenraum zu kaufen und höchstmöglich zu verkaufen, gab er die Preise der Verleger mit einer festgesetzten Kommission von 12,5 Prozent – später 15 Prozent – für die Agentur weiter (vgl. ebd., S. 50-63). Dieses Modell verbunden mit einem hohen Maß an Beratungsleistung war der Grundpfeiler für den letztendlichen Erfolg seiner Agentur. Ayer prägte wie kein Zweiter das Selbstverständnis des *advertising agent* und entwickelte es weiter hin zum Berater mit professionellen Standards (vgl. ebd., S. 89).

Die erste Publicity Agentur der Vereinigten Staaten „The Publicity Bureau" wurde Mitte 1900 von George V. S. Michaelis, Herbert Small und Thomas O. Marvin in Boston gegründet. Gegen Ende des Jahres stieß der später als PR-Pionier bei AT&T bekannt gewordene James Drummond Ellsworth zur Firma. Alle Mitarbeiter der ersten Generation hatten studiert und besaßen publizistische oder journalistische Berufserfahrung. Startkunde der Agentur war die Harvard University mit einem monatlichen Retainer von 200 US-Dollar für *professional services*. Sie gründeten in einer Zeit, in der die aufkommenden Massenmedien sich ihrer Macht immer mehr bewusst wurden. Es war der Start der sogenannten Muckraking Era, in der Journalisten publizistisch gegen rücksichtslose Geschäftsleute vorgingen, ihre Methoden öffentlich machten und anprangerten. Ihre Unternehmen gerieten unter Druck und waren gezwungen, auf die öffentliche Meinung einzuwirken und ihre Positionen zu erklären und zu vertreten. Offensichtlich erkannten Michaelis und Small diesen temporären Bedarf und dachten, es wäre finanziell ertragreich eine Firma zu gründen, die verschiedenen Klienten Publicity in den nationalen Zeitungen verschaffte. Im Zentrum ihrer Unternehmensphilosophie stand die Idee der Publicity in klarer Abgrenzung von Werbung und *press agentry*. Zentrales Unterscheidungsmerkmal war, dass erstmalig die Bedürfnisse und Anforderungen der Journalisten an relevantes Pressematerial in den Vordergrund gestellt wurden. Hauptmotivation zumindest bei Ellsworth den Job in der Agentur anzutreten, war die Aussicht auf eine weitaus bessere Bezahlung. Er war zuvor Reporter beim „Boston Herald" gewesen und hatte bereits dort sein schmales Salär durch *press agentry* aufzubessern versucht. Das gleiche Motiv veranlasste auch Ivy Lee 1903, seinen Job bei der „New York World" aufzugeben (vgl. Cutlip, 1966, S. 269-280). Die zweite Publicity-Agentur des Landes Smith & Wallmer wurde 1902 in Washington von William Wolf Smith, er war Reporter für „The New York Sun", und einem Mann namens Wallmer, von dem sehr wenig bekannt ist, gegründet. Der Hauptstadtstandort zahlte sich aus. Lobbying wurde zu einem wesentlichen Leistungsfeld, da der Expertisebedarf der großen Unternehmen gegen Presseattacken und gesetzliche Regularien groß war (vgl. Cutlip, 1994, S. 27-30). Smith arbeitete auch für Verbände und nutzte schon früh Verbandsautorität, er selbst war „Secretary of the National Board of Rifle Pratice", um seinen Presseinformationen eine neutralere Absenderadresse zu geben oder Zugang zu politischen Gremien zu erhalten (vgl. Goppin, 1999, S. 127).

8.1.5 Der Wandel des Publicity-Begriffs

Der Wandel des Publicity-Begriffs gegen Ende des 19. Jahrhunderts prägte das berufliche Selbstverständnis weitergehend und stellt einen essentiellen Zwischenschritt auf dem Weg zur Berufsrolle des PR-Beraters dar. Diese Jahre, die innerhalb der frühen amerikanischen PR-Geschichtsschreibung als die *public be dammed era* und die *public be informed era* bezeichnet werden, sind in den letzten Jahren historisch weitergehend analysiert (Stoker & Rawlins, 2005; Gower, 2008; Miller Russel & Bishop, 2009) worden. Wesentlich ist eine Neubewertung in gesamthistorischen Zusammenhängen, die nicht weiter an einer linearen Entwicklung von *press agentry* über *public information* oder *publicity* hin zur *two-way communication* festhält.

In den wirtschaftlich stürmischen Jahren nach dem Bürgerkrieg agierten die großen Unternehmungen, häufig repräsentiert durch ihre eigenwilligen Führungspersönlichkeiten und Besitzer, noch nach der Maxime, je weniger die Öffentlichkeit über ihre Geschäftstätigkeit erfuhr, umso effizienter und profitabler konnten sie agieren. Erst allmählich, befördert durch den kommunikativen Erfolg der Bahngesellschaften bei ihrer Westerweiterung, rückte der Nutzwert von *publicity* ins Bewusstsein. Hinzu kam der steigende Reformdruck innerhalb der Gesellschaft, der das soziale Klima gegenüber dem Big Business negativ auflud. Cutlip beschreibt am Beispiel der Standard Oil Company sehr dezidiert den Umgang mit der Presse in diesen Jahren. Von anfänglicher Ignoranz gegenüber Medienanfragen entwickelte der Konzern ab 1880 erste Anknüpfungspunkte und lockerte seine Informationspolitik. Während der kommenden Jahre entstand eine erste Sensibilität gegenüber den Belangen der Öffentlichkeit. Man gewann eine gewisse Erfahrung, über ein System finanziellen Drucks, z. B. über Anzeigen, redaktionellen Raum zu belegen, um publizistischen Attacken zu begegnen. Gerichtlich zur Anklage kam die Zusammenarbeit mit dem „Malcom Jennings News Bureau and Advertising Agency", über das Standard Oil mit 150 Journalen in Ohio und Indiana Verträge zur Publikation von sogenannten *tainted news* abschloss. Es gab aber auch Medien, die sich dieser Praxis grundlegend verweigerten (vgl. Cutlip, 1995, S. 187-197).

In den 1890er Jahren realisierten viele Unternehmen, dass sie, ob sie wollten oder nicht, gerade bei öffentlichen Attacken kommunizieren mussten. Viele beauftragten externe *press agents* oder gründeten interne *publicity bureaus*, um die Presse mit präparierten Informationen zu versorgen.

In dieser Phase gewann die Berufsbezeichnung *press agent* einen weiteren Bedeutungszuwachs, der sich verselbständigte. Neben dem angestammten Einsatzgebiet in Theater, Oper, Circus und Sport bezeichnete sie zunehmend Personen, die von Unternehmen eingestellt wurden, um diese gegenüber der Presse positiv zu verkaufen. In diesem Umfeld wurde sie austauschbar mit der Bezeichnung *publicity agent* benutzt (vgl. Gower, 2008, S. 310). Der Bedeutungswandel des Begriffs *publicity* findet seinen Niederschlag in der erweiterten Berufsbezeichnung. Wie die Studie von Miller Russel und Bishop (2009) zeigt, entwickelte sich in dieser Phase *publicity*, von etwas, was die Zeitungen einer Person, einer Veranstaltung oder einem Sachverhalt gaben, zu etwas, was von der Wirtschaft und Industrie gefordert wurde. Bereits um die Jahrhundertwende bezog sich dann *publicity* fast ausschließlich noch auf *corporate publicity* und Finanzinformationen. Besonders die Politik erwies sich mit ihrer Anti-Trust-Gesetzgebung und der Forderung nach *financial publicity* als treibende Kraft. Sie ist als Katalysator dieser Entwicklung nicht hoch genug einzuschätzen und widerlegt den Mythos, Muckraking bedingte letztendlich die Entstehung von Public Relations. In der sich drastisch verändernden amerikanischen Gesellschaft mit ihren großen sozialen und wirtschaftlichen Problemen war der forcierte Enthüllungsjournalismus eine ambivalente Erscheinung. Seine Wurzeln lagen primär in dem Verlangen, Missstände anzuprangern und die Verursacher unter Druck zu setzen, andererseits wurde er getrieben durch die aufkommende Medienkonkurrenz (vgl. Protess, 1991, S. 36). Seine Forderung nach Transparenz machte Muckraking zu einem wichtigen Faktor in der Beeinflussung der Öffentlichkeit. Für Miller Russel und Bishop (2009) ist die politische Forderung von Theodore Roosevelt nach *corporate publicity* und die daraus folgende Debatte, in seiner öffentlichen Wirkung weitaus höher einzuschätzen (vgl. ebd., S. 96-98).

8.1.6   Lees Declaration of Principles

In diesem politisch-wirtschaftlichen Klima verfasste Ivy Ledbetter Lee 1905 seine für die Public Relations bedeutende *Declaration of Principles*: „This is not a secret press bureau. All our work is done in the open. We aim to supply news. This is not an advertising agency ...". Lee hatte diese Erklärung während des Coal Strike 1905 an ausgewählte Journalisten geschickt. Veröffentlicht wurden sie im September 1906 in einem Beitrag von Sherman Morse „An awakening in Wall Street" in „The American Magazine". Thema war der Versuch der großen Unternehmen, sich mittels *professional press agentry* öffentlicher Kritik zu erwehren (vgl. Miller Russel & Bishop, 2009, S. 91-92). Lees Biograph Ray Hiebert (1966) zeichnet das Bild einer ambitionierten und hochgebildeten Person, die sich durch Herkunft und Erziehung von den Journalisten und *press agents* jener Tage deutlich absetzte. Als Sohn eines methodistischen Ministers in Georgia sammelte Lee bereits während seiner Zeit in Princeton erste journalistische Erfahrungen. Direkt nach seinem Abschluss ging er als Finanzreporter nach New York. 1903 wechselte er die Seiten und wurde *press representative* der Citizens Union.

Goldman (1948) schildert die Gründe für diesen Schritt zum einen finanziell motiviert, zum anderen getrieben von der Idee, die großen Unternehmen von den Vorzügen einer offeneren Kommunikationspolitik zu überzeugen (vgl. ebd., S.6). Ende 1904 gründeten er und George Frederick Parker die dritte Publicity-Agentur der Vereinigten Staaten (vgl. Cutlip, 1994, S. 37-38).

Lees *Declaration of Principals* kommt einer Professionserklärung gleich und ist im Hinblick auf das Selbstverständnis der ersten Berufsgeneration wegweisend. Seine Motivation zu diesem Schritt war unterschiedlich beeinflusst. Zum einen spiegelt sie seine innere Überzeugung und sein über die Jahre entwickeltes Kommunikationsverständnis wieder. Die Erfahrungen des ersten Coal Strike 1902 mit der „Blockade-Kommunikation" der Minenbesitzer, ihre Abstrafung durch die Medien und der Erfolg von Gewerkschaften und Regierung durch ihre offene Haltung hatten ihn und seine Auftraggeber 1905 lernen lassen. Lee war fest überzeugt, dass seine Strategie zum Erfolg führen würde. Zum anderen spielten für ihn natürlich auch Aspekte der unternehmerischen Positionierung eine Rolle. Die Diskussion um den Bedeutungswandel von *publicity* zeigt, das *press agents* grundsätzlich unter Druck standen, zudem sie meistens in Krisensituationen geholt wurden und ihre Aufgabe dann in der Schadensbegrenzung lag. Lee setzte sich mit seiner Erklärung bewusst ab und positionierte sich und sein Unternehmen in deutlicher Abgrenzung zu konkurrierenden Marktteilnehmern in dem Wissen, dass dies auch seine Position gegenüber den Medien vereinfachen und glaubwürdiger machen würde. In seiner späteren Tätigkeit für die Pennsylvania Railroad und Rockefeller erweiterte er sein professionelles Verständnis um eine zweite wichtige Komponente. Lee begriff seine Tätigkeit nicht mehr einzig und allein darin, die Belange seiner Auftraggeber der Öffentlichkeit zu verkaufen, sondern auch umgekehrt, seinen Auftraggebern die Öffentlichkeit zu interpretieren. Er war einer der Ersten, der diese wichtige *two-way-function* von Public Relations verinnerlichte (vgl. Goldman, 1948, S. 7-9).

Lees individuelles berufliches Selbstverständnis ist eng verbunden mit seiner professionellen Weiterentwicklung. Grundsätzlich fühlte er sich, wie viele PR-Leute der ersten Generation, den technokratischen Denkmodellen der „progressiven Bewegung" verbunden. *Expertise* und *engineering* waren Schlüsselqualifikationen zur Bewältigung des Chaos des industriellen Lebens. Er adaptierte diese Sichtweise und sah sich generell als „physician for corporate bodies" (vgl. Ewen, 1996, S. 76). In der Anfangsphase bezeichnete er sich als *publicist*. Einen tieferen Einblick in sein Selbstverständnis gibt ein Statement zum Colorado Coal Strike, den Lee im Auftrag von Rockefeller kommunikativ begleitet hatte, das er 1915 im Rahmen eines Hearings der „United States Commission on Industrial Relations (USCIR)" gab:

> "My job is simply that of adviser and I advise my clients to tell the truth. I think you and I have somewhat different opinions as to the function of a publicity agent. My theory of a publicity agent is that he should not act as an intermediary. The old theory of a publicity agent is that his function should be to take what his employers give him to hand to the press, and then to use his influence or any other way that suggested themselves to him, and get it published. That is totally foreign to my idea. My idea is that the principal himself should be his own publicity agent; that the function of a person like myself, for example, when acting in that

capacity, should be to advise with the man who is to take responsibility for the act itself as to what he should do and what he should say, and that he should do the same." (USCIR, 1916, Vol. 8, p. 7911, zitiert nach Hallahan, 2002, S. 285)

Im Vordergrund stand für ihn seine Rolle als Berater. Nach Hiebert (1966) glaubte er, dass Unternehmen und Öffentlichkeit sich besser verstehen würden, wenn er als *counsel* „in the court of public opinion" agiere (vgl. ebd., S. 185). Ab 1916 nahm er diese in seine Berufsbezeichnung auf und nannte sich in den kommenden Jahren abwechselnd *Advisor in Public Relations* oder *Publicity and Advertising Counsel* (vgl. Raucher, 1968, S. 121). 1919 gründete er eine neue Agentur „Ivy L. Lee and Associates", die bis in die 1930er Jahre fortbestand und seine Reputation als „dean of a profession" mehrte (vgl. ebd., S. 94).

Die theoretische Auseinandersetzung mit dem Feld seiner Expertise blieb nach Goldman (1948) oberflächlich. „Usually he discribed what he was doing as an art – an art so personal and intangible that he could find no phrase to accurately describe it". Vielzitiert ist sein Auftritt vor der „United Transit Commission" 1927, bei dem er auf die Frage, was denn seinen Beruf (in Abgrenzung zum *publicity agent*) ausmache, antwortete: „I dont know, sir. I have never been able to find a satisfactory phrase to describe what I try to do." (vgl. ebd., S. 9-10). Lee war kein Theoretiker, er schrieb berufsnah und mit hohem Praxisbezug über Public Relations-Strategie und hielt zwischen 1910 und 1915 siebzig Vorträge zu diesem Thema in den Vereinigten Staaten und in Großbritannien (vgl. Harrison, 2004, S. 211). 1921 lehrte er an der „Columbia School of Journalism" über sein Fachgebiet (vgl. Raucher, 1968, S. 137). Trotz seiner *Declaration of Principles* bleibt sein Beitrag zur ethischen Grundlegung seines Berufsfeldes ambivalent. Grund hierfür war sein „pragmatisches Verhältnis" zur Wahrheit. Für ihn war Wahrheit etwas „that can be merchandised to the public". Dieser Ansatz beeinflusst seine Art mit Fakten umzugehen zeit seines Berufslebens (vgl. Ewen, 1996, S. 80).

8.1.7   Die theoretische Grundlegung des Berufs durch Bernays

Die theoretische Grundlegung und finale Ausdifferenzierung des Berufs PR-Berater oblag der zweiten PR-Gründerfigur Edward Bernays. Was für Lee seine Affinität zum Big Business war, war für Bernays seine Lust an der intellektuellen Auseinandersetzung mit seinem Fachgebiet. Der Neffe von Sigmund Freud durchdrang das junge Berufsfeld sozialwissenschaftlich und öffnete es massenpsychologischen Ansätzen. Neben seinem berühmten Onkel beeinflussten Soziologen und Sozialpsychologen wie Gustave Le Bon, Gabriel Tarde, Wilfred Trotter und Walter Lippmann sein Denken. Nach dem Abschluss an der Cornell University 1913 startete er mit 22 zunächst als Journalist. Er gab zwei medizinische Fachjournale heraus, bei deren Vermarktung er schon früh seine Affinität zu *press agentry* unter Beweis stellte (vgl. Ewen, 1996, S. 159-163). Rasch wechselte er die Seiten und arbeitete als *press agent* im Theater und Konzertbereich. Während des Krieges gehörte er dem „Committee on Public Information (Creel-Committee)" an, das von Woodrow Wilson ins Leben gerufen wurde, um die amerikanische Propaganda im ersten Weltkrieg zu organisieren, und dessen Einfluss auf die Entwicklung der modernen Public Relations wesentlich war (vgl. Kunczik, 2010, S. 114-116). 1919 gründete er seine erste Agentur. Die Klientenliste seiner mehr als vierzig Jahre währenden Beratertätigkeit umfasste mehr als 435 Kunden und liest sich wie das „Who is Who" der amerikanischen Wirtschaft und Kultur (vgl. Tye, 1998, S. 55-59). Bereits in den zwanziger Jahren wurde er eine Person des öffentlichen Interesses, die durchaus kontrovers diskutiert wurde. Seine Persönlichkeit, das Geheimnis seines Aufstiegs, aber vor allem sein Einfluss auf die öffentliche Meinung waren Gegenstand der Erörterung (vgl. Kunczik, 2010, S. 228-229). Diese Aufmerksamkeit und seine publizistische Tätigkeit waren das Fundament seines ökonomischen Erfolges. Er positionierte sich ganz bewusst im „hochpreisigen Segment". Die Wertigkeit seiner Beratungsleistung grenzte er deutlich von *press agentry* und *publicity* ab. Er orientierte sich bei seiner beruflichen Eigendefinition an den Juristen. „I just took it (the term counsel) from law. And instead of saying Counsel on Legal Relations, I said Counsel on Public Relations." (Ewen, 1996, S. 163). Im Zentrum dieser neuen Profession stand für ihn die Überzeugung, dass Public Relations seine Relevanz nur in Anbindung an die modernen Sozialwissenschaften entwickeln konnte (vgl. ebd., S. 163). Seine hohen Honorare dokumentierten diese Wertigkeit ökonomisch und verlagerten seine Ansprechpartner beim Kunden in die gleiche Gehaltsklasse – die der Unternehmensführung. Zur Festsetzung orientierte er sich an den Juristen. Für ihn war PR-Beratung wichtiger als juristischer Rat, somit auch weitaus teurer. Diese Strategie zeichnete für ihn schnell Erfolg. Schon in seinen Anfangsjahren 1919/20 verdiente er das Doppelte seiner Wettbewerber und steigerte es von da an kontinuierlich (vgl. Tye, 1998, S. 53; S. 60-61). In seinem unternehmerischen Selbstverständnis sah sich Bernays in erster Linie als Berater seiner Kunden, weniger als Kopf einer größeren PR-Einheit (vgl. Cutlip, 1994, S. 193). Er schätzte seine Unabhängigkeit in dieser Beraterposition und lehnte auch in späteren Jahren Angebote auf Unternehmensseite zu wechseln ab (vgl. Bernays, 1967, S. 221).

In seinen Memoiren beschreibt Bernays die Schwierigkeiten, die neue Berufsbezeichnung in der Öffentlichkeit zu etablieren. Vor allem die höhere Bekanntheit der Begrifflichkeit *publicity* ließen ihn oft selbst bei der Erläuterung seiner Tätigkeit wieder auf diese zurückgreifen. Starke Vorbehalte machte er Anfang der 1920er Jahre in den Massenmedien aus. Besonders die Fachpresse stand seinem neuen Berufsbild ignorant gegenüber, empfand sie es doch als Bedrohung des eigenen Status (Bernays, 1967, S. 139-140). Bestätigung findet diese subjektive Empfindung in einer Studie (Penning, 2008) zur Verwendung des Begriffs Public Relations in der „New York Times" und dem „Time Magazine" dieser Jahre. Wesentlich ist die Erkenntnis „that, for all the attempts by early practitioners to distinguish "public relations counsel" from „press agent", the media at the time continued to combine the terms as synonymous." (ebd., S. 355). Angesichts dieser Hemmnisse entschloss sich Bernays – wie er es in seinen Memoiren „opulent" formuliert – zur "risikoreichen Einmannkampagne". Er verband wirtschaftliches Agenturinteresse mit aufklärerischem Bestreben und publizierte eine Agenturzeitschrift über Public Relations mit dem Titel „Contact". Ziel war es, „ein klares Verständnis für den

Arbeitsbereich und die Funktion des Beraters für Public Relations zu vermitteln". Verschickt wurde das vierseitige Hausorgan an 15.000 Redakteure, Herausgeber, Direktoren und führende Persönlichkeiten. Die Publikation wurde Anfang der 30er Jahre eingestellt, doch Bernays konstatiert „Contact etablierte uns" (vgl. Bernays, 1967, S. 141-142).

1923 veröffentlichte er sein für das Berufsfeld grundlegende Werk „Crystallizing Public Opinion". In diesem Buch beschreibt er die Rolle und Aufgaben eines PR-Beraters, verortet sie in seinem Theoriegebäude der Public Relations und verankert sie in einem gesamtgesellschaftlichen Kontext. Für ihn hat der Beruf in den letzten Jahren zunehmend an Relevanz gewonnen, obwohl ihn bis zu diesem Zeitpunkt nur wenige kennen. Ganz entscheidend ist für ihn immer wieder die deutliche Unterscheidung von Berufsbezeichnungen wie *propagandist*, *press agent* oder *publicity man*. Anhand einer Vielzahl von Ausübungsbeispielen erläutert er die Funktionsebenen des neuen Berufs. Wesentliche Handlungsmaxime ist für ihn die *two-way-function*: „He interprets the client to the public, which he is enabled to do in part because he interprets the public to the client. His advice is given on all occasions on which his client appears before the public, whether it be in concrete form or as an idea." (Bernays, 1923, S. 51). Aufgabe und Ziel ist es, Firmenpolitik und öffentliche Einstellung in Einklang zu bringen. Selbst beim Verkauf von Produkten leistet seine Vermittlungsfunktion gegenüber der Gesellschaft wesentlichen Nutzen (vgl. ebd., S. 73). Neben seinem theoretischen Zugang zur öffentlichen Meinung beschreibt er in diesem Buch Methoden und Techniken, quasi das Handwerkzeug des PR-Beraters, um diese zu verändern, und äußert sich zum ethischen Umgang mit der Presse (vgl., S. 175-204). Den Abschluss bildet eine erste Definition von Standards zur Beziehung zwischen dem PR-Berater und seinen Kunden (vgl. ebd., S. 202-203). Einen Abgleich zwischen Dienstleistung, d. h. als freier Berater, und Festanstellung, als z. B. *director of public relations*, nimmt er nicht vor. Für ihn ist die Rolle des Beraters die maßgebende, kommt sie doch seinem Idealbild des Anwalts am nächsten. Besonders die Vermittlungsfunktion zwischen Kunden und Medien sowie die Unabhängigkeit in der Beratungssituation sind für ihn wichtig. Die Beraterrolle harmoniert wesentlicher mit seinem theoretischen Anspruch der *two-way-function* und grenzt sie deutlicher von der eher manipulativen Rolle des *press agent* ab. Deutlich kritisiert er die Praxis in Unternehmen, der Funktion nicht die nötige Relevanz beizumessen: „Many organizations simply do not bother about an individual name or assign to an existing officer the duties of the public relations counsel." (ebd., S. 50). „Crystallizing Public Opinion" ist nach Ansicht von Cutlip (1994, S. 176) ein wichtiger Meilenstein in der Professionsgeschichte der PR, nicht zuletzt wegen seines philosophischen Überbaus und seiner ethischen Fundierung. Der unmittelbare publizistische Erfolg blieb indes aus. Die Kritiken waren ambivalent (vgl. Raucher, 1968, S. 144-145). Das Buch setzte sich nur langsam durch und wurde erst 1961 erneut herausgegeben (vgl. Tye, 1998, S. 96).

Besonders die Fachpresse blieb dem *public relations counsel* gegenüber weiterhin kritisch. Wieder entschloss sich Bernays zu einer ungewöhnlichen Aufklärungsaktion. 1927 schaltete er im

„Editor & Publisher", einer Publikation, die ihn wiederholt angegriffen hatte, eine ganzseitige Anzeige mit der Headline „Counsel on Public Relations – A Definition What is a counsel on public relations and what are his relations to the press of this country". Im Anzeigentext beantwortet er diese Fragen prägnant und in Kürze und promotet so eine öffentlichkeitstaugliche Definition (vgl. Cutlip, 1994, S. 180-181).

Seine weiteren Werke „Propaganda" (1928) und „Engineering of Consent" (1956) lieferten neben der Weiterentwicklung seiner Theorien öffentlicher Kommunikation einen für den Berufstand wichtigen Code ethischer Grundsätze und seine berühmte „eight part formula for a PR campaign". Er veröffentlichte insgesamt 15 Bücher. Bernays fühlte sich der Akademisierung seines Berufsfeldes verpflichtet. Bereits 1920 gab er an der University of Illinois seinen ersten Kurs in „publicity techniques". 1923 war er der erste, der einen Universitätskurs in Public Relations anbot. Er unterrichtete für zwei Jahre am Department of Journalism der New York University. In späteren Jahren machte er sich vor allen durch die Etablierung von Fellowships an verschiedenen amerikanischen Universitäten verdient (vgl. Wright, 2011, S. 236-238). Insgesamt aber blieb der Akademisierungsstatus in den 20er Jahren auf einem geringen Niveau (vgl. Raucher, 1968, S. 138).

8.1.8   Etablierung der US-amerikanischen PR-Branche in den 1920er Jahren

In den 1920er Jahren nahm die Zahl der Berater und Agenturen signifikant zu. Neben den „Gründervätern" der Branche etablierte sich sehr schnell eine Reihe von Beratern, die sich einen festen Kundenstamm erschlossen. Einer der ersten war Lees Freund Pendelton Dudley, der 1909 gründete und unter anderem für AT&T und das „Institute of American Meat Council" arbeitete. Ein weiterer erwähnenswerter Gründer dieser Jahre war John Price Jones. Der erfahrene Journalist, der aber auch kurze Zeit für die Werbeagentur H. K. McCann arbeitete, war Spezialist für Fundraising. Anfang 1919 wurde er zum General Manager der „Harvard Endowment Fund Campaign" ernannt. Nach Abschluss der Kampagne überführte er die aufgesetzte Organisation in eine unabhängige Fundraising- und Publicity-Agentur. Die Agentur positionierte sich sehr spitz im Bereich Planung und Beratung und war eine der ersten Agenturen, die mit soziologischen Ansätzen und statistischen Daten arbeitete. Weitere Gründer in dieser Zeit waren Harry A. Bruno, der sich auf die frühe Flugindustrie spezialisierte, und Harry C. Klemfuss, ebenfalls gelernter Journalist, dessen Erfolg auf „news-creating events" basierte. Besonders nachhaltig waren die Agenturgründungen von Carlton und George Ketchum, die 1919 den Grundstein für die heute noch agierende Ketchum PR-Gruppe legten, und John W. Hill, der 1927 das spätere weltweite PR-Network Hill & Knowlton ins Leben rief (vgl. Raucher, 1968, S. 103-112; vgl. Cutlip, 1994, S. 111-113).

In seinem historischen Standardwerk „The unseen power" (1994) verarbeitet Cutlip die Biographien wesentlicher Pioniere der US-amerikanischen PR-Beratung in den Gründerjahren der Branche zwischen 1900 und 1930. Die Analyse der Lebensläufe zeigt im Hinblick auf die Etablierung und Professionalisierung des Berufs viele Gemeinsamkeiten und Karrieremuster. Die meisten besuchten Universitäten, jeder zweite erwarb einen Abschluss. Darunter waren auch Absolventen amerikanischer Eliteuniversitäten. Fast alle starteten ihre berufliche Laufbahn im Journalismus, teilweise mit beachtlichen Karrieren in diesem Metier. Der Wechsel in den Bereich Publicity/Public Relations vollzog sich individuell, doch sind auch hier Muster feststellbar. Viele gründeten ihr Büro oder ihre Agentur mit Erfahrungswissen, das ihre unmittelbar vorhergehende Tätigkeit ihnen vermittelte. So war für vormals politische Korrespondenten, die ihre Tätigkeit vornehmlich in Washington ausübten, die Spezialisierung auf Lobbying naheliegend. Ähnlich verhielt es sich mit Fundraising oder Erfahrungen in bestimmten Branchen. Eine große Rolle spielten auch persönliche Vorbilder und Kontakte. So motivierte und inspirierte Lee Pendelton Dudley, Harry Bruno und John W. Hill zur Selbständigkeit. Eine ähnliche Rolle spielten Startkunden. In einigen Fällen beauftragten Unternehmen Persönlichkeiten mit Erfahrungswissen direkt, Budget und Projekte als Unternehmer zu übernehmen und abzuwickeln (bei Gründern wie Clem Withaker, Leone Baxter, John W. Hill, Ben Sonnenberg, Harry Bruno oder Carl Byoir). Auf diese Weise minimierten sich die Risiken auf beiden Seiten. Das Unternehmen konnte erste Erfahrungen mit PR-Expertise sammeln, ohne sich über Festanstellung teurer und langfristiger an eine Person zu binden. Für die ersten PR-Berater war dies ein sicherer Schritt in eine unternehmerische Zukunft. Darüber hinaus war das Angebot an Publicity- und PR-Expertise modernen Zuschnitts überschaubar, so dass die Nachfrage auf Unternehmensseite in den ersten Jahren sicherlich überwog.

Aktives Engagement für die sich langsam entwickelnde Branche blieb auf einige wenige PR-Berater beschränkt. Dem Networking standen sie sicherlich positiv gegenüber – wenn es überschaubaren Einsatz verlangte. Ein Großteil der Energie floss verständlicherweise in den Aufbau des eigenen Unternehmens.

8.1.9   Gründung erster Berufsnetzwerke

„Professions are shaped as much by the persons who work in them as they are by the body of knowledge the professions represent. Public relations is no exception" (Harlow, 1981, S. 33). Rex Harlow, der erste amerikanische Vollzeit-Professor für PR – er wurde 1937 in Stanford berufen – und Mitgründer der „Public Relations Society of America" (PRSA), gibt in einem Essay von 1981 einen subjektiven Einblick in die Gründerzeit dieser Branche. Als Zeitgenosse und PR-Berater, der 1912 seine Kariere startete, war er mit vielen dieser Pioniere bekannt. Er schätzte ihre Anzahl – Berater und Unternehmensvertreter – in den 1920er und 30er Jahren auf über 150. Ihr Organisationsgrad war anfänglich sehr gering. Erst Börsencrash und Weltwirtschaftskrise führten zu informellen Branchenkreisen. Seit 1923 forderten erste Publikationen die Weiterentwicklung des professionellen Status der Public Relations (vgl. Cutlip, 1994, S. 214). 1927 kam es zu ersten losen Verbindungen. Raucher berichtet, bezugnehmend auf einen Beitrag im Editor & Publisher von 1927 („Planning to Professionalize Press Agentry", 2. April 1927), von einer ersten Versammlung im Advertising Club in New York, im Laufe dieser ein Komitee zur Professionalisierung der Public Relations gegründet wurde. Diesem Gremium gehörten elf Vertreter aus Unternehmen und Verbänden an. Als freie Berater wurden nur Lee und Bernays geführt. Da man es nicht verstand, sich die Unterstützung weiterer freier Berater aus New York zu sichern, scheiterte diese Ambition kurze Zeit darauf (vgl. Raucher, 1968, S. 139). Die nächste Initiative startete William H. Baldwin 1936. Er organisierte federführend die Gründung der „National Association of Accredited Publicity Directors" (NAAPD). Die Gruppe bestand größtenteils aus New Yorker PR-Praktikern, die von der Sorge um die Ethik im noch jungen Berufsfeld getrieben wurden. Bernays wurde in diese Runde bewusst nicht aufgenommen, da man seinen meistens auf die Eigenvermarktung gerichteten Ambitionen misstraute. Dieser versuchte 1938 eine eigene Organisation zu gründen, den „Council on Public Opinion". Dieser Zusammenschluss hatte nur eine kurze Lebensdauer (vgl. Cutlip, 1994, S. 217). Als weitaus nachhaltiger erwies sich die Gründung der „Wise Men", einer Gruppe von 15 führenden Mitgliedern aus Unternehmen und New Yorker Agenturen. John W. Hill hatte Bernays Idee eines informellen Networks aufgegriffen, neu aufgesetzt und dann über Jahrzehnte persönlich mitbetreut (vgl. ebd., S. 505-511). Als erste verbandliche Organisation mit Zielsetzung betrachtet Harlow das 1939 gegründete „American Council on Public Relations". Es legte die Basis für die spätere Standesorganisation „Public Relations Society of America" (PRSA). Als eine wesentliche Antriebskraft zur Branchenorganisation sah er den Bedarf, unehrenhafte Berufsvertreter, die dem Ruf der Public Relations mit unseriösen Methoden und überhöhten Fees schadeten, zu stoppen (vgl. Harlow, 1981, S. 38-39). Harlow selbst war an der Gründung maßgeblich beteiligt. Es beschränkte sich in der Anfangsphase auf „West Coast Counselors". 1948 vereinigte es sich mit der NAAPD zum PRSA (vgl. Cutlip, 1994, S. 217).

8.1.10   Zusammenfassung

Die Grundlegung der Berufsrolle eines PR-Beraters ist historisch verortbar in den Vereinigten Staaten des ausgehenden 19. bzw. beginnenden 20. Jahrhunderts und eng verknüpft mit dem wirtschaftlichen und politischen Umfeld jener Jahre und der Entwicklung des modernen PR-Verständnisses.

Die Verankerung der Pressearbeit in der amerikanischen Dienstleistungstradition, der amerikanische Unternehmergeist und die institutionelle Vorreiterrolle der Werbung beförderten ihre Entstehung und Ausprägung. Bereits ihr Vorläufer, der *press agent*, war als amerikanisches Spezifikum gewerblich und unternehmerisch angelegt. Die (teilweise verdeckte)

Vermittlungsfunktion zwischen Unternehmen und Medien und sein unabhängig vom Auftraggeber erworbenes meist journalistisches Expertenwissen, das häufig nur situativ abgefragt wurde, erübrigten anfänglich eine feste Anbindung und führten zu einer Bedarfs- bzw. saisonalen Beschäftigung. Die steigende Nachfrage auf Kundenseite führte darüber hinaus zu einer Exklusivität ihres Know-hows. In einer solchen Situation konnten sich anerkannte Experten die Kunden aussuchen bzw. mehrere Kunden gleichzeitig bedienen. Diese Möglichkeit, in einem neuen Erwerbsfeld gegenüber dem Journalismus deutlich besser zu verdienen verbunden mit amerikanischem Unternehmergeist, machte für viele die Selbstständigkeit zum lukrativsten Weg.

Die Werbung bereitete der Berufsrolle den institutionellen Rahmen durch die Etablierung des Agenten-/Agentur-Modells. Inhaltlich kam es zu Überschneidungen, da es keine deutliche Abgrenzung gab. Entscheidend waren die Nähe zu den Medien und die Beauftragung durch Kunden, Kommunikationsinhalte zu vermitteln. Auch in der Weiterentwicklung des Berufswissens, des Business-Modells und der Aufwertung der Agenten-Rolle in Richtung Berater hatte die Werbung Vorbildfunktion, getrieben von dem Bemühen den Anerkennungsstatus einer *profession* – als Vorbild galt häufig der Rechtsanwalt – zu erlangen. Die hohe Nachfrage nach werblicher Expertise beförderte die rasche Etablierung größerer Dienstleistungseinheiten, verbunden mit der damit einhergehenden Erweiterung um agenturspezifisches Management- und Methodenwissen.

Der Übergang vom Agentenmodell der *press agentry* zum Beratermodell ist gekoppelt an die Erweiterung der Berufsrolle um die *two-way-function* der Public Relations. Diese stärkte die Beraterrolle wesentlich. Sie machte den *press agent* zusätzlich zum gefragten und gehörten Erklärer der Medienwelt und ihrer Ansprüche. Hinzu kam die proklamierte Abkehr vom verdeckten Agieren gegenüber den Medien. Arbeitete man zuvor unterschwellig und mit externen Kräften, stand nun die glaubwürdige Vermittlungsfunktion im Vordergrund. Eine Tätigkeit, die in der Wirtschaft nur mit seriösen Beratern oder eigenen festangestellten Kräften ausgeübt werden konnte.

Der Einfluss der Gründerväter der Public Relations, Lee und Bernays, auf die Berufsrolle kann nicht hoch genug eingeschätzt werden. Nicht allein, dass beide diesem Berufsstand zeitlebens angehörten, ihre pragmatischen und theoretischen Leistungen machten die Etablierung erst möglich. Lee etablierte die *two-way-function* und schaffte damit die Grundlage für das Beratungsmoment in der Berufsrolle. Bernays begründete den theoretischen Berufsfundus und sorgte für eine erste Verwissenschaftlichung. Ihr beruflicher Erfolg diente gleichsam als Turbo des Aufbaus. Neben ihrem persönlichen Engagement für die noch junge Branche waren es besonders ihre gesellschaftliche Anerkennung und ihr wirtschaftlicher Erfolg, die inspirierten. Ihre hochkarätige Klientel „adelte" ihre Expertise. Die fortschreitende Öffnung der Unternehmen gegenüber den Belangen der Öffentlichkeit verstärkte zudem die Nachfrage. Kritisch blieb die Haltung der Medien, die sich weitergehender, fachlich versierter

Beeinflussung ausgesetzt sahen. Ähnlich der Werbung war auch bei den ersten PR-Beratern das Bemühen groß, in den Status einer *profession* zu gelangen. Auch hier waren die Rechtsanwälte erklärte Vorbilder. Gekennzeichnet war das frühe Berufsfeld von einem hohen Akademikeranteil mit journalistischer Ausbildung, was dem Methodenwissen schon vor der ersten Verwissenschaftlichung ein erstaunlich hohes Niveau verlieh. Trotzdem waren die ersten Schritte einer universitären Verankerung naheliegend, um einen relevanten Berufsstatus zu erlangen. Ein Standardproblem, gerade im Hinblick auf die eigenen beruflichen Wurzeln und die Vermittlungsfunktion in Richtung Medien war die ethische Fundierung. Sie war bei der Gründung erster loser Berufszirkel und Netzwerke ein wichtiges Moment, wollte man sich doch von unseriösen Wettbewerbern deutlich absetzen. Meistens regional aufgesetzt und befördert durch das Engagement einzelner Beraterpersönlichkeiten wurde der direkte Erfahrungsaustausch gesucht. Erst nach dem zweiten Weltkrieg entstanden flächendeckende, tragfähige Standesorganisationen, in denen auch der PR-Berater seine Heimat fand.

8.2 Entwicklungsmomente und -linien der Berufsrolle in Deutschland bis 1945

Es ist in der PR-Geschichtsforschung unbestritten (hierzu Kunczik, 1997, S. 353), dass Öffentlichkeitsarbeit in Deutschland eine eigene Tradition besitzt. Sie entwickelte ähnliche Ansätze und Instrumentarien wie die Public Relations in den Vereinigten Staaten, die sich aber unter den Bedingungen der obrigkeitsstaatlichen und bürgerlichen Gesellschaft anders ausprägten. Maßgeblich für die Etablierung des Berufsfeldes in der Bundesrepublik sind die nationalen Grundlagen, auf die es nach 1945 aufsetzte. Das folgende Kapitel untersucht relevante Traditionslinien innerhalb der nationalen Öffentlichkeitsarbeit und identifiziert erste beratungs- bzw. dienstleistungsrelevante Ausprägungen und Persönlichkeiten. Es geht den Entwicklungen der und Interdependenzen mit den benachbarten Berufsfelder(n) Journalismus und Werbung nach und erfasst erste Beeinflussungsmomente durch das sich entwickelnde PR-Berufsfeld in den Vereinigten Staaten vor 1945.

8.2.1   Ansätze dienstleistungsspezifischer Öffentlichkeitsarbeit im staatlichen Bereich

Auch die staatliche Öffentlichkeitsarbeit in Deutschland bediente sich schon früh einzelner Fachleute, meistens journalistisch oder schriftstellerisch ausgebildet und in fester Anstellung, um die öffentliche Meinung zu beeinflussen. Einer der ersten Politiker, der ihre Wichtigkeit erkannte und entsprechende Ressourcen aufbaute, war der preußische Minister Karl August Fürst von Hardenberg. Bereits 1816 gab es unter seiner Aufsicht ein „Literarisches Büro", das der Pressebeobachtung und der Verbreitung der „preußischen Sicht der Dinge" diente. Hardenbergs wichtige Rolle in der Etablierung „staatlich gelenkter" Öffentlichkeitsarbeit ist anerkannt (vgl. Kunczik, 1997, S. 71-79). Er realisierte sehr früh, dass es eine neue bürgerliche Öffentlichkeit gab, die gesteuert werden konnte. Unmittelbar relevant ist die Tatsache, dass er sich in der Ausübung immer wieder der Unterstützung freier Kräfte bediente. Einer dieser „Mediendienstleister", der seine Arbeit über Jahre im Umfeld Hardenbergs teilweise geheim verrichtete, war Simson Alexander David (auch Alexander Daveson, Karl Julius Lange). Der Literat und Publizist gab unter Hardenbergs Direktive die meinungsmachende „Reichs- und Staatszeitung" heraus. David, der aus einer Gelehrtentätigkeit heraus in den Journalismus gewechselt war, glaubte an die Erneuerung der deutschen Presselandschaft. Er war überzeugt, dass der Journalismus zukünftig nicht mehr nur eine Angelegenheit „verkrachter Existenzen" sein würde (vgl. Jungblut, 2012, S. 138). Seine Zeitung galt als freimütig und für preußische Verhältnisse mutig, die tatsächliche redaktionelle Verantwortung als gut gehütetes Geheimnis (vgl. ebd., S. 139). Unter der Protektion seines Mäzens Hardenberg legte sich David mit vielen konservativen Kräften und Obrigkeiten in und außerhalb Deutschlands an (vgl. ebd., S. 143). Dieser heiklen Position war er sich durchaus bewusst und mit zunehmender Anfeindung seiner Publikation drängte er Hardenberg auf eine Übernahme in den öffentlichen Dienst (vgl. ebd., S. 159). Nach Verhaftungen und Flucht entwickelte David viel Phantasie, um in eine existenzsichernde Festanstellung zu gelangen. Ihm schwebte die Einrichtung einer festen Pressestelle vor, wie sie erst viel später üblich wurden (vgl. ebd., S. 259). Er bat Hardenberg um eine Empfehlung als Registrator für das Pressearchiv des Auswärtigen Amtes, um sich dort um die Aufbewahrung von Pressepublikationen und die Pressebeobachtung im Ausland zu kümmern (vgl. ebd., S. 274).

Diese Form des Mäzenatentums war im ausgehenden 18. und frühen 19. Jahrhundert verbreitet. Die Schwierigkeit freier Schriftsteller und Journalisten den Lebensunterhalt zu verdienen, förderte die Bereitschaft, den Regierenden publizistische Dienste anzubieten, letztendlich getrieben von der Hoffnung auf eine lukrative Anstellung im Staatsdienst. Requate (1995) beschreibt biografische Beispiele, in denen dieses finanzielle Sicherheitsstreben einerseits in der gewünschten Staatskarriere mündete, andererseits scheiterte und dazu führte, dass Journalisten der durchaus berechtigte Ruf der Bestechlichkeit anhaftete und sie als „Mietlinge" klassifiziert wurden. Dieses karrierespezifische Bemühen findet nicht nur Beispiele im staatlichen Bereich. Auch Wechsel in die Wirtschaft oder bei Feuilleton-Journalisten auf die andere Seite z. B. ins Theater sind dokumentiert. Die Affinität sich dem Milieu anzudienen bzw. in das zu wechseln, an das man journalistisch gebunden war, scheint für einen Beruf, der sich erst in den 70er Jahren des 19. Jahrhunderts zu einem Hauptberuf entwickelte, nicht ungewöhnlich (vgl. ebd., S. 182-185).

Die staatliche Öffentlichkeitsarbeit der Jahre zwischen 1890 und 1917 war maßgeblich beeinflusst durch die wirtschaftlichen, technologischen und staatsstrukturellen Rahmenbedingungen des Kaiserreichs. Der Staat musste sich in einem Umfeld behaupten, in dem immer mehr konkurrierende Öffentlichkeiten existierten, die Bedeutung der Medien drastisch anwuchs und das Presserecht liberalisierte. Das Instrumentarium, dessen sich der Staat bediente, seine Inhalte zu transportieren und seine Politik zu verkaufen, stand in der Tradition obrigkeitsstaatlicher Steuerung, wie sie bereits seit dem Beginn des 19. Jahrhunderts praktiziert wurde (Stöber, 2000, S. 263). Probatestes Mittel waren die Staatszeitungen. Sie wurden von den jeweiligen Regierungen offen finanziert und redigiert oder zumindest kontrolliert. Auch die regionale Presse wurde über dieses System flächendeckend gesteuert. Es gab ein enges Beziehungsgeflecht zwischen Staat und Kreiszeitungen. Das Privileg Amtsblatt zu sein, war begehrt und wurde staatlicherseits als Druckmittel eingesetzt (vgl. ebd., S. 45-48). Darüber hinaus gab es ein umfassendes Netzwerk individueller Beziehungen, über das verlässliche Journalisten rekrutiert wurden. Eine regierungstreue Schreibe wurde über ein System aus Sanktion, selektivem Informationszugang oder Belohnung gewährleistet. Einmalige oder regelmäßige finanzielle Zuwendungen waren die gängigste Form offizieller Vereinbarungen (vgl. ebd., S. 60). Dabei schreckte der Staat auch vor weitaus härteren Maßnahmen nicht zurück. Observation, Privilegienverlust und Strafverfolgung waren üblich und häufig von Erfolg gekrönt. Die Liberalisierung des Pressegesetzes schränkte jedoch die Spielräume hierfür weiter ein (vgl. ebd., S. 263). In der Weimarer Republik war der Zielkorridor ähnlich. Immer noch galt es, unter Anwendung des traditionellen Instrumentariums der Pressesteuerung Anhänger zu gewinnen, Schwankende zu überzeugen und den politischen Gegner in die Schranken zu verweisen. Neu war, dass die Pressechefs sich vermehrt ihrer vermittelnden Position bewusst wurden und bemühten, eine vertrauensvollere Kooperationsbasis aufzubauen. Aber auch diese informelle Zusammenarbeit war darauf ausgerichtet, die Öffentlichkeit für den Regierungskurs zu gewinnen. Markantester Wesenszug der Pressearbeit war die Gleichzeitigkeit von disziplinierender Kontrolle und einer konfrontativen Kampagnenorientierung, die dazu diente, Regierungspolitik zu dramatisieren und den Staat als handelnden Akteur zu verkaufen (vgl. Lau, 2003, S. 367-369).

Grundsätzlich gilt festzustellen, dass sich die staatliche Öffentlichkeitsarbeit in Deutschland bereits sehr früh zur Steuerung der Presse immer wieder einzelner Journalisten bediente, die über ein System aus finanzieller und ideeller Belohnung oder durch Sanktion zu „Pressedienstleistern" im Sinne der Herrschenden funktionalisiert wurden.

8.2.2   Linien der Verberuflichung im angrenzenden Berufsfeld Journalismus

Mit Blick auf die Verberuflichung des Journalistenstandes waren die Jahre zwischen 1849 und 1873 eine Formierungsphase, in der sich ein erster kollektiver journalistischer Habitus andeutete. Eine neue Journalistengeneration mit gehobenem Bildungsstand aus Gymnasium und Universität, auch wenn dies eine fachlich journalistische Ausbildung nicht mit einschloss, etablierte sich. Hinzu kamen eine erste Ausbildung von beruflichen Normen und Regeln sowie eine lose Standesorganisation. Das Selbstbild des Standes allerdings blieb diffus. Behindert wurde dies durch das dem Gesinnungsjournalismus typische parteipolitische Zugehörigkeitsgefühl, das stärker entwickelt war als die Verbundenheit mit einer undefinierten Berufsgruppe (vgl. Birkner, 2012, S.167-168). Nach der Reichsgründung kam es zu einem Boom im Zeitungswesen. Immer mehr Orte verfügten über Zeitungen, auch wenn dies nicht unbedingt mit selbständigen redaktionellen Einheiten einherging. Die moderne Geschäftspresse mit ihrem eindeutigen Charakter als privatwirtschaftliches Erwerbsunternehmen etablierte sich. Die Medien kommerzialisierten zunehmend und die Wirtschaft gewann durch das Anzeigengeschäft Einfluss. Der Journalismus hatte sich immer mehr seiner politischen Fesseln entledigt, die zunehmende Marktorientierung forderte aber eine neue Rolle zwischen gesellschaftlichem Auftrag und ökonomischer Logik (vgl. ebd., S. 218-223). Nichtsdestotrotz ermöglichte die neu gewonnene finanzielle Potenz es den Verlagen erst, Redaktionen budgetär auszustatten (vgl. ebd., S. 242). In diese Phase der Jahre zwischen 1874 und 1900 fällt auch die Etablierung des Journalismus als Hauptberuf. Der Journalist löste sich als Redakteur von seiner Handlungsrolle als Schriftsteller und differenzierte sich horizontal entlang der Sammlung, Selektion und Verarbeitung von Nachrichten. Diesem Umstand trugen auch die Berufsorganisationen Rechnung. Sie verhandelten erste Regeln und Normen zur praktischen Arbeit und erhoben erste ständische Forderungen in Richtung Anonymität, Unabhängigkeit und Informationsfreiheit (vgl. ebd., S. 252-253). Die Jahrhundertwende gilt als Zäsur. Ein nationaler Medienmarkt entstand mit einem boomenden Zeitungs- und Zeitschriftenwesen sowie einer beginnenden globalen Vernetzung der großen Nachrichtenagenturen (vgl. ebd., S. 276-277). Trotz des hinsichtlich der Finanzausstattung positiven Einflusses des Anzeigenwesens vergrößerte sich die Sorge der „Kolonialisierung" des redaktionellen Produkts. Dies führte zu einer verstärkten Forderung nach sauberer Trennung von Text und Anzeige (vgl. ebd., S. 280-282). Das Selbstverständnis der Journalisten verfestigte sich in Richtung Nachrichtenjournalismus. Der Beruf grenzte sich nun deutlich von Schriftstellern und Politikern ab, was sich auch in der verbandspolitischen Organisation niederschlug. Zwar blieb eine hochschulgebundene Ausbildung weiterhin Makulatur, da sich der Journalismus als „freier Beruf" definierte, der in erster Linie Begabung voraussetzte, doch kompensierten Regeln, Normen und eine umfangreiche Praktikerliteratur den Mangel an wissenschaftlichen Ausbildungsmöglichkeiten. Der Siegeszug des Nachrichtenjournalismus prägte ein Selbst- und Fremdbild, das das handwerkliche Moment in den Vordergrund stellte (vgl. ebd., S. 335-337).

8.2.3   Erste personengebundene Beratungsansätze in der wirtschaftlichen Öffentlichkeitsarbeit

Friedrich List und Ludwig Roselius stehen für zielmotivierte Initiatoren und Berater von Öffentlichkeitsarbeit ohne unmittelbare erwerbsorientierte, kommerzielle Interessen. Sie erkannten den gesellschaftlichen und wirtschaftlichen Nutzwert von methodischer Öffentlichkeitsarbeit und setzten sie für eigene Zielsetzungen ein oder berieten verantwortliche Gremien bei deren Einsatz. Ein erster erwerbsorientierter „Prototyp" war der für Friedrich Alfred Krupp arbeitende Victor Schweinburg.

8.2.3.1 Friedrich List

Der Nationalökonom Friedrich List war einer der bedeutendsten Publizisten des Vormärz und einer der wichtigsten Beförderer eines innerdeutschen Binnenmarktes durch die Aufhebung der Zollgrenzen. Als einer der ersten forderte und beriet er Öffentlichkeitsarbeit im wirtschaftlichen Raum. Bereits 1819 in seiner Eigenschaft als Geschäftsführer des „Deutschen Handels- und Gewerbsvereins" nutzte er Fachpublikationen, um für spezifische Anliegen zu werben. Lists Hauptambition galt der Eisenbahn, die er für den wichtigsten Faktor zur wirtschaftlichen Entwicklung Deutschlands hielt (vgl. Kunczik, 1997, S. 185).

Der Plan eines großen deutschen Eisenbahnsystems ließ ihm auch nach seiner Rückkehr aus den Vereinigten Staaten Ende 1830 keine Ruhe. Er verlegte seinen Lebensmittelpunkt nach Leipzig, einem der Hauptplätze des deutschen Binnenhandels, um von dort aus seine Eisenbahnpläne zu verfolgen. Die Art und Weise, wie er es verstand, die Leipziger Öffentlichkeit für seine Pläne zu gewinnen, kann als Lehrstück moderner Öffentlichkeitsarbeit gelten (vgl. Krause, 1887, S. 13). Publizistisch arbeitete er zuerst gegen entsprechende Kanalprojekte, um dann die Vorzüge einer Eisenbahnverbindung zwischen Leipzig und Dresden zu propagieren. Als Ergebnis seiner Forschungen und Vorarbeiten veröffentlichte er 1833 eine Schrift mit dem Titel „Ueber ein sächsisches Eisenbahnsystem als Grundlage eines allgemeinen deutschen Eisenbahnsystems und insbesondere über die Anlegung einer Eisenbahn von Leipzig nach Dresden", mit der er überzeugend für die Einführung der Eisenbahn eintrat. Neben allgemeiner Zustimmung, erntete er Angriffe und Spott. List ließ sich nicht entmutigen und verteilte seine Schrift kostenlos in einer Auflage von 500 Stück an sächsische Regierungsstellen und Kommunalbehörden. Daraufhin erhielt er den erhofften Zuspruch und es bildete sich in Leipzig ein Kreis von Unterstützern, der entschlossen war, den Bau der Strecke zu realisieren. Das zwischenzeitlich erlahmte öffentliche Interesse verstand er mit einer erneuten Schrift wieder zu entfachen. Zur Anerkennung seiner Verdienste überreichte ihm der Kreis der Leipziger Unterstützer einen Silberpokal mit der Inschrift: „Dem Verfasser des Aufrufes an unsere Mitbürger!". Am 17. März 1834 wurden die Unterstützer dann in ein staatliches Eisenbahn-Comité gewählt. Tragischerweise gehörte List nicht dazu, weil die Wahl seiner Person nicht gültig war (vgl. ebd., S. 14-21).

Ein weiteres Bespiel ist Lists Vorhaben einer „Belegschaftszeitung". Er nutzte seinen Zugang über die Handelsvereinigung zu den wichtigsten Fabrikanten in Sachsen, um seine publizistischen Ideen zu „verkaufen". Neben einem National-Archiv war es insbesondere die Errichtung eines Journals für Fabrikarbeiter, „ ... welches hauptsächlich zum Zweck haben soll, die Fabrikarbeiter über ihr Interesse aufzuklären und sie zu unterrichten. Man will dadurch künftigen Luddistenauftritten in Deutschland vorbeugen. Die Fabrikanten sollen zur Subskription für jeden ihrer Arbeiter aufgefordert und auch die Sonntagsschulen zur Teilnahme eingeladen werden." (List in einem Brief an Georg von Cotta 17. April 1834, abgedruckt in Salin, 1933, S. 413-414). Über ein tatsächliches Projekt ist nichts überliefert.

8.2.3.2 Ludwig Roselius

Ludwig Roselius, dessen Rolle als „Pionier der deutschen Öffentlichkeitsarbeit" (Vetter, 2002) bereits gewürdigt wurde, ist auch im Hinblick auf Beratungsmomente innerhalb der deutschen Öffentlichkeitsarbeit eine interessante Persönlichkeit. Als unabhängiger Unternehmer, dessen Wirken sicherlich nicht dem Berufsrollenverständnis eines PR-Beraters entsprach, suchte und fand er doch immer wieder Beratungssituationen, in denen er sein Verständnis von „moderner" Öffentlichkeitsarbeit - die Grenzen zur Propaganda fließen hier zusammen - zu „verkaufen" versuchte. In dieser Intention, Öffentlichkeitsarbeit zweckgebunden zur Durchsetzung spezifischer Überzeugungen und Ziele einzusetzen, steht er in einer Tradition mit Friedrich List. Der Kaffee HAG-Gründer gilt zudem als erster deutscher PR-Theoretiker (vgl. Kunzczik 2004, S. 201), dessen Aktivitäten weit mehr umfassten als die Etablierung seines Kaffees zu einem der ersten deutschen Markenartikel. Als ambitionierter Wirtschaftspolitiker, allerdings ohne persönliches Interesse an einem Staatsamt, versuchte er immer wieder seine unternehmerischen „Propagandaerfahrungen" auf die Politik zu übertragen. Nach dem Ende des ersten Weltkrieges stand für ihn fest, dass die desolate Lage Deutschlands durch die Propagandamacht der Alliierten mitbegründet war. Schon bei Kriegsausbruch 1914 hatte er der deutschen Regierung seine Dienste angeboten. In mehreren Eingaben forderte er die Einrichtung einer Propagandazentrale und die Neuorganisation des deutschen Informationswesens. Teilweise wurden seine Vorschläge aufgegriffen. Er wurde mit politischen Sondermissionen vornehmlich auf dem Balkan betraut, wo er sich besonders intensiv um die Propaganda der Mittelmächte kümmerte. Leider stießen seine vielfachen Eingaben und seine selbständige und ideenreiche Propagandaarbeit besonders in Bulgarien und Rumänien innerhalb der Bürokratie des Auswärtigen Amtes nicht auf Wohlwollen, so dass ihm beschieden wurde, seine Mitarbeit einzustellen. Gleichzeitig wurde er durch seine Einberufung zum Militärdienst politisch kaltgestellt (vgl. Vetter, 2002, S. 36-38). Erst nach dem Krieg konnte Roselius seine Erfahrungen wieder zur Verfügung stellen. Neben einer regen publizistischen Tätigkeit zu aktuellen wirtschaftlichen und sozialen Fragestellungen war er maßgeblich an der organisatorischen Neuaufstellung des Auswärtigen Amtes beteiligt. Nach seinen Vorschlägen wurde dort eine Zentralstelle für den Außenhandel aufgebaut, deren Aufgabe darin bestand, der deutschen Nachkriegswirtschaft bei der Etablierung von Kontakten zu helfen. In dieser Organisationseinheit entstand im Mai 1919 der sogenannte „Eildienst des Auswärtigen Amtes" als eigenständiges Referat, das die deutsche Wirtschaft zeitnah mit relevanten Informationen versorgte. Auf die Dauer war eine Privatisierung des Dienstes angestrebt und schon im darauffolgenden Jahr gründete Roselius zusammen mit Ludwig Voss die „Eildienst für amtliche und private Handelsnachrichten GmbH". Sie beschäftigte bereits im Herbst 1921 250 Mitarbeiter und versorgte die deutsche Handelswelt mit einem umfangreichen wirtschaftspublizistischen Programm. Roselius agierte in dieser Konstellation als Treuhänder für das Reich ebenso wie bei der Gründung eines Tochterunternehmens 1922, das sich auf das neue Medium Rundfunk spezialisierte (vgl. ebd., S. 57).

Ebenfalls bezeichnend für sein politisches Engagement und die Art und Weise, wie er unter Einbindung öffentlichkeitswirksamer Methodik sich um Unterstützung bemühte, war der sogenannte Roselius-Plan, in dem er sich Anfang der 1930er kritisch gegen Dawes- und Young-Plan wandte und für die Gründung einer Weltbank aussprach, die den internationalen Zahlungsverkehr durch eine wirksame Kontrolle des Goldpreises sicherstellen sollte. Sein Plan wurde in allen großen Zeitungen publiziert und er selbst hielt in verschiedenen Städten Vorträge zu seinem Programm (vgl. ebd., S. 59). Selbst Mussolini versuchte er in einer Privataudienz 1933 von seinen Ideen zu überzeugen (vgl. Schieder, 2013, S. 156).

Roselius´ Theoriegebäude und seine Methodik der Öffentlichkeitsarbeit müssen auch immer in der Zusammenschau mit dem Münsteraner Soziologen und Propagandatheoretiker Johann Plenge, einem Jugendfreund, gesehen werden. Beide verband die These vom Propagandadefizit der Deutschen während des ersten Weltkriegs. Roselius lenkte das Interesse Plenges, der sich bis dahin hauptsächlich der Organisationslehre gewidmet hatte, auf das Phänomen Propaganda. Dieser begriff sehr schnell, dass sich die Auseinandersetzung mit diesem Thema in seine Ideen von gesellschaftlicher Organisation fügte. Er gab dem Drängen von Roselius nach, sein bereits bestehendes staatswissenschaftliches Institut an der Universität Münster auf Propagandaforschung auszurichten, was dieser ihm im Gegenzug mit einer großzügigen finanziellen Ausstattung lohnte. Darüber hinaus engagierte sich Roselius in den kommenden Jahren immer wieder inhaltlich, sei es durch eigene Vorträge, der Initiierung von Praktikervorträgen zur Propaganda oder der Veröffentlichung von Plenges wichtigstem propagandatheoretischen Werk „Deutsche Propaganda. Die Lehre von der Propaganda als praktische Gesellschaftslehre" in seinem Bremer Angelsachsen-Verlag (vgl. Bussemer, 2008, S. 117).

8.2.3.3 Victor Schweinburg

Einer der ersten deutschen Dienstleister und Berater für Öffentlichkeitsarbeit im weiteren Sinne war Victor Schweinburg. Sein spezifisches Wirken wurde innerhalb einer Studie von Barbara Wolbring (2000) zu „Krupp und die Öffentlichkeit im 19. Jahrhundert" historisch dokumentiert. Er war Journalist und verfügte in Berlin über sehr enge Kontakte zu den maßgeblichen Regierungszirkeln, besonders ins Auswärtige Amt und ins Finanzministerium. Sein publizistisch-politisches Engagement im Kaiserreich war sehr vielfältig. Thematisch relevant ist seine langjährige Dienstleistungsbeziehung zu Friedrich Alfred Krupp. Dieser arbeitete seit 1896 sehr eng und vertrauensvoll mit ihm zusammen. Schweinburg, der aus Österreich stammte und um 1880 nach Berlin kam, war Herausgeber mehrerer Korrespondenzen und dem „Centralverband deutscher Industrieller" (CdI) eng verbunden (vgl. Wolbring, 2000, S. 254-255; aber auch Stöber, 2000, S. 53). Der Kontakt zwischen Schweinburg und dem CdI bestand seit 1882 und er erhielt für seine industriefreundlichen Beiträge, in den von ihm redigierten Korrespondenzen regelmäßige Zahlungen. Besonders in den Anfangs-jahren war das Verhältnis des CdI – Krupp war einer der wichtigsten Mitglieder – zur Presse sehr problematisch, da alle großen Tageszeitungen das Prinzip des Freihandels verfochten. Schweinburg bot mit seinem Nachrichtendienst „Berliner Politische Korrespondenzen" dem CdI eine publizistische Plattform (vgl. Wolbring, 2000, S. 74). Der Geschäftsführer des Verbandes Henry Axel Bueck war Schweinburg seit 1887 freundschaftlich verbunden (vgl. ebd., S. 240) und über ihn kam sicherlich der Kontakt zwischen Schweinburg und F. A. Krupp zustande, der nach 1896 in einem regelmäßigen Briefkontakt mündete und erst 1901 eingestellt wurde. Anfänglich suchte Krupp nicht einen Berater für den Umgang mit der Öffentlichkeit, sondern einen Informationslieferanten, der ihn während seiner vielen Auslandsaufenthalte über die aktuelle politische Situation in Berlin informierte. Die Korrespondenz bestand zuerst aus vertraulichen Informationen aus relevanten Regierungskreisen. Die Zusammenarbeit verfestigte sich und weitete sich auf neue Felder aus, z. B. dem Lancieren von Presseartikeln. Schweinburg wurde in den folgenden Jahren zu einem wichtigen Berater und Dienstleister F. A. Krupps für dessen öffentliche Kontakte. Dieser lohnte es ihm mit regelmäßiger Bezahlung. Bereits im März 1896 erhielt Schweinburg eine erste Überweisung in Höhe von 3.000 Mark, danach folgte im Januar 1897 eine Überweisung von 45.000 Mark, eine weitere Zahlung 1898 von 20.000 Mark und 1899 wieder 45.000 Mark. Die Überweisungen wurden in Krupps privatem Kontokorrentbuch vermerkt (vgl. ebd., S. 256-257). Ein wichtiges Schlüsselereignis in der Zusammenarbeit war die verlegerische Beteiligung F. A. Krupps und anderer Industrieller an den „Berliner Neuesten Nachrichten" zum 1. Januar 1899. Es oblag Victor Schweinburg als Generalbevollmächtigtem die Ausrichtung und Entwicklung des Blattes im Sinne seiner neuen Verleger zu bestimmen und es zu einem Sprachrohr der deutschen Industrie werden zu lassen (vgl. ebd., S. 241-247). Schweinburg verstand sich grundsätzlich nicht als unabhängiger Journalist, sondern eher als Propagandist, der seine guten Kontakte nutzte, um außerhalb der Pressestellen regierungsfreundliche Pressearbeit zu betreiben (vgl. ebd., S. 254). Bereits im Sommer 1897 hatte er Krupp von einer zunehmend kaiserfeindlichen Stimmung in Süddeutschland berichtet und diese als das Ergebnis einseitiger Information der Provinzpresse dargestellt. Ein zu gründender Pressedienst, die „Süddeutsche Reichskorrespondenz", sollte als zusätzliche regierungsfreundliche Informationsquelle aufgebaut werden. Der Pressedienst sollte zwar von Schweinburg redigiert werden, aber nicht offiziös und aus Berlin kommend kenntlich sein. Sein Name sollte ebenfalls nicht auftauchen, die Chefredaktion pro forma jemand anderem übertragen werden. Für F. A. Krupp gab es mehrere Beweggründe, sich in diesem Projekt zu engagieren. Zu einem versprach er sich durch das Medium weitere Propaganda für die kaiserliche Flottenpolitik, an der er ein weitgehendes geschäftliches Interesse hatte, zum anderen bedeutete es für ihn auch einen direkten Zugang zu wichtigen Ministerien und damit zu ungefilterten Informationen (vgl. ebd., S. 257-261). Im Herbst gleichen Jahres wandte sich Admiral Tirpitz an den CdI und F. A. Krupp persönlich mit der Bitte um Unterstützung zur Gründung eines Marinevereins, der in ganz Deutschland für die Flotte agitieren sollte. F. A. Krupp, der auch hier seine Vorteile sah, sagte finanzielles Engagement zu, wollte aber darüber hinaus mit dem Verein nicht öffentlich in Verbindung gebracht werden. Stattdessen verwies er an Schweinburg. Obgleich die Idee zur Gründung vom Reichsmarineamt ausging, lag die Organisation von da an in Schweinburgs Händen. Der Flottenverein traf den Nerv der Zeit und fand sehr schnell enorme Resonanz. Zwar drängte F. A. Krupp Schweinburg auf Diskretion, doch seine öffentlich bekannte Beziehung zu Schweinburg war nicht zu verheimlichen (vgl. ebd., S. 265-267). Als Geschäftsführer des Flottenvereins verstrickte sich Schweinburg sehr schnell in Intrigen und polarisierte, statt Spannungen zu mindern (vgl. ebd., S. 275-278). Er erwies sich als Fehlgriff und zog F. A. Krupp immer mehr in öffentliche Debatten hinein, was das Vertrauensverhältnis belastete. Als sich die Situation bei der „Süddeutsche Reichskorrespondenz" ebenfalls zuspitzte, war Schweinburg angezählt. Nachdem interne Querelen zwischen dem formellen Herausgeber und Schweinburg eskalierten, wandte sich Krupp von dem Journalisten ab und reduzierte seine finanziellen Zuwendungen deutlich (vgl. ebd., S. 278-281). Schweinburg blieb als publizistischer Unternehmer für die Regierung weiterhin nützlich und konzentrierte sich auf Pressedienste. Seine „Berliner Politischen Nachrichten" und die „Neue Reichscorrespondenz" belieferten noch 1909 weite Teile der deutschen Presselandschaft (vgl. Stöber, 2000, S. 54). Die Person Schweinburg ermöglichte es F. A. Krupp privat, unter Umgehung der Pressestruktur seines Unternehmens, seine politischen Ziele und kommerziellen Interessen in der Öffentlichkeit und gegenüber den Regierungskreisen zu vertreten (vgl. Wolbring, 2000, S. 254). Sein Bild in der Öffentlichkeit war eher das eines willigen Erfüllungsgehilfen der Industrie. Besonders in der Phase, in der seine Verbindung zu Krupp offenkundig wurde, galt er als Soldschreiber oder Hausjournalist, der jenseits einer offenen Berufsausübung als Berater in vielen Fällen verdeckt agierte (vgl. ebd., S. 273).

8.2.4   Linien der Verberuflichung in und Interdependenzen mit der Werbung

Die enge inhaltliche Verbindung mit der Werbung und speziell dem Beruf des Werbeberaters und der größeren Dienstleistungseinheit Werbeagentur beeinflusste in den Vereinigten Staaten die Ausprägung des forschungsrelevanten Berufsbildes. Dementsprechend sind auch die wesentlichen Linien der Entwicklung in Deutschland grundsätzlich.

Als Vorläufer des Berufs des Werbeberaters und der Institution der Werbeagentur sind die Plakatanschlag-Institute und Annoncen-Expeditionen zu sehen, die sich Mitte der 1850er Jahre in den deutschen Großstädten etablierten. Während die Erstgenannten ihre Plakatierungsflächen direkt an die Werbungtreibenden vermieteten, nahmen die frühen Annoncen-Expeditionen eine Vermittlungsfunktion zwischen Unternehmen und Verlagen ein. Für die Anzeigenschaltung erhielten sie von den Verlagen eine Mittlungsprovision, die sie nicht an ihre Klienten weitergaben. Zwar gab es auch freiberuflich agierende Werbevermittler, diese konnten aber aufgrund ihrer begrenzten organisatorischen Möglichkeiten keinen Einfluss auf den Anzeigenmarkt entwickeln. Die „Gründerkrise" von 1873 förderte die Sensibilität der Unternehmen für verkaufsfördernde Werbemaßnahmen, was zu einer Zunahme der

Annoncen-Expeditionen und damit des Konkurrenzkampfes führte. Zur besseren Marktpositionierung gingen einige von ihnen dazu über, ihr Dienstleistungsspektrum zu erweitern. Sie begannen mit der Einrichtung eigener Werbeateliers und stellten Grafiker und Zeichner ein. Ein erster Schritt von der reinen Vermittlung zum Werbeberatungsunternehmen bzw. zur Werbeagentur. Die zunehmende Marktmacht der Annoncen-Expeditionen führte gegen Ende des 19. Jahrhunderts zum Berufsbild des freien Werbeberaters. Mit einem weitaus günstigeren Honorarsystem signalisierten sie ihre Unabhängigkeit von den Verlagen, wurden aber aufgrund ihrer doch eingeschränkten Leistungsfähigkeit von den Unternehmen eher für „regional stark begrenzte Teilberatungsleistungen" eingesetzt (vgl. Hirt, 2013, S. 115-122). Hirt (2013) identifiziert für die Zeit zwischen 1890 und 1906 fünf Werbeberater (Robert Exner, Richard Kropeit, Johannes Iversen, Ernst Growald und Johannes Weidenmüller), die er als erste deutsche Werbepioniere bezeichnet.

Parallel zum Werbemarkt etablierten sich in den Unternehmen erste Werbeabteilungen, die, wenn sie nicht vom Geschäftsleiter nebenbei, von Angehörigen mit unterschiedlicher beruflicher Ausbildung (Journalisten, Künstler, technische Beamte, Anzeigenleiter aus Verlagen etc.) geleitet wurden. In vielen Unternehmen fehlte das Bewusstsein, dass Werbung gänzlich andere Kompetenzen erforderte, als die z. B. ein Facharbeiter mitbrachte. Behindert wurde die Entwicklung des Werbeberufs darüber hinaus durch die grundsätzliche Kritik der „bürgerlichen" Eliten des Kaiserreichs an der konkreten Ausgestaltung der „Reklame" (vgl. ebd., S. 115-122). Der erste deutsche reichsweite Werbeverband war der „Verein deutscher Reklamefachleute" (VDR), gegründet 1908. Erklärte Zielsetzung des Verbandes war es, das gesellschaftliche Interesse und Ansehen der Reklame zu fördern und Standesbewusstsein und Berufsinteressen zu wahren. Seine Gründer waren sich der Vorurteile gegenüber der Werbung bewusst und inszenierten sich bereits sehr früh als Experten mit eigener Standesehre. Erstaunlich war, dass der Verband sich direkt international ausrichtete und schon vor dem ersten Weltkrieg in einem regen Austausch mit US-amerikanischen Werbern stand. Bis 1928 stieg die Zahl auf 3.800 Einzelmitglieder an. Die gesamte Branche beschäftige um 1930 geschätzte 10.000 bis 15.000 Personen. Weitere Verbandsgründungen erfolgten in den 1920er Jahren. Der Deutsche Werbe-Klub e. V. (DWK) wurde 1924 in Berlin gegründet. Er verstand sich als elitärer Zirkel mit einer dem VDR ähnlichen Zielsetzung. 1928 gründete sich der Bund Deutscher Werbeberater e. V. (BDW), der selbstbewusst kommunizierte und sehr konkrete Vorstellungen eines „fähigen" Werbeberaters hatte. Er vergab ähnlich wie der DWK an seine Mitglieder ein Qualitätssiegel, das die berufsspezifischen Anforderungen dokumentierte. Mit einem Schieds- und Ehrenrat gab man sich darüber hinaus ein verbandsinternes Kontrollgremium (vgl. ebd., S. 80-87). Eine Notwendigkeit, denn der Berufstitel Werbeberater wurde häufig missbräuchlich genutzt, was auch auf Seiten der beauftragenden Unternehmen zu vorsichtigem Verhalten führte (vgl. Weger, 1966, S. 39). Die branchenspezifische Kommunikation manifestierte sich zudem in teilweise verbands-gebundenen Werbefachmedien. Die Entwicklung dieses Fachzeitschriftenwesens war ebenfalls durch die Werbepioniere befördert worden. Robert Exner gründete 1891 „Die Reklame". In zwei Wellen kamen weitere Zeitschriften hinzu, in den 1890er Jahren z. B. „Reklame" und „Neue Propaganda", in den 1920er Jahren „Reklame Praxis" und der „Reklame Spiegel" (vgl. Hirt, 2013, S. 101).

Die Wissensbasis des Berufstandes institutionalisierte sich in den 1910er Jahren als junges Lehrfach an den Handelshochschulen in Mannheim und Köln. Schon 1928 hatten alle deutschen Handelshochschulen, vier von zehn technischen Hochschulen und fünf von 23 Universitäten Werbelehre, zwar nicht als eigenständiges Fach, aber regelmäßig in Fachveranstaltungen. Staatliche Werbeschulen gab es erst in der Zeit des Nationalsozialismus, aber auf dem privaten Sektor etablierte sich ein umfangreiches Ausbildungsangebot, von dem die Berliner Reimann-Schule die bekannteste Einrichtung war (vgl. Schug, 2007, S. 109). Der Nationalsozialismus erkannte sehr früh das Potential kommerzieller Werbetechniken und bemühte sich seit den 1920er Jahren um die junge Branche (vgl. Hirt, 2013, S. 208). Nach der Machtergreifung wurde mit dem "Gesetz über Wirtschaftswerbung" vom 12. September 1933 das gesamte Werbewesen unter staatliche Kontrolle genommen, dem Reichsministerium für Volksaufklärung und Propaganda unterstellt und ab Oktober von einem „Werberat der deutschen Wirtschaft" beaufsichtigt. Dieser erließ in der Folgezeit bindende Verordnungen, in deren Mittelpunkt die Ausrichtung, Vereinheitlichung und Reglementierung — unter anderem Berufszugang und Vergütungssysteme — der Werbewirtschaft standen. 1936 wurde in Berlin die „Höhere Reichswerbefachschule" gegründet. Mit Ausbruch des Krieges kam der Ausrichtungsprozess ins Stocken, da die politischen Ereignisse und der generelle Warenmangel jede Form von privater Wirtschaftswerbung beeinträchtigte (vgl. Weger, 1966, S. 46-54). Hirt bescheinigt der Branche zum Zeitpunkt der Machtübernahme wenig Sozialprestige und einen niedrigen Professionalisierungsgrad. Der Werberat dämmte die organisatorischen Missstände der Weimarer Republik ein, die sich negativ auf den gesellschaftlichen Status von Werbeberatern und Werbeleitern ausgewirkt hatten. Das NS-Regime beendete das Nebeneinander der verschiedenen Werbefachverbände und institutionalisierte eine Reichsfachschaft. Die Reichswerbefachschule galt für NS-Verhältnisse als „liberale" Ausbildungsstätte. Doch die anfänglich durchaus positive Erwartungshaltung weiter Teile der Werbebranche wurde sukzessive enttäuscht. Der Werberat überbürokratisierte mit Anordnungen und Verboten (vgl. Hirt, 2013, S. 360-365). In der zweiten Hälfte der 1930er Jahre machte sich Enttäuschung breit und mit stärker werdenden Rüstungsanstrengungen wandelten sich Werbeberater und Werbeleiter von „privatwirtschaftlichen Dienstleistern zu staatlich instrumentalisierten Politpropagandisten und unternehmerischen PR-Fachleuten" (ebd., S. 365).

8.2.5 Angelsächsische Einflüsse auf die deutsche Werbebranche in der Zwischenkriegs- und NS-Zeit

Besonderes Interesse mit Bezug auf die Entwicklungen nach 1945 gilt der Etablierung angelsächsischer Full-Service-Agenturen in der deutschen Werbebranche. In den 1920er Jahren war es eine überschaubare Anzahl. Hirt (2013) benennt neun Agenturen aus den USA und Großbritannien, die deutsche Zweigniederlassungen in Berlin und Frankfurt eröffneten (vgl. ebd., S. 166-167). Meistens konzentrierten sich diese Agenturen auf die Auslandswerbung bzw. kommunikative Begleitung von Markteintritten ihrer britischen oder amerikanischen Kunden. Die deutsche Unternehmerschaft reagierte zögerlich auf das Angebot dieser neuen internationalen Player. Deren Versuche deutsche Kunden zu gewinnen, blieben nach Einschätzung des Zeitzeugen Hanns W. Brose „ausnahmslos erfolglos" (vgl. Brose, 1958, S. 15). Die deutsche Werbeszene reagierte ambivalent. Die durch den amerikanischen Massenmarkt begründete Modernität der Full-Service-Agenturen beeindruckte. Ihr umfassendes, arbeitsteilig durchorganisiertes Dienstleistungsangebot verknüpfte die in Deutschland getrennten Arbeitsbereiche der Werbeberater und Annoncen-Expeditionen. Sie nahmen ausschließlich die Interessen des Werbungtreibenden war (Konkurrenzausschluss), führten Marktforschung durch, erarbeiteten dezidierte Kostenvoranschläge für unterschiedliche Werbewege und kreierten Bild- und Textentwürfe. Ihr positives Ansehen innerhalb der amerikanischen Gesellschaft erfüllte viele deutsche Werber mit Neid (vgl. Hirt, 2013, S. 164-174). Kritisiert wurde ihre mangelnde Adaptionsfähigkeit der deutschen Kultur und Sprache. Die amerikanischen Agenturen hingegen verstanden sich als Sendboten einer internationalen Konsumkultur, die sie nicht nur wirtschaftlich sondern auch ideologisch vertraten (vgl. Schug, 2007, S. 142-146). Unbestritten ist, dass die angelsächsischen Agenturen trotz ihrer geringen Anzahl der aufstrebenden Werbebranche der Weimarer Republik wichtige Impulse gaben und den Grundstein legten für ihre dominierende Position in Westdeutschland nach 1945. Maßstäbe setzten sie besonders in ihrer Kundenorientierung und ihrer Positionierung als Full-Service-Dienstleister (vgl. Schug, 2003, S. 30; S. 52).

Auch der erste Einsatz professioneller Public Relations, blieb nicht unbeobachtet und fand seinen Weg in die deutsche Werbeliteratur, ohne dass sich gleich des Fachbegriffs bedient wurde. Beispiele von Public Relations im wirtschaftlichen Bereich wurden als indirekte oder versteckte Reklame klassifiziert (vgl. Mataja, 1926, S. 32-34). In den Verbänden wurden die US-amerikanischen Werbeansätze intensiv diskutiert (vgl. Hirt, 2013, S. 172). Noch bis Ende der 1930er nahmen viele deutsche Werbefachleute an internationalen Kongressen teil. Selbst der Werberat entsandte Fachleute in die Vereinigten Staaten, um dort „moderne Werbung" zu studieren (vgl. Schug, 2003, S. 50). Als wichtiger Impuls für die öffentliche Wahrnehmung gilt der Welt-Reklame-Kongress in Berlin 1929, den viele Werbefachleute mit der Hoffnung verbanden, dass absatzorientiertes Denken im deutschen Wirtschaftsleben an Stellenwert gewinnen würde (vgl. Schug, 2007, S. 137). Auch im Nationalsozialismus konnten die angelsächsischen Agenturen mit Einschränkungen auf dem deutschen Markt agieren. Schug

(2007) bekundet ihrem „ideellen Siegeszug" kein abruptes Ende, sondern spricht von einer „gebremsten und verdeckten Amerikanisierung" des deutschen Werbedienstleistungsmarktes (vgl. ebd., S. 172). Es gibt in der Forschungsliteratur keine Hinweise, dass die angelsächsischen Agenturen im deutschen Markt PR-spezifische Dienstleistungen anboten. Es wäre trotz des ganzheitlichen Dienstleistungsanspruchs auch verwunderlich, da eine Etablierung von PR-Departments in Werbeagenturen in den Vereinigten Staaten erst Anfang der 30er Jahre einsetzte. Cutlip (1994) verweist auf die Werbeikone Albert Lasker, der 1933 als einer der ersten in seiner Agentur Lord & Thomas einen „Publicity service" für seine Kunden aufbauen wollte (vgl. ebd., S. 258).

8.2.6 Der PR-Experte unter den Werbern: Hanns W. Brose

Hanns W. Brose war einer der markantesten Persönlichkeiten der deutschen Werbegeschichte, aber auch sein Einfluss auf Public Relations und PR-Beratung ist nicht hoch genug einzuschätzen. Er fand seinen Einstieg in die Werbung – zuvor hatte er einige Jahre als nebenberuflicher Schriftsteller und freier Journalist gearbeitet – 1928 als Texter bei der US-amerikanischen Agentur Erwin, Wasey & Co. in Berlin. Bereits ein Jahr später ließ er sich als Werbeberater nieder und arbeitete für Kunden aus unterschiedlichen Branchen. Darüber hinaus publizierte er in den relevanten Fachzeitschriften und hielt Vorträge. Seine Kundenprojekte in der Public Relations nahestehenden Gemeinschaftswerbung (Schindelbeck, 2000) erweiterten seinen inhaltlichen Radius als Werbeberater in Kommunikationsbereiche, die später auch von der Public Relations besetzt wurden. Während der 1930er Jahre profilierte er sich als „werbetheoretischer Kopf" im Umfeld der neugegründeten „Gesellschaft für Konsumforschung" (GfK) und als „Erzieher der Fabrikanten" durch seine Arbeiten für die Firma Asbach. Sein Ruf als PR-Spezialist, den er auch in die Nachkriegszeit hinüberrettete, verdankte er einem Projekt, das als eines der ersten deutschen PR-Kampagnen gilt (vgl. Schindelbeck, 1995, S. 240-247). Das Werbewerk „Glückauf!" wurde von der Wirtschaftsgruppe Bergbau beauftragt, die im Kriegsjahr 1942 auf Broses Plan einging, den Nachwuchsproblemen im deutschen Bergbau mit werblichen Aktivitäten zu begegnen. Das Budget der auf fünf Jahre angelegten Kampagne belief sich auf 1.440.000 Mark. Brose selbst bezeichnete ihn als vermutlich größten Werbeauftrag Europas. Er ermöglichte ihm ein mehr als zwanzig Köpfe umfassendes Team aufzubauen, das aus Journalisten, Schriftstellern, Wissenschaftlern und Grafikern bestand und in einem Berliner Zentralbüro organisiert war. Inhaltlich entstanden nicht nur 180 Anzeigen. Entwickelt wurde eine Kampagne, die im modernen Sinne über mehrere „Kommunikationskanäle" angelegt war und Ausstellungen, wissenschaftliches Schrifttum, Unterrichtsmaterialen ebenso umfasste wie „Mailing-Aktionen", interne Kommunikation im Betrieb oder die strategische Beziehungspflege durch die einzelnen Zechen. Doch sie blieb Konzept und vorbereitende Arbeiten. Planerisch waren wesentliche Elemente der Kampagne erst in Friedenszeiten zur Veröffentlichung vorgesehen. Bis

Kriegsende wurde unter sich verschärfenden Umständen an dem Projekt gearbeitet (vgl. Brose, 1958, S. 77-88). Der Erfahrungshorizont dieses Auftrages sollte Broses PR-Rolle auch in der Nachkriegszeit wesentlich prägen.

8.2.7 „America on my mind" – PR-spezifische Einflüsse in der Zwischenkriegs- und NS-Zeit

Dass im Zuge des regen Austausches der deutschen Werbeszene der 1920er und 30er Jahre mit den amerikanischen Kollegen die dortigen Entwicklungsverläufe der Public Relations nicht unbemerkt blieben, ist nicht verwunderlich. Der erste Hinweis auf den Beruf des „public relations counsels" in der deutschen Fachliteratur stammt aus dem Jahre 1926. Viktor Mataja erwähnt in der vierten Auflage seines werbewissenschaftlichen Standardwerks „Die Reklame" den Beruf im inhaltlichen Zusammenhang mit den Berufsprofilen eines „Preßleiters" und „Preßagenten" und bezieht sich in der Fußnote explizit auf das drei Jahre zuvor erschienene Buch „Crystallizing Public Opinion" von Edward L. Bernays: „Eine dem Reklamewesen und den Preßleitungen verwandte Erscheinung sind überhaupt die Vorkehrungen zur Beeinflussung der öffentlichen Meinung und Verbreitung von Nachrichten, deren Kenntnisnahme durch die Bevölkerung man als vorteilhaft ansieht. Für Sachverständige hierbei wurde auch schon die Bezeichnung „public relations counsel" geprägt" (Mataja, 1926, S. 157-158).

Auch die Zeit des NS-Regimes war trotz ihrer Fixierung auf Propaganda als ideologische Kommunikation angereichert mit beeinflussenden Impulsen. Im Mittelpunkt stand sicherlich die öffentlichkeitswirksame Etablierung der Begrifflichkeit Public Relations im deutschen Sprachraum durch Carl Hundhausen. Als Ausgangspunkt gilt eine mehrmonatige Geschäftsreise des damaligen Verkaufsdirektors der Hillers-Werke in den Vereinigten Staaten. Nach dem Krieg 1951 erwähnte Hundhausen auf dem Hamburger Reklamekongress, dass ihn im Vorfeld der Reise der Werbeleiter der Persilwerke Paul Mundhenke gebeten habe, sich drüben umzuhören, was es mit dem Begriff Public Relations auf sich habe. Hundhausen gesteht: „Ich muß sagen, daß ich diesen Begriff zum ersten Male in den Geschäftsräumen dieser werbefreudigen Firma in Düsseldorf gehört habe." (Hundhausen, 1951a, S. 135). In den Vereinigten Staaten besuchte er 1937 in Syracuse, New York, einen Kongress der Financial Advertisers Association zu dem Thema „Public Relations for Banks". Beeindruckt berichtete Hundhausen Ende des Jahres in der „Deutschen Werbung", der Fachzeitschrift der NS-Reichsfachschaft Deutsche Werbefachleute (NSRDW), über seine dort gewonnenen Erkenntnisse. Nach seiner Rückkehr veröffentlichte er Anfang 1938 einen Beitrag in der „Zeitschrift für Betriebswirtschaft" zu seiner „inhaltlichen Begegnung" mit Public Relations. Er erklärte das amerikanische Verständnis und kam zu dem Schluss, dass die grundsätzliche Herangehensweise für deutsche Unternehmen nicht wirklich neu sei, d. h. auf nationale Organisationsformen treffe, die sich bereits mit ähnlichen Aufgabenstellungen befassten. 1940 thematisierte er Public Relations erneut. Im Vordergrund stand der Abgrenzungsaspekt zur

Werbung. Für ihn hatte die Beziehungsgestaltung des Unternehmens nach innen und außen nur noch wenig mit der abstrakten Firmenwerbung gemein, obwohl er das Instrumentarium weitgehend als identisch ansah. Er schlug daher als deutsches Synonym den Begriff Betriebswerbung vor, um ihn dann allerdings kurze Zeit darauf wieder gegen „innerbetriebliche Werbung" auszutauschen. Als Hintergrund für diese Neuinterpretation gilt seine Mitarbeit in der „Arbeitsgemeinschaft für Innerbetriebliche Werbung" (AIW), einem Gremium, das bei Kriegsbeginn von der NSRDW geschaffen worden war, und dem unter anderen auch Hanns W. Brose, der Markenspezialist Hans Domizlaff und Friedrich Mörtzsch, Verkaufsleiter der Firma Stiebel-Eltron und späterer Mitbegründer der DPRG, angehörten. In diesem Gremium wurden intensiv die Parallelen zwischen der Public Relations und der innerbetrieblichen Werbung diskutiert. Im Zentrum der Überlegungen stand im Gegensatz zur US-amerikanischen PR-Auffassung, deren gesellschaftlicher Impetus viel weitreichender war, eher das Unternehmen und seine Belegschaft (vgl. Heinelt, 2003, S. 39-49; Hirt, 2013, S. 532-53; Kunczik, 2010, S. 271-273).

Deutsche Öffentlichkeitsarbeit bzw. Propagandaaktivitäten in den Vereinigten Staaten waren seit dem ersten Weltkrieg etabliert und führten zu ersten Kontakten mit der dortigen PR-Beratungsbranche. Ausgangspunkt war der Kriegsausbruch 1914. Im Gegensatz zur britischen Propaganda existierten kaum Zugänge zur amerikanischen Öffentlichkeit. Zum Dreh- und Angelpunkt wurde ein deutsches Pressebüro in New York, das aus einer der Deutschen Botschaft zugehörigen Einheit hervorgegangen war. Es startete mit seiner Propagandatätigkeit im September 1914. Geleitet wurde es von Dr. Bernhard Dernburg, der offiziell als Beauftragter des Deutschen Roten Kreuz galt, und dem damaligen Militär- und Marineattaché und späteren Politiker Heinrich Albert (vgl. Reiling, 1997, S. 88-89). Ziel war es, die amerikanische Öffentlichkeit davon zu überzeugen, dass Deutschland gegen seinen Willen in den Krieg hineingezogen worden war (vgl. ebd., S. 174). Die meisten der dort arbeitenden Deutschen waren keine Experten für Öffentlichkeitsarbeit und so sicherte man sich sehr schnell amerikanische Unterstützung. Der Presseagent Matthew B. Claussen und der PR-Berater und Woodrow Wilson Biograf William Bayard Hale – er hatte bis 1918 einen Jahresvertrag über 15.000 US-Dollar (vgl. ebd., S. 89) – gaben einen Nachrichtendienst heraus, lancierten Artikel und betrieben Beziehungspflege zu amerikanischen Medien. Eine weitere Schlüsselfigur war der deutsch-amerikanische Publizist George Sylvester Viereck, der Verleger einer deutschfreundlichen Zeitschrift war (vgl. Kunczik, 1997, S. 156). In diese Zeit fällt zudem die Gründung des „Trans Ocean News Service", der den Informationsfluss nach Deutschland sicherstellen sollte (vgl. Reiling, 1997, S. 173). Auch wenn das Ergebnis sämtlicher Propagandaanstrengungen jener Jahre als sehr dürftig bezeichnet werden muss (vgl. ebd., S. 195), etablierten sich erste Beziehungen.

Überdies beförderte die enge wirtschaftliche Verknüpfung einen ersten Austausch. Bekanntestes Beispiel ist die Zusammenarbeit zwischen PR-Berater Ivy Lee und dem deutschen Unternehmen I. G. Farben. Seit 1929 arbeitete er mit einem Jahreshonorar von

5.000 US-Dollar für die amerikanische Tochter des Unternehmens, um den schwierigen US-Markt zu beeinflussen. Nach der NS-Machtübernahme waren die deutsch-amerikanischen Beziehungen schwer belastet, was Lee keine Probleme zu bereiten schien. Er differenzierte zwischen dem NS-Regime und der I. G. Farben. Die deutsche Muttergesellschaft erweiterte sein Mandat auf 25.000 US-Dollar jährlich, um den deutschfeindlichen Tendenzen in der amerikanischen Gesellschaft zu begegnen. Lee platzierte seinen Sohn als Kontaktperson mit Etatverantwortung in Berlin. In den Jahren 1933 und 1934 besuchte Lee Deutschland mehrfach und traf sich mit verschiedenen „Nazigrößen", im Januar 1934 auch mit Goebbels. Über die Qualität dieser Treffen und Beziehungen gibt es in der Literatur unterschiedliche Aussagen. Aufschlussreich sind Memoranden, von denen auch Reichsaußenminister von Neurath in Kenntnis gesetzt wurde, in denen Lee den Amerikanern das notwendige Verständnis hinsichtlich der Situation in Deutschland absprach. Er sah die antideutsche Stimmung als Folge der nazistischen Propaganda und des Antisemitismus. Seine Empfehlungen beinhalteten, auf direkte und indirekte NS-Propaganda in den Vereinigten Staaten zu verzichten und stattdessen auf das Instrumentarium klassischer Pressearbeit zu setzen: Kontaktpflege mit amerikanischen Journalisten, insbesondere mit in Deutschland akkreditierten Journalisten, ins Englische adaptiertes Informationsmaterial, Radiosendungen an das amerikanische Volk. Für Lee hatte dieses Engagement weitreichende Konsequenzen, die seinen Ruf auf Lebenszeit belasteten. Im Mai 1934 wurde er vor das „US House Special Committee" zitiert, um gegenüber Anschuldigungen, er sei ein Nazi-Propagandist und Antisemit, Stellung zu beziehen. Danach ging ein Mediengewitter über ihn hernieder. Seine Agentur Ivy Lee & T. J. Ross musste sich wegen unamerikanischer Umtriebe verantworten (vgl. Kunczik, 1997, S. 298-305; Mattke, 2006, S. 44-48; Cutlip, 1994, S. 143-150).

Die Verpflichtung von Ivy Lee besitzt weitere interessante Einzelaspekte. Seinen Ruf für das entsprechende Salär jede Aufgabe anzunehmen, hatte er sich schon zuvor durch seine Tätigkeiten für die Rockefeller-Familie und die sowjetische Regierung erworben. Die enge Verknüpfung der I. G. Farben mit amerikanischer Industrie und Finanzwirtschaft – Ford, Standard Oil, die Federal Reserve Bank und die Bank of Manhattan stellten Direktoren der US-Tochter – (vgl. Sutton, 2010, S. 34-48) lassen die Verpflichtung eines der bekanntesten PR-Berater seiner Zeit nachvollziehbar erscheinen. Über seinen Einfluss auf Goebbels oder Hitler gibt es widerstrebende Äußerungen (vgl. Kunczik, 1997, S. 299-300). Es bleibt festzustellen, dass der Nutzwert von PR-Beratung in „propagandaaffinen Kreisen" erkannt war. Ein weiteres Beispiel hierfür ist die PR-Agentur Carl Byoir & Associates. Carl Byoir, ebenfalls eine der wichtigsten PR-Beraterpersönlichkeiten jener Zeit, war durch die Verhandlungen seines Partners Carl Dickey und die guten Beziehungen von George Sylvester Viereck 1933 an einen auf 18 Monate angelegten, 108.000 US-Dollar umfassenden Vertrag mit der Deutschen Reichsbahn gekommen. Auftrag war, den Tourismus anzukurbeln. Er eröffnete im Herbst 1933, ein dreiviertel Jahr nach der Machtergreifung, ein kleines Büro in Berlin, der erste Ableger einer amerikanischen PR-Agentur in Deutschland. Es hatte die Aufgabe, Stories für das „German-American Economic Bulletin", das von Carl Byoir & Associates herausgegeben wurde, aufzubereiten. Nach dem Bekanntwerden des Mandats Mitte 1934 hatte die Agentur herbe Kundenverluste. Noch 40 Jahre später wurde ihr dieser „Fehltritt" in amerikanischen Medien vorgeworfen (vgl. Kunczik, 1997, S. 305-307; Cutlip, 1994, S. 548-549).

Der Einfluss von Edward L. Bernays auf den Nationalsozialismus war mehr ideeller Natur. Im Gegensatz zu Lee lehnte er alle Angebote ab, als PR-Berater für das NS-Regime zu arbeiten. Bereits kurze Zeit nach der Machtergreifung soll es zu ersten Kontaktaufnahmen mit ihm gekommen sein, um das Image NS-Deutschlands in den Vereinigten Staaten zu verbessern (vgl. Blyskal, 1985, S. 85). Auch ein späteres Ansinnen für die Messe Leipzig Öffentlichkeitsarbeit zu betreiben, lehnte er ab (vgl. Tye, 1998, S. 89). Über den konkreten Einfluss seiner Schriften auf den nationalsozialistischen Propagandaansatz kann nur spekuliert werden. Hitlers und Bernays massenpsychologische Überlegungen liegen nah beieinander, ohne das Bernays politische Orientierung auch nur ansatzweise faschistisch gewesen wäre. Nach Eigenbekundung von Bernays soll Goebbels das Buch in seiner „Propaganda-Bibliothek" geführt haben. Der amerikanische Journalist Karl von Wiegand habe ihm im Sommer 1933 berichtet, dass Goebbels sich durch das Buch zu seiner Kampagne gegen die Juden habe inspirieren lassen. Bernays sei davon geschockt gewesen (vgl. Bernays, 1965, S. 652).

Zwei weitere profilierte deutsche PR-Berater der Nachkriegszeit waren in diesem amerikanischen Umfeld verhaftet: Dr. Manfred Zapp, 1958 Gründungsmitglied und später Geschäftsführer der DPRG, und Heinz G. A. Beller, ebenfalls Gründungsmitglied. Der Journalist und gebürtige Düsseldorfer Zapp übernahm Ende 1938 die Leitung des „Transocean News Service", der sich in den 1920er und 30er Jahren zu einer respektierten Nachrichtenagentur entwickelt hatte. Nach außen als Privatunternehmen firmierend stand er in enger Verbindung mit staatlichen deutschen Auslandsstellen und baute nach der Machtübernahme ein enges Netzwerk in unterschiedliche Zirkel der amerikanischen Gesellschaft. Obwohl das FBI ihn als Propaganda-Agenten einstufte, hatte er als Korrespondent Zugang zu vertraulichen Presseinformationen. Der „National Press Club" gab Präsident Roosevelt den Hinweis in Pressekonferenzen, die von Zapp besucht wurden, nicht allzu frei zu sprechen. Im März 1940 musste er sich wegen seiner subversiven Umtriebe vor dem „Special Committee on Un-American Activities" verantworten. Ein Jahr später wurde er angeklagt und der „Transocean News Service" geschlossen (vgl. Ritchie, 2005, S. 98). Zurück in Deutschland verfasste er 1942 seine Amerika-Erinnerungen in dem Buch „Zwischen Wallstreet und Kapitol". Neben der biografischen Schilderung der Ereignisse um seine Tätigkeit, beschäftigt er sich mit der Arbeit der Lobbyisten in Washington (vgl. Zapp, 1942, S. 100-105) oder bewertet die Rolle amerikanischer Reklameagenturen und der „modernen" Meinungsforschung (vgl. ebd., S. 214-218).

Die „German Library of Information" (GLI) in New York war eine der wichtigsten Institutionen der NS-Auslandspropaganda in den Vereinigten Staaten. Sie war eng mit dem

Deutschen Konsulat verbunden und veröffentlichte und distribuierte im Auftrag des Auswärtigen Amtes und des Reichspropagandaministeriums Bücher, Pamphlete und Zeitschriften. Sie war im Mai 1936 eingerichtet worden und Heinz (G. A.) Beller war von 1938-1940 ihr Direktor. Auch dieser Dienst wurde Anfang 1941 geschlossen. Ein wichtiger Zuarbeiter war George Sylvester Viereck, der für das GLI die „Facts in Review" herausgab. Nach dem Krieg startete Beller als Leiter der Interfilm und PR-Berater neu (vgl. Hastedt, 2011, S. 330-331; „Keinesfalls für Kinoprogramm", SPIEGEL, 13.6.1951, S. 40-41; „Es geht nicht ohne Public Relations", Zeit, 27.3.1958, o.S.; DPRG, 1960, Mitgliederliste, Nachlass Korte).

8.2.8   Zusammenfassung

Zwar weist Deutschland eine eigenständige Traditionslinie Öffentlichkeitsarbeit auf, aber die Ausprägung einer Berufsrolle Beratung oder Dienstleistung in diesem Bereich bleibt marginal. Der Obrigkeitsstaat instrumentalisierte bereits sehr früh – häufig im Nebenerwerb – journalistisch tätige Schriftsteller und Publizisten zu Erfüllungsgehilfen staatlicher Pressepolitik. In einem sich erst langsam herausbildenden journalistischen Hauptberuf waren wirtschaftliche Zwänge gegeben, die eine grundsätzliche Bereitschaft zu „publizistischer Dienstleistung" gegen entsprechendes Salär oder die Aussicht auf soziale Absicherung beförderten. Zu einer berufsspezifischen Eigenreflektion kam es nicht, während das Fremdbild dieser „Mietlinge" weitgehend negativ besetzt war. Beratungsansätze in der Öffentlichkeitsarbeit gab es eher im wirtschaftlichen Bereich, allerdings ohne unmittelbar kommerzielle Interessen. Es waren der Öffentlichkeitsarbeit und ihrer Bedeutung aufgeschlossene Persönlichkeiten, die eine ideelle Zielsetzung vertraten und ihre Beratung anboten. Ein erstes deutsches Beispiel, das ansatzweise mit amerikanischen Vorbildern vergleichbar wäre, ist die Tätigkeit von Viktor Schweinburg für F. A. Krupp. Es ist nicht verwunderlich, dass sich diese Dienstleistung im Umfeld eines Unternehmens wie Krupp manifestierte, spielte es doch eine Führungsrolle bei der Entwicklung von Öffentlichkeitsarbeit in Deutschland (vgl. Kunczik, 1997, S. 189). Das Spektrum seiner Tätigkeit war eindeutig beratungs- und umsetzungsorientiert, ohne Festanstellung, aber mit vertraglicher Bindung, was seinen „flexiblen Einsatz" erst ermöglichte und ihn für F. A. Krupp attraktiv machte. In seiner beruflichen Verortung war Schweinburg sicherlich eher Medienunternehmer, seinem Mandat für Krupp folgten keine für andere Kunden nach. Er war in der Ausübung seiner Tätigkeit dem obrigkeitsstaatlichen Umfeld verhaftet und sah sich selbst als Propagandist. Seine Fremdwahrnehmung während seiner Dienstleistungsbeziehung zu F. A. Krupp war die eines „käuflichen Journalisten".

Der Blick auf die Schwesterdisziplin Werbung zeigt in Deutschland eine eigenständige Entwicklung, die zur Etablierung beratender und dienstleistender Berufsspezifikationen führte. Der Verlauf weist Parallelen mit dem in den Vereinigten Staaten auf, wenn auch Dynamik und Ausprägung sich unterscheiden. Die Entwicklungslinien, die in den jeweiligen Ländern zur

Entstehung der Werbeagenturen und zum Berufsbild des Werbeberaters führten, sind vergleichbar. Interessant sind besonders die Interdependenzen. Die Vereinigten Staaten wirkten durch ihre Vorbild- und Schrittmacherrolle. Auf die PR-Dienstleistungsstrukturen übten weder die amerikanische noch die nationale Werbebranche bis 1945 direkte Einflüsse aus, aber das moderne amerikanische Marketingverständnis, das Full-Service-Agency-Prinzip und die „geschärfte" Berufsrolle des Werbeberaters bildeten wichtige Voraussetzungen. Inhaltlich diente die Werbebranche als „Nährboden" für die Auseinandersetzung mit dem amerikanischen Verständnis von Public Relations, befördert durch mannigfache persönliche Beziehungen und Austauschmöglichkeiten. Was für die Werbebranche galt, galt auch für die sogenannten „propagandaaffinen" Kreise. Hier waren die Kontakte zur amerikanischen PR-Beratungsszene gegeben und wurden von Staat und Wirtschaft genutzt. Dass es darüber zum „Braindrain" kam, ist anzunehmen und belegbar. Darauf deuten die Verbreitung und Rezeption von Bernays „Crystallizing Public Opinion" oder die berufliche Sozialisation maßgeblicher deutscher PR-Berater der Nachkriegszeit in diesem deutsch-amerikanischen Umfeld hin.

9 Die Formierungsphase 1945-1957

Im folgenden Abschnitt werden die Formierung des nationalen Berufsfeldes unter den gegebenen historischen Rahmenbedingungen und erste Professionalisierunsprozesse identifiziert und untersucht. Die einzelnen Untersuchungsbereiche sind durch das Kategoriensystem vorgegeben. Den Auftakt bildet die Darlegung der unterschiedlichen historischen Rahmenbedingungen zwischen 1945 und dem Ende der 1950er Jahre. Die Identifizierung erster Berufsfeld-Akteure und ihrer Dienstleistungs- und Marktaktivitäten bilden einen weiteren Untersuchungspunkt. Exemplarisch werden erste dienstleistergesteuerte PR-Projekte vorgestellt. Analysiert wird die Beschaffenheit und Prägung einer ersten Wissensbasis sowie ihre nationale Weiterentwicklung. Während die Professionalisierungskategorien Ausbildung und fachliche Organisation in dieser Phase noch schwach ausgeprägt waren, entwickelte die Abgrenzungsproblematik gegenüber benachbarten Berufsfeldern bereits früh eine erste Dynamik. Hinsichtlich einer ethischen Fundierung kam es zu ersten Aktivitäten. Den Abschluss bilden die Bestimmung und Analyse einer sich entwickelnden Berufsidentität und öffentlichen Sichtbarkeit.

9.1 Rahmenbedingungen

Die Etablierung des Berufsfeldes PR-Beratung und seine Professionalisierungsprozesse können nicht losgelöst von der historischen Gesamtsituation jener Jahre betrachtet werden. Sie sind eingebunden in ein System von Bestimmungsfaktoren, das die Entstehung und den Wandel maßgeblich beeinflusste. In Anlehnung an den spezifischen Professionalisierungsansatz dieser Studie werden in dieser Kategorie nicht nur die allgemeinen Rahmenbedingungen in Politik, Wirtschaft, Gesellschaft und Technologie in Beziehung zum Berufsfeld gesetzt, sondern auch historisch relevante Einzelfaktoren näher beleuchtet. Dabei wurde die Identifizierung und Schilderung der maßgeblichen Rahmenbedingungen der Rekonstruktion und Analyse der weiteren Professionalisierungsdimensionen bewusst vorangestellt, um diese in ihrer gesamthistorischen Verortung deutlich zu machen.

9.1.1   Politik

Das Ende des zweiten Weltkrieges brachte Deutschland die staatliche Totalkapitulation und die Besetzung des Territoriums. Auf der Potsdamer Konferenz im Juli und August 1945 wurden die Weichenstellungen für eine gemeinsame Besatzungspolitik vorgenommen. Nach dem Willen der Siegermächte sollte Deutschland vollständig und langfristig entwaffnet, sein wirtschaftliches Kriegspotential zerstört und der Nationalsozialismus ausgemerzt werden. Während die Zerschlagung des militärischen Apparates der Wehrmacht und der organisatorischen Strukturen der NSDAP ohne größere Schwierigkeiten erfolgte, erwies sich die Entnazifizierung als mühevolle Prozedur. Die Entnahme umfangreicher Reparationen blieb ebenfalls angesichts der Angst einer geschwächten deutschen Wirtschaft hinter ursprünglichen Plänen zurück. Die unmittelbare Nachkriegsgesellschaft war geprägt durch Flucht und Vertreibung, die Suche nach den unmittelbaren Angehörigen, Arbeitslosigkeit und wirtschaftliche Not. Die sozialen Strukturen und moralischen Werte waren erschüttert.

Die Ausgangslage für Demokratisierungsbestrebungen und eine politische Neuordnung war weitaus günstiger. Aufgrund des Scheiterns einer Zentralbehörde am Dissens der Alliierten konstituierte sich staatliches Leben von den Gemeinden, den mittleren Verwaltungseinheiten und den Ländern her, hauptsächlich mit dem politischen und administrativen Personal der Weimarer Republik. Bereits im Juni 1945 ließ die sowjetische Besatzungszone wieder Parteien zu, Amerikaner und Briten folgten diesem Beispiel im Spätsommer und die Franzosen Anfang 1946. Bei der Schaffung neuer Länder war die amerikanische Besatzungsmacht ein wichtiger Schrittmacher. In der amerikanischen Zone wurde damit im September/Oktober 1945 gestartet, die anderen folgten. Obwohl vollkommen neuartige territoriale Gebilde entstanden, wurden sie zum Grundstein des föderalen Systems der Bundesrepublik Deutschland und erwiesen sich als langfristig.

Im Sommer 1946 beschlossen die beiden angelsächsischen Mächte ihre Besatzungsgebiete gemeinsam zu verwalten. Die Bildung der Bizone wurde angesichts der bedrückenden wirtschaftlichen Lage als Möglichkeit gesehen, die Stagnation zu überwinden. Sie war klarer Ausdruck einer sich neu orientierenden amerikanischen Deutschland- und Europapolitik. Der Wiederaufbau der deutschen Wirtschaft wurde als wesentliches Element für den Wohlstand in ganz Westeuropa gesehen. Mit dem Marshall-Plan wurde ein finanzielles Unterstützungsprogramm angeschoben, das die westlichen Demokratien weniger anfällig für sowjetische Einflussnahme machen sollte. Am 20./21. Juni 1948 wurde in den drei Westzonen der Währungsschnitt vollzogen und die Basis für eine weitere wirtschaftliche Konsolidierung geschaffen. Im Frühjahr 1948 wurden dann auf der Sechs-Mächte-Konferenz in London die Weichen für die Gründung der Bundesrepublik Deutschland gestellt. Eine verfassungsgebende Versammlung, der parlamentarische Rat, kam ab September 1948 zusammen und erarbeitete das Grundgesetz, das am 23. Mai 1949 in Kraft trat und ein wichtiger Baustein für die die politische Stabilität des westdeutschen Staates werden sollte.

Die fünfziger Jahre gelten als formative Phase, in der sich parlamentarische Demokratie und soziale Marktwirtschaft ausprägten. Gleichzeitig wurde die „Westernisierung" vorangetrieben, sei es durch die Integration der Bundesrepublik in das westliche Bündnis oder durch die Vertiefung der soziokulturellen West-Orientierung der Gesellschaft. Mit den ersten Wahlen 1953 verfestigte sich das Parteiensystem weiter. Die Wahlen 1957 brachten dann die Konzentration auf CDU, CSU, SPD und FDP. Die institutionellen Strukturen der „Kanzlerdemokratie" waren zwar durch das Grundgesetz vorgegeben, sie fanden ihre Ausprägung aber durch die Amtsführung Konrad Adenauers. Der Christdemokrat war am 19. September 1949 zum ersten Bundeskanzler gewählt worden. Der Auftakt zu einer langen Regierungszeit, in der er es verstand, die ihm vom Grundgesetz zugebilligte Richtlinienkompetenz zu nutzen. Adenauer schuf sich mit dem Kanzleramt eine effizient funktionierende Regierungszentrale, die als Planungsinstanz und Koordinationszentrale politische Entscheidungen vorbereitete und die Ministerien untereinander koordinierte. Darüber hinaus war sie verantwortlich für die sehr erfolgreiche Öffentlichkeitsarbeit der Regierung (vgl. Recker, 2009, S. 10-29).

9.1.2   Wirtschaft

9.1.2.1   Der Weg zum wirtschaftlichen Aufschwung

Nach der Kapitulation und der Aufteilung Deutschlands in Besatzungszonen einte die Alliierten zunächst das gemeinsame Ziel, das deutsche Wirtschaftspotential zu zerschlagen und dauerhaft auszuschalten. Der Alltag der alliierten Besatzungswirtschaft war geprägt von „kleinräumiger Mangel- und Subsistenzwirtschaft" mit Defiziten in Planung, Lenkung und Kontrolle (vgl. Prollius, 2006, S. 17). Nach dem totalen Zusammenbruch bot sich ein ambivalentes Bild. Infrastrukturell waren die Zerstörungen umfassend, in der Industrie hingegen waren sie weniger gravierend. In der Gesamtbegutachtung lag der industrielle Kapitalstock mindestens auf dem Niveau von 1939. Volkswirtschaftlich belastend waren Kriegsfolgekosten, die unter anderem durch Reparationen aus Demontagen, Besatzungskosten, Entnahmen aus der laufenden Produktion, erzwungene Beschäftigung und Konfiskation von Vermögenswerten entstanden (vgl. ebd., S. 20-22). Der Bevölkerungsverlust des Krieges wurde in den vier Besatzungszonen durch die Zuwanderung aus den besetzten Ostgebieten mehr als ausgeglichen. Der westliche Arbeitsmarkt umfasste 1945/46 ca. 12 Millionen Beschäftigte (1939: 18,5 Millionen). In Kriegsgefangenschaft befanden sich zu diesem Zeitpunkt vier Millionen Männer. Zwar waren überproportional viele Arbeitsfähige in den Westen gezogen, trotzdem blieb die Arbeitsproduktivität gering. Die zerrüttete Währung und das alltägliche Kompensationsgeschäft schafften kaum Anreize, Geld zu verdienen (vgl. ebd., S. 19). Die Wirtschaftstätigkeit begann sich nach dem Krieg nur mühsam zu erholen (vgl.

ebd., S. 28). Schwerwiegend waren die existentiellen Versorgungskrisen der Winter 1945/46 und 1946/47. Sie machten den Alliierten klar, dass eine wirtschaftliche Stabilisierung und Wiederbelebung Deutschlands dringend notwendig sei, wollte man nicht unkontrollierte Reaktionen oder Massensterben bewusst in Kauf nehmen (vgl. ebd., S. 27). Die Vereinigten Staaten übernahmen 1947 wirtschaftlich die Führungsrolle und arbeiteten konsequent auf einen Wiederaufbau hin. Letztendlich war es das Zusammenwirken alliierter Besatzungspolitik und traditioneller deutscher Politik, das die wirtschaftliche Ordnung der Bundesrepublik vorprägte (vgl. Prollius, 2006, S. 47). Von deutscher Seite waren es die Konzeptionen zur „Sozialen Marktwirtschaft", die marktwirtschaftliche Funktions- und soziale Ausgleichsprinzipien kombinierten und zu einer konstitutiven Grundorientierung werden sollten (vgl. ebd., S. 60). Sichtbarste Klammer einer neuen Einheit war die Wirtschafts- und Währungsreform in der Trizone im Juni 1948. Die Reichsmark wurde durch die deutsche Mark ersetzt. Die öffentlichen Schulden des deutschen Reiches reduzierten sich dadurch drastisch und die von da an praktizierte „Politik des knappen Geldes" verlieh der Währung wieder Wert. Eine wettbewerbsorientierte Marktwirtschaft mit freier Preisgestaltung trat an die Stelle der „Engpassökonomie". Unmittelbare Folgen waren ein Anspringen der Produktion, das Verschwinden der Schwarzmärkte und ein sprunghafter Anstieg des Angebots an Konsumgütern (vgl. ebd., S. 65-67). International stützten der Marshall-Plan bzw. das European Recovery Programm (ERP) den Wiederaufbau und die politische Normalisierung. Ziel der Amerikaner war es, Westeuropa innerhalb von vier Jahren ökonomisch wieder unabhängig zu machen, um so eine neue Weltwirtschaftskrise zu verhindern. Ein erster westeuropäischer Binnenmarkt entstand durch den Abschluss des Montanunion-Vertrages im April 1951. Bevor die bundesdeutsche Wirtschaft tatsächlich boomte, musste sie zwischen 1948-51 eine Transformationsphase durchschreiten, die sogenannte Durchbruchkrise, die noch einmal geprägt war von hoher Arbeitslosigkeit, inflationären Tendenzen, drohender Zahlungsunfähigkeit des Staates und sozialen Spannungen. Die Wende in dieser wirtschaftlichen Entwicklung wird verbunden mit dem Korea-Krieg, der sich ab Frühjahr 1951 günstig auswirkte und der deutschen Exportwirtschaft wieder ermöglichte, auf dem Weltmarkt Fuß zu fassen. Im Koreaboom etablierten sich die klassischen deutschen Exportbranchen. Die Exportimpulse verbanden sich mit einem Konsumgüteraufschwung und konjunkturpolitischen Maßnahmen zu einem dauerhaften, selbsttragenden Wachstum, das als „Wirtschaftswunder" eine lange und intensive Aufschwungphase von nahezu 25 Jahren kennzeichnet (vgl. ebd., S. 76-86). In dieser Zeit steigerten sich die Realeinkommen und Lebensstandards um ein Vielfaches. Die Arbeitsmarktchancen waren sehr gut, bereits bis 1955 waren eine Million neuer Arbeitsplätze entstanden. Ende der 50er Jahre herrschte Vollbeschäftigung. In diese Phase fällt der Aufstieg des Dienstleistungssektors zum größten Erwerbszweig und der Angestellten zur größten Berufsgruppe (vgl. ebd., S. 88-90).

9.1.2.2   Amerikanisierung der deutschen Wirtschaft?

Mit Bezug auf die wirtschaftlichen Rahmenbedingungen der Nachkriegszeit bedarf besonders die These der Amerikanisierung der deutschen Wirtschaft einer vertiefenden Auseinandersetzung. Schon seit den 1920er Jahren werden Modernisierungs- und Transformationsprozesse innerhalb der Wirtschaft, bei denen die Rolle der Vereinigten Staaten als Impulsgeber ausschlaggebend ist, als Amerikanisierung bezeichnet. Bis heute ist der Terminus generell umstritten (Hilger, 2004, S. 280). Bereits im ausgehenden 19. Jahrhundert war für viele europäische Intellektuelle der wirtschaftliche Aufstieg der Vereinigten Staaten zu einem Faktum geworden. Die Europäer zeigten sich äußerst interessiert an neuen amerikanischen Produktionstechnologien und Rationalisierungsmethoden. Besonders in Deutschland begründete die enge wirtschaftliche Beziehung zu den Vereinigten Staaten einzelne Wellen der Amerikanisierung. Nach einem ersten Auftakt Ende des 19. Jahrhunderts erfasste die zweite Welle in den 1920er Jahren besonders die Bereiche Produktion und Organisation. Neben der Adaption von Massenproduktion und Rationalisierung waren es erhebliche amerikanische Direktinvestitionen, die das wirtschaftliche Beziehungsgeflecht weiter verstärkten. Begleitet wurde die diskursive Auseinandersetzung mit dem Wirtschaftsmodell der Vereinigten Staaten von Überfremdungsängsten und Anti-Amerika-Polemik. Wirtschaftliche Not und Wiederaufbau machten nach dem zweiten Weltkrieg die Zusammenarbeit mit den Amerikanern zur Überlebensfrage. Als politische und wirtschaftliche Führungsmacht entfalteten sie großen Einfluss auf die junge Bundesrepublik besonders in Bezug auf die demokratische Grundordnung und liberale Marktwirtschaft (vgl. Hilger, 2012, o. S.). Was sich anschloss war ein zweiter Amerikanisierungsschub, der in den 1950er und 1960er Jahren an Dynamik gewann. Die deutsche Industrie rezipierte in hohem Maße „originär amerikanische Ideen, wirtschafts- und industriepolitische Konzepte, Know-how in Forschung, Entwicklung und Technologie sowie Managementstrategien". Als Übertragungskanäle fungierten persönliche Kontakte und Reiseaufenthalte, die Kooperationen den Weg bahnten. Der Austausch erleichterte den deutschen Unternehmen die Rückkehr an den Weltmarkt. Der Wille zur Eigenständigkeit führte dazu, dass amerikanisches Gedankengut weder kritiklos noch unverändert adaptiert wurde. Von einer Amerikanisierung der deutschen Wirtschaft im grundsätzlichen Sinne kann daher nicht gesprochen werden. Der Adaptionsprozess war selektiv. Unternehmen übernahmen amerikanische Inhalte im Sinne einer „best practice" ohne dabei das eigene kulturelle Umfeld, eigene Traditionen und Überzeugungen aus dem Auge zu verlieren. Eine vergleichsweise hohe Aufgeschlossenheit gegenüber amerikanischem Knowhow zeigten deutsche Unternehmen in der Phase des Wiederaufbaus, mitbefördert durch den wachsenden Einfluss amerikafreundlicher Unternehmerpersönlichkeiten (vgl. Hilger, 2004, S. 281-282). Wehler (2008) verneint grundsätzlich einen mentalitätsgeschichtlichen Wandel der deutschen Industrieeliten. In Anbetracht der hohen sozialen Kontinuität innerhalb der deutschen Unternehmer- und Managerschaft bis weit in die 1960er Jahre hinein geht die Forschung von einer hohen Prägung durch eigene Erfahrungen und die Selbstbezogenheit auf die eigenen Aufbauleistungen aus. Erst danach begann sich eine nachrückende jüngere

Generation stärker an den Vereinigten Staaten zu orientieren. Auch Wehler betont den Einfluss eines zunächst kleinen Netzwerks amerikafreundlicher Unternehmer und Manager, misst aber auch der Präsenz amerikanischer Manager in der Bundesrepublik – zwischen 1950 und 1973 wuchs deren Anzahl von 51 auf 520 – Bedeutung zu. Veränderungen in der Art der Unternehmensführung, Marketing, Leasing, kontinuierliche Unternehmensberatung blieben allerdings den meisten deutschen Betrieben bis etwa 1970 fremd (vgl. ebd., S. 68-69).

9.1.2.3   Aufbruch in die Konsumgesellschaft

Die Durchbruchphase der deutschen Konsumgesellschaft wird auf die Zeitspanne zwischen 1929 und 1970 datiert. Sowohl die Weimarer Republik als auch das Ditte Reich hatten einen Anteil am Abbau der ständischen und klassengesellschaftlichen Konsumschranken. Aber erst der soziale Nivellierungsdruck der Nachkriegsjahre und der Erfolg der Sozialen Marktwirtschaft vollendeten den Übergang (vgl. Wehler, 2008, S. 73). Besonders die Bilanz der Sozialen Marktwirtschaft – die Überwindung der Not der unmittelbaren Nachkriegsjahre, steigende Realeinkommen, politische Teilhabe und soziale Absicherung – bewirkte eine optimistische Zukunftserwartung und ebnete den Weg in die Konsumgesellschaft. Faktisch verdreifachten sich die Realeinkommen dank gestiegener Arbeitsproduktivität und erhöhten die Kaufkraft der Erwerbstätigen erheblich. Diese traf auf ein erweitertes Warenangebot, das sich in einer stetig wachsenden, an der Massendistribution orientierten Infrastruktur aus Selbstbedienungsläden, Supermärkten und Kaufhäusern innovativ institutionalisierte (vgl. ebd., S. 74-77). Für Schildt (2009) sind mehrere Faktoren für den „Prozess vom Entbehren zum Begehren" maßgeblich. Erst im letzten Drittel der 50er Jahre entwickelte sich die Konsumgesellschaft vollständig. Große Teile der westdeutschen Bevölkerung verfügten über ausreichende disponible Mittel. Ein erhöhtes Realeinkommen ging einher mit erhöhter Sparquote und maßgeblichen Preissenkungen für Massenkonsumgüter. Mit der Konsumentwicklung ging ein Prozess der „Verfeinerung des Geschmacks" und der Ausdifferenzierung von Lebensstilen einher. Gleichzeitig bewirkte die weitergehende Ausstattung der Haushalte mit Rundfunk- und Fernsehgeräten eine zunehmende Mediatisierung. Die neuen Konsumstile manifestierten sich maßgeblich in suburbanen Erfahrungsräumen (vgl. ebd., S. 437-438). Der Umstand, dass sich die junge bundesrepublikanische Konsumgesellschaft in Vielem an den Vereinigten Staaten orientierte, wirkte sich auch auf die Marketingpraxis aus. Während die Wissenschaft amerikanischen Konzepten mit Zurückhaltung begegnete und der etablierten Absatztheorie den Vorzug gab, zeigte sich die Wirtschaftspraxis je nach Branche aufgeschlossener. Insgesamt veränderte sich die Kommunikationspolitik westdeutscher Unternehmen in den Jahren zwischen 1952 und 1967 drastisch. Die Bruttowerbeumsätze verzeichneten jährliche Zuwachsraten von durchschnittlich 15,4 Prozent (vgl. Borscheid, 2009, S. 92). Die Anzeigenwerbung blieb bis

1965 die wichtigste Werbeform. Die Fernsehwerbung etablierte sich in der zweiten Hälfte der 50er Jahre und erzielte überdurchschnittliche Zuwachsraten (vgl. ebd., S. 95).

9.1.3   Gesellschaft und Technologie

9.1.3.1   Die Etablierung der Medienlandschaft

Sofort nach Kriegsende hatten die Alliierten das nationalsozialistische Mediensystem unter Kontrolle gebracht. Tiefe strukturelle Einschnitte sollten eine grundlegende Neuordnung bewirken. Medienpolitik wurde zum zentralen Aspekt der Besatzungspolitik. Nach einer Phase des Übergangs, in der die Bevölkerung durch Armeegruppen-Blätter mit den notwendigsten Informationen versorgt wurde, begann ab Mai 1945 die Einführung sogenannter Lizenzzeitungen. Bis September 1949 entstanden in den Westzonen insgesamt 156 neue Tageszeitungen. Lizenzträger konnte nur werden, wer nicht Mitglied der NSDAP gewesen war und sich dem demokratischen Neuaufbau verpflichtete. Das blieb auch so als sich die lizenzpolitischen Konzepte und Auswahlkriterien der Zonen auseinanderentwickelten. Zu Verlegern, Herausgebern und Chefredakteuren wurden vor allem Personen ernannt, die nach 1933 als Nazi-Gegner aus dem Journalismus vertrieben worden waren. Besonders die Amerikaner waren bereit, die Entwicklung einer starken unabhängigen Presse voranzutreiben. Die Einführung und Beibehaltung der Lizenzpflicht über Jahre bedeutete das Aus für viele Altverleger. Der wirtschaftliche Vorsprung der Lizenzpresse war auch in den 50er Jahren nicht mehr aufzuholen. Die Besatzungsjahre waren eine politisch motivierte Phase der Pressekonzentration. Bereits während der NS-Zeit war die Zahl der Zeitungen von 3.400 (1933) auf knapp 1.000 (1945) gesunken. Für den Erfolg der in der unmittelbaren Nachkriegszeit angelegten Zeitungsstruktur spricht, dass die meisten führenden Blätter der Bundesrepublik Lizenzzeitungen waren und dass ihre Gesamtzahl bis in die 70er Jahre hinein konstant blieb (vgl. Frei, 1999, S. 182-184). Bedingt war die Pressekonzentration auch durch die rasch zunehmende Abhängigkeit der Presse von Anzeigenerlösen. Besonders betroffen waren hiervon auflagenschwache lokale Blätter. Gekennzeichnet war der westdeutsche Medienmarkt von Beginn an durch eine hohe Anzahl von Zeitungs- und Zeitschriftentiteln, einer diversifizierten hauptstädtischen Presse und einer vergleichsweise geringen Zahl von Parteiblättern (vgl. von Hodenberg, 2006, S. 88). Auch die von den Besatzungsmächten gegen deutsche Politiker durchgesetzte Neuordnung des Rundfunksystems war langfristig prägend. Die besonders auf Druck der Briten installierte öffentlich-rechtliche Rundfunkverfassung blieb bis Mitte der 80er Jahre bestehen. Insgesamt waren die zwischen 1945 und 1949 vorgenommenen Veränderungen so tiefgreifend, dass zweifelsohne von einer „Stunde Null" der deutschen Medienlandschaft gesprochen werden kann (vgl. Frei, 1999, S. 184). Von Hodenberg (2006) definiert eine zweite Phase – nach der Lizenzphase – als die „kurzen fünfziger Jahre" und lässt sie 1957 enden. Gekennzeichnet war sie durch die massenmediale Expansion. Die Lücken in der Radioversorgung wurden geschlossen und die populären und elitären Printmedien verzeichneten deutliche Auflagensteigerungen. Die alliierten Reformen wurden allmählich aufgeweicht und die verlegerischen und journalistischen Vorkriegseliten zunehmend integriert (vgl. ebd., S. 96; S. 443). Gesellschaft und Politik wurden zunehmend massenmedial geprägt. Die Bevölkerung wurde immer lückenloser von den Medien durchdrungen. Prozesse kollektiver Verständigung und Entscheidungsfindung wurden immer stärker durch das Agenda-Setting weniger dominanter Medien geprägt. Auch die Politik passte sich der allgemeinen Mediatisierung an (vgl. ebd., S. 97).

9.1.3.2 Relevante professionshistorische Entwicklungsmomente nach 1945

Die Beteiligung der akademischen Professionen an der Politik des Dritten Reiches kann nicht allein durch den ausgeübten Zwang erklärt werden, sondern war durchaus eigenmotiviert. Die Hoffnung auf ein Mehr an Selbstbestimmung wurde enttäuscht, stattdessen wurden sie umso gründlicher staatlicher Kontrolle unterstellt. Im Laufe des Krieges stockte die Nachwuchsbildung, die berufliche Praxis wurde erschwert, ethische Konflikte befördert und die Reste verbandlicher Organisation beseitigt. Das Ende des NS-Regimes empfand der größte Teil der Professionen als Bankrott. Der Makel der Kollaboration bewirkte auf der einen Seite eine moralische Desorientierung, der Zusammenbruch bot andererseits die Möglichkeit die korrumpierten Traditionen aufzugeben und neue Formen professioneller Organisation, Ethik und Praxis zu etablieren (vgl. ebd., Jarausch, 1995, S. 212-214). Die Besatzungsmächte störten den Übergang zur Normalität empfindlich. Sie misstrauten der sozialmoralischen Qualität der deutschen Akademikerschaft und bezweifelten ihre Fähigkeit zum verantwortlichen Handeln und zur professionellen Selbstverwaltung. Manche Akademiker reagierten auf die politischen Eingriffe der Besatzungsmächte gereizt, obwohl die westalliierte Politik ihnen erhebliche Zugeständnisse machte. Aus den illiberalen Funktions- und Werteeliten sollte eine verantwortliche Trägerschicht der zu errichtenden neuen Gesellschaft im Rahmen der parlamentarischen Demokratie, der Öffentlichkeit und Marktwirtschaft werden. Einzelne Gruppen der Akademiker zogen sich ins unpolitische Leben zurück und verweigerten sich, andere nutzen die Möglichkeit sich als Elite der westdeutschen Demokratie neu zu sammeln und zu profilieren (vgl. ebd., Siegrist, 1994, S. 289-290). Ihre grundsätzliche Statuskrise war weniger durch wirtschaftliche und berufliche Faktoren begründet als durch die politische Dynamik (vgl. ebd., S. 294). Die zwei Nachkriegsjahrzehnte waren durch einen Akademikermangel geprägt und die Entwicklung auf dem Dienstleistungs- und Arbeitsmärkten für akademische Berufe führte weder zu einer Krise für die Selbständigkeit noch zu einer Gefahr der Proletarisierung (vgl. ebd., S. 297-298). Die 1950er Jahre waren zudem gekennzeichnet von einer Re-Etablierung der akademischen Berufsverbände, über die die Professionen sich auf die neuen politischen Strukturen und Aushandlungsprozesse einstellten und am allgemeinen „Verteilungskampf" teilnahmen (vgl. ebd., S. 299-302). Die Strukturierung der Märkte und die Verteilung von Einkommens- und Einflusschancen standen im Vordergrund und besonders die freien Berufe übernahmen immer mehr Elemente einer Unternehmereinstellung (vgl. ebd., S. 310).

Die Lage benachbarter Berufsgruppen ist mit Bezug auf mögliche Impulse interessant. So war die Situation der Redakteure und freien Journalisten in den unmittelbaren Nachkriegsjahren schlecht. Es waren vor allem die materiellen Rahmenbedingungen, die die Arbeit in den Lizenz-Redaktionen fast unmöglich machte. Zahlreiche gelernte Redakteure waren arbeitslos, zum einen aus politischen Gründen, zum anderen aus wirtschaftlichen, da Erscheinungsweise, Auflagenbegrenzung und geringes Anzeigenvolumen deutliche Grenzen setzten. Erst langsam fanden viele in ihren Beruf zurück, befördert vom Mangel an Fachkräften durch Krieg, Gefangenschaft und Berufsverbot (vgl. Hagemann, 1956, S. 44-45). Die 50er Jahre brachten den Berufsstand im Westen zurück auf einen kontinuierlichen Wachstumspfad. 1936 hatte die Zahl der im Reichsverband Deutsche Presse hauptamtlichen zugelassenen Schriftleiter bei 6.000 gelegen. Die Volkszählungen von 1950 und 1961 summierten unter dem allerdings vagen Begriff des „Publizisten" 15.000 beziehungsweise 22.000 Bürger, von denen etwa die Hälfte bis Zweidrittel im Hauptberuf Journalisten waren. Die alliierte Lizenzpolitik bevorzugte junge durch die NS-Zeit unbelastete Journalisten. Sie entstammten größtenteils dem Bildungsbürgertum bzw. der gehobenen Mittelschicht, was den Berufsstand insgesamt deutlich verjüngte (vgl. von Hodenberg, 2006, S. 230-231). Unterteilen lässt sich der Berufsstand nach 1945 in drei Generationstypen: den 45er-Intellektuellen, der Geburtsjahre 1921 bis 32, den noch im Kaiserreich sozialisierten Wilhelminer, der Geburtsjahre, etwa 1880 bis 1900, und die durch die NS-Zeit am meisten belastete Generation „der Kriegsjugend und Kriegskinder". Während die letzteren „sich überwiegend ins Schweigen zurückzogen" (vgl. ebd., S. 245-246), sahen sich die 45er zwar nicht als Vollstrecker der Reeducation, folgten aber mit Engagement dem Vorbild der westlichen Demokratien (vgl. ebd., S.259). Die Älteren blieben skeptisch gegenüber dem westlichen Modell und hielten an der Idee der deutschen Kulturnation fest (vgl. ebd., S. 264). Sehr kritisch sieht Köpf (1995) angesichts einer hohen Kontinuität das alliierte Entnazifizierungskonzept der deutschen Presse. Nach seinen Untersuchungen fanden mehr als 500 Journalisten, die mehr oder weniger exponiert in der Presse des Dritten Reiches gearbeitet hatten, wieder Arbeit in bundesrepublikanischen Redaktionen (vgl. ebd., S. 237).

Der kommerziellen Werbung fehlte in den unmittelbaren Nachkriegsjahren jegliche Grundlage. Städte in Trümmern, demontierte Firmen und der allgemeine Mangel – die Bevölkerung sah sich mit existentielleren Problemen konfrontiert. Hinzu kamen eine zersplitterte Werbewirtschaft und eine zerstörte Kommunikationsinfrastruktur. Erst mit dem Wiedererscheinen der Printmedien stieg auch das Anzeigenvolumen langsam. Die individuelle Rückkehr der Werber in ihre Berufe gestaltete sich recht unterschiedlich. Viele standen vor dem Neuanfang unter widrigen Umständen und die Überwindung der Nachkriegsnot stand im Lebensmittelpunkt (vgl. Hirt, 2013, S. 368-370). Entgegen der späteren Eigen-Mystifizierung des Berufstandes – sicherlich gab es einige Erfolgsgeschichten von unmittelbaren erfolgreichen Neustarts – waren viele Werber, so wie andere Berufsgruppen auch, erstmal arbeitslos. Besonders schnell fasten die wieder Fuß, die bereits in der Weimarer Republik sich einen Namen gemacht und den Krieg unbeschadet überstanden hatten. Strukturell herrschte bis zur Währungsreform Orientierungslosigkeit. Von einer einheitlichen Werberechtsordnung in den westlichen Besatzungszonen konnte nicht gesprochen werden, in Teilen galt die alte NS-Werbeordnung noch. Eine Entnazifizierung blieb in dieser Berufsgruppe Makulatur und beschränkte sich auf die unmittelbare NS-Elite. Es kam praktisch nie zu Berufsverboten (vgl. ebd., S. 374-382). Waren noch in der NS-Werbewirtschaft politische Propaganda und kommerzielle Werbung miteinander verwoben, drängten die Werber der Nachkriegszeit auf eine trennscharfe Unterscheidung und den Wiederaufbau des Berufstandes in Eigenverantwortung und unmittelbarer Anknüpfung an die Weimarer Republik. Dementsprechend zügig kam es zu ersten beruflichen Zusammenschlüssen und der Wiederherstellung des Ausbildungswesens (vgl. ebd., S. 383-390). Der allgemeine Aufschwung der 50er Jahre und der damit verbundene Massenkonsum bescherte dann der Werbewirtschaft erhebliche Zuwachsraten, da vor allem werbungtreibende Unternehmen der Markenartikelindustrie ihre Werbeetats massiv erhöhten (vgl. ebd., S. 400-401).

9.2   Akteure und Markt

9.2.1   Erste PR-Berater und -Agenturen in den späten 1940 und 50er Jahren

Die Wirtschaftstätigkeit in Deutschland erholte sich unmittelbar nach dem Krieg nur mühsam, aber bereits zu diesem Zeitpunkt arbeiteten erste nationale Berufspioniere selbständig und entwickelten Dienstleistungsangebote im Bereich Public Relations. Mit dem selbsttragendenden Wachstum ab 1951 kamen weitere Markteinheiten hinzu, die allerdings auf eine in der Anfangsphase noch eingeschränkte Nachfrage stießen.

9.2.1.1   Beratergründungen in der Nachkriegszeit

Einer der ersten, der sich unter der Berufsbezeichnung des PR-Beraters im Deutschland betätigte, war der Essener Ex-Diplomat Hanns (-Dietrich) Ahrens. Er war während des Krieges Mitarbeiter des späteren Bundeskanzlers Kurt Georg Kiesinger in der rundfunkpolitischen Abteilung des Auswärtigen Amtes gewesen und erlangte Bekanntheit im Zuge der sogenannten Dörries-Ahrens-Denunziation. 1916 geboren, entstammte er einer groß-bürgerlichen Akademiker-Familie. Nach dem Besuch der höheren Schule in Wiesbaden, studierte er ab 1935 an der Universität Frankfurt und am Haverford College (USA). Sein Studium schloss er 1940 mit einer Dissertation über den deutschstämmigen amerikanischen Politiker Karl Schurz ab (Ahrens, 1940).

Noch im gleichen Jahr trat er in den Auswärtigen Dienst ein. Im weiteren Verlauf durchlief er eine klassische Ausbildung zum Diplomaten (vgl. Heiden & Taylor, 1965, S. 18-19). Er war Mitglied im Amerika-Komitee unter der Leitung des Botschafters in Washington Dr. Hans-Heinrich Dieckhoff (vgl. Ahrens, 1982, S. 41), das auch der antiamerikanischen Propaganda diente (vgl. Taschka, 2006, S. 240). Ab 1943 gehörte er zur für die Auslandspropaganda zuständigen rundfunkpolitischen Abteilung und betreute dort das Länderreferat USA. Sein Vorgesetzter war der stellvertretende Abteilungsleiter Kurt-Georg Kiesinger (Bundesarchiv, 2006, Auswärtiges Amt. Teil: Rundfunkpolitische Abteilung 1939-1945, BArch). Im November 1944 denunzierten Ahrens und sein Kollege Ernst Otto Dörries Kiesinger beim Reichssicherheitshauptamt der SS, die antisemitische Propagandaarbeit des Auswärtigen Amtes zu behindern. Ahrens sah sich als Opfer einer vermeintlich gegen ihn gerichteten Intrige – er gehörte nicht zum engeren Abteilungskreis um Kiesinger. Ihn und seinen Kollegen Dörries habe damals zudem das Gefühl eines gemeinsamen Befehlsnotstandes verbunden, da sie geduldet hätten, dass Anweisungen durch Kiesinger verhindert wurden. Gegen Ende der 60er Jahre versuchten Ahrens und andere ehemalige Mitarbeiter erneut, empört über die steile Karriere Kiesingers, diesen nachträglich in den Verdacht des Landesverrats zu bringen. Der SPIEGEL, der bereitwillig tendenziöse Informationen abdruckte, diente den altnazistischen Kiesinger-Gegnern als Plattform (vgl. Gassert, 2006 S. 157-158; Mauz, 6.10.1969, SPIEGEL, S. 108-112). 1948 (Eigenangabe) gründete Ahrens in Essen-Werden sein Public Relations-Büro. Seine Anfänge als Berater schildert er in seinen Memoiren (Ahrens, 1982). Thematisch beschäftigen sie sich vornehmlich mit der Demontagepolitik der Alliierten gegenüber der Ruhrindustrie in den unmittelbaren Nachkriegsjahren bis zur Gründung der Bundesrepublik. Ein Schwerpunkt liegt auf der Darstellung der Anti-Demontage-Kampagne der deutschen Industrie und ihrer Aktionen gegen die alliierte Politik, an denen Ahrens maßgeblich beteiligt war. Eine historische Einordnung seiner Schilderungen aus wirtschaftspolitischer Sicht findet sich bei Berghahn (1985, S. 79-82). Darüber hinaus bieten sie einen Einblick in Ahrens Motivation und Arbeitsweise als PR-Berater und die sehr „PR-lastige" Kampagnenmechanik. Seit den 1950er bis in die 70er Jahre publizierte er in der ZEIT zu internationalen und ökonomischen Themen. Seine Kunden kamen vornehmlich aus der Ruhrindustrie (Energie und Bau). Er engagierte sich in der American Chamber of Commerce und gehörte der DPRG an (Heiden & Taylor, 1965, S. 18-19; DPRG, 1966, Mitgliederliste, BArch). Dass Ahrens sich auch mit der theoretischen Seite von Public Relations beschäftigte, belegt ein Hinweis in Oeckls „Handbuch der Public Relations" (1964, S. 40). Hier findet sich eine Public-Relations Definition von Ahrens, die er 1960 in seiner „Diplomatischen Industrie-Korrespondenz" veröffentlicht hatte.

Auch der spätere DPRG-Geschäftsführer Heinz Todtmann machte sich bereits sehr früh als PR-Berater selbständig. Nach seinem Studium war er zwischen 1928-1934 Journalist beim Berliner Börsen-Kurier. Im Anschluss arbeitete er für ein Jahr in New York in der Deutschland-abteilung der Werbeagentur McCann Erickson. Nach dem Krieg war er weiter als Journalist und Schriftsteller tätig. Als freier PR-Berater arbeitete er von 1947 bis 1957 in Hamburg unter anderem für Volkswagen und Mannesmann, war Teilhaber einer Werbeagentur in Düsseldorf und leitete dann dort bis 1974 als Geschäftsführer die Informationsstelle Edelstahl, eine Gemeinschaftsorganisation der deutschen Stahlindustrie. Danach war er wieder als PR-Berater selbständig. In den 50er Jahren hatte er sich auf Unternehmensliteratur spezialisiert: z. B. „Kleiner Wagen in großer Fahrt" (Offenburg, 1949); „Die Industrie der Zauberer" (Offenburg, 1952); „Geboren im Feuer: Stahl" (Stuttgart, 1956); „So sehen und wissen wir mehr. C. -H. -F.-Müller-Aktiengesellschaft" (Hamburg, 1956); „Leben und weben. Ein hundertjähriges Werk mit 250 Jahren Tuchmachertradition. 1856–1956. Bartram" (Neumünster 1956); „Großes Werk für kleine Füße. 50 Jahre Gustav Hoffmann Kleve" (Kleve 1958). (Verlag Moderne Industrie, 1976, S. 568; Heiden & Taylor, 1965, S. 484).

Weitere Persönlichkeiten, die in den 40er und 50er Jahre als selbständige PR-Berater – im weiteren Sinne und nach eigenem Bekunden – starteten, waren: Paul W. G. Broszio (1948), Peter Norden (1948), Edmund R. Mädel (1950), Werner G. Plack (1951), Horst Egon Schulz (1952), Klaus Otto Skibowski (1953), Manfred Zapp (1954), Peter Kühn (1953), Robert B. Redlich (1954), Wilhelm von der Dellem (1954), Heinz Brieger (1954), Ursula Knipping (1955, eigentlich Fotografin), Ingo Geißler (1956), Gerta Tzschaschel (1959) (alle mit Jahr der Selbständigkeit/Gründung benannt im Zimpel, 1974) sowie Hubert Charles Bodet du Chodes (1950) (Fuhrberg, 2010, S. 45), Günter Beckmann (1953) (Heiden & Taylor, 1965, S. 47).

9.2.1.2 Deutschlands erste PR-Agentur und weitere Agenturgründungen in den 50er Jahren

Innerhalb der deutschen PR-Forschung (Nöthe, 1994, S. 108; Fuhrberg, 2010, S. 45) gilt die Frankfurter contactdienst GmbH als vermutlich erste westdeutsche PR-Agentur. Als Quellen gelten die Dissertation von Ernst Vogel (1951), der Arbeitsweise und Markterschließung der Agentur in einem seiner Kapitel verarbeitet, und ein Artikel des Gewerkschafters Walther Pahl (1951, S. 190-194), der auf die Agentur hinweist als erste deutsche Gesellschaft zur Pflege der Beziehungen zwischen Unternehmer und Öffentlichkeit. Der Blick ins Frankfurter Handelsregister unter dem Aktenzeichen HRB 593 gibt einen weiteren Aufschluss über Gründungsgeschichte und Unternehmenszweck. Amtlich gegründet wurde die „CONTACTDIENST Erste Gesellschaft zur Pflege der Beziehungen zur Öffentlichkeit" GmbH am 29. September 1950. Als Unternehmenszweck wird angegeben: „Die Förderung des Unternehmergedankens und die Herstellung der Verbindung zwischen dem einzelnen

Unternehmen und der Öffentlichkeit (Public relations)". Als Gesellschafter und Geschäftsführer ist der Frankfurter Kaufmann Karl Ritter eingetragen. Faktisch wurde das Unternehmen bereits am 30. August 1938 als Rundfunk-Organisationsgesellschaft mit beschränkter Haftung (ORGA) gegründet. Der erste Unternehmenszweck war die mittel- und unmittelbare Förderung und Teilnahme am Rundfunk. Die ORGA gehörte zur Firmengruppe der Schleussner-Familie. Carl Adolf und sein Sohn Carl Moritz Schleussner gehörten 1923 zu den Gründern der Südwestdeutschen Rundfunkdienst AG (SÜWRAG), dem Vorläufer des Südwestdeutschen Rundfunks. Das Unternehmen sollte alle Aufgaben abdecken, die die SÜWRAG gemäß Satzung nicht erledigen konnte, zum Beispiel eine Programmzeitung herausgeben (hierzu Hock, 2009; Maatje, 2000, S. 71; Crone, 1990, S. 202-203). Nach dem Krieg wurde der GmbH-Mantel umgewandelt und die damalige Geschäftsführerin Friedel Stumpf von Karl Ritter abgelöst, der dann bis zum 5. Februar 1964 als Geschäftsführer tätig war. Danach übernahm Irene Schleussner die Geschäftsführung, um das Unternehmen mit Eintrag vom 30. Juni 1964 aufzulösen und das Vermögen auf die Cella Lackfabrik, Dr. C. Schleussner GmbH zu übertragen (Amtsgericht Frankfurt/M., 29.9.1950, HRB 593). Vogel (1951) verarbeitet die „praktische Fallstudie Contactdienst G.m.b.H" in seiner Dissertation und gibt damit einen Einblick in die Gründungssituation des Unternehmens und die damaligen Marktgegebenheiten. Nach Vogel ist die Agentur eine Aus- bzw. Mitgründung der Fotowerke Dr. Schleussner unter der damaligen Leitung von Walter H. Seiter, einem Frankfurter Journalisten und Redakteur, der gleichzeitig die Position des Pressechefs der Fotowerke bekleidete mit der Aufgabe „Beratungs- und Gestaltungsarbeit innerhalb der deutschen Privatwirtschaft" zu „mäßigen Preisen" anzubieten (ebd., S. 116-118).

Neben der contactdienst GmbH gab es in den 50er Jahren weitere, in der Anzahl überschaubare Gründungen von „späteren" Agenturen. Zu bemerken ist, dass es sich bei den unten aufgeführten Gründungszeitpunkten und Unternehmensformen um Eigenangaben handelt, die größtenteils erst später veröffentlicht wurden. Es ist daher nur schwer zu überprüfen, ob die Unternehmensform PR-Agentur zum Zeitpunkt der Gründung bereits beabsichtigt war oder sich erst später einstellte. Häufig handelt es sich um einen wirtschaftlichen Wachstumsprozess, der über Einzelberatung beziehungsweise PR-Büro bei entsprechenden Mandaten und Kapazitätsbedarf in die die nächstgrößere Organisations-einheit und deren handelsrechtliche Institutionalisierung führte. Zum Beispiel ist für eine sehr frühe Gründung der 50er Jahre die INVENTOR Gottwald & C0. KG (1951) der Handelsregistereintrag erst für das Jahr 1964 (Amtsgericht München, 29.5.1964, HR A 47708) festzustellen. Der tatsächliche Gründungsverlauf ist nicht mehr zu rekonstruieren. Anzunehmen ist, dass weitaus früher in anderer Form am Markt angeboten wurde. Gründungen in den 50er Jahre waren: INVENTOR Gottwald & C0. KG (1951), ringpress Hans Krüger-Franke GmbH & Co KG (1954), Heinz Behrens PRO International (1958), IP Informations/Public Relations Dr. Reiner Schulze van Loon (1958), Zenit Verlagsgesellschaft mbH -Kommunikations-Agentur- (1958), Infoplan Gesellschaft für Öffentlichkeitsarbeit mbH

(1958) (alle mit Jahr der Gründung benannt im Zimpel, 1974) sowie die ESTO Public Relations- und Verlagsgesellschaft KG (1955) (o. V., „Ballusek, Lothar", 24.1.2016).

9.2.1.3   Frühe „PR-Spezialisierungen" in Werbeagenturen

Nach Ende des Krieges entschied sich Hanns W. Brose in Frankfurt/M. ein neues Büro zu eröffnen. Er startete mit drei Mitarbeitern zum 1. April 1947 (Brose, 1958, S.89). Von Anfang an stand das angloamerikanische Full-Service-Konzept im Vordergrund. Seine „angeschlossene PR-Abteilung" spezialisierte sich als „Gesellschaft für Gemeinschaftswerbung (GfG)" auf eine interdisziplinäre Kommunikationsdienstleistung, an deren Entwicklung Brose maßgeblich beteiligt war (hierzu Schindelbeck, 2000 und 2008). Mit seinem „Werbewerk Glückauf" hatte er noch im Krieg seinen Ruf als „der deutsche Gemeinschaftswerber" begründet. Die GfG positionierte sich nicht explizit als PR-Abteilung einer Werbeagentur. Ihr Arbeitsfeld war jedoch im Wesentlichen die „institutionelle Werbung" (Brose, 1958, S. 223), vergleichbar der modernen, generischen Werbung für Institutionen und Verbände. Erste Kunden waren die „Arbeitsgemeinschaft der Zigarrenverbände" (ebd., S. 149-159) und der „Unternehmerkreis zur Förderung des sozialen Ausgleichs" – die WAAGE.

Weitere Werbeagenturen, die früh eine interne Spezialisierung auf die Kommunikationsdisziplin Public Relations vornahmen, waren die LINTAS, gegründet als Werbeagentur 1929, die Dr. Hegemann Werbeagentur, 1925 in Düsseldorf gegründet, und die amerikanische Werbeagentur J. Walter Thompson GmbH, die seit 1952 am deutschen Markt agierte (mit Jahr der Gründung benannt im Zimpel, 1974). 1959 gründete der amerikanische Werbekonzern Interpublic (bekannteste Tochtergesellschaft ist die McCann Werbegruppe, Hausagentur des Ölkonzerns Esso und in Deutschland seit 1928) in Hamburg die PR-Tochtergesellschaft interpublic Gesellschaft für Öffentlichkeitsarbeit mbH, die später in infoplan umbenannt wurde („Wahrheiten – gut verkauft. Die wechselvolle Geschichte des Interpublic-Konzerns", FAZ, 16.12.1967, S. 5). Gründungsgeschäftsführer war der langjährige Esso Deutschland-PR-Chef und spätere DPRG-Vorsitzende Sven von Müller („Personalnotiz Sven von Müller", FAZ, 14.10.1964, S. 21).

9.2.1.4   Übersicht: PR-Dienstleister bis Ende der 50er Jahre

Jahr	PR-Agentur	PR-Berater	PR-Spezialisierung Werbeagentur
1947		1	

1948		3	1
1949			
1950	1	2	
1951	1	1	
1952		1	1
1953	1	2	
1954	3	2	
1955	2		
1956	1	1	
1957			
1958	4		
1959	1	1	
Gesamt	**14**	**14**	**2**

Tabelle 5: Gründungen deutscher PR-Dienstleister bis 1959 (eigene Darstellung)

Die Tabelle verarbeitet die in den vorangegangenen Abschnitten erwähnten Markteinheiten auf Basis der in den Quellen aufgeführten Gründungsdaten (bis auf die LINTAS und Dr. Hegemann Werbeagentur, deren PR-Markeintritte nicht genau nachvollziehbar sind). Wird bei den Einzelberatungen von einer Beschäftigtenanzahl von 2 bis 3 und bei den größeren Organisationseinheiten von 4 bis 5 ausgegangen, so umfasste die hier dokumentierte und sich als solche definierende PR-Dienstleistungsbranche mit Ende der 50er Jahre um die 100 Personen.

9.2.1.5 Marktbeziehungen zu amerikanischen PR-Agenturen

Wie schon in den 30er und 40er Jahren waren es staatliche Stellen, die mit den Beziehungen zu den Vereinigten Staaten befasst waren, und deutsche Unternehmen mit Interessen am amerikanischen Markt, die mit großer Selbstverständlichkeit sich auch zu Beginn der 50er Jahre der Unterstützung amerikanischer PR-Berater und -Agenturen versicherten. Zwei Agenturen, die im Mittelpunkt zahlreicher Beauftragungen standen, waren die Julius Klein Public Relations Inc. mit Hauptsitz in Chicago und die New Yorker PR-Agentur The Roy Bernhard Co.

Julius Klein war ein ehemaliger jüdischer US-General, der in Chicago geboren, aber in Berlin aufgewachsen war. Er nahm als amerikanischer Kriegsfreiwilliger am ersten Weltkrieg teil und kehrte 1918 als Mitglied einer US-Militärkommission nach Deutschland zurück. Nach seiner Rückkehr in die Vereinigten Staaten arbeitete er als Journalist und Filmproduzent und etablierte 1941, als Soldat reaktiviert, die erste PR-Abteilung des US-Kriegsministeriums. Während des Krieges stieg er bis zum General auf und gründete nach Kriegsende seine PR-Agentur („General Klein: Häufig beim Kanzler", SPIEGEL, 12.09.1962, S. 45-51). Zu seinen ersten deutschen Unternehmenskunden gehörte Bayer, für das er ab 1954 PR-Maßnahmen auf dem amerikanischen Markt durchführte. Die Zusammenarbeit dauerte bis in die 60er Jahre. In dieser Zeit arbeitete die Agentur auch für Daimler-Benz (vgl. Yamazaki, 2013, S. 166). Seine vielfältigen Kontakte in die politischen Kreise der jungen Bundesrepublik machten Julius Klein zu einem der wichtigsten Berater und Vertreter westdeutscher Außenpolitik und Wirtschaftsinteressen in den Vereinigten Staaten. Die Basis seiner Akquiseaktivitäten war der Wiesbadener „Förderkreis für Deutsch-Amerikanische Zusammenarbeit". Ein erster institutioneller Kunde war 1956 die Kölner „Gesellschaft zur Förderung des Schutzes von Auslandsinvestitionen e. V.". Für ein Jahreshonorar von 40.000 US-Dollar plus Spesen bemühte sich Klein PR-spezifisch um die Rückgabe des im zweiten Weltkrieg in den USA beschlagnahmten deutschen Eigentums („General Klein: Häufig beim Kanzler", SPIEGEL, 12.09.1962, S. 45-51). Darüber hinaus hatte er 1957 ein PR-Mandat der I. G. Farben in der Auseinandersetzung des Unternehmens mit der „Jewish Claims Conference" hinsichtlich der Ansprüche jüdischer Zwangsarbeiter (vgl. Wiesen, 2006, S. 298). Anfang der 60er Jahre kamen weitere politische Klienten hinzu. Bereits in den 50er Jahren hatte Julius Klein ein Büro in Frankfurt, das zwischen 1959-62 von dem DPRG-Mitglied Peter Kalisch geleitet wurde (Heiden & Taylor, 1965, S. 253; DPRG, 1960, Mitgliederliste, Nachlass Korte).

Die PR-Agentur The Roy Bernard Co. unter ihrem Geschäftsführer Roy Blumenthal arbeitete hauptsächlich für politische Auftraggeber. Sie wurde im Auftrag des Bundespresseamtes ausgewählt, um für die Bundesrepublik in den USA Öffentlichkeitsarbeit zu betreiben. Kurze Zeit zuvor hatte bereits die New Yorker Agentur Stephen Goerl Associates Mandate der Bundeszentrale für Tourismus und der Stadt Berlin übernommen. Aus einer „Handvoll Angebote" fiel mit The Roy Bernard Co. die Wahl auf eine in den USA renommierte PR-Agentur, deren erste Budgetvorstellungen von über 175.000 US-Dollar auf 98.500 US-Dollar heruntergehandelt wurden. Im Dezember 1951 wurde ein Vorvertrag abgeschlossen, der sich aus den Mitteln des Bundespresseamtes finanzierte. Ein vier Köpfe starkes Team kümmerte sich um die Veröffentlichung von Broschüren, Pressearbeit und die Produktion eines Imagefilms. Zudem gehörten die Betreuung und das Coaching von USA-reisenden Prominenten und Wirtschaftsvertretern zum Aufgabenspektrum der Agentur. 1952 intensivierte sich die Zusammenarbeit. Speziell für die „Deutschland-Arbeit" wurde Anfang Dezember eine Zweigstelle in Washington eröffnet. Die Einsicht, dass die in den USA sehr umtriebige Agentur auch in Deutschland eine Gegenstelle benötigte, die als „Versorgungs- und Nachschubzentrale" fungierte, führte 1953 zur Gründung der Inter Nationes e. V. (vgl. „Public Relations: Milderes Klima", SPIEGEL, 18.2.1953, S. 6-8).

Die erste große amerikanische PR-Agentur, die auf den deutschen Markt drängte, war Hill & Knowlton, deren europäische Tochtergesellschaft Hill & Knowlton International (Firmensitz in Den Haag) 1956 in Düsseldorf ein Zweigbüro einrichtete („Hill & Knowlton International", FAZ, 22.09.1956, S. 8). Der deutsche Markt war im Zuge der weiteren Internationalisierung von Hill & Knowlton bereits drei Jahre zuvor in den Fokus geraten. John Hill sah den zunehmenden Einfluss amerikanischen Kapitals in Europa und den daraus erwachsenden Bedarf an Public Relations. Er beabsichtigte den Aufbau eines weltweiten PR-Netzwerkes noch bevor Kunden danach fragten (vgl. Miller, 1999, S. 151) und erachtete den Zeitpunkt als gekommen, PR-Beratung durch seine Agentur in Europa anzubieten: „Europe needed public relations" (ebd., S. 152). Hill ahnte, dass sein Unterfangen angesichts der mangelnden Bekanntheit von Public Relations außerhalb der Vereinigten Staaten nicht einfach werden würde. Erste Versuche 1953 die deutsche Stahlindustrie als Kunden zu gewinnen, schlugen fehl. Auch andere Agenturen wie Selvage, Lee and Chase waren in ihren Akquisebemühungen „to attract German business" nicht erfolgreich gewesen (vgl. ebd., S. 226). Public Relations „was not yet required in Germany" war die Einschätzung eines westdeutschen Industriellen. Trotz dieses ersten fehlgeschlagenen Versuchs bewertete Hill & Knowlton die Lage grundsätzlich positiv. Eine Einschätzung von 1954 sah, „that community relations and industry-education cooperation were two fruitful areas that H&K could explore with West German business leaders" (ebd., S. 159).

9.2.2   Erste Untersuchungen zur Marktsituation

Einen ersten Überblick über die vorherrschende Marktsituation Anfang der 50er Jahre geben nach Vogel (1951) Studien der contactdienst GmbH in Form einer Auswertung von 190 Unternehmensbesuchen (innerhalb eines Jahres) und einer Umfrage unter größeren westdeutschen Unternehmen durch die Agentur.

Nur bei zehn Prozent der besuchten Firmen konnten Verkaufserfolge erzielt werden, wobei es sich um Einzeldienste und weniger um langfristige Aktionsprogramme handelte. Eingedenk des Umstandes, dass es sich bei der Akquisearbeit um die „Popularisierung einer Idee" handelte, evaluierte die Agentur mehrere Gründe für die existierende Beauftragungszurückhaltung. Ausgemacht wurde ein deutlicher Unterschied zwischen amerikanischer und deutscher Unternehmensmentalität im Hinblick auf öffentliche Beziehungspflege besonders beim „langfristig-konstruktiven Denken" und der Verwirklichung des „Kooperationsgedankens". Die Einsicht, dass die Zukunft „vom Sozialen her bestimmt werden muß" war kaum ausgeprägt. Die Agentur differenzierte drei Gruppen von Unternehmen: diejenigen, die klassisch nach dem betriebswirtschaftlichen Mehrwert von Beziehungspflege fragen und auf konkrete Verkaufsförderung fixiert sind, diejenigen, die in Beziehungspflege ein „Kampfinstrument gegen die Gewerkschaften" sehen, und die weitaus kleinste Gruppe, die in Public Relations eine soziale Forderung der Zeit erkennen. Hinzu kommen Unternehmer, die zwar die Notwendigkeit zur öffentlichen Beziehungspflege sehen, aber „sich nicht überwinden können, den Anfang dazu zu machen" (vgl. ebd., S. 116-118).

Einen weiteren Aufschluss über die Marktverhältnisse gibt eine von der Agentur durchgeführte Umfrage unter 18 größeren westdeutschen Unternehmen, an der sich 14 beteiligten. Die wesentlichen Thesen zum Markt waren:

- Die meisten Unternehmen stehen der öffentlichen Beziehungspflege (Public Relations) im Allgemeinen positiv gegenüber. Nicht überraschend ist jedoch die Aussage, dass zum gegebenen Zeitpunkt die Beseitigung von Kriegsschäden und der Wiederaufbau im Vordergrund standen.
- Die Einbindung der Unternehmensleitung, die Langfristigkeit von Aktionsprogrammen sowie eine systematische Erforschung der öffentlichen Meinung stehen auf der Forderungsliste der Unternehmen.
- Ambivalent ist die Einschätzung hinsichtlich der Adaptierbarkeit amerikanischer Prinzipien. Während die einen an eine Übernahme mit Anpassungen an die deutsche Mentalität glauben, sind andere vom amerikanischen Typus der Beziehungspflege (Public Relations) nicht überzeugt, weil „die deutschen Betriebe nicht groß genug seien".
- Meinungsbefragungen oder systematische Meinungsforschung existieren nur vereinzelt und sporadisch. Eigene PR-Abteilungen sind in einigen großen Aktiengesellschaften bereits vorhanden. Deren Organisation ist unterschiedlich von ressortübergreifend bis zur strikten Trennung von Public Relations und Wirtschaftswerbung. Gearbeitet wird nur teilweise systematisch und langfristig, meistens unter direktem Einfluss der wechselnden Wirtschaftslagen.
- Die Beziehungspflege zur Öffentlichkeit wird über Pressearbeit und eigenes Publizieren gewährleistet. Direkter Kontakt wird zu Aktionären und Lieferanten gesucht.
- Insgesamt wird der Erfolg von öffentlicher Beziehungspflege (Public Relations) von den größeren und kleineren Unternehmen, die sie betreiben, hoch eingeschätzt.

Kleinere Unternehmen nehmen sich größere zum Vorbild. Bedenken hinsichtlich der Kosten werden nicht erwähnt.

In der Einschätzung der Agentur waren die Umfrageergebnisse für die Zukunft der „unternehmerischen Beziehungspflege" ermutigend, gaben sie doch der Hoffnung Ausdruck, dass sich „die deutsche Wirtschaft durch Überwindung der inneren Gegensätze stabilisiert und ihre Ordnung zu einem allgemein anerkannten Fundament des gesellschaftlichen Lebens werden kann." (vgl. ebd., S. 118-120)

Einen Eindruck der Entwicklung der Nachfrage nach PR-Dienstleistungen und der Sensibilisierung der deutschen Wirtschaft vermitteln die Ergebnisse einer Tagung des „Arbeitskreises für Pressefragen der Deutschen Industrie" aus dem Jahre 1956. Das Deutsche-Industrie-Institut hatte in Vorbereitung der Tagung die Kommunikation von 570 börsennotierten Unternehmen untersucht. Die Studie zeigte einerseits einen beträchtlichen Fortschritt in der Publizität und einen deutlichen Willen zu modernen Public Relations, andererseits dass „noch sehr vieles im argen liegt und man erst am Anfang einer mühsamen Aufklärungsarbeit steht". Am besten schnitten Unternehmen der Chemie-, der Eisen- und Stahlindustrie ab, während der Rückstand der Konsumgüterindustrie eklatant war. Im Gesamtergebnis wurde festgestellt, dass rund ein Fünftel der Unternehmen erfüllte nur das Mindestmaß von Publizität, wie eine Bilanz im Bundesanzeiger oder die Hinterlegung eines Geschäftsberichts. Die Mehrheit zeichnete sich durch eine Publizität aus, die über die Mindestanforderungen hinaus ging. Hierunter fielen u. a. die Bekanntgabe des Jahres-umsatzes, die Veröffentlichung von Geschäfts- und Sozialberichten und von Mitteilungen zur Branche („Am Eichstrich der Publizität", Hamburger Abendblatt, 3./4.11.1956, S. 23).

9.2.3 Erste „dienstleistergesteuerte" Kampagnen der 50er

9.2.3.1 Die Anti-Demontage-Kampagne der Ruhrindustrie und der „Fall Kesselring"

Die erste PR-Berater gesteuerte Kampagne der Nachkriegszeit initiierte Hanns D. Ahrens. Anfang 1946 kehrte er nach Gefangenschaft und politischen Verhören durch die Sowjets in die britische Zone zu seiner Familie nach Essen-Werden zurück (vgl. Ahrens, 1982, S. 21). Die Hungersnot in seiner unmittelbaren Umgebung veranlassten ihn, erste Hilfsaufrufe zu veröffentlichen (vgl. ebd., S. 25). Als ehemaligem Diplomaten waren ihm die Konflikte um die Ausrichtung der Besatzungspolitik innerhalb der amerikanischen Administration bekannt (vgl. ebd., S. 41) und er sah in den Konzeptionen der „Morgenthau-Jünger" die größte Gefahr für eine Gesundung Deutschlands. Schon früh definierte er das Ziel in den Vereinigten Staaten Öffentlichkeitsarbeit zu betreiben, um das Negativbild Deutschlands abzubauen und konstruktiven Zukunftsideen Vorschub zu leisten (vgl. ebd., S. 52). Anfang April 1947 startete er mit Unterstützung der katholischen Kirche die Meinungsinitiative „SOS from Europe" (vgl. ebd., S. 46). Der Appell richtete sich an zahlreiche amerikanische Politiker im Senat und im Repräsentantenhaus (vgl. ebd., S.54). Ab Mai 1947 bis April 1948 weilte Ahrens in den Vereinigten Staaten, um vor Ort Beziehungen aufzubauen und Unterstützung gegen die Demontagepolitik zu aktivieren. Im Zentrum seines amerikanischen Kontaktnetzwerkes stand der Generalsekretär des „Nationalrates zur Verhinderung des Krieges" Frederic J. Libby. Über dessen Verbindungen fütterte Ahrens die relevanten politischen Kreise mit Informationen und Demontage-Beispielen aus Deutschland und platzierte sie in der amerikanischen Presse (vgl. ebd., S. 75). Die Relevanz guter Öffentlichkeitsarbeit in den Vereinigten Staaten für politische Zielsetzungen wurde ihm von amerikanischen Kollegen eindringlich ans Herz gelegt (vgl. ebd., S. 77). Zusammen mit ihnen entwickelte er einen PR-Plan für seine Rückkehr nach Deutschland, in dem auch die Form der zukünftigen Zusammenarbeit festgelegt wurde. Grundsätzlich sollten alle PR-Maßnahmen, die von deutschem Boden ausgingen mit den Amerikanern abgestimmt werden, um auch eine optimale Durchschlagskraft in Washington zu entwickeln. Ahrens hatte die Aufgabe „originelle Public-Relations-Initiativen" zu konzipieren unter Einbindung deutscher Unternehmen. Ziel war es, der Morgenthau-„Meinungsmache" den Wind aus den Segeln zu nehmen. Sein Büro in Essen-Werden sollte als „Meldekopf fungieren, so lange kein zentrales Demontageabwehr-Büro der deutschen Wirtschaft existierte" (vgl. ebd., S. 89). Ab August 1948 agierte Ahrens zudem als „Verbindungsoffizier" zwischen der UK/US Coal-Control Group und der Deutschen Kohlen-Bergbau-Leitung in der Kruppschen Villa Hügel (vgl. ebd., S. 94). Von hier aus hatte er Kontakte zu Unternehmen aus Westfalen und dem Siegerland, die von der Demontagepolitik in ihrer Existenz bedroht waren. In seiner Funktion leistete er Überzeugungsarbeit für Public Relations: „Als gute Techniker und Kaufleute hatten die Firmeninhaber oder deren Sprecher zumeist keine Vorstellung von der Arbeitsweise des Public-Relations-Experten, dessen Arbeitsziel das „Engineering of Consent", die Kunst der Herbeiführung einer Zustimmung der Öffentlichkeit – beziehungsweise meinungswichtiger Gruppen – zu einer klar formulierten Beweisführung ist ..." (vgl. ebd., S. 111). Vor allem sein „heißer Draht" nach Washington sprach sich herum und wurde weidlich genutzt. Ahrens beriet und produzierte für einzelne Unternehmen Publikationen, die auch in amerikanischen Zirkeln distribuiert wurden (vgl. ebd., S. 119-128). Die steigende Anzahl von Anfragen demontagebedrohter Unternehmen führte letztendlich zu einer weitergehenden Rationalisierung der PR-Arbeit in Form eines generellen Informationsdienstes zur Demontageabwehr (vgl. ebd., S. 132). Eine in diesem Rahmen publizierte „Demontagefibel" sorgte auch innerhalb der internationalen Presse für große Aufmerksamkeit (vgl. ebd., S. 140-143). Aktiv eingebunden war Ahrens in den passiven Widerstand des „Bochumer Vereins", des ehemals drittgrößten Stahlwerks in Europa, das ebenfalls von der Demontage bedroht war. Er stand im engen Kontakt mit dem Geschäftsführer und Organisator des Widerstandes Franzjosef Müser. Ziel Ende 1948 war die Mobilisierung der öffentlichen Meinung in Deutschland und dem Ausland. Ahrens kümmerte sich vornehmlich um ausländische Pressekontakte (vgl. ebd., S. 145). Die Meinungskampagne wurde von der internationalen Presse aufgegriffen und sorgte für hohe Resonanz in Washington und London (vgl. ebd., S. 165). 1949 entwickelte sich zum Schicksalsjahr für die Demontagepolitik. Die Beteiligung Deutschlands am Marshall-Plan schaffte auf amerikanischer Seite Fakten, die bei den Engländern und Franzosen auf wenig Gegenliebe stießen, da sie wenigstens die Idee einer „balanced economy" verwirklicht sehen wollten (vgl. Berghahn, 1985, S. 81). Dementsprechend zielten weitere PR-Aktionen direkt bzw. indirekt über die USA auf die europäischen Besatzungsmächte. Auch in Großbritannien drehte sich langsam die öffentliche Meinung. Den finalen Durchbruch markierte dann das Petersberger Abkommen vom 22. November 1949 mit entscheidenden Einschränkungen der Demontagepolitik im Stahl- und Chemiebereich (vgl. Ahrens, 1982, S. 261-268). Inwieweit die Demontagekampagne tatsächlich die Entscheidungsprozesse beeinflusste, bleibt nach Berghan (vgl. 1985, S. 82) in der Rekonstruktion schwierig und daher in der Bewertung offen. Wesentlich bleibt der Hinweis auf die existierenden Kontaktnetze und transatlantischen Geschäftsbeziehungen der westdeutschen Wirtschaft in der unmittelbaren Nachkriegszeit.

Ein weiteres politisch brisantes Mandat erhielt Ahrens Ende 1951. Der Verband deutscher Soldaten unter der Leitung des Admirals Gottfried Hansen setzte sich publizistisch und organisatorisch für die Freilassung verurteilter Kriegsverbrecher ein (vgl. von Lingen, 2004, S. 246). Im Mittelpunkt standen die inhaftierten Generalfeldmarschälle von Manstein und Kesselring. Besonders der Fall Kesselring stieß auf ein breites öffentliches Interesse. Er wurde zum Symbol für den Kampf um die Freilassung deutscher Kriegsverbrecher in der Nachkriegszeit. Die Freilassung Kesselrings war eine konzertierte Aktion deutscher, englischer und amerikanischer Kreise, die in einer organisierten Kampagne zusammenwirkten. Diejenigen, die sich in Deutschland aus Kirchen, Juristenkreisen, Soldaten-, Veteranen- und Demontageverbänden zusammenfanden, erkannten seinen Symbolwert und nutzten ihn für ihr Ziel einer Wiedererlangung deutscher Souveränität (vgl. ebd., S. 356). „Es ist nicht verwunderlich, daß es vielfach dieselben Männer waren, die zuvor für die Verhinderung der Industriemontage gekämpft hatten und sich nun im Kampf für ein weiteres nationales Symbol, die inhaftierten Wehrmachtsoffiziere, zusammenschlossen." Neben Ahrens waren auch Müser und Libby eingebunden. Vor allem in den USA und England wurden Beziehungen aktiviert und über die Medien Handlungsdruck aufgebaut (vgl. ebd., S. 227). Ahrens etablierte zu dem ehemaligen Mitglied in Churchills Kriegskabinett Lord Maurice Hankey, einen Fürsprecher für die Freilassung Kesselrings, Kontakte, um ihn in seine Pressearbeit einzubinden (vgl. Senfft, 2001, S. 998). Nach der Freilassung Kesselrings sah sich Hankey wegen seines Engagements in England heftiger Kritik ausgesetzt (vgl. von Lingen, 2004, S. 315-317). Die Kriegsverbrecher-Debatte war in den Jahren zwischen 1950-52 ein omnipräsentes Politik- und Medienthema. Je konkreter das Ende des Besatzungsstatuts und die Wiederbewaffnung Deutschlands wurden, umso eindeutiger solidarisierten sich weite Teile der Bevölkerung mit der Freilassung der letzten deutschen Kriegsverbrecher. Die Ehrenrettung Kesselrings durch evangelische Kirche und Veteranenverbände und die initiierte Pressekampagne zielten auf einen positiveren Umgang mit der militärischen Hinterlassenschaft der Wehrmacht. Die Wiederbewaffnungsdebatte bewirkte allerdings nur eine kurze Phase der uneingeschränkten Zustimmung. Nach der Wiedererlangung der Souveränität wurde die Öffentlichkeit zusehends kritischer gegenüber den Verfehlungen der Wehrmachtsgeneralität. Ab Mitte der 50er Jahre bröckelte der Mythos Kesselring erheblich, so dass bei seiner Beerdigung 1960 wieder vom „Nazigeneral" gesprochen wurde (vgl. ebd., S. 357-358).

9.2.3.2   Die WAAGE-Kampagne in der Zusammenarbeit mit Brose

Die wichtigste Kampagne der 50er Jahre, die in einer frühen Studie (Kropff, 1954) auch als „erste Public-Relations-Campagne in Deutschland" tituliert und aufgearbeitet wurde, und unter maßgeblicher Beteiligung externer Dienstleister stattfand, war die WAAGE (Gesellschaft zur Förderung des sozialen Ausgleichs). Wenn auch Initiierung und Institutionalisierung durch die deutsche Unternehmerschaft, politische Zirkel und führende deutsche „Marketingköpfe" intellektuell begleitet wurden, lag das operative Geschäft größtenteils in Händen Hanns W. Broses „Gesellschaft für Gemeinschaftswerbung" (GfG), demoskopisch unterstützt durch Elisabeth Noelle-Neumann und ihr „Institut für Demoskopie" (IfD). Die Studie zur WAAGE-Kampagne von Schindelbeck und Ilgen (1999) gibt einen Einblick in das Zusammenwirken der maßgeblichen Akteure und die Konzeption und Umsetzungsmechanik der ersten großen bundesdeutschen PR-Kampagne. Die Einführung der sozialen Marktwirtschaft und deren gesellschaftliche Verankerung als maßgeblicher Grund und die weltpolitische Spannungssituation der Jahre 1950/51 (vgl. ebd., S. 25) als begleitender Faktor führten zur Gründung der WAAGE im Herbst 1952. Ideell vorbereitet und kommunikativ vorangetrieben wurde die Kampagne federführend durch Markentechniker Hans Domizlaff, aber auch durch PR-Vordenker wie Hanns F. J. Kropff, Herbert Gross und Carl Hundhausen. Für die Infrastruktur und den Geschäftsbetrieb war die GfG verantwortlich (vgl. ebd., S. 37-38). Die Kampagne hatte drei erklärte Ziele: 1. Aufklärung über die Soziale Marktwirtschaft, 2. Verbesserung des Ansehens der bundesdeutschen Unternehmerschaft, 3. Sozialer Ausgleich zwischen Arbeitnehmern und Arbeitgebern (vgl. Kunczik, 2010, S. 138). Die Zusammenarbeit zwischen WAAGE und Hanns W. Brose dauerte von 1951 bis 1965. Gründe für die Auswahl Broses waren sein Ruf als Gemeinschaftswerber und die Aufstellung seiner Agentur als Full-Service Dienstleister (vgl. Schindelbeck & Illgen, 1999, S. 81.) – eine für Anfang der 50er Jahre noch seltene Ausrichtung. Nach Aussagen Hubert Straufs, einem profilierten deutschen Nachkriegswerber, gab es zu dieser Zeit nur sieben Full-Service-Agenturen, von denen Broses als professionellste galt (vgl. ebd., S. 233). Die inhaltliche Konzeption und kreative Umsetzung der Kampagne erfolgte in dem Dreieck Vereinsvorstand, WAAGE-Büro und Agentur, wobei in allen Fällen Themenanregung, Umsetzungsvorschläge und Entwürfe von der Agentur kamen. Die Hauptlast der Arbeit lag bei einem 4-6 köpfigen Kernteam unter Zuarbeit freischaffender Schriftsteller, Grafiker und der Media-Abteilung der Agentur (vgl. ebd., S. 82-83; S. 233). Ein Hauptaugenmerk lag auf der Entwicklung und Schaltung von Anzeigenserien, doch das Kommunikationsinstrumentarium war weitaus vielfältiger und reichte von Broschüren über Preisausschreiben und Spendenakquise bis hin zur Einrichtung eines eigenen Pressedienstes. Unbestritten ist, dass die Kommunikation der WAAGE untrennbar mit dem „ganz persönlichen Stil des Wirtschaftswerbers Hanns W. Brose" verbunden war. Dies umfasste die Qualität der Präsentation und Inszenierung der einzelnen Anzeigenkampagnen mit ihren spezifischen Text-Bild-Kompositionen ebenso wie die didaktische Aufbereitung der Themen und Inhalte. Brose hatte hier seit den 30er Jahren einen unverkennbaren Stil entwickelt (vgl. ebd., S. 84-86).

Innovativ war, mittels Meinungsforschung der Einstellung der Bevölkerung nachzuspüren und auf dieser Grundlage die Kommunikationswirkung der Kampagne zu optimieren. Die für die Kampagne durchgeführten Erhebungen umfassten drei Kategorien: Pretests hinsichtlich der Akzeptanz der Anzeigenmotive, Grundlagenforschung z. B. Erhebungen zum „sozialen Klima" oder zum „Unternehmerbild", die auch für das Wirtschaftsministerium oder das Bundespresseamt von Interesse waren, und Untersuchungen, die der Eigenwerbung dienten, um die demoskopisch basierte Kampagnentechnik der WAAGE zu erläutern bzw. potentiellen Interessenten zu verkaufen (vgl. ebd., S. 74-76). Die Geschichte der Zusammenarbeit zwischen der WAAGE-Administration und ihren Dienstleistern bis in die 60er Jahre gibt einen Einblick in die klassischen Problemfelder einer Kundenbeziehung. Trotz der exklusiven und nie durch Wettbewerbspräsentationen herausgeforderten Position stellte Hanns W. Brose bereits Mitte der 50er Jahre fest, dass Engagement und Mittel, die seine Agentur investierte, sich nicht in dem in den Anfangsjahren erhofften Umfang auszahlen würden. Tatsächlich nahmen die Zuwendungen an die Agentur im Lauf der Jahre kontinuierlich ab und der erhoffte Neugeschäftshebel in die bundesdeutsche Unternehmerschaft war häufiger Anlass zum Unmut als großer Wachstumsmotor für die Agentur (vgl. ebd., S. 81-82). Hinzu kamen zwischenmenschliche Probleme auf der Führungsebene von WAAGE und Agentur. Höhepunkt war die Zensur von Broses Memoiren, der sich dort – nach Ansicht der WAAGE-Verantwortlichen zu Unrecht – auf Kosten des Vereins zu profilieren versuchte. Die Zusammenarbeit flaute ab 1963 gänzlich ab und endete 1965 (vgl. ebd., S. 81-86). Ihre Bilanz lässt sich nach Einschätzung von Schindelbeck & Illgen (1999) trotzdem sehen: Man arbeitete angesichts knapper Finanzressourcen höchst effizient und innovativ zusammen. Im Hinblick auf die Einbindung von Marktforschung und die Konzeption und Gestaltung neuer Kommunikationsinstrumente setzen Agentur und Verein Maßstäbe für moderne Politikkommunikation. Wenn auch die gesellschaftliche Wirkung der Kampagne in der letztendlichen Bewertung schwierig blieb, so war sie PR-spezifisch prägend. Sie bereitete dem Umgang mit Public Relations den Boden und leistete „amerikanischem Denken" in der bundesdeutschen Unternehmerschaft Vorschub (vgl. ebd., S. 201-203).

9.3 Wissensbasis

9.3.1 Relevanz des Berufsfeldes und Manifestierung ersten Berufswissens

Für die Entwicklung beruflicher Strukturen ist die Herausbildung und Etablierung einer von Klienten, Staat und Öffentlichkeit anerkannten Wissensbasis unerlässlich. Im Falle der dienstleistungsspezifischen PR-Beratung muss grundsätzlich von einer hohen inhaltlichen Kongruenz mit der allgemeinen Wissensbasis Public Relations ausgegangen werden. Daher kann sie nicht losgelöst von der nationalen Etablierung grundsätzlichen theoretischen und praktischen Wissens in der Tradition deutscher Öffentlichkeitsarbeit und der Public Relations amerikanischer Prägung betrachtet werden. Ziel ist es, die Wissensbasis soweit zu spezifizieren, wie sie mit Blick auf das zu untersuchende Berufsbild Relevanz entwickelt. Es bleibt die Frage nach ihrer konkreten Manifestation. In dieser Formierungsphase, die insgesamt von einer begrenzten Quellensituation gekennzeichnet ist, wird sie im Wesentlichen anhand der Herausbildung einer nationalen Fachliteratur und Hinweisen auf deren Perzeption und der Verwissenschaftlichung anhand erster Dissertationen untersucht. Natürlich gehört auch eine erste Thematisierung in den Medien, in der Öffentlichkeit und in relevanten Zielgruppen dazu. Diese wird zusätzlich innerhalb der Kategorie Image und Identität rekonstruiert.

9.3.2 Berufswissen innerhalb der Fachliteratur

Einen Ausgangspunkt mit Blick auf die nationale Fachliteratur beschreibt Bruno Heini in seiner frühen (eingereicht 1958) Schweizer Dissertation über Public Relations (1960). Er identifiziert drei Faktoren für die Verbreitung von Public Relations auf Unternehmensseite im Europa der Nachkriegszeit: Neben der treibenden Kraft von Unternehmen, die über ihre eigenen amerikanischen Tochterunternehmen besondere Nähe zu den Vereinigten Staaten besaßen, und „verschiedenen Werbeberatern, die sich der neuen Werbung widmeten und aus beruflichem Interesse an der Verbreitung der public relations arbeiteten", waren es in erster Linie Autoren, die die notwendigen Fachkenntnisse vermittelten. Nach seiner Einschätzung gab es abgesehen „von England, welches durch die sprachliche Bindung zu Amerika schon früh Kontakt mit dem Schrifttum der public relations hatte, [...] bis zur zweiten Hälfte des 20. Jahrhunderts in keinem Land einschlägige Literatur" (vgl. ebd., S. 23).

Eine Bestandsaufnahme des in Deutschland zugänglichen internationalen und nationalen Schrifttums über Public Relations veröffentlichte in unregelmäßigen Abständen Anfang der 50er Jahre der „Leitfaden für Presse und Werbung" (1951; 1953; 1954) des STAMM-Verlages. Er bediente damit den gestiegenen Bedarf an Information zu dieser Disziplin in diesen Jahren - die Rubrik wurde danach wieder eingestellt. Erarbeitet wurde sie vom Institut für

Zeitungswissenschaft der Universität München. Die erste Ausgabe aus dem Jahre 1951 (STAMM, 1951) unterscheidet, nach einer kurzen Einführung in das Thema Public Relations, die drei Bereiche Amerikanisches Schrifttum, Deutsches Schrifttum und Schrifttum zu Haus-, Werks- und Kundenzeitschriften. Die Klassifizierung Schrifttum deckt die gesamte Bandbreite von Publikationen ab, Monografien, Handbücher ebenso wie Fachaufsätze und Presseartikel. Die Auflistung der amerikanischen Literatur bietet einen Überblick über die PR-Standard-Literatur der 1940er und unmittelbaren Nachkriegsjahre und gliedert sich in unterschiedliche Anwendungsbereiche und Instrumente der PR. Neben der Auflistung zahlreicher Publikationen von Edward L. Bernays finden sich besonders im Gliederungspunkt „Organizing To Use Public Relations" Schriften von amerikanischen PR-Beratern, u. a. von Pendelton Dudley, von Hill & Knowlton Gründer John Wiley Hill und dem Vice President von Ayers, Marvin Murphy (1951, S. 621). Das Deutsche Schrifttum wird dominiert durch die Publikationen der „PR-Groß-Autoren" Herbert Gross und Carl Hundhausen. Eine sehr rege Publikationstätigkeit besonders im Fachzeitschriftensegment entwickelten der Journalist Werner Wolff, der bereits in den 1930er Jahren zum Thema „Publizität der Wirtschaft" veröffentlichte, und auf akademischer Seite der Frankfurter Professor für Wirtschaftswerbung Hanns F. J. Kropff. Ausgewiesene PR-Berater sind in der deutschen Autorenschaft nicht zu finden. Allein den Titeln der Publikationen folgend, lag bei einem überwiegenden Teil der thematische Schwerpunkt in der generellen Auseinandersetzung mit der amerikanischen Public Relations und ihrer Adaption.

Ein wichtiger Publikationskanal für PR-Themen, besonders in Richtung Unternehmerschaft, waren die „Beratungsbriefe der Wirtschaftspolitischen Gesellschaft von 1947" (nicht zuletzt weil Herbert Gross über sie publizierte). Der Umfang und die Veröffentlichungsdaten (auch aus den 20er und 30er Jahren) der vornehmlich nationalen Schriften im Segment „Haus-, Werks- und Kundenzeitschriften" bestätigen die weitaus früher einsetzende und umfangreich geführte Auseinandersetzung mit diesem spezifischen Bereich der Unternehmenskommunikation.

Die Bibliografie aus dem Jahre 1953 (STAMM, 1953) dokumentiert im jetzt als „Ausländisches Schrifttum" betitelten Segment die weitere Erfassung US-amerikanischer Fachliteratur. Allein die Publikationen von Bernays – 67 Nennungen – (1953, S. 774-775) füllen eine ganze Seite (von vier insgesamt in diesem Segment). Veröffentlichungen (vom Titel auf den Inhalt schließend), die sich speziell mit PR-Beratung befassen, finden sich bis auf einen Aufsatz „PR Counsel-Evolution of a Profession" von Bernays (S. 775) nicht. Auch beim deutschen Schrifttum findet sich keine spezifische Literatur zur PR-Beratung. Erwähnenswert ist die umfangreiche Publikationstätigkeit – neben Herbert Gross – von Albrecht Weiß, Sozialpolitiker und vormaliger Redaktionsleiter der BASF-Werkszeitung.

Die Auflistung des Jahres 1954 (STAMM, 1954) wird eingeleitet mit einem längeren Aufsatz von Dr. Walter P. Schuck zur „Praxis des „Public Relations"-Wesens in den USA" (S. 21-25).

Die breit angelegte Beschreibung der US-Praxis schließt kurze Hinweise auf die Beratungspraxis mit ein, wie z. B. die Gründung der „National Association of Public Relations Counsel", Honorarvergütung von PR-Firmen oder den Einsatz von PR-Beratern im Lobbying. Spezifische PR-Beratungstitel sind im amerikanischen Schrifttum vereinzelt, im deutschen gar nicht vorzufinden.

Die Proliferationseffekte amerikanischer Fachliteratur, auch zum Thema PR-Beratung, lassen sich deutlich an einem der wichtigen Standardwerke der frühen Nachkriegsjahre „Your Public Relations" von Glenn und Denny Griswold (1948) nachweisen. Das Buch findet sich in den Literaturverzeichnissen vieler deutscher Fachbücher (Hundhausen, 1951, S. 191; Gross, 1951, S. 165; Vogel, 1951, S. 123), es wird zudem in der Fachzeitschrift „Die Anzeige" („Irrungen und Wirrungen um die Public Relations", September 1950, S. 706) erwähnt. In dem Sammelband der Griswolds waren es die Aufsätze von John Wiley Hill „How to use Public Relations Counsel" (S. 82-97) und von Marvin Murphy „How to use the Public Relations of an Advertising Agency" (S. 98-109), die einen wesentlichen Informationspool für deutsche Autoren (u. a. Friedrich Mörtsch) in der Ausformulierung des Berufsbildes PR-Berater darstellen.

Der Einfluss auf die Verbreitung von PR-Berufs- und Anwendungswissen durch die Publikationstätigkeit von Herbert Gross ist nicht hoch genug einzuschätzen. Auch wenn sein theoretischer Einfluss hinter Carl Hundhausen, Albert Oeckl und Franz Ronneberger zurückfallen mag, so liegt sein Verdienst in der über Jahre erfolgten Einflussnahme als Publizist, Redner und Verbandsaktivist. Als Autor für diverse Tageszeitungen und als Mitglied der „Wirtschaftspolitischen Gesellschaft von 1947" war er fest verankert in den Netzwerken der bundesrepublikanischen Wirtschaftseliten. Sein pragmatischer PR-Ansatz, der eingebunden war in die sich abzeichnende marktwirtschaftliche Wirtschaftsordnung, bereitete den Boden für eine PR-Sensibilisierung der Unternehmerschaft und damit einer Öffnung für konkrete Beratung. Er schärfte den Blick für fortschrittliche US-amerikanische Management-Methoden, ohne für eine unkritische Übernahme zu plädieren oder die Verhältnisse und Traditionen der deutschen Wirtschaft zu ignorieren. Unerwähnt bleiben darf nicht, dass Herbert Gross ein ausgezeichneter Kenner und Beobachter des amerikanischen Wirtschaftslebens war, der zwischen 1932 und 1942 als Auslandskorrespondent in den USA lebte und von dort berichtete (vgl. Pape & Liebert, 2013, S. 1-15). Eine seiner ersten tiefergehenden Auseinandersetzungen mit Public Relations – zwei Jahre vor dem Erscheinen der „Modernen Meinungspflege" (1951) – erfolgte in seinem Managementbuch „Manager von Morgen" (1949). Beeindruckt von den Untersuchungen des Havard-Professors Eliot Mayo, dem Nestor der US-amerikanischen Betriebssoziologie und Begründers des Human-Relations-Ansatzes, adaptiert Gross das Modell der „betrieblichen Partnerschaft" auf sämtliche Managementbereiche eines Unternehmens. Innerhalb dieses Ansatzes verortet er auch die Public Relations als „die Partnerschaft der öffentlichen Meinung" und zeichnet ein Bild der aktuellen US-amerikanischen PR-Praxis. Es umfasst Hinweise auf den existierenden Beratungsmarkt („etwa

500 Firmen") und gängige Beratungspraxis und verarbeitet Vorträge von US-Beraterpersönlichkeiten wie Don Knowlton, Partner bei Hill & Knowlton (vgl. ebd., S. 221-244). Sein Buch „Moderne Meinungspflege" (1951) ist eine der wichtigsten Nachkriegspublikationen zur pragmatischen Umsetzung von Public Relations. „Gedanken" seiner Schrift hatte er bereits zuvor in den Beratungsbriefen der „Wirtschaftspolitischen Gesellschaft von 1947" veröffentlicht (S. 9). In dem Kapitel „Meinungspflege als Beruf" (S. 49-64) betrachtet er PR-Beratung dezidert, benutzt die Begrifflichkeit sowohl zur Beschreibung externer Dienstleistung als auch zur Tätigkeitsbeschreibung der internen angestellten Funktion. Grundsätzlich sieht er besonders für große Unternehmen die Notwendigkeit „einen Berater in Fragen der Meinungspflege hauptamtlich in die Unternehmensleitung" (S. 55) einzubinden. Er vergleicht die Tätigkeit des Beraters mit der eines Rechtsanwalts – obwohl er nicht explizit zitiert, erinnert die Darstellung sehr an die Rollendefinition Bernays – und fordert besonders das Moment der Unabhängigkeit gegenüber dem Unternehmer. Diese ist für ihn notwendig, um ungeschminkt die öffentliche Meinung darstellen und interpretieren zu können und Akzeptanz für relevante Vorgehensweisen zu finden. Dies setzt ein hohes ethisches Verhalten voraus. Vertrauen ist ein weiteres wichtiges Moment: der Berater sollte „auch in die intimsten Angelegenheiten des Unternehmens laufend eingeweiht werden." (S. 51).

Auch ein weiteres einflussreiches Werk der 50er Jahre von Friedrich Mörtzsch, Leiter der Presse- und Public Relations Abteilung der AEG, „Offenheit macht sich bezahlt. Die Kunst der der Meinungspflege in der amerikanischen Industrie" (1956) widmet sich in dem Kapitel „Berater sind gerngesehene Helfer" dem Berufsbild sowohl des Werbe- als auch des PR-Beraters. Zur Einordung der Wissensbasis des Buchinhaltes dient der Verweis des Autors im Vorwort auf seine ausgedehnten Reisen in den Vereinigten Staaten, auf denen er „mit den Augen des Deutschen viel Neues auf dem Gebiet der Vertrauenswerbung gesehen" (S. 9) hat. Gemäß dem Untertitel seiner Publikation beschreibt er fast ausschließlich „Anwendungen amerikanischer Methoden". Mörtzsch unterscheidet Werbe- und PR-Beratung auch aufgrund des Umstandes, dass immer mehr amerikanische Werbeagenturen PR-Aufgaben übernehmen (S. 71). Den Beratungsmarkt in den USA beziffert er mit rund 3.000 Werbeberatungsfirmen und etwa 500 „Public Relations Outside Counsels". Durch den immer komplexer und vielfältiger werdenden Aufgabenbereich der Public Relations sieht er den Trend, dass im Unternehmen etablierte PR-Abteilungen Spezialwissen und Kapazität am Dienstleistungsmarkt einkaufen, sei es zur Untersuchung der „Einstellung der öffentlichen Meinung oder zur Abwicklung einzelner Projekte oder „Public Relations-Feldzüge" (S. 77). Hinsichtlich der „Vorzüge der Zusammenarbeit mit einem unabhängigen Public Relations-Berater" bedient er sich inhaltlich bei John Wiley Hills „How to use Public Relations Counsel" aus dem Sammelband der Griswolds (1948, S. 82-97). Als wesentliche Pluspunkte einer Zusammenarbeit nennt er: Unabhängigkeit und Objektivität der Beratung, vielfältige Erfahrungen des Beraters aus Projekten mit anderen Kunden, Zugang zu Netzwerken unabhängiger Spezialisten für Sonderaufgaben und den Ehrgeiz, Aufgaben erfolgreich abzuschließen, da ihr eigener Ruf davon abhängt (S. 78). Besonders der Umstand nicht in den Betrieb eingebunden zu sein sowie seine „umfassende Erfahrung" führe leichter zu einem „absolut sachlichen Urteil". Auch Mörtzsch bemüht den Vergleich zum Anwalt. Des Weiteren beschreibt er anhand des Beispiels Hill & Knowlton den Leistungsumfang einer PR-Agentur (S. 79-80).

Den Fachautor Friedrich H. Korte (1955) beschäftigte besonders die Fragestellung, welches denn das beste organisatorische Modell für Unternehmen sei, Public Relations zu betreiben, „durch eine im Unternehmen verankerte Abteilung oder durch ein beratendes Institut außerhalb des Hauses". Besonders die erfolgreichen Entwicklungen der US-amerikanischen PR-Beratungsbranche hinterlassen Eindruck:

> „In Amerika zählte man im Jahre 1954 fast 400 solcher freischaffender, beratender Institute. Man scheint also drüben gute Erfahrungen damit gemacht zu haben. Daraus allerdings den Schluss ziehen zu wollen, daß man eine eigene Public Relations-Abteilung einsparen kann, wäre falsch. Auch in Amerika zeigt sich, daß die Unternehmen für die laufenden regelmäßigen Arbeiten ihre eigenen Abteilungen unterhalten, die außerbetrieblichen Institutionen und Beratungsunternehmen aber gern bei besonderen Anlässen heranziehen. Dieser Weg scheint auch für unsere Wirtschaft der gangbarste zu sein." (S. 79)

Korte plädiert für eine Doppellösung. Vielgestaltigkeit der Beziehungen und die Kenntnis der Interna eines Unternehmens erfordern die eigene Abteilung. „Jedoch für besondere Zwecke, aber auch zur ständigen Beratung sollte man eine Verbindung zu einem leistungsfähigen Institut pflegen. Der größte Vorteil dabei ist, daß bei einer solchen Handhabung die gefährliche Betriebsblindheit weitgehend überwunden wird." (S. 80).

Ein sehr genaues Bild der Berufsrolle, der Leistungsanforderungen und Organisationsstrukturen amerikanischer Public Relations Berater vermittelte 1955 der deutsche Autor Baldhard Falk in der „Zeitschrift für Betriebswirtschaft" (1955, S. 104-111).

Carl Hundhausen widmete sich erst 1957 in seinem Werk „Industrielle Publizität als Public Relations" umfassend der praktischen Seite der Public Relations und damit dem Berufsstand. Bereits in seinem grundlegenden Standardwerk „Werbung um öffentliches Vertrauen" (1951) hatte er das komplette Inhaltsverzeichnis eines zu erscheinenden zweiten Bandes mit einem „praktischen" Schwerpunkt angekündigt, in dem auch „Berufung und Aufgabe" des PR-Beraters in der „freien Mitarbeit" Raum und Auseinandersetzung gegeben werden sollte. Erst sechs Jahre später, stark verändert und mit neuem Titel wird es publiziert (Lehming, 1997, S. 263). Eine Auseinandersetzung mit diesem Berufsbild findet 1957 nicht statt, sehr allgemein auf Basis US-amerikanischer Dokumente befasst er sich unter dem Kapiteltitel „Beruf und Berufung" mit den charakterlichen Anforderungen an den PR-Fachmann generell. Allerdings leistet er bereits mit seinem Standardwerk (1951) eine wichtige theoretische und auch ethische Fundierung für das gesamte PR-Berufsfeld.

9.3.3 Erste Verwissenschaftlichung: Doktorarbeiten an deutschsprachigen Lehrstühlen

Auf die Dissertation von Ernst Vogel (1951) wurde im vorhergehenden Kapitel bereits in Bezug auf die contactdienst GmbH und deren Markterhebung eingegangen. Vogel ist einer der ersten, der sich im Rahmen einer wissenschaftlichen Arbeit mit dem Berufsfeld des PR-Beraters und der Organisationseinheit PR-Agentur auseinandersetzt. In dem Kapitel „Die Beziehungsgestalter" beschreibt und analysiert er generell den Typus des PR-Fachmanns - basierend auf amerikanischer Literatur. Vogel sieht in dem gesamten Berufsfeld Public Relations „zukünftige Berufsmöglichkeiten für psychologisch begabte Persönlichkeiten, die auch von menschlichem Format sein müssen". Für ihn ist grundsätzlich zu vermeiden, „daß sich zweifelhafte Existenzen, die neue günstige Verdienstmöglichkeiten wittern und „ihr Süppchen an den erst spärlich flackernden Feuer deutscher „Meinungspflege" kochen möchten" (S. 21) im Berufsfeld festsetzen. Dieses Zitat entnimmt er einer in der FAZ („Um Vertrauen werben", FAZ, 20.7.1951, S. 7) veröffentlichten Buchbesprechung von Carl Hundhausens „Werbung um öffentliches Vertrauen". Den PR-Dienstleistungsmarkt Anfang der 1950er Jahre beschreibt er kurz und markant: „Während die „Public Relations Society of America" als Berufsorganisation über tausend hauptberuflich tätige Fachleute umfaßt, gibt es in Deutschland nur eine einzige selbständige Beratungsfirma und einige wenige freiberufliche Beziehungsgestalter, die bei ihrer Pionierarbeit große Schwierigkeiten zu überwinden haben." (S. 25). Er rät Unternehmen, deren Bedarf an „öffentlicher Beziehungspflege" einen relevanten Umfang überschritten hat, zur Einrichtung einer entsprechenden Unternehmensabteilung oder zur Verpflichtung „beratender Beziehungsgestalter". Letzterem gilt sein Votum. Er begründet dies damit, dass Externe „die inneren Verhältnisse und Beziehungen oft klarer als organisationszugehörige Glieder" sehen und „durch ihre dezentralisierte Tätigkeit in verschiedenen Institutionen vielseitige Einblicksmöglichkeiten, verbunden mit umfassender praktischer Erfahrung" haben (S. 26).

Eine weitere wissenschaftliche Verortung des neuen Berufsfeldes erfolgte im Rahmen der Dissertation von Everhard Ludemann (1952) „Betriebliche Partnerschaftspflege (Business Public Relations)". Seine Arbeit greift die zu dieser Zeit aktuelle Diskussion um eine adäquate sprachliche Adaption des Begriffs Public Relations ins Deutsche auf und bemüht sich um eine eigene Begriffsbildung. Er spricht sich gegen die Versuche Public Relations mit „Meinungspflege" (Gross) oder „Werbung um öffentliches Vertrauen" (Hundhausen) zu übersetzen, sondern argumentiert für die Begrifflichkeit „Partnerschaftspflege" (S. 28). Die sollte sich letztendlich nicht durchsetzen, was allerdings den inhaltlichen Wert seiner Untersuchung in keiner Weise einschränkt. Bei einer ersten exemplarischen Skizzierung des PR-Berufsfeldes in den USA bezieht er sich auf eine repräsentative Umfrage des „American Council on Public Relations" vom März 1946 (S. 245-248) und erläutert darüber hinaus die berufsständische Organisation in den USA und Großbritannien mit dem besonderen Hinweis auf das Treffen der „Public Relations Society of America" 1950 und der Vorstellung erster „Professional Standards for the Practice of Public Relations" (S. 250-251). Des Weiteren schildert er basierend auf amerikanischer Standardliteratur (z. B. Baus, 1948) die Berufsgliederung in den Vereinigten Staaten, differenziert zwischen allgemeinen und besonderen „Partnerschaftspflegern" sowie zuarbeitenden Hilfskräften. Eingehend widmet er sich dem Berufsbild des externen „Partnerschaftspflege-Beraters" und beschreibt die Beratertätigkeit von der Geschäftsaufnahme über die Einreichung von Kostenvoranschlägen und Briefings bis hin zu Prozessen in der Zusammenarbeit mit den intern Beauftragten. Hinsichtlich der Eigen-Organisation der Berater bzw. Agenturen verweist er auf die Praxis, Zweigstellen vor Ort beim Kunden zu gründen und auf eine Preisgestaltung, die neben dem zeitlichen Aufwand und Spesen auch den Ruf des jeweiligen Beraters einschließt. Zur Akquise folgt der Hinweis, dass Berater meistens auf Eigenreklame verzichten und auf „Weiterempfehlung ihrer zufriedenen Kunden hoffen" (S. 255).

Eine weitere deutschsprachige, allerdings Schweizer Dissertation mit dem Thema Public Relations stammt von Emil Greber (1952). Auch er verarbeitet kurze Hinweise auf die Tätigkeit von PR-Beratern in den USA (S. 21), PR-Agenturen als Dienstleister (S. 36) und die Kostenstruktur einer Zusammenarbeit (S. 40).

Helmut Löckenhoff (1958) behandelt gegen Ende der 50er Jahre in seiner wirtschaftswissenschaftlichen Dissertation unterschiedliche Aspekte der Meinungs- und Beziehungspflege des Industriebetriebes. Er scheut ebenfalls die Verwendung des Begriffs Public Relations und bemängelt den Gebrauch als Schlagwort und seinen wenig klaren Inhalt (S. 5). Die theoretisch angelegte Arbeit beschäftigt sich nur in zwei Exkursen mit praktischen Belangen, steuert aber zur Etablierung und Wachstumsdynamik von PR-Beratung interessante Punkte bei.

Eine erste „wissenschaftliche Fallstudie", allerdings mit geringer beratungsspezifischer Relevanz, ist die Dissertation von Laurence Victor de Vito (1956), die sich mit der Public Relations der amerikanischen Industrie vornehmlich am Beispiel des Unternehmens E. I. Du Pont de Nemours & Company auseinandersetzt.

9.4 Ausbildung

In dieser Phase gibt es nur vereinzelte Hinweise auf Ausbildung bzw. Bildungsangebote im Bereich Public Relations. Dokumentiert sind erste Diskussionen um ideale „Ausgangsberufe" und wissenschaftliche Ausbildungsformen, wie sie bereits in den Vereinigten Staaten existierten (Kropff, 1950, S. 705-706). 1954 verknüpfte die ZEIT in einer Nachricht („Mehr als Reklame", ZEIT, 9.9.1954, S. 8) die starke Nachfrage nach Werbeassistenten mit dem gestiegenen Interesse der deutschen Wirtschaft an Public Relations und verwies in diesem Zusammenhang auf die Aufbruchsstimmung in der werbefachlichen Ausbildung und die rege Ausbildungstätigkeit der zahlreichen Hochschulen. Eine Einschätzung zum Ausbildungshintergrund von PR-Fachleuten in der Nachkriegszeit liefert Vogel (1951, S. 25-26) in seiner Dissertation. Demnach rekrutierten sich die meisten der damaligen PR-Fachleute aus dem Journalismus.

Erste Bildungsangebote waren Vorträge und Studienreisen: Ein erstes Interesse wurde neben den Publikationen deutscher Fachautoren durch eine rege Vortragstätigkeit befriedigt. (Nachrichtenmeldungen zu Vorträgen: „Werbung und Public Relations", FAZ, 13.5.1950, S. 8; „Grenzen der Werbung", FAZ, 13.1.1951, S 6; „Public Relations", FAZ, 6.9.1951, S. 5; „Ehrliche Public Relations", FAZ, 6.3.1954, S. 7). Einen unmittelbaren Einblick in die amerikanische PR-Praxis vermittelten Studienreisen, wie sie Friedrich Mörtzsch (1955) in der „Zeitschrift für Elektrizitätswirtschaft" beschreibt. Zehn deutsche Fachleute aus Verlag, Zeitschrift und Pressestelle konnten sich auf einer siebenwöchigen Studienreise durch die Vereingten Staaten ein Bild vom dortigen Stellenwert der „Industriellen Public Relations" machen (ebd., S. 362).

9.5 Fachliche Organisation

Bereits seit Anfang der 50er Jahre gab es erste regionale Zusammenschlüsse wie den Norddeutschen PR-Kreis, der sich in losen Abständen in Hamburg zusammenfand, um Kollegen in einer neuen Branche zusammenzuführen und sich über Grundsatz- und Detailfragen sowie ein etwaiges Berufsbild auszutauschen. Allmählich entstanden auch in anderen Städten, München, Köln, Berlin und Frankfurt, lose Zusammenschlüsse und Friedrich H. Korte und sein Norddeutscher Kreis – er war um 1955/56 Sprecher dieses Kreises – plädierten dafür, diese Konstrukte in einem Überbau auf Landesebene zusammenzuführen (Lehming, 1995, S. 65 in Bezugnahme auf einen diesbezüglichen Briefwechsel mit Friedrich H. Korte).

9.6 Abgrenzung und interprofessionelle Konkurrenz

In der deutschen Fach- und wissenschaftlichen Literatur manifestierten sich zu Beginn der 50er Jahre erste Berufsbilder des externen PR-Beraters, in denen Handlungs- und Erklärungswissen beschrieben, Aufgaben und Kompetenzen festgelegt und Zugangsvoraussetzungen definiert wurden. Die Schärfung und inhaltliche Bestimmung erfolgte dabei immer in Abgrenzung zur Ausübung des Berufes in Festanstellung und gegenüber konkurrierenden Berufsgruppen.

9.6.1 Aufgabenfeld und Abgrenzung zur Festanstellung

Aufgrund der hohen Kongruenz in den Wissens- und Handlungsfeldern des festangestellten PR-Fachmanns und seines am Markt frei agierenden Pendants, galten inhaltliche Bestimmungen zum größten Teil für beide Gruppen. Eine wesentliche Abgrenzung fokussierte auf die Gegenüberstellung der Vor- und Nachteile von Festanstellung und freier Beraterschaft.

In Deutschland publizierte Gross (1951) als einer der Ersten eine inhaltliche Bestimmung. Er sah nur Persönlichkeiten von Format im Beruf des Beraters für Meinungspflege. „Auf wenigen Gebieten betätigen sich aber – auch in den USA – so zahlreiche Existenzen, die eigentlich nicht hingehören. Vor allem sei vor einem Mißverständnis gewarnt, daß nämlich der übliche Werbe- oder Publizitätsfachmann gleichsam automatisch zum Berater in Fragen der Meinungspflege geschaffen sei." (S. 51). Für ihn waren Persönlichkeiten mit einem beruflichen Hintergrund aus Politik, Diplomatie, Journalismus ja sogar Offiziere qualifizierter (S. 53). Für eine Festanstellung sprach seines Erachtens besonders die Forderung an den Berater, „die künftigen Erfordernisse der öffentlichen Meinungspflege beim Unternehmer und allen im Apparat der Unternehmung Tätigen lebendig zu machen" (S. 54). Er sah einen Berater in dieser Funktion auch als Kopfstelle für selbständige Berater und Beratungsfirmen, die dann mehr als Spezialisten für Fachgebiete wie „Abtastung der öffentlichen Meinung und die psychologische Auswertung des Firmenmaterials" zuarbeiteten (S. 55). Den heimischen Markt für „Fachkräfte für Meinungspflege" verglich er mit den USA und beklagte das nicht vorhandene Bewusstsein bzw. eine mangelnde Einsicht in die Notwendigkeit der Unternehmerschaft für Meinungspflege. Er attestierte Deutschland das bisherige Fehlen des Berufsfeldes und sah dies aber gleichzeitig als Chance, Fehler wie sie in den USA gemacht wurden – zu große Nähe zur Werbung – zu vermeiden (S. 62).

Ludemann (1952) setzte sich dezidiert mit dem Aufgabenfeld seiner „Partnerschaftspflege-Berater" auseinander:

> „Diese Berater richten nämlich bei den betreuten Unternehmen eine Abteilung für Partnerschaftspflege ein oder machen ihm Empfehlungen für sein Gebaren. Gewöhnlich übernehmen sie jedoch vorübergehend dringende Aufgaben oder überprüfen zu bestimmten Zeitpunkten die bisherigen Schritte ihrer Kunden. Damit ist schon das Verhältnis des Außenberaters zum Leiter der betrieblichen Partner-schaftspflege angedeutet. Manche glauben, dieser Leiter soll ohne Hilfe handeln. Andere wieder meinen, der Außenberater mache einen besonderen Fachleiter entbehrlich. Die überwiegende Zahl von Berufsangehörigen weist beiden aber den Platz zu, der sich aus der Abwägung der Vor- und Nachteile ergibt." (S. 253-254)

Zu den Vorteilen zählte er besonders die Außensicht, die er durch fehlende Betriebsblindheit, die Kenntnis ähnlicher Verhältnisse aus anderen Kundenprojekten und einen „weiteren beruflichen Horizont" beisteuert. Zwar habe der festangestellte Leiter einen tieferen Einblick in die Prozesse des Unternehmens, aber die nicht vorhandene Einbindung mache den Außenberater unabhängiger und versetze ihn damit in die Lage, Ansichten offener zu vertreten. Den Leiter sah er mehr in der Umsetzung und Steuerung der normalen Prozesse, während der Außenberater sich besser für die Feinabstimmung, die Revision oder die

Übernahme von Sonderprojekten eigne. Auch kritisierte er die Übernahme der externen Beratung durch an Werbeagenturen angegliederte „Abteilungen für Partnerschaftspflege". Eine „gesunde Beratung" wäre nur gewährleistet, wenn Werbung und Partnerschaftspflege innerhalb der Agentur getrennt arbeiten und abrechnen, da sonst aufgrund der 15-prozentigen Vermittlerprovision eher das lukrativere Anzeigengeschäft im Mittelpunkt stehe (S. 254-255).

Helmut Löckenhoff (1958) sah die grundsätzliche Entwicklung, dass je mehr Public Relations sich ihren Platz im organisatorischen Gefüge eines Betriebes erobert und als Funktion des ganzen Betriebes empfunden wurde, sich das Aktionszentrum von „Public-Relations-Advertisers und Counselors" in Richtung Betrieb und Festanstellung verschiebt.

> „Das schnelle Wachstum der beratenden Public-Relations-Firmen spricht nur scheinbar dagegen. Der Grund liegt in einer anderen Entwicklung, und zwar in der wachsenden Anzahl der Public Relations betreibenden Industriebetriebe und in der sich komplizierenden meinungstechnischen Apparatur, die insbesondere bei kleineren Betrieben Hilfe von aussen nötig macht. Der Fachberater jedoch beschafft nur die nötigen Grundlagen (Meinungsforschung) und stellt nur sein technisches Wissen für die Durchführung zur Verfügung. Die Grundlinien der Politik werden vom beratenen Betrieb selbst vorgegeben, oder nach seinen Bedürfnissen ausgerichtet." (S. 83-84)

Grundsätzlich weist Löckenhoff der Unternehmensleitung die Festlegung der Beziehungspflege in letztendlicher Instanz zu. In der Zusammenarbeit mit beratenden Einheiten sah er folgende Problemlage:

> „Nicht in allen Fällen ist der Public-Relations-Publizist ein vergleichsweise freier Mitarbeiter, sondern weitgehend weisungs-gebunden. Auch dann, wenn beispielsweise für eine beratende Gesellschaft ein solches Verhältnis der Unterordnung nicht besteht, erwartet doch der Auftraggeber einen bestimmten Erfolg, möglicherweise in einer vergleichsweise kurzen Frist. In beiden Fällen ist die Versuchung gross, die Verantwortung auf die Betriebsleitung bzw. auf den Auftraggeber abzuwälzen und sich selbst auf die Rolle eines rückratlosen Funktionärs zu beschränken. Dann aber ist man nicht weit davon entfernt, nur noch den verlangten Erfolg mit den technisch wirksamsten Mitteln ohne Rücksicht auf das Berufsethos anzustreben." (S. 113)

Bruno Heini (1960) sprach sich gegen eine Ausgliederung der ganzen Public Relations-Funktion aus, sah aber, dass die Bildung einer eigenen Abteilung aus Kostengründen für viele Unternehmen unmöglich war und plädierte für angepasste, kleine Abteilungen bzw. die fallspezifische Mitarbeit des „ausserbetrieblichen public-relations Beraters". Für diese Mitarbeit spreche der Umstand, dass der PR-Berater über ein gut funktionierendes Netzwerk von weiteren Spezialisten verfüge, z. B. Meinungsforscher, und somit für einen speziellen Auftrag zu relativ günstigen Kosten Ressourcen mobilisieren könne, die ein Unternehmen nicht ständig vorhalten müsse. Bei mittleren Unternehmensgrößen komme für ihn der grundsätzliche Koordinierungsbedarf zwischen Unternehmensleitung und externer Beratung hinzu. Der Werbung wies er eine untergeordnete Rolle zu: „Vor der Bedeutung des Verhaltens der Unternehmung wird die Rolle der werbetechnischen Einzelheiten geringfügig, und die Ausführung der Erkundigung sowie Mitteilung kann einer eigenen Abteilung oder einer betriebsfremden Stelle ohne Beeinflussung der Qualität der unternehmerischen Vertrauenswerbung überlassen werden." (S. 119-120).

Zusammenfassend lassen sich inhaltlich bei den Autoren mehrere Abgrenzungslinien festlegen. Im Mittelpunkt stehen die individuelle Bedarfssituation des Unternehmens und damit die Anforderungen an eine entsprechende Public Relations in Zielsetzung, Organisation und betriebswirtschaftlich vertretbarem Arbeitsaufkommen. Für erste Gehversuche und die Etablierung von Public Relations wird der freie PR-Berater aufgrund seines auf Kundenprojekten gesammelten Erfahrungshorizonts empfohlen. Ziel sollte jedoch die im Unternehmen bedarfsgerecht angesiedelte Infrastruktur – losgelöst von der Unternehmensgröße – sein, an die sich der externe Berater aufwands- und projektspezifisch andockt. Neben der fehlenden Betriebsblindheit gilt vor allem Spezialisierung als ein wesentlicher Vorteil. Verlangt wird über das einfache PR-Maß hinausgehendes Spezialwissen bzw. ein kooperierendes Spezialisten-Netzwerk, das vom Unternehmen bei Bedarf zugekauft werden kann.

9.6.2 Interprofessionelle Konkurrenz und Abgrenzung zum Berufsfeld Werbung

Dass sich gerade in der Schwesterdisziplin Werbung mit dem sich bereits weiter entwickelten und etablierten Berufsbildern des Werbeberaters und Werbeleiters intensive Abgrenzungs- bzw. Vereinnahmungsdiskussionen abzeichnen würden, muss auch bei der Nähe von PR-Pionieren wie Hundhausen oder Brose zur Werbung nicht verwundern. Allein die Adaption der Begrifflichkeit „Public Relations" ins Deutsche mit „Werbung um öffentliches Vertrauen" dokumentiert enge Verwandtschaft, aber auch unterschwellige Besitznahme.

Eine der ersten Auseinandersetzungen mit der fachlichen Schnittmenge von Werbung und Public Relations aus der Sicht einer weniger werbungtreibenden sondern Werbewissen vermittelnden Persönlichkeit stammte von Hanns F. J. Kropff, dem Leiter des werbewissenschaftlichen Instituts in München (Kropff, 1950). In seinem Fachzeitschriften-Beitrag greift er eine anscheinend in der Werbebranche schwelende Diskussion um Bedeutung, Stellenwert und Abgrenzung von Public Relations auf: Kropff teilt nicht die generelle Meinung unter Werbeberatern und in der (Werbe-)Fachpresse, dass Public Relations in das Arbeitsgebiet des Werbefachmannes gehört und unterstellt seinen Berufsgenossen, eine Vereinnahmung lediglich aus Gründen persönlicher Aufwertung und Eitelkeit zu betreiben. Kroff spricht sich gegen den Versuch aus, den „public relations-Mann aus dem Werbefach allein zu entwickeln". Auch den Journalismus als alleinigen Ausgangsberuf zu wählen, würde seines Erachtens scheitern. Methoden, Aufgaben und Mittel unterscheiden sich deutlich. Beide Bereiche tragen nach seiner Ansicht zur Gestaltung des Berufsbildes bei, aber „die Funktionen des public relations-Mannes sind andere, ethisch höhere als diejenigen des Leiters einer Werbeabteilung oder eines literarischen Büros. Wie wenig der Sinn bei public relations selbst von Werbeberatern und Schriftleitern bisher erkannt würde, das zeigen die Aufsätze der Public Relations-Inserate, in denen repräsentative Anzeigen als Mittel der Werbung um das öffentliche Vertrauen empfohlen werden." Er plädiert für eine solide wissenschaftliche

Ausbildung wie in den Vereinigten Staaten, bevor „die Begabten aus anderen Berufen in die public relations hinüberwechseln" (S. 705-706). Lösungsorientiert endet sein Beitrag mit den Fragen „Wer ist der Rechte?" und „Wer kann und soll public relations planen und durchführen?". Die erste Antwort lautet, die Verantwortung gehört in die Hände der Unternehmensführung. In der Zuarbeit empfiehlt er den freien Berater, besonders aufgrund der nicht vorhandenen Betriebsblindheit, er solle auf das Engste mit der Geschäftsführung zusammenarbeiten, ohne jedoch diese von der Verantwortung zu entbinden. In der letztendlichen Abwicklung sieht er interne Kräfte (S. 708-709). Resümierend beschäftigt er sich mit der Sekundärfrage „Welche Eigenschaften und Kenntnisse muß ein solcher Berater besitzen?". Er setzt wirtschaftliche und moralische Unabhängigkeit an die erste Stelle. Neben den klassischen positiven Persönlichkeitsmerkmalen (Charakter, Analysestärke, geistige Wendigkeit etc.) sind es besonders handwerkliche Fähigkeiten aus Werbung und Journalismus. Trotzdem erteilt er beiden Berufsgruppen in seinem den Beitrag abschließenden Urteil eine Absage: „Aber eines ergibt sich ohne weiteres: der durchschnittliche deutsche Werbeberater und Journalist ist heute noch nicht dazu legitimiert, Industrie und Handel, Magistrate und Regierungsstellen auf dem Gebiete der public relations zu beraten. Solche Männer müssen daher möglichst rasch, aber auch gründlich herangebildet werden." (S. 709) Dass es sich bei diesem Beitrag um die singuläre Meinung eines mit der Ausbildung befassten Werbewissenschaftlers handelte, die Kritik hervorrufen musste, war dem Hauptschriftleiter der Zeitschrift Hans Mühlhäusler bewusst und er forderte in Zusammenhang mit dem Beitrag die Leser auf, ihre Meinung zu äußern (Mühlhäusler, 1950, S. 709). Er selber vertrat eine Gegenposition. Ausgehend von Carl Hundhausens PR-Definition „Werbung um öffentliches Vertrauen" sah er Werbung natürlich in Händen von Fachleuten für Werbung. Zwar schränkte er ein, nicht in denen von Grafikern und Werbefotografen, denn in der Praxis gäbe es nach seiner Ansicht schon viele Werber in der PR-Verantwortung. Ihre Kenntnisse und Erfahrungen sah er als ideales Rüstzeug, nicht ohne ergänzende Schulung und berufliche Ausbildung zu fordern (S. 709).

Auch in der ZEIT wurde die Abgrenzung von Werbung und Public Relations diskutiert. In dem Beitrag „Public Relations: mehr als Technik" (ZEIT, 22.2.1951) wurde besonders die eigenständige Verortung von Public Relations im Unternehmen betont. Danach ist sie maßgeblich eine Angelegenheit der Entscheider, denen der PR-Fachmann als Berater oder ausführendes Organ zur Seite steht (S. 16). Herbert Gross warnte in seinem Beitrag „The American Way" an gleicher Stelle (ZEIT, 22.2.1951) vor einer blinden Übernahme amerikanischer Methoden. Als berufsständisch problematisch sah er die enge Verknüpfung von PR und Werbung in den USA. „„Zwar ist der Beruf des Public-Relations-Beraters oder -Direktors aus der ursprünglichen Tätigkeit des Presseagenten hervorgegangen. Und auch heute leiden die ernst zu nehmenden Vertreter des Public-Relations-Berufs in den USA unter der noch immer häufigen Vermischung von Reklame und Public Relations." (S. 16) In seinem Standardwerk „Moderne Meinungspflege" (1951) plädiert Gross für eine strikte Abgrenzung und organisatorische Trennung von der Werbung, verbunden mit einer deutlichen Absage an die Rekrutierung von Beratern aus dem Werbeumfeld – und bezieht damit Stellung gegenüber „gewissen Vertretern der Werbeberufe". Er gesteht den in diesem Berufsfeld Tätigen zwar Grundkenntnisse der öffentlichen Meinung zu, doch seine Position ist eindeutig: „Aber die durchschnittliche Publizitäts- und Werbeagentur dient doch in erster Linie dem Vertrieb, der geschmack- und wirkungsvollen Anpreisung der Waren, welche die Firma gern angepriesen und verkauft haben möchte." Er rät dem verantwortungsbewussten Werbefachmann, sich auf sein Fachgebiet zu beschränken und sich dort zu spezialisieren. Sollte er sich doch zur „Meinungspflege-Beratung" hingezogen fühlen, müsste er als Grundvoraussetzung seine Werbetätigkeit aufgeben. Berater sollten sich auf keinen Fall aus dem Werbeetat finanzieren, sondern wie Rechtsanwälte aus den „Dispositionsfonds der obersten Unternehmensleitung" (S. 51-53).

Auch Vogel (1951) bezog in seiner Dissertation Stellung. Mit Blick auf den externen Berater und in Bezug auf eine amerikanische Quelle weist er auf einen wesentlichen Kernpunkt der Abgrenzung gegenüber dem Werbeberuf hin: Schließlich hätte sich der Beruf des PR-Spezialisten aus den Reklamebüros entwickelt und unter falsch verstandenen Vorzeichen konstituiert (diskutiert auch bei Gross, 1951, S. 64). Heute würde nachträglich versucht, die Verankerung aus dem Reklamefach zu lösen und ein neues Berufsethos, das vor allem durch das Bewusstsein einer Verpflichtung gegenüber der Öffentlichkeit geprägt ist, zu etablieren (Vogel, 1951, S. 20-21).

Wie breit und umfassend die Diskussion über die Eignung von Werbern für PR-Aufgaben geführt wurde, dokumentiert ein Beitrag in der ZEIT ("Kleines und großes ABC", ZEIT, 18.2.1954, S. 12), dessen informeller Mehrwert darin liegt, dass in der gleichen Ausgabe in Replik umfangreiche (Leser-)Kommentare aus Industrie und Agenturen mitabgedruckt wurden. Der Autor Thomas Tessmann widerspricht dem Eindruck, dass Public Relations etwas für Deutschland grundsätzlich Neues bedeutet und bezieht sich dabei auf das historische Erbe der Öffentlichkeitsarbeit durch Krupp, Zeiss oder der I. G. Farben. Er hält nichts von einer Abgrenzung der Aufgabenbereiche, da sie fast die gleiche Begabung verlangen. „Auf die Gefahr hin, den Protest der Theoretiker herauszufordern, wage ich die Behauptung, daß die Befähigung, jemanden zum Kauf, also zur Herausgabe von Geld zu veranlassen, die Krönung aller Begabung für „Relations" darstellt." Die operative Trennung von Werbung und Public Relations sieht er nicht, er sieht vielmehr die Werbung mit einem wesentlich erweiterten Aufgabenkreis. „Der Werbefachmann von morgen sollte, wie in den USA oft schon heute, in die Geschäftsleitung eingebaut und mit allen Vollmachten versehen werden" (S. 12). Der Zugang zu diesem erweiterten Aufgabenkreis müsse durch eine berufsfachliche Ausbildung an einer Werbehochschule, die neben wirtschaftlichen Kenntnissen auch sozial- und geisteswissenschaftliche Grundlagen vermittelt, gewährleistet werden („Eine Hochschule?", ZEIT, 18.2.1954, S. 12). Die Antworten der Industrievertreter und Praktiker zeigen – erwartungsgemäß – kein einheiliges Bild. Otto A. Friedrich, Vorstandsvorsitzender der „Phoenix Gummiwerke AG", fand den Gedanken abwegig „die Warenwerbung mit der

Meinungswerbung (Public Relations) zu verquicken". Eine Angliederung sei eine „schiefe Idee" und den Ruf nach einer Hochschule für Werbung „typisch deutsch". Dr. F. W. Borgward, Inhaber der „Carl F. W. Borgward-Gmbh", plädierte für eine unternehmensspezifische Aufstellung, da jedes Unternehmen seine eigene Struktur und seinen eigenen Rhythmus hat. Paul Spethmann, Vorsitzender des Vorstandes der Hotelbetriebs-Aktiengesellschaft, sah „keine bessere und natürlichere Lösung" als dem Werbeleiter auch die Pflege der Public Relations zu übertragen. Kurt Roehder, Direktor der „Chemische Werke Hüls GmbH" und Peter Margaritoff, Mitinhaber der „Opal Strumpfwerke GmbH", traten für unternehmensspezifische Individuallösungen hinsichtlich des Zusammenwirkens von Werbung und Public Relations ein, während sich der Werbeberater Walter Böhm, „H. K. McCann Company mbH", für eine generelle Aufwertung des Werbeleiters aussprach, aber Unternehmen, „in denen man den Werbeleiter als notwendiges Übel oder eine letzte nie ganz ernst zu nehmende Figur sieht", als Hemmnis betrachtete („Pro – aber auch Kontra ...", ZEIT, 18.2.1954, S. 12-13).

Zu resümieren ist, dass auf Seiten der PR-Fachleute die enge historische und aufgabenbezogene Verknüpfung mit den Medien sehr kritisch gesehen wurde und man eine deutliche Trennung besonders in der operativen Arbeit als nötig erachtete. Bei den Werbern spielte dieses Moment eine eher untergeordnete Rolle. Dies beinhaltete nicht nur die im Unternehmen aufgehängten Ressourcen, sondern auch die Beratung und Zuarbeit durch externe Kräfte. Auch innerhalb einer Agentur sollte eine saubere Trennung zwischen Werbung und Public Relations existieren. Besonders bei den Werbepraktikern scheint eine notwenige Sensibilität für ein Grundprinzip von Public Relations, der unabhängigen und frei entscheidenden Presse, zu fehlen. Im Vordergrund einer durchaus existierenden Vereinnahmungspolitik stand die Aufwertung des eigenen Berufsstandes innerhalb des Unternehmensgefüges, fokussiert auf eine wertige Einbindung in die Geschäftsleitung. Der Schlüssel dazu war die Erweiterung des eigenen Verantwortungsbereiches um Public Relations. Die eigene Wissensbasis wurde als gute Grundlage erachtet. Eine Weiterentwicklung der Ausbildung in Richtung Public Relations sollte den beruflichen Status zusätzlich aufwerten.

9.6.3   Zum Berufsfeld Journalismus

Während zwischen Public Relations und Werbung eine intensive Auseinandersetzung über die Abgrenzung bestand, wurde der Journalismus, von der Arbeitsbeziehung zwischen PR-Fachmann und Journalist einmal abgesehen, berufsfeldspezifisch eher ergänzend unter Vor- und Ausbildungsgesichtspunkten wahrgenommen. Für Gross (1951) kamen natürlich auch „Presseleute" für eine Tätigkeit im Berufsfeld Meinungspflege in Frage. „Allerdings trägt durchaus nicht jeder Journalist ohne weiteres den „Berechtigungsschein" für Meinungspflege in der Tasche" (S. 62). Kenntnisse des Pressewesens und des journalistischen Handwerks sind nach seiner Ansicht zwar gute Voraussetzungen, aber noch keine Garantie für die Eignung (S.

63). Vogel (1951) gibt eine Einschätzung der Nachkriegssituation: „Die heute in Deutschland arbeitenden Fachleute für Beziehungspflege sind meistens Journalisten. Von ihnen muß gefordert werden, daß sie ihre Aufgabe nicht nur publizistisch sehen, sondern Publizistik lediglich als eines der notwendigen Gestaltungsmittel erachten. Public Relations sind nicht nur eine handwerkliche Technik, sondern hauptsächlich eine von sozialer Einsicht und Verantwortung getragene Lebensgestaltung."(S. 25-26).

9.7 Kodizes und Standards

Der Prozess der inhaltlichen Bestimmung des Berufsfeldes war auch von Diskussionen begleitet, die sich bereits in einem sehr frühen Stadium mit ausübungs- und marktspezifischen Negativentwicklungen auseinandersetzen mussten, und den Ruf nach einer ethischen Fundierung lauter werden ließen.

Wie bereits erwähnt, sah Vogel (1951) die berufshistorisch enge Verknüpfung mit dem „Reklamefach" als belastendes Moment für die Public Relations. Er bewertete den Versuch, sich durch ein neues Berufsethos, das vor allem durch das Bewusstsein einer Verpflichtung gegenüber der Öffentlichkeit geprägt sein sollte, abzunabeln als positiv. Den Zugang zum Berufsfeld und die Ausübung sah er an bestimmte Persönlichkeitsvoraussetzungen gebunden, die auch ethischen Vorgaben genügen mussten (S. 21).

Die frühe Formierungsphase war geprägt von einer die Public Relations generell betreffenden inhaltlichen Unsicherheit und Orientierungslosigkeit besonders auf Seiten der Unternehmen und Institutionen. Verschlagwortung, Adaptionsdiskussionen und der teilweise bewusst aufgebaute „mystische Schleier" trugen dazu bei. Dass diese Situation auch von ersten Marktakteuren ausgenutzt wurde, belegt ein Artikel aus der FAZ („Lesefrucht. Public Relations", FAZ, 15.5.1952, S. 7), der Abdruck eines Originalbeitrages aus der „Leistung – Illustrierte Zeitschrift für die Wirtschaft" vom 13. April 1952 war. Der Umstand, dass der dort geschilderte Sachverhalt durch eine zusätzliche Veröffentlichung einem breiteren Publikum bekannt gemacht werden sollte, spricht für seine Relevanz:

> „Es kann eigentlich nicht wundernehmen, daß die ‚public relations' in den letzten Jahren bei uns in Mißkredit gekommen sind. Trotz vieler mehr oder weniger geistreicher Abhandlungen verschiedenster Interpreten über dieses Thema ist es nicht recht gelungen klarzumachen, was hinter diesem nun fast schon zum Schlagwort gewordenen amerikanischen Begriff eigentlich steckt. Die übliche Uebersetzung mit ‚Pflege der öffentlichen Meinung durch die Betriebe' ist recht unbestimmt. Der etwas mysteriöse Charakter dieses Begriffes lockte leider ein ganzes Heer von Geschäftemachern an, die den Unternehmern ihre Dienste anboten. Aber diese ‚Fachleute' hatten meist nur Phrasen und keine Erfahrungen zu bieten. Diese Entwicklung ist umso bedauerlicher, als public relations richtig verstanden gar keine geheimnisvolle Angelegenheit sind […]" (S. 7).

Angesichts der vorherrschenden Unsicherheit und der Geschäftstüchtigkeit „unfertiger Berater" ohne Erfahrungswissen, die der Disziplin schadeten und dem aufkeimenden

Berufsstand eine frühe Bürde auflasteten, tat Orientierung sicherlich Not. Hundhausen (1951) war der erste, der eine ethische Fundierung lieferte. Er formulierte auf Basis fast ausschließlich amerikanischen „Quellenmaterials" (S. 165) einen ersten Ethikkanon, der in sechs Prinzipen dem Berufsstand eine grundlegende Orientierung gab. An die erste Stelle setzte er das Prinzip der Wahrheit. Alles was eine Unternehmung zur Unterrichtung der Öffentlichkeit über die eigenen Angelegenheiten sagt, sollte wahr sein. Er erweiterte dieses in seinem zweiten Prinzip um die vollständige Wahrheit. Wahrheit ist nicht teilbar: „Wenn es um die Gewinnung von Vertrauen geht, dann gilt auch der Grundsatz des persönlichen Verkehrs, daß halbe und unvollständige Wahrheiten nicht ausreichen." (S. 161) Er fügt aber einschränkend hinzu, dass es zeitweise durchaus erforderlich sein kann, bestimmte Sachverhalte erst nach und nach in ihrem ganzen Umfang bekannt zu machen, was nach seiner Ansicht nicht zwangsläufig zur Verleugnung der Wahrheit führen muss. Das dritte Prinzip der Offenheit fordert diese als einen wesentlichen Grundzug der Unternehmenspolitik. Die freiwillige Unterrichtung der Öffentlichkeit beinhaltet alle Bereiche und Bezugsgruppen und schließt auch die Offenheit über Fehler und Irrtümer mit ein. Für Hundhausen war Offenheit eine wesentliche Voraussetzung für Vertrauen (S. 162). Ebenfalls beim Unternehmen verortete Hundhausen das Prinzip des ersten Schrittes. Er sah die Unternehmensleitung aufgrund ihrer wirtschaftlichen und rechtlichen Position in allen Fragen in der Pflicht, den ersten Schritt zu machen, sei es gegenüber der Öffentlichkeit oder gegenüber der eigenen Belegschaft (S. 163). Das Prinzip der Selbsterziehung verlange vom Unternehmen und seiner Leitung, sich auf die wechselnden Erfordernisse des Tagesgeschäfts einzustellen, sich mit neuen Bedingungen auseinanderzusetzen und an den Herausforderungen zu wachsen, damit sich der „letzte Sinn einer Unternehmung, der in der Gemeinsamkeit ihrer Interessen mit den Interessen aller liegt", erfüllt (S. 164). Das Prinzip der übereinstimmenden Interessen beinhaltete die Kongruenz der Interessen zwischen der Öffentlichkeit und dem Unternehmen auf allen Lebensgebieten. Sie war für ihn, in sehr enger Anlehnung an die amerikanische Praxis, „die Voraussetzung einer echten Gemeinschaft innerhalb der Unternehmung und der Beziehungen zwischen der Unternehmungs-Persönlichkeit und den weiteren Kreisen der Öffentlichkeit." (S. 165) Hundhausen übertrug seine ethischen Maßgaben auch auf konkretes berufspraktisches Handeln und macht sie dem Fachpublikum zugänglich. Auf dem Reklamekongress 1951 in Hamburg, Hundhausen gehörte dem Zentralausschuss der deutschen Werbewirtschaft als Vizepräsident an, stellte er in seinem Referat (Hundhausen 1951a), das in weiten Teilen Inhalte seines Buches verarbeitet, nicht nur seine PR-Prinzipien vor, sondern auch mehrere Regeln, die den ethischen Umgang mit den Medien festlegen sollten, u. a.:

- den Schriftleiter niemals zu drängen bestimmtes Material auch abzudrucken,
- sich als Werbeberater/-leiter nicht der „sogenannten freien Werbung" zu bedienen,
- es dem Schriftleiter zu überlassen, was den Leser interessiert,
- eine persönliche Beziehung anzustreben und zu versuchen, dem Schriftleiter wirklich zu helfen,

- den Schriftleiter niemals hinters Licht führen zu wollen und durch Unwahrheit sein Vertrauen zu missbrauchen (S. 145-146).

Auch Gross (1951) fundierte das berufspraktische Handeln mit ethischen Vorgaben. Der verantwortungsbewusste Berater solle nach seiner Ansicht in Fragen der Meinungspflege weniger seinen Kontraktpartner als die Öffentlichkeit im Auge haben (vgl. S. 50). Er forderte ein ähnliches Berufsethos wie ein Anwalt oder Steuerberater. Als Interpret der öffentlichen Meinung brauche er eine ausreichende Unabhängigkeit, um dem Unternehmer sagen zu können, welche Maßnahmen diese akzeptiert und welche nicht. „Er ist also nicht Anwalt der Lüge, der Beweihräucherung, der Propaganda, sondern Anwalt der Wahrheit und des von der öffentlichen Meinung geforderten, einwandfreien Benehmens." (S. 51) Auch er sah das Verhältnis zur Presse besonders kritisch und forderte klare ethische Verhaltensregeln. Eine klare Absage erteilte er der Käuflichkeit. Er sah die historisch enge Verquickung von Anzeige und Redaktion auch in Zukunft und begegnet ihr mit der nüchternen Feststellung, dass „gekaufte Presseorgane nicht gelesen werden". Für ihn lässt sich die öffentliche Meinung nicht durch Geld, sondern nur durch Tatsachen überzeugen. Redaktioneller Raum würde nur durch Informationen, die Journalisten und damit die Öffentlichkeit wirklich interessieren, gewonnen. Die Schaffung von Nachrichten ist dabei nicht nur erlaubt, sondern dringend gefordert. Der Berater für Meinungspflege hat die Aufgabe, den Unternehmer darin zu unterstützen (S. 131). Was auf der Ebene des Journalisten galt, galt für Gross auch auf der nächsthöheren Ebene der institutionellen Medien. Er sah die Zuschussbedürftigkeit besonders bei hochwertigen Medien, lehnte aber finanzielle Zuwendungen an Zeitungen und Zeitschriften ab. Für ihn waren sogenannte von außen finanzierte „Standpunkt-Blätter" aus Gründen der „Repräsentation" legitim, ihren PR-Wert beurteilte er jedoch als nur gering, da sie nicht der Pflege der öffentlichen Meinung dienten (S. 133).

9.8 Identität und Image

Eine erste öffentliche Diskussion der Disziplin Public Relations setzte in der jungen Bundesrepublik mit Beginn der 50er Jahre ein. Eingebettet in die wirtschaftspolitischen Rahmenbedingungen war es besonders die Art und Weise, wie die amerikanischen Unternehmen und Institutionen sich in ihrer liberalen Marktwirtschaft bewegten und den Anforderungen nach Öffentlichkeit nachkamen, die in den wichtigsten Medien diskutiert wurden. Auf Seiten der deutschen Unternehmen, bestand ein intensives Interesse, das umso größer war, je enger wirtschaftliche Beziehungen zu den Vereinigten Staaten bestanden.

Einen der ersten Fachartikel über Public Relations in einem bundesrepublikanischen Leitmedium publizierte die FAZ („Zuviel Geheimniskrämerei", FAZ, 26.1.1950, S. 7) in Auseinandersetzung mit Herbert Gross´ Fachbuch „Manager von Morgen" (1949). Gross selber unterstrich zwei Monate später ebenfalls in der FAZ in einem eigenen Beitrag

("Unternehmen und Öffentlichkeit", FAZ, 8.3.1950, S. 7) die Notwendigkeit von Public Relations amerikanischer Prägung in der modernen Marktwirtschaft und forderte ein weiteres Umdenken in deutschen Unternehmen, nicht ohne einleitend festzustellen: "Es ist bemerkenswert, daß sich beim deutschen Unternehmertum seit einigen Monaten ein wachsendes Interesse für jene Formen der Werbung um das öffentliche Vertrauen bemerkbar macht, die man in den USA seit längerem als „Public Relations" (PR) bezeichnet. Eine Reihe von Firmen, besonders solche mit engeren amerikanischen Verbindungen, hat aktive Programme bereits aufgenommen." (ebd., S. 7) Er stellte weiter fest, dass eine wesentliche Barriere in ihrer Anwendung und Verbreitung das vollkommene Fehlen von Fachleuten in der Beratung von Firmen sei. Während es in den USA etwa 500 Beratungsfirmen gäbe, existiere in Deutschland keine einzige.

Die erste thematische Auseinandersetzung mit dem Berufstand des PR-Beraters datiert auf den März 1950. Unter dem Titel „Ruhm-Fabrikation" berichtete der SPIEGEL (2.3.1950, S. 20) über die Tätigkeit und den Einfluss von US-amerikanischen PR-Beratern im Zusammenhang mit der Wiederbelebung der „Geisterstadt" Aspen in Colorado und ihrem Neustart als internationaler Wintersportort. Der halbverfallene Ort war von einem Syndikat aufgekauft worden, das frühzeitig „Public Relations Counsellors" eingebunden hatte, die „ein halbverfallenes Bergnest dem amerikanischen Publikum schmackhaft zu machen verstehen". Glamourös wird im Weiteren von den beruflichen Erfolgen von Bernays und Lee und von deren bekanntesten Auftraggebern und Mandaten berichtet. Der Beitrag schließt mit dem Hinweis, dass sich in den USA bereits 2.300 „Ruhm-Fabrikanten" (gemeint ist hier sicherlich der Gesamtberufsstand der PR-Fachleute) erfolgreich etabliert und in einer eigenen Berufsvereinigung zusammengefunden haben. Das Fach Public Relations werde zudem an Universitäten unterrichtet und kaum eine größere Firma, noch Regierungsstelle käme ohne ihren PR-Fachmann aus (vgl. ebd., S. 20).

Das Interesse an Public Relations verstärkte sich in den nächsten Monaten zusehends. Die FAZ stellte Mitte 1951 fest:

> „Es gehört heutzutage zum guten Ton bei jeder besseren Verbandstagung und Unternehmerversammlung auch über „public relations" zu sprechen. […] Berufene und Unberufene widmen sich dabei mit Hingabe der Interpretierung des schillernden Begriffes, und es ist eine unleugbare Tatsache, daß es weitaus mehr unberufene Interpreten gibt, die eine neue Konjunktur wittern und ihr Süppchen an dem erst spärlich flackernden Feuer deutscher „Meinungspflege" kochen möchten. Bei dieser Sachlage kann es nicht wundernehmen, daß viele Unternehmer die kaum begonnene Diskussion über dieses Thema wieder abbrechen. Es ist deutlich zu spüren public relations droht zum Schlagwort zu werden." („Um Vertrauen werben", FAZ, 20.7.1951, S. 7)

Gleichzeitig wurde der Bedarf nach seriöser und grundsätzlicher Fachliteratur thematisiert, wie er zeitnah mit den Werken von Hundhausen und Gross gedeckt wurde, um den „mystischen Schleier", den „Scharlatane" um den Begriff aufgebaut haben, zu zerreißen (vgl. ebd., S. 7). Auch die ZEIT beteiligte sich an der Diskussion. In dem Beitrag „Public Relations: mehr als Technik" (ZEIT, 22.2.1951, S. 16) ging es besonders um die notwendige Aufgabenverteilung der mit Public Relations Befassten. Sie sei maßgeblich eine Angelegenheit der Entscheider, denen der „Techniker" auf dem Gebiet der Public Relations als Berater oder ausführendes Organ zur Seite stehe. Herbert Gross warnte in seinem Beitrag „The American Way" an gleicher Stelle (ZEIT, 22.2.1951, S. 16) vor einer blinden Übernahme amerikanischer Methoden. Aufmerksamkeit erregte diese ZEIT-Ausgabe, die vorwiegend dem Thema „Der Mensch im Betrieb" gewidmet war, mit der Auslobung eines Leserwettbewerbs zur besten Übersetzung des „Modeworts" Public Relations („Gesucht wird die beste Verdeutschung", ZEIT, 22.2.1951, S. 9). Eine Jury wählte später aus den 1.522 Einsendungen den Begriff „Kontaktpflege", bewertete ihn allerdings nur als „relativ beste Lösung" und vergab keinen ersten Platz („Kontaktpflege" statt „Public Relations", ZEIT, 26.4.1951, S. 3). Die dezidierte Beobachtung amerikanischer Marketingmethoden – und damit auch speziell der Public Relations – oblag auch den Korrespondenten in den USA. Eldrige Haynes, der für die ZEIT aus New York berichtete, zählte sie in seinem Beitrag „Vier Schlüssel zum Erfolg" (ZEIT, 29.5.1952, S. 8) zu einer dieser vier Ideen, die in den USA entwickelt wurden und „deren Anwendung der deutschen Industrie zum Nutzen gereichen könnte." Er schilderte, dass sich eine wachsende Anzahl von Leuten mit Public Relations befassen, sei es festangestellt oder als Berater. Seine Einschätzung des deutschen Marktes: „Soviel ich weiß, gibt es nur ganz wenige solcher Leute in Deutschland und im Deutschen keinen gemeingültigen Ausdruck, der unserem „Public Relations" einigermaßen entspricht."

Auch von wissenschaftlicher Seite regte sich Kritik an der „Verschlagwortung" von Public Relations. Der Soziologe Helmut Schelsky wandte sich in einem Fachartikel in den „Gewerkschaftlichen Monatsheften" (Schelsky, 1952) gegen die „unkritische Übernahme neuer ausländischer Schlagworte". Er bezweifelte in Auseinandersetzung mit Gross´ „Moderne Meinungspflege" (1951), ob amerikanische Konzeption und Praxis von Public Relations überhaupt auf europäische Verhältnisse zu übertragen seien. „Der Kern des amerikanischen „Public-Relations"-Gedankens vermag zweifellos auch für unsere soziale und wirtschaftliche Lage wertvolle Anregungen zu bieten, aber Anregung und Nachbetung sind zweierlei." (vgl. ebd., S. 167)

Weitere Themenfelder, auf denen eine Auseinandersetzung mit Public Relations stattfand, waren die aktienrechtlichen und betriebswirtschaftlichen Aspekte von Unternehmenspublizität („Bilanzen – kein Betriebsgeheimnis", FAZ, 19.2.1955; „Haben Aktiengesellschaften ein Gewissen?", FAZ, 5.2.1955), die Beauftragungen amerikanischer PR-Agenturen durch deutsche Institutionen und Unternehmen („Public Relation: Milderes Klima", SPIEGEL, 18.2.1953, S. 6-8; „Personalie Peter von Eckardt", SPIEGEL, 18.12.1957, S. 65) oder die Tätigkeiten und Organisationsstrukturen amerikanischer Public Relations Berater, wie in dem Bericht von Baldhard Falk in der „Zeitschrift für Betriebswirtschaft" (1955, S. 104-111), der ein sehr genaues Bild von der Berufsrolle und den Leistungsanforderungen vermittelte. In einem den größten Teil der 50er Jahre bilanzierenden Artikel („Frühstücksdirektor" tut´s nicht. Public Relations – ein deutsches Mißverständnis?", Handelsblatt, 6.6.1958, o. S.) beklagte H.

G. von Studnitz den für ihn typisch deutschen Ansatz, Public Relations über die Gebühr verwissenschaftlichen zu wollen. Dies habe „meist nur Verwirrung gestiftet. Unter „Public Relations" stellt sich hierzulande jeder etwas anderes vor." Zu den letzten Missverständnissen gehörte für ihn die Vorstellung, dass sie sich „über ein Seminar erlernen lassen". Des Weiteren stellte er fest:

> „Die amerikanischen und englischen Public-Relations-Firmen, die sich in den letzten Jahren in der Bundesrepublik niedergelassen haben, vermochten es in der Regel nicht, dieses Knäuel der Ansichten und Auffassungen zu entwirren. Es konnte schon deswegen nicht gelingen, weil sie ihrerseits mit ganz verschiedenen Systemen aufwarteten, die ebenso wie die sehr unterschiedlichen Honorarforderungen der potentiellen Kundschaft neue Rätsel aufgaben."

Er attestierte, dass die deutsche Wirtschaft „von wenigen Ausnahmen abgesehen, an Public Relations ein äußerst dürftiges Interesse nimmt."

Hinweise auf Äußerungen im öffentlichen Raum, die auf erste Ansätze zur Ausformulierung einer beruflichen Identität hinweisen, konnten nicht gefunden werden. Natürlich gab es eine sich entwickelnde eigenständige Wissensbasis und Abgrenzungsmomente gegenüber anderen Berufsfeldern, die durchaus als identitätsbildende Prozesse gewertet werden können, die öffentliche Wahrnehmung war indes eher von imagespezifischen Aspekten geprägt.

9.9 Zusammenfassung

Eine erste Etablierung von PR-Beratern und PR-Agenturen ist mit Beginn der 1950er Jahre festzustellen. Pioniere, die noch in der unmittelbaren Nachkriegszeit bzw. in der Transformationsphase zwischen 1948 und 1951, gründeten, waren individuell und situativ befördert. Was sie insgesamt auszeichnete, waren erste Karrieren in PR-verwandten Bereichen und eine lebenslaufbezogene Verbindung zu den Vereinigten Staaten. Ahrens, Todtmann aber auch Brose hatten Berufsstationen mit diesem Bezug. Es ist davon auszugehen, dass ihnen die dort existierenden Dienstleistungsmodelle wie PR-Beratung oder Full-Service-Agenturen vertraut waren. Über die Gründungsmotivation der contactdienst GmbH kann nur spekuliert werden, auch hier bestand ein medienbezogener, internationaler Hintergrund mit der Verbindung zur Firmengruppe der Schleussner-Familie.

Mit dem wirtschaftlichen Aufschwung und der sich wieder strukturierenden Medienlandschaft entstand ein günstiges Gründungsklima, das Möglichkeiten für eine berufliche Neuorientierung oder die Fortführung einer bereits bestehenden Laufbahn unter neuen gesellschaftlichen Gegebenheiten bot. Dabei waren internationale Einflüsse bereits in der Frühphase einer PR-Marktetablierung durchaus präsent, in Form der bereits in Deutschland ansässigen großen internationalen Werbeagenturen, wie Lintas, J. Walter Thompson oder McCann, durch das Vorbild amerikanischer PR-Agenturen, die bereits in Geschäftsbeziehungen mit deutschen

Unternehmen und Institutionen standen und für diese vornehmlich den US-Markt bedienten, oder durch die in dieser Zeit international expandierenden ersten PR-Networks wie Hill & Knowlton, für die Deutschland ein attraktiver Markt war. Dem gegenüber stand eine Nachfrage, die sich nur langsam entwickelte. Innerhalb der deutschen Nachkriegsgesellschaft war das Wissen um Public Relations insgesamt gering. Die Umfrage der contactdienst GmbH wirft nur ein begrenztes Schlaglicht auf den Markt möglicher Auftraggeber, die es natürlich nicht nur in der Wirtschaft, sondern auch in Politik und Gesellschaft gab. Die grundsätzliche Aufgeschlossenheit gegenüber Public Relations, muss innerhalb eines wirtschaftlichen und institutionellen Orientierungsprozesses gesehen werden, in dem liberale Marktwirtschaft und demokratische Grundordnung eng mit öffentlicher Beziehungspflege verbunden waren. Trotzdem gab es Faktoren, die sich hemmend auf eine rasche Adaption auswirken mussten. Zum einen waren die meisten großen wie kleinen Unternehmen Anfang der 50er Jahre in einem Prozess des Wiederaufbaus, der andere Prioritäten verlangte, zum anderen war die Wirtschaft weitaus zögerlicher, was den Glauben an die Übertragbarkeit amerikanischer Methoden auf deutsche Verhältnisse betraf. So waren dann die ersten größeren PR-Kampagnen unter Beteiligung von Dienstleistern im Wesentlichen politisch motiviert. Eigen ist den aufgeführten Umsetzungsbeispielen bereits ein hohes Maß an Professionalität – sei es in der Kampagnenmechanik, im zielgerichteten Einsatz von PR-Aktionen oder in der Nutzung innovativer Instrumente wie der Meinungsforschung.

Erste Anzeichen für die Ausprägung und Abgrenzung einer beruflichen Wissensbasis Public Relations in der jungen Bundesrepublik sind im Verlauf der 50er Jahre feststellbar. Die wirtschaftlichen und gesellschaftlichen Rahmenbedingungen – Marktwirtschaft und Amerikanisierung – verstärkten innerhalb der deutschen Unternehmerschaft, aber auch in Politik und breiter Öffentlichkeit das Interesse an spezifisch amerikanischer Wirtschafts- und Gesellschaftsmethodik. Die ausgiebige Beobachtung des amerikanischen PR-Marktes und der dort publizierten Fachliteratur gehörte zum Standardrepertoire der maßgeblichen Wissensmultiplikatoren. Theoretisches und berufliches Wissen sowie Struktur- und Marktinformationen wurden systematisch – die Edition der STAMM-PR-Bibliografien spricht für das existierende Interesse – beobachtet. Aufkommende deutsche Fachliteratur bezog sich noch weitgehend auf US-amerikanische Fachquellen. „Heimische" Autoren, besonders Gross und Hundhausen, trugen wesentlich zur „Popularisierung" von Public Relations-Wissen bei. Dem steigenden Interesse stand in den Anfangsjahren eine indifferente Gemengelage aus unterschiedlichen Inhalten von und Sichtweisen auf Public Relations gegenüber. Einziger Konsens war eine grundsätzliche US-Orientierung – über Inhalte, Grad und Wertigkeit eigener nationaler Traditionslinien gingen die Auffassungen auseinander. Erst mit zunehmender nationaler Fundierung und Zugänglichkeit einer Wissensbasis ebbte die Angst vor indifferenten Sichtweisen ab. Dies gilt nicht für eine von Beginn an geführte Adaptions-Diskussion. Neben der Eindeutschung des Begriffs bestand besonders eine inhaltliche Auseinandersetzung darüber, ob die Public Relations US-amerikanischer Prägung mit der Individualität und Tradition der deutschen Wirtschaft kompatibel sei.

Mit Blick auf die Wissensbasis des Berufsfeldes PR-Beratung muss zuerst die umfangreiche Publikationstätigkeit von Bernays genannt werden, die auch in Deutschland Beachtung fand. Nicht dass er explizit zur PR-Beratung publizierte, aber sein Wissen und sein Know-how waren unmittelbar mit seiner Berufsausübung als einer der führenden PR-Berater verbunden. Der „Blick über den Teich" nahm auch Struktur und Geschehen auf dem dortigen PR-Markt war. Der PR-Beruf – und hier ganz besonders der dienstleistende Berater, frei oder in Agenturen – wurde als lukrativer Erwerbszweig dargestellt. Im Verlauf der 50er Jahre rückten vermehrt die amerikanischen Marktteilnehmer in Deutschland in den Fokus. In der deutschen Fachliteratur wurde das Berufsbild zur Kenntnis genommen, wenn auch rudimentär. Eine Abgrenzung gegenüber den Festangestellten innerhalb des Gesamtberufsfeldes fand nicht statt, die jeweiligen Einsatzmöglichkeiten wurden differenziert betrachtet. Deutlich hingegen betonten Medien und Fachliteratur die Abgrenzung des Gesamtberufsfeldes Public Relations zum benachbarten Berufsfeld Werbung. Eine große Nähe wie sie „angeblich" in den USA existiere, solle von vornherein vermieden werden. Während die ersten PR-Fachleute für eine Abgrenzung zur Werbung, besonders in der operativen Arbeit, eintraten, sahen viele Werbepraktiker die Public Relations als Objekt der Vereinnahmung, mit dem der eigene Berufsstand aufgewertet werden konnte. Dies führte schnell zu ersten Auseinandersetzungen. Das benachbarte Berufsfeld des Journalismus wurde, losgelöst von der Problematik der Arbeitsbeziehung, eher komplementär.

Die erste Verwissenschaftlichung in deutschsprachigen Dissertationen orientierte sich vornehmlich an amerikanischer Fachliteratur und bildete die für die Jahre maßgebliche öffentliche Diskussion ab. Daher findet sich auch in ihnen eine, wenn auch kurze Auseinandersetzung mit dem Berufsbild des dienstleistenden Beraters, ohne jedoch umfängliche Wissensspezifika beizusteuern. Das Thema Ausbildung spielte zu diesem Zeitpunkt fast keine Rolle, Ausbildungsmöglichkeiten existierten nicht. Anders verhielt es sich mit der Vernetzung innerhalb des sich etablierenden Gesamtberufsstandes. Hier sind bereits erste Strukturansätze einer fachlichen Organisation nachweisbar.

Es ist festzustellen, dass bereits in einer frühen Phase die Notwendigkeit einer ethischen Fundierung gesehen und gefordert wurde. Der „mysteriöse Charakter" der Begrifflichkeit grundsätzlich, aber auch seine Adaption entfachten Diskussionen. Es fehlte ein richtungsweisender Kenntnisstand, da nationale Fachliteratur erst langsam aufkeimte. Dass diese Phase erster Orientierungslosigkeit kommerziell (aus-)genutzt wurde, ist nicht verwunderlich und war einer positiven Identitäts- und Imagebildung nicht zuträglich. Hinzu kamen die Abgrenzungsdiskussionen zur Werbung. Eine ethische Fundierung konnte aufgrund des fehlenden eigenen nationalen Erfahrungshorizonts nur durch die erste Adaption amerikanischer Prinzipien erfolgen. Dabei ging es neben einem allgemeingültigen theoretischen Ethikgerüst auch immer um die berufspraktische Anleitung, in deren Mittelpunkt die wesensspezifische Abgrenzung zur Werbung und der damit verbundene ethisch vertretbare Umgang mit den Medien standen.

10 Die Institutionalisierungsphase 1957-66

In den Jahren zwischen der Gründung des ersten Berufsverbandes DPRG und der Rezession von 1966/67 institutionalisierte sich das Berufsfeld PR-Beratung und entwickelte erste eigene Strukturen. In diesem Kapitel werden kategorienbezogen die unterschiedlichen historischen Rahmenbedingungen analysiert und die Entwicklungen der Berufsakteure, ihrer Dienstleistungseinheiten sowie ihrer Marktaktivitäten rekonstruiert. Exemplarisch wird das Dienstleistungsportfolio eines selbständigen PR-Beraters vorgestellt. Die Wissensbasis erfährt eine erste segmentbezogene Ausdifferenzierung, besonders durch die Etablierung der Fachmedien. Ein erster Fachkongress präsentiert die junge Branche auch in Richtung Öffentlichkeit. Die Gründung der DPRG institutionalisiert dann auch die Interessenvertretung der PR-Dienstleister. In der Ausbildung partizipieren sie von den Angeboten für den Gesamtberufsstand. Die Abgrenzung vor allem gegenüber der Werbung bleibt in dieser Phase ein Dauerthema. Positive Professionalisierungsmomente zeigen sich in der Verabschiedung erster Berufsgrundsätze. Der letzte Abschnitt beleuchtet Identität und Image sowohl aus der öffentlichen als aus der Eigenperspektive.

10.1 Rahmenbedingungen

10.1.1 Politik

Nach der erfolgreichen wirtschaftlichen und politisch-institutionellen Modernisierung der 50er Jahre standen die 60er unter dem Zeichen großer gesellschaftlicher Veränderungen, die den politischen Raum nicht unberührt ließen (vgl. Recker, 2009, S. 44-45). Als symbolischer Wendepunkt gilt das Jahr 1957 (vgl. Gallus, 2008, S. 43-49): Die Bundesrepublik war wirtschaftlich aufgeblüht, der Sozialstaat etabliert. Dies führte zu einer deutlichen Verbesserung der Lebensverhältnisse durch die Gesellschaft. Außenpolitisch war sie 12 Jahre nach Kriegsende zu einem angesehenen und fast souveränen Mitglied der Staatengemeinschaft geworden. Adenauers konsequente Westbindung hatte zu militärischer Sicherheit und internationaler Gleichberechtigung geführt. Dies alles auf Kosten der deutschen Spaltung, die unter den Maßgaben der Westbindung nicht überwindbar war und für Jahrzehnte manifestiert wurde. Innenpolitisch war die parlamentarische Demokratie erfolgreich, wenn auch die politischen und gesellschaftlichen Orientierungsmuster zwischen „deutscher Tradition" und „westlicher Moderne" hinterherhinkten. Die 50er Jahre hatten eine „Modernisierung im Wiederaufbau" gebracht. In den 60er Jahre vollzog sich eine deutliche Trennung von den Leitbildern der Weimarer Republik und der Kaiserzeit, verbunden mit einer dynamischen Steigerung des allgemeinen politischen Interesses der Bundesbürger (vgl. Gallus, 2008, S. 49). Die Kanzlerdemokratie wurde gegen Ende der 50er brüchig. Adenauer hatte zwar nach 1961 die Koalition mit den Liberalen fortsetzen können, doch die Skepsis gegenüber seiner Person blieb. Besonders die Nachfolgefrage des mittlerweile 85-Jährigen stiftete im Hintergrund viel Unruhe. Im Herbst 1962 sorgte die SPIEGEL-Affäre für ein innenpolitisches Erdbeben, das die Koalition erschütterte. Mit der Wahl Ludwig Erhards zum Bundeskanzler verbesserte sich die Situation nur vorübergehend. Als Wirtschaftspolitiker hoch geachtet, blieben ihm als Regierungschef große Erfolge versagt. Den von ihm gesuchten direkten Kontakt zur Wählerschaft konnte er genauso wenig herstellen, wie seine Hoffnung erfüllen, in einer „formierten" Gesellschaft die Ansprüche der Verbände zurückzudrängen und die Bevölkerung zu Gemeinschaftsgeist und Solidarität zu ermuntern. Seine Abneigung gegenüber dem Interessenegoismus erwies sich als schwächer als die Realitäten der Parteiendemokratie. Es gelang ihm zwar bei der Bundestagswahl im September 1965 für die Unionsparteien mit 47,6 % ein beachtliches Ergebnis zu erzielen und die Koalition mit den Liberalen fortzusetzen, aber auch dieser Erfolg stärkte seine Position auf Dauer nicht. Außenpolitisch war seine Kanzlerschaft von Spannungen innerhalb der atlantischen Allianz und von Stagnation in der Europapolitik geprägt. Auch Versuche in der Ost- und Deutschlandpolitik Impulse zu setzen, scheiterten. Es gelang Erhard nicht, die deutsche Außenpolitik den veränderten Rahmenbedingen, die von ersten Anzeichen der Entspannung zwischen den Supermächten geprägt waren, anzupassen (vgl. Recker, 2009, S. 55-56).

10.1.2 Wirtschaft

Die wirtschaftlichen Rahmenbedingungen dieser Jahre waren geprägt von den Entwicklungen auf europäischer und weltwirtschaftlicher Ebene. Mit der Gründung der Europäischen Wirtschaftsgemeinschaft (EWG) 1957 entstand eine internationale Organisationsform, die bei gleichzeitigem Verlust nationaler Souveränität auf die europäische Integration setzte. Auch die Weltwirtschaft entwickelte sich dynamisch in Richtung einer zunehmenden Verflechtung der Wirtschaftsbeziehungen, der weltweiten Standardisierung von Produktion und Institutionalisierung von übergreifenden Wirtschaftsräumen (vgl. von Prollius, 2006, S. 110-111). Für die Bundesrepublik schlossen sich an die beiden Wachstumszyklen der 50er Jahre zwei weitere an. Der erste zwischen 1958 und 1963 war durch eine starke Auslandsnachfrage, wachsenden Devisenzufluss und eine durch den Massenkonsum getragene Binnenkonjunktur gekennzeichnet. Der zweite von 1963 bis 1966 war durch eine starke Überbeschäftigung geprägt. Der Mauerbau hatte den Zufluss qualifizierter Fachkräfte versiegen lassen und auch der Zustrom von Gastarbeitern konnte diese Lücke nicht schließen. Ab 1965 entwickelten sich die Investitionen der Unternehmen rückläufig. Die erste wirtschaftliche Krise der Bundesrepublik, die Rezession von 1966/67, deutete sich an. Die Jahre der Voll- und Überbeschäftigung mit einer Arbeitslosenquote unter einem Prozent führten zu einer Verschiebung der Einkommensverteilung zugunsten der Arbeitnehmer. Die Unternehmen wurden zeitweise mit Lohnsteigerungen über dem Produktivitätsfortschritt belastet und zugleich gezwungen, Zweigbetriebe in strukturschwachen Gebieten zu gründen. Diese steigenden Kosten bei sinkenden Gewinnen versuchten die Unternehmen über eine Anhebung der Preise an die Verbraucher weiterzugeben, was zu einer schleichenden Inflation führte. Nach 1961 war die Zeit der hohen Wachstumsraten des Bruttosozialprodukts dann vorbei. 1964 waren es dann noch einmal über 6 %, danach sollte es sich auf ein international normales Maß abschwächen (vgl. ebd., S. 121-123). Die Erfolge auf dem Weltmarkt wurden vornehmlich mit bewährten Technologien erzielt, d. h. sie basierten weitgehend auf Industrien, die bereits zur Jahrhundertwende Wachstumstreiber gewesen waren. Es gab kaum Investitionen in innovative Produkte und Branchen (vgl. ebd., S. 137). Trotzdem konnten bundesdeutsche Unternehmen den technologischen Rückstand gegenüber den Vereinigten Staaten – die sogenannte „elektronische Lücke" – durch Wissenstransfer schließen (vgl. ebd., S. 112).

Die Privatwirtschaft war von Konzentrationstendenzen geprägt, die die Bedeutung und Macht der Großunternehmen weiter steigerten. Darüber hinaus wuchsen die Zahl und der Einfluss nicht staatlicher Interessensvertretungen und Organisationen. Ihre Netz umfasste 1961 bis zu 7.000 Verbände (vgl. ebd., S. 137-138). Eine rasante Expansion erlebte der Sektor der Dienstleistungen. In ihm waren 1950 34 % der Erwerbstätigen und 1970 bereits 43 % beschäftigt. Befördert wurde dieses Wachstum einerseits durch den rasch voranschreitenden Ausbau des Sozialstaats, der öffentlichen Verwaltung und des Bildungswesens, andererseits durch die Dynamik in privatwirtschaftlichen Branchen wie Banken, Versicherungen, Finanzdienstleistung oder Werbung (vgl. Wehler, 2008, S. 58).

10.1.3   Gesellschaft und Technologie

10.1.3.1   Gesellschaftsstrukturelle Veränderungen

In der neueren deutschen Zeitgeschichtsschreibung wird der Zeitraum zwischen 1957 bis in das erste Drittel der 70er Jahre hinein mit dem Begriff der „langen sechziger Jahre" tituliert. Diese Zeit großer gesellschaftlicher Veränderungen wird charakterisiert durch den Aufbruch in die Moderne, die Transformation in eine postindustrielle Gesellschaft und einer nochmaligen

Dynamisierung des Wiederaufbaus, ungeachtet der Rezession von 1966/67 (vgl. Schildt & Siegfried, 2009, S. 181; Recker, 2009, S. 44). Besonders in demografischer und erwerbsstruktureller Hinsicht unterlagen diese Jahre einem beschleunigten Wandel. Die zweite Einwanderungswelle von knapp drei Millionen Flüchtlingen zwischen 1949 und 1961, die überwiegend jung, qualifiziert und leistungsbereit waren, entlastete den Arbeitsmarkt und stimulierte den Wiederaufbau. Nachdem der Mauerbau 1961 für ein abruptes Ende der Ost-West-Migration gesorgt hatte, setzte eine dritte Zuwanderungswelle von „Gastarbeitern" ein, die in der bundesrepublikanischen Demografie ihre Spuren hinterließ. Von 50 Millionen Anfang der 50er Jahre stieg die Bevölkerung auf 56 (1961) und 1965 waren es dann bereits 59 Millionen. Migrationsströme und Bevölkerungszuwachs hatten weitreichende soziale und kulturelle Auswirkungen. Der Gegensatz zwischen Stadt und Land wurde aufgeweicht, konfessionelle Grenzen verwischten, soziale Milieus erodierten und der gesellschaftliche Auf- und Abstieg wurde begünstigt. Veränderungen in der betrieblichen Arbeitsorganisation verminderten die Zahl der Arbeiter und bewirkten die Zunahme von Angestellten, aber auch von Dienstleistungsberufen generell. Dieser Trend zur Dienstleistungsgesellschaft verringerte die althergebrachten Schichten- und Einkommensunterschiede und beförderte die Angleichung der Lebensstandards und das Entstehen einer Mittelstandsgesellschaft (vgl. Recker, 2009, S. 45-48). Die Vollbeschäftigung beförderte den weiblichen Anteil an den Erwerbstätigen. Während der 60er Jahre stieg er von 30 % auf fast 45 %, gleichzeitig wurde in diesem Zeitraum das Angebot an Teilarbeitsplätzen deutlich ausgeweitet (vgl. Schildt & Siegfried, 2009, S. 183). Das Realeinkommen pro Kopf verdoppelte sich bis 1960 und bis 1973 verdreifachte es sich sogar. Bis zur ersten Rezession 1966/67 stiegen der Privatverbrauch um 300 % und die Anzahl der Autos von zwei auf 12 Millionen (vgl. Wehler, 2008, S. 54). Hatte 1950 der starre Grundbedarf noch mindestens 65 % des Monatsbudgets eines durchschnittlichen Privathaushalts aufgebraucht, wurden zwischen 1957 und 1960 bereits 50 % für den elastischen Bedarf verwendet (vgl. ebd., S.78).

10.1.3.2   „Wohlstand für alle" − die Konsumgesellschaft in den 60er Jahren

Der erhebliche Zuwachs des Wohlstandes und der Abbau der Barrieren zwischen den Schichten führten zu einem deutlich veränderten Konsum- und Freizeitverhalten. Waren die 50er noch ein ziemlich karges Jahrzehnt, in dem Existenzen aufgebaut und ein erster bescheidener Lebensstandard erarbeitet wurde, standen die sechziger Jahre unter dem Zeichen einer sich ausbreitenden Wohlstandsgesellschaft (vgl. Recker, 2009, S. 48-49). Dieses führte zu einem neuen Konsummodell, in dem sich die Gewichte zwischen dringend Benötigtem und frei Disponiblem deutlich verschoben. Exklusive Genussmittel und langlebige Gebrauchs- und Luxusgüter, die bisher einer schmalen Oberschicht vorbehalten waren, wurden breiteren Schichten zugänglich. Der eigene PKW rückte in den Horizont des Erreichbaren. Bezeichnend auch die Warenfülle in den Läden. Selbstbedienungsläden, in denen der Kunde sich selbst orientieren konnte (und musste) waren auf dem Vormarsch. Lag ihr Anteil 1961 noch bei 15 %, waren Mitte der 60er die „Tante-Emma-Läden" bereits in der Minderheit (vgl. Schildt & Siegfried, 2009, S. 184-186). Diese bisher nicht gekannte Warenfülle veränderte auch den kommunikativen Zugang zur Konsumwelt. Seit den 60er Jahren vervielfachte sich die Anzahl der Markenprodukte, die am Markt um Aufmerksamkeit warben und sich durchsetzen wollten. Mit der Anzahl der Produkte stieg auch die Anzahl der kommunikativen Maßnahmen – und damit auch die Menge der Informationen, die auf den Verbraucher eindrangen. Hinzu kam die zügig voranschreitende Mediatisierung der Gesellschaft. Von Mitte der 50er bis Mitte der 60er entwickelte sich eine Produkt- und Werbewelt, die vornehmlich die „Neureichen" adressierte (vgl. Gries, 2006, S. 112-113). Die Marktforschung erlaubte eine demoskopisch treffsichere Analyse und Bestimmung der relevanten Käufergruppen. Gezielt wurden jetzt Frauen, die gesamte Familie, aber auch Jugendliche, die über eigenes Geld verfügten, angesprochen. Mit dieser steigenden Bedeutung des Konsums vergrößerte sich die Anzahl der Stimmen, die diese Entwicklung als verhängnisvolle Amerikanisierung brandmarkten. Die intensivierte Werbung, deren Wachstumsraten sogar über denen der Konsumgüterindustrie lagen, geriet in den Fokus der Kritik. Besonders die generalstabsmäßig geplanten Marketingstrategien aus den Vereinigten Staaten gerieten immer mehr in den Ruch der Verbrauchermanipulation. Es etablierte sich der Begriff des Konsumterrors. Diese zweite Amerikanisierungswelle nach dem Krieg wird als eine „Amerikanisierung von unten" gesehen. Der Übergang in die Konsumgesellschaft verbunden mit dem Import von Waren und deren Leitbildern führte dazu, dass die Vereinigten Staaten nicht mehr nur als Besatzungsmacht, sondern als Kulturnation wahrgenommen wurden. Noch vorhandene Ressentiments wurden abgebaut. Es ging dabei nicht nur um die bedingungslose Übernahme von Mustern der US-Kultur, sondern um eine nationale Einordnung und Modifizierung, wie sie in der kommerziellen Jugendkultur erfolgte (vgl. Schildt & Siegfried, 2009, S. 187-188).

10.1.3.3   Relevante Entwicklungslinien innerhalb der Medien

In den Jahren zwischen 1957 und 1965 wandelte sich die Medienlandschaft fundamental. Die Gesellschaft wurde immer lückenloser von den Medien durchdrungen. Das Fernsehen veränderte die Lebenswelt tiefgreifend. 1957 wurde das millionste Fernsehgerät angemeldet, 1961 wurden bereits vier Millionen gezählt, was einem Viertel aller bundesdeutschen Haushalte entsprach. Der wachsende Wohlstand und die immer billiger werdenden Geräte sorgten für eine rasante Verbreitung. Damit einher ging eine Ausweitung des Programmvolumens. Die Lücke zwischen dem Nachmittags- und Abendprogramm der ARD wurde durch die Regionalprogramme geschlossen, in die bereits erste an Sendungen gekoppelte Werbeblöcke platziert wurden (vgl. Schildt & Siegfried, 2009, S. 197). Trotzdem ließ das Fernsehen anderen Massenmedien Raum für eine weitergehende Entfaltung. Die Tageszeitungen behaupteten ihre Position nicht zuletzt wegen ihrer Stärke im lokalen Raum. Ihre Gesamtauflagen stiegen von

13,4 (1954) auf 17,3 (1964) Millionen. Allerdings veränderte sich das Verhältnis von Abonnementszeitungen gegenüber Straßenverkaufszeitungen in diesen Jahren deutlich. War die Auflage der Abonnementszeitungen Mitte der 50er Jahre noch dreimal so hoch, teilten sich beide Zeitungstypen Mitte der 60er Jahre den Markt. Die Auflage der Publikumszeitschriften blieb mit 60 Millionen auf einem stabilen Niveau. Dass sich im Printbereich keine verminderte Nutzung abzeichnete, zeigt, dass das Fernsehen die mediale Nutzung nicht monopolisierte, sondern eher zu einer Ausdifferenzierung führte. Der Rundfunk behielt seine hohe Bedeutung, änderte aber seine Programmstruktur durch die Einführung von tageszeitabhängigen Magazinformaten, die im Wechselspiel Musik, Nachrichten, Ratgeberrubriken und Konsumententipps beinhalteten. Fakt war, dass der Siegeszug des Fernsehens nicht mit einem Bedeutungsverlust der etablierten Medien einherging. Es wurde vielmehr zu einem Leitmedium in einem Verbund mit Print und Radio, denn alle Medien vergrößerten in dieser Zeit ihre Reichweite (vgl. ebd., S. 201-203).

Mit Blick auf die mediale Öffentlichkeit gilt diese Zeit als eine Phase der „Orientierungskrise". Der Aufbruch in eine veränderte Öffentlichkeitspraxis rief ein permanentes Krisengefühl hervor. Die Sorge um den Fortbestand der westdeutschen Demokratie führte viele Journalisten zu einer kritischen Prüfung traditioneller Werte. Obwohl sich die Angst vor einem Rückfall in ein autoritäres Regime längst verflüchtigt hatte, gilt diese Phase mit ihrer Kritik an Staatsfixierung und Konsens und einer deutlichen Betonung westlicher Vorbilder als produktiver Aufbruch, dem eine deutliche Abkehr von den seit dem 19. Jahrhundert existierenden Denkmustern innewohnte (vgl. von Hodenberg, 2006, S. 444). Verantwortlich hierfür waren vornehmlich die „45er-Intellektuelllen", zwischen 1921 und 1932 geboren, die das Dritte Reich nur als junge Soldaten oder Jugendliche erlebt hatten. Unter dem Eindruck generationstypischer Erfahrungen waren ihr Denken und Handeln ähnlich beeinflusst. Ihre Handlungsmuster waren von einer typischen Haltung zu Demokratie und westlichen Vorbildern geprägt (vgl. ebd., S. 245-246). Eine zunehmende Verbreitung ihres medialen Einflusses erfolgte im Verlauf der 60er Jahre, weitaus früher als in anderen gesellschaftlichen Bereichen wie Politik oder Verwaltung (vgl. ebd., S. 251). Bezeichnend für diese Journalistengeneration war ihre Aufgeschlossenheit gegenüber westlichen Werten, die von außen bestärkt wurde, sei es durch die Netzwerkpolitik der Amerikaner und ihre vielfältigen Austauschprogramme oder durch die Vorbildfunktion der US-Medien (vgl. ebd., S. 259-260). Gesellschaftlich hielten die Journalisten mit dem in den 50er Jahren beginnenden Wohlstand Schritt. Es bestand zwischen ihrem eigenen Anspruch, Teil der Oberschicht zu sein, und ihrer realen Zugehörigkeit zur Mittelschicht eine deutliche Wahrnehmungslücke. Die Homogenität ihrer Berufsgruppe basierte auf drei Charakteristika: der Bürgerlichkeit, dem Selbstverständnis als Intellektuelle und der männlichen Dominanz (vgl. ebd., S. 235-236).

10.2 Markt und Akteure

10.2.1 Branchenentwicklung

Das PR-Gesamtberufsfeld entwickelte sich zwischen 1958-66 eingebettet in und befördert durch die strukturellen Rahmenbedingungen der bundesrepublikanischen Gesellschaft und Wirtschaft. Die PR-Dienstleister profitierten von diesen Entwicklungen quantitativ und qualitativ. Eine erste Schätzung der Zahl der Angehörigen des Gesamtberufsfeldes wagte Anfang der 60er Jahre das damalige geschäftsführende Vorstandsmitglied der Deutschen Public Relations Gesellschaft (DPRG) Dr. Manfred Zapp. In einem Geleitwort zur deutschen Ausgabe des amerikanischen McGraw-Hill-Berichts „Public Relations heute" bezifferte er die Anzahl der in Deutschland tätigen PR-Fachleute mit höchstens 1.000 bis 2.000 (1961, S. 5). Die Fachzeitschrift ZAV+ZAV berichtete 1962, in Bezugnahme auf einen Beratungsbericht von G. B. Hassenkamp, Bonn, dass es in der Bundesrepublik rund 1.000 Public Relations-Berater geben soll. Der Umstand, dass diese Zahl mit 100.000 Public Relations-Spezialisten in den USA in Relation gesetzt wird, deutet allerdings darauf hin, dass der Beraterbegriff auch für Fachleute in Festanstellung galt („1000 Public Relations-Berater", ZAV+ZAV, 1962, 33, S. 1854). Eine erste Gesamt- und ausübungsspezifische Quantifizierung lieferte Oeckl (1964) für das Jahr 1964. Er ging von insgesamt 1.000 Fachleuten für Public Relations in der Bundesrepublik aus. Von denen war nach seinen Angaben „knapp" die Hälfte in Unternehmen beschäftigt, „knapp" ein Viertel bei Verbänden, Kammern und Organisationen und das verbleibende Viertel arbeitete freiberuflich als PR-Berater (S. 161). Dies entspricht einer ungefähren Anzahl von 250. Wird dieser Verhältnisschlüssel auf die Mitgliederstruktur der DPRG bezogen und die Verteilung innerhalb der DPRG-Mitgliederlisten vom Juli 1960 und vom Januar 1966 (DPRG, 1960, Mitgliederliste, Nachlass Korte; DPRG, 1966, Mitgliederliste, BArch) in der Unterscheidung zwischen festangestellten PR-Fachleuten und externen PR-Beratern (freiberuflich oder in der Organisationseinheit Agentur) verglichen, ergibt sich für das Jahr 1960 ein Verhältnis von ca. 24 % (von 92 Mitgliedern waren 22 externe Berater) und für 1966 ein Verhältnis von 28 % (von 232 Mitgliedern waren 64 externe Berater). Wird bei der DPRG-Mitgliederstruktur in diesem Punkt von einem repräsentativen Querschnitt ausgegangen, bestätigt sich Oeckls Verhältnisschlüssel. Seine Gesamtzahl relativierte er jedoch selbst dahingehend, dass er diese 1.000 Fachleute als „legitime" bezeichnete – die Mitglieder der DPRG waren für ihn die „Legitimierten" – und einschränkte:

> „Darüber hinaus gibt es leider nicht wenige, die den Begriff Public Relations mißbrauchen und unter Phantasiebezeichnungen wie Materndienst für Public Relations, PR-Beitrag für Öffentlichkeitsarbeit deutscher Wirtschaftsunternehmen usw., die sehr rasche Entwicklung auf diesem Gebiet in Deutschland in den letzten fünf Jahren ausnützen, nur um – zurückhaltend gesagt – Geld zu verdienen. Sie arbeiten oft nicht im hellen Tageslicht, ihre Zahl kann nicht einmal geschätzt werden." (S. 162)

Die Dunkelziffer vornehmlich in der Dienstleistungsbranche schien nach seiner Einschätzung hoch zu sein. Eine internationale Einordnung bot Oeckl mit ausdifferenzierteren Vergleichszahlen aus den USA und Großbritannien. Für die USA benannte er Zahlen auf Basis von Eintragungen in das „Who´s Who in Public Relations". So existierten dort bereits etwa 1.000 PR-Beratungsbüros, von 175 in New York eingetragenen Werbeagenturen über 1 Mio. US-Dollar Umsatz boten 75 auch PR-Dienste an. Für Großbritannien dokumentierte eine Anfang 1964 veröffentliche Erhebung der PR-Berufsstruktur, die sich auf die 2.000 Mitglieder des „Institute of Public Relations" beschränkte, das 39 % in Agenturen beschäftigt waren, 18 % in reinen PR-Agenturen, 13 % in Werbeagenturen und 8 % in PR-Abteilungen von Werbeagenturen (Oeckl, 1964, S. 169-170).

10.2.2   Einblicke in die Sozialstruktur

Einen aufgrund der begrenzten Beraterbeispiele reduzierten Einblick in die Sozialstruktur der PR-Beraterschaft Mitte der 60er Jahre bietet die soziodemographische Analyse der biografischen Angaben von PR-Beratern im „Who´s Who in the Common Markets Press and Advertising" (von der Heiden & Taylor, 1965). Wie bereits erwähnt, handelt es sich bei den Handbuch-Eintragungen um Selbstauskünfte. Die Einträge in das Register umfassen 25 deutsche, sich selbst im weiteren Sinne als Berater mit dem Qualifikationsprofil Public Relations klassifizierende Persönlichkeiten ausschließlich männlichen Geschlechts (siehe Tabelle 6 im Anhang). Sie gehören den Geburtsjahrgängen zwischen 1910 und 1926 an. Ausnahmen sind Dr. Emil Hegemann (1887) und Max Josep Riedel (1933). Als Einzelberater bzw. Inhaber eines Büros oder Studios bezeichnen sich 15 Personen, 10 sind in größeren Agenturen beschäftigt. Die überwiegende Anzahl (21) absolvierte ein Studium, 9 sogar mit Abschluss Promotion. Die Studienrichtungen verteilen sich wie folgt: Wirtschaft (Volkswirtschaft/Nationalökonomie) 6; Jura 1; Politik 5; sonstige Geisteswissenschaften 5; Studium ohne genauere Angabe 4. Alle hatten zuvor berufliche Erfahrungen in anderen Berufsfeldern erworben: im Journalismus 18, in der Werbung 5 und im Management/Politik 2. Von den aufgeführten Beratern gehören 13 der DPRG an.

Festzustellen ist eine sehr hohe Akademisierung der aufgeführten PR-Beraterschaft. Erwartbar auch, dass bei den meisten die erste berufliche Heimat im Journalismus und in der Werbung lag. Dass bereits 1965 die Hälfte der Personen im relevanten Branchenverband organisiert war, spricht für dessen berufspolitische Etablierung auch in Kreisen der PR-Beraterschaft. Auffällig ist der hohe Anteil an Promovierten. Wahrscheinlich beförderte ein „augenfälliger" Dr.-Titel die Marktprofilierung. Die gerade für den Berater wichtige Kompetenzzuweisung fiel der möglichen Klientel angesichts des akademischen Titels leichter. Das Ergebnis der Erhebung wird durch eine zeitgenössische Einschätzung von Dr. Friedrich H. Korte bestätigt, der 1963 zu einer ähnlichen Bestandsaufnahme für den Gesamtberufsstand kam (Korte, 1963, Maschinenschriftliches Manuskript, Nachlass Korte). „Die heute in der Bundesrepublik tätigen

Public-Relations-Fachleute kommen zu einem großen Teil aus der Presse. Viele sind Volks-, Betriebswirte oder Juristen, andere kommen aus technischen Berufen, wenige aus der Wirtschaftswerbung. Die Zahl der Akademiker ist verhältnismäßig groß." (S. 8)

10.2.3 Marktentwicklung und Gründungstätigkeit

Die Gründungsdaten, die im Zimpel PR-Agenturen- und PR-Berater-Verzeichnis (1974) aufgeführt wurden, zeigen von 1960 bis 65 eine Phase erster intensiver Gründungstätigkeit. Auf Seiten der PR-Berater, die den Schritt in die Selbständigkeit wagten, sei als Einzelberater, PR-Büro oder direkt als PR-Agentur und auf Seiten bestehender, meistens Werbeagenturen, die sich im Hause auf Public Relations spezialisierten oder eigene PR-Agenturen gründeten oder ausgründeten. In absoluten Zahlen verzeichnet der Zimpel für diese Phase 25 Gründungen von PR-Agenturen, den Schritt in die Selbständigkeit von 17 PR-Beratern und die Spezialisierung auf Public Relations innerhalb von 6 Werbeagenturen. Besonders das Jahr 1960 verzeichnet allein mit 10 Gründungen von PR-Agenturen eine überdurchschnittlich hohe Gründungsaktivität. Wird anderen Hinweisen auf zusätzliche Gründungen in diesen Jahren im Branchendienst „aus unseren Kreisen" oder in den Mitgliederlisten der DPRG gefolgt, finden sich nur vereinzelt weitere Gründungsbeispiele wie die „Deutsche Public Relations Hans Hermann Bringe", die „Ila Press Agentur für Öffentlichkeitsarbeit" (aus unseren Kreisen, 1.9.1960, S. 9) oder die „public relations Beratungsgesellschaft für Öffentlichkeitsarbeit mbH" eine Tochter der Werbeagentur Wilkens (aus unseren Kreisen, 9.9.1965, S. 11). Das Zimpel PR-Berater- und -Agenturen-Verzeichnis bietet angesichts der Tatsache, dass bestimmte Organisationseinheiten nicht erfasst wurden bzw. 1974 nicht mehr am Markt existierten, keinen vollständigen Überblick über die Gründungsaktivitäten der Branche jener Jahre. Der Umstand nur weniger zusätzlicher Nennungen von Agenturgründungen in anderen Quellen deutet aber darauf hin, dass ein großer Teil erfasst wurde.

10.2.3.1 Gründungen deutscher PR-Dienstleister bis Mitte der 60er Jahre

Jahr	PR-Agentur	PR-Berater	PR-Spezialisierung Werbeagentur
1960	10	1	
1961	1	1	2

1962	1	3	2
1963	5	4	1
1964	4	5	
1965	4	3	1
Gesamt	**25**	**17**	**6**

Tabelle 7: Gründungen deutscher PR-Dienstleister bis 1965 (eigene Darstellung)

Die Tabelle bezieht sich auf die Gründungsdaten im Zimpel PR-Berater- und -Agenturen-Verzeichnis. Eine Schätzung der Beschäftigtenzahlen auf dieser Basis erfolgt unter Vorbehalt und in Berücksichtigung sämtlicher Unwägbarkeitsfaktoren, wie Nichterfassung, falsche Angaben und Fluktuation im Markt. Wird wie bei der Erhebung in den 50er Jahren bei den Einzelberatungen von einer Beschäftigtenanzahl von 2 bis 3 und bei den größeren Organisationseinheiten von 4 bis 5 ausgegangen, so fanden in der ersten Hälfte der 60er Jahre um die 180 Personen ihren Erwerb in der PR-Dienstleistungsbranche. Wird der Bestand der 50er Jahre dazugerechnet, rund 100, ergeben sich ungefähr 280 Personen, was in einem ähnlichen Beschäftigtenkorridor liegen würde, wie die Schätzung (250) von Oeckl aus dem Jahre 1964.

Die erste Hälfte der 60er Jahre zeigt viele PR-Gründungsinitiativen etablierter Werbeagenturen. Bereits 1960 bot die Neugründung „Copartner ups+target werbeagentur" Werbung und PR an. 1961 brachte die etablierte Werbeagentur Troost KG den PR-Ableger „Markt Information GmbH" an den Markt. 1963 gründete Brose & Partner seinen Public Relations Service aus. Die in Berlin ansässige traditionsreiche Werbegruppe Dorland gründete 1965 seinen Public Relations Ableger inter-pr und Klaus Dörbecker im gleichen Jahr aus seiner Werbeagentur dö-werbung heraus die „dö-PR Arbeitsgruppe für Öffentlichkeitsarbeit und Vertrauenswerbung" (Zimpel 1974). In diese Phase fällt auch die Entstehung des PR-Agentur-Marktführers in den 80er und 90er Jahren der ABC Presseinformation (heute Havas PR). Sie wurde 1965 in Düsseldorf als PR-Tochter der Werbeagentur R. W. Eggert gegründet. Gründungsgeschäftsführer und Gesellschafter waren Ralf Eggert und Peter Hoenisch, der zuvor Geschäftsführer der PRO Public Relations in Frankfurt war. Beabsichtigt war in erster Instanz, den Kunden der Werbeagentur PR-Beratung anzubieten (aus unseren Kreisen, 18.11.1965, S. 13).

10.2.3.2 Aktivitäten internationaler Agenturen

Mit Blick auf internationale Agenturen ist besonders Hill & Knowlton bemerkenswert. 1963 gründete sie ihre erste offizielle deutsche Niederlassung in Frankfurt. Auch die bereits erwähnten PR-Agenturen Julius Klein Public Relations Inc. und die (mittlerweile firmierend als) Roy Bernhard & Co. hatten weiterhin Einfluss auf Markt und Branche in Deutschland. Während Klein ausschließlich Adenauer persönlich beriet, galt Roy Bernhard & Co. als offizielle Agentur der Bundesregierung. So bezog sie 1961 von der Bundesregierung einen Etat von 113.483 Dollar, von der EWG 16.952 Dollar und von der Stadt Berlin 138.132 Dollar, um in den USA ein „gutes Bild" von Deutschland zu „malen" („Außenpolitische Lobbyisten", FAZ, 27.07.1962, S. 2). Klein geriet 1963 in den Vereinigten Staaten massiv unter Druck. Er wurde als Agent ausländischer Industriefirmen beschuldigt und musste sich vor dem Senat verantworten. Gleichzeitig war ihm ein Ehrengerichtsverfahren der amerikanischen Public Relations Gesellschaft anhängig. Er vertrat mit Mannesmann, Daimler-Benz und Rheinmetall maßgebliche Adressen der deutschen Industrie. Seine Strategie im deutschen Markt zielte auf eine Expansion in Richtung Werbung. Mit Günter Werner Sorge hatte er ab 1964 einen neuen Vertreter in Düsseldorf, der nebenher als Redakteur und Anzeigenakquisiteur der Arbeitgeberzeitung „Industriekurier" arbeitete. Klein erklärte seine „neue Nähe" zur Werbung in Deutschland als vom Markt aufgedrungen:

> „Denn in der Bundesrepublik vermengten amerikanische Tochteragenturen, wie Thompson und McCann, beklagens-werterweise die kommerzielle Werbung mit den menschen-versöhnenden Aufgaben der Public Relations und machten ihm Klein, unethische Konkurrenz. So sei er denn zu seinem Bedauern gezwungen worden, umgekehrt in Deutschland eine Werbeagentur zu eröffnen (Julius Klein International, Frankfurt). Nicht, um auch auf diesem direkten Wege an den Werbeetats teilzuhaben, sondern gewissermaßen als Kampfmaßnahme." („General Klein kämpft an der deutschen PR-Front", die absatzwirtschaft, 1964, 1. Märzausgabe, S. 216-218)

10.2.4 Exemplarisches Leistungsportfolio eines selbständigen PR-Beraters

Einen Überblick über Organisation und Leistungsmomente eines PR-Beraters jener Jahre gibt ein internes Übersichtspapier von Dr. Friedrich H. Korte. Er verstand sich im Wesentlichen als „Unternehmensberater mit Schwerpunkt Public Relations". Seine Beratungstätigkeit erstreckte sich auf alle „soziologischen, psychologischen und publizistischen Probleme in Wirtschaft und Verwaltung". Der Bogen spannte sich von der Information über die Beratung bis zur Schulung auf diesen Gebieten. Im Einzelnen handelte es sich um folgendes Leistungsportfolio:

> „Grundsatz-Empfehlungen für langfristige Planung auf dem Gebiet der Öffentlichkeitsarbeit, der Werbung und Verkaufsförderung. Kurzfristige Planung bei einzelnen Public-Relations-Aktionen (z. B. Maßnahmen zur Förderung der Publizität von Unternehmen, Produkten und Dienstleistungen). Maßnahmen zur Entspannung des Beziehungsklimas zur Öffentlichkeit und zur Sicherung des öffentlichen Verständnisses und Vertrauens. Darüber hinaus ist eines meiner Hauptarbeitsgebiete die Schaffung von Einrichtungen und

Durchführung von Maßnahmen im Betrieb, um eine bestmögliche Ausstrahlung auf die öffentliche Meinungsbildung sicherzustellen."

Als Einzelberater war Korte zur Umsetzung von Maßnahmen auf zusätzliche Ressourcen angewiesen. Er stellte diese durch die Zusammenarbeit mit einer „jungen, aber sehr leistungsfähigen" Agentur sicher, mit der er neben der Ausarbeitung von Organisationsplänen, die Erstellung von Arbeitsmitteln, Presse- und Informationsdiensten, Broschüren, Haus-, Werk- und Kundenzeitschriften, Jubiläumsschriften, PR-Anzeigen, Tonbildschauen und PR-Filmen übernahm. Zu seinem weiteren Angebot an Unternehmen gehörte die Ausrichtung von Informations-, Orientierungs- und Schulungsveranstaltungen sowie seine Seminare und Lehrgänge an der Akademie für Führungskräfte in der Wirtschaft in Bad Harzburg. Zu seinen Beratungskunden 1965 gehörten unter anderem die Hamburgische Electrizitätswerke (HEW), Kühne & Nagel, Mobil Oil, die „Arbeitsgemeinschaft der Berufsvertretungen Deutscher Apotheker" (ABDA), die Riepe Werke oder die „Evangelisch-Lutherische Kirche im Lande Schleswig-Holstein" (Korte, 1965, Dokument „Übersicht über die Beratungstätigkeit", Nachlass Korte).

Festzustellen bleibt, dass Kortes Berater- bzw. Dienstleisterpositionierung sehr disziplinenübergreifend war und für ihn als Einzelunternehmer, der auch durch seine umfangreiche Lehrtätigkeit gebunden war, eher die strategisch langfristige Beratung im Vordergrund stand. Sein „wissenschaftlicher Anspruch" unterfütterte seine spezifische Marktaufstellung. Bei der Umsetzung sah er deutlich seine kapazitären Grenzen und erweiterte seine Ressourcen durch die Zusammenarbeit mit einer Agentur.

10.2.5 *Entwicklungsstand der Public Relations und Nachfrage im Markt*

Eine umfassende Einschätzung des Entwicklungstandes der Public Relations in der Bundesrepublik zu Beginn der 60er Jahre gibt ein Bericht von Robert S. Leaf, Direktor der Auslandsabteilung von Burson-Marstelller, der nach eigenem Bekunden (1963) größten amerikanischen PR-Agentur, in der Zeitschrift „Industriekurier". Zwar bezieht sich Leaf speziell auf das Segment „industrielle Public Relations", seine Analysen und Schlussfolgerungen bieten darüber hinaus aber Hinweise zur generellen Nachfrage und zum Marktpotenzial für PR-Dienstleistungen. Generell stellte er fest, dass West-Deutschland fünf oder mehr Jahre hinter den Vereinigten Staaten zurückläge. Verantwortlich hierfür machte er die Unternehmen, da sie immer noch nicht die Notwendigkeit für professionelle PR erkannt hätten. Nach seiner Ansicht bestand in den „Wirtschaftswunderjahren" für sie kein besonderer Anreiz offensiv zu verkaufen, da die Produktion den Aufträgen sowieso nicht hinterher kam. Die neue Konkurrenzsituation Anfang der 60er Jahre mache es nach seiner Meinung für die deutsche Industrie notwendig, sämtliche Maßnahmen, die das Verkaufsvolumen steigern, also auch Public Relations, in Betracht zu ziehen. Limitierende Faktoren sah er in der begrenzten

Anzahl entsprechender Fachleute und in der Struktur und Psychologie der deutschen Industrie per se. Während bei amerikanischen Unternehmen Informationen auf breiter Basis innerhalb der Organisation zugänglich wären, würden in deutschen Firmen Informationen von einem kleinen Kreis an der Spitze des Unternehmens kontrolliert und es als etwas Unvorstellbares angesehen, einem „Firmenfremden" wie dem Public Relations-Berater Einblick zu gewähren. Hierin lag für ihn der Hauptunterschied zu den Verhältnissen in den Vereinigten Staaten. Public Relations-Firmen, die sich erst einmal den Respekt der Geschäftsleitung erworben hätten, würden als Zweig der Firma gesehen. Die „Geheimniskrämerei der deutschen Geschäftsleute" sah er als hinderliches Moment. Amerikanische Unternehmer wären weitaus freizügiger mit Informationen aus der Erkenntnis heraus, dass die Konkurrenz häufig weitaus mehr wüsste als angenommen. Diese Einstellung war für Leaf eine Voraussetzung für das Funktionieren von PR-Programmen. Er empfahl den deutschen Unternehmen den Blick über den Teich, denn auch amerikanische Geschäftsleute hätten diesbezüglich einen Lernprozess durchmachen müssen. Leaf glaubte, dass die deutsche Wirtschaft in der Lage wäre, den Vorsprung langfristig aufzuholen. An drei Beispielen aus seinem „Agentur-Alltag" zeigte er auf, wie groß der Vorsprung in der Organisation von dienstleistender Public Relations in den Vereinigten Staaten noch war: für die Zeiterfassung auf Kundenprojekten würde Burson-Marsteller mittlerweile IBM-Rechenanlagen verwenden, allein das Presse-Monitoring in der Agentur würde durch eine Vollzeitkraft sichergestellt und die Auslandsbibliothek würde mehr als 4.500 Fach- und Wirtschaftsblätter weltweit umfassen (Leaf, 1963, o. S.).

Zu einer ähnlichen Einschätzung bundesrepublikanischer PR-Verhältnisse kam bereits ein Jahr zuvor die britische Times („Europe P.R. Gets Foot in Door", Times, 27.02.1962, o. S.). Ein „Special Correspondent" beurteilte nach einer Recherchetour durch europäische Großstädte den Entwicklungsstand der Public Relations in einzelnen Staaten. Deutschland lag danach im internationalen Vergleich im Mittelfeld. Public Relations würde innerhalb der Politik und der Wirtschaft sehr ernsthaft betrieben, sogar „one oft he most conservative groups in Germany, the farming community, has began to make use of it in the *Länder*". Auch der Schwerindustrie wurde aufgrund bestehender Traditionslinien ein guter Entwicklungsstand bescheinigt. Trotzdem galt auch in dieser Einschätzung:

> „Yet there are two serious problems. First, German management remains stolidly suspicious of revealing information to the public. All management's cards are held close to the chest. Second, there is an anxiety amounting almost to a neurosis over *Schleichwerbung* the slipped-in or concealed advertisement in editorial copy. Public Relations consultants, management and the press all seemed to agree that it should be abolished, but are having a great difficulty in defining at what precise point in practice is ethically wrong." (ebd., o. S.)

Dass nicht nur die internationale „Außensicht" dem deutschen Unternehmertum mangelnde Adaptionsfreudigkeit bescheinigte, sondern auch deutsche PR-Insider bestätigen die Ausführungen von Dr. Friedrich H. Korte auf einem DPRG-Lehrgang im Juli 1964. Auf die Frage eines Lehrgangsteilnehmers nach seiner Einschätzung der immer noch latenten Skepsis gegenüber Public Relations innerhalb der deutschen Unternehmerschaft machte Korte neben der Angst und Arroganz der Unternehmer gegenüber Neuem besonders die „unerschöpfliche

Konjunktur" dafür verantwortlich. Er zitierte beispielhaft den Generaldirektor eines großen Konzerns mit den Worten: „Mein lieber Korte, wir leben in einer Zeit, in der es selbst den Dümmsten schwerfällt, soviel Fehler zu machen, daß er nicht doch noch die Steigerung seines Umsatzes erreicht." Wenn sich der Erfolg sowieso einstellt, ist die Veränderungsbereitschaft relativ gering: „Mein Umsatz gibt mir doch den Nachweis dafür, daß ich es richtig gemacht habe. Nun kommen Sie und sagen mir, ich soll mir andere Geschäftsprinzipien zulegen." Im Vergleich zu den Vereinigten Staaten sah Korte immer noch eine Scheu auf Seiten der deutschen Unternehmerschaft sich neues Wissen anzueignen und anzuwenden. Dass es trotzdem Tendenzen gab, sich zu öffnen und systematisch fortzubilden, belegte er mit dem großen Interesse der Unternehmen an seinen Kursen an der Bad Harzburger Akademie (DPRG, Schriftenreihe Nr. 4, 1965, S. 73-74).

Andere sahen gerade in dieser ersten Unsicherheit Chancen für den externen Berater. So bemerkte Sven von Müller bereits auf einer DPRG-Tagung 1959 auf Fragen nach dem Sinn von und den notwendigen Ressourcen für Public Relations:

> „Ich glaube, es ist auch gar nicht notwendig, daß dieser Unternehmer einen Public-Relations-Mann engagiert, der wahrscheinlich gar nicht ausgelastet sein würde. Aber ich glaube andererseits, dieser Unternehmer, sollte sich doch fragen, ob es sich nicht gut auszahlt, wenn er einen Public-Relations-Mann bittet, sich sein Unternehmen anzusehen, um mal Vorschläge für eine Public-Relations-Eigenarbeit zu machen. Solche Beratung kann einmal stattfinden, oder sie kann periodisch vereinbart werden. Wir wissen doch, daß die Public-Relations-Leute nicht gleich Apothekerpreise fordern, sondern daß man mit ihnen auf einer vernünftigen und tragbaren Basis sprechen kann." (DPRG, Schriftenreihe Nr. 2, 1959, S. 12)

Quantitativ wagte sich Oeckl (1964, S. 355) an eine erste nachvollziehbare Schätzung der bundesrepublikanischen PR-Gesamtaufwendungen. Er orientierte sich bei seinen Berechnungen an dem Verhältnis von Werbung und PR in den Vereinigten Staaten im Jahr 1963 (48 Milliarden (in) DM für Werbung zu 8 Milliarden (in) DM für PR) und legte den Verhältnisschlüssel bei 17 % fest. Für die Bundesrepublik ging er für 1963 von einem Werbeaufkommen von 5,4 Milliarden DM aus und bei einer Verwendung eines ähnlichen Schlüssels von PR-Gesamtaufwendungen von etwa 900 Millionen bis 1 Milliarde DM. Unter Einbeziehung möglicher falscher Ausgangsbedingungen beim Verhältnisschlüssel und weiterer nationaler Besonderheiten hielt er eine Kürzung um ein Drittel bis um die Hälfte für angemessen und schätzte die „PR-Aufwendungen in der Bundesrepublik" auf um die 500 Millionen DM. Zuvor hatte die ZAV+ZAV, in Bezug auf den Beratungsbericht von G. B. Hassenkamp, Bonn, eine Schätzung für 1960 veröffentlicht. Demnach „sollen die Deutschen knapp 150 Millionen DM für PR ausgegeben haben" („1000 Public Relations-Berater", ZAV+ZAV, 1962, 33, S. 1854). Diese Zahl ist in ihrem Zustandekommen nicht nachvollziehbar, so dass sich eine unmittelbare Bezugnahme auf Oeckls Schätzung erübrigt. Grundsätzlich kann angenommen werden, dass die PR-Gesamtaufwendungen in diesen Jahren sehr hohe Wachstumsraten aufwiesen.

Im Resümee ist festzustellen, dass Deutschland in der Außensicht im Vergleich zu den PR-Entwicklungsständen in den Vereinigten Staaten oder Großbritannien, deutlich zurück lag. Während aber der Politik oder Verbandsinstitutionen gute Fortschritte in der Adaption von Public Relations bescheinigt wurden, hatte in der internationalen wie nationalen Einschätzung die deutsche Unternehmerschaft Defizite. Diese lagen begründet in einer traditionellen Zurückhaltung im Umgang mit Informationen für die Öffentlichkeit, in Unterstellungen über Public Relations Schleichwerbung betreiben zu wollen, einer Adaptionsbehäbigkeit angesichts auch ohne Public Relations laufender Geschäfte und einer hemmenden Unerfahrenheit im operativen Umgang mit PR-Fachleuten. Werden andererseits die quantitativen Schätzungen der bundesrepublikanischen PR-Ausgaben in Betracht gezogen, muss bei aller Vorsicht gegenüber konkreten Zahlen von einem soliden Etablierungsgrad und einem schnell wachsenden Markt für PR-Dienstleistungen gesprochen werden.

Eine aufschlussreiche Bewertung der PR-Nachfrage in Interdependenz mit dem Dienstleistungsangebot der Berater und -Agenturen liefert ein DPRG-internes Dokument mit Stand 1964 (o. V., 1964, Dokument „Resumé", Nachlass Korte). Es ist das Resümee einer Besprechung zwischen DPRG-Geschäftsführer Heinz Todtmann, dem Geschäftsführer der Agentur Markt+Meinung GmbH und späteren DPRG-Sprechers Klaus Golombek und dem PR-Berater Dr. Christoph Wagner (Büro für Kommunikationsfragen, Neuss).

Auch dieses Gremium sah bei der Unternehmerschaft Defizite im Umgang mit Public Relations. Zwar gäbe es eine organisatorische Aufwertung innerhalb der Unternehmen, die Beauftragung externer Dienstleister wäre nach wie vor mit Schwierigkeiten behaftet und nicht die Regel.

> „Auf der Beraterseite zeigt sich ein fast völliges Verschwinden der reinen PR-Agenturen und ein gleichzeitiges Vordringen der PR-Tochtergesellschaften oder PR-Betriebs-Abteilungen von Werbeagenturen. Diese Tendenz stehe im krassen Gegensatz zu den Verhältnissen in den USA, die sonst als Vorbild dienten, und zur personellen und disziplinarischen Trennung auf der Industrieseite. Diese Tendenz wurde begründet mit der Unreife des deutschen Unternehmertums für „reine PR" und mit der Schwierigkeit einer angemessenen Honorierung. Die deutschen PR-Fachleute müssten sich aber die Frage vorlegen, ob sie wirklich alles getan haben, um die PR glaubwürdig in die unternehmerische Zielsetzung einzubeziehen, wenn sie andererseits immer auf der direkten Verhandlung mit dem Unternehmer selbst bestehen. Es scheint, daß der Einzelberater heute auf dem PR-Gebiet zumindest mehr Chancen hat als sein Kollege von der Werbung, wo der Einzelberater zunehmend verschwindet. Ob diese Bevorzugung mit geringeren finanziellen Forderungen, größerer Vertraulichkeit, größerer Elastizität begründbar ist oder lediglich eine Kopie des Zustandes der Werbung der Vorkriegszeit darstellt, muß offengelassen werden. Die Zusammenarbeit zwischen Industrie und Berater ist noch lange nicht so selbstverständlich wie im Ausland oder in der deutschen Werbewirtschaft. Hier hinken die PR deutlich um eine ganze Generation hinterher. Krasse Konkurrenzfurcht bestimmt oft noch das Bild. Berater finden ihr Arbeitsfeld merkwürdigerweise dort, wo die Position des PR-Chefs vakant ist. Hier stellt sich die Aufgabe, am Erfolgsbeispiel zu zeigen, daß die Zusammenarbeit mit Beratern die Regel und keineswegs die Ausnahme sein sollte." (S. 2-3)

10.3 Wissensbasis

10.3.1 Berufswissen und Berufsbild in einschlägiger Fachliteratur

Der Blick auf die führende PR-Nation Vereinigte Staaten war auch mit Beginn der 60er Jahre für die deutsche PR-Fachliteratur lohnenswert, nicht nur mit Bezug auf Theorie und Methoden, sondern auch auf konkretes Anwendungswissen und Berufsorganisation. Ein vom Umfang kleines, aber aufschlussreiches PR-Fachbuch von 1961 – eingeleitet vom Geschäftsführer der DPRG und herausgegeben von der Esto Public Relations- und Verlagsgesellschaft (Inhaber PR-Berater Lothar von Balluseck) – ist die deutsche Übersetzung des McGraw-Hill-Berichts „public relations heute" (Esto, 1961). Er bietet einen Überblick über den aktuellen Stand der US-amerikanischen PR. Die Branche der selbständigen PR-Berater und -Agenturen wird dort ausführlich beschrieben. In der Tonalität „bewundernd bis euphorisch" gehalten, werden Innenansichten, von der Beschreibung der Organisationseinheiten und Art der Kundenbeziehungen über Honorare bis hin zu Spezialisierungen einzelner PR-Agenturen und Branchentrends, kurz und knapp, aber aufschlussreich vermittelt. Die relevanten Abschnitte lesen sich wie „Fahrpläne" zur Selbständigkeit, besonders wenn Tonalität und Schilderung der lukrativen Entwicklungs-möglichkeiten miteinbezogen werden (S. 30-40). Den Abgleich mit der deutschen PR-Landschaft jener Jahre leistet das Geleitwort. DPRG-Geschäftsführer Zapp umreißt kurz Wurzeln und Herkunft der Public Relations in den USA, nicht ohne auf deutsche Traditionen in diesem Bereich – „ohne das Wort Public Relations zu kennen" – zu verweisen. Als Beispiel dient ihm der Bremer Industrielle Ludwig Roselius. Den Public Relations allgemein und dem Berufsstand speziell attestiert er in Deutschland die besten Aussichten. Eine stürmische Entwicklung wie in den Vereinigten Staaten würde sich hierzulande nicht wiederholen, dazu wären die Verhältnisse zu unterschiedlich (S. 5-7).

Eines der maßgeblichen Fachbücher in den 60er Jahren und aufgrund seines Titels prägend für eine der markantesten PR-Definitionen bis in die heutige Zeit war Georg-Volkmar Graf Zedtwitz-Arnims „Tue Gutes und rede darüber" (1961). Eine erste Rezension titulierte das Buch noch als „Das Einmaleins der Propaganda" (ZEIT, 23.2.1962, S. 19) und hob besonders auf die immer noch in Deutschland existierende Skepsis gegenüber „der aus Amerika importierten Public Relations" ab. Das Buch wurde von einem Praktiker für die Praxis geschrieben, dementsprechend sind den theoretischen Grundlagen lediglich 30 der insgesamt 488 Seiten gewidmet. Zedtwitz-Arnim beschäftigt sich in dem Kapitel „Eine D-Mark für Vertrauen" ausführlich mit PR-Beratern und Agenturen, bezeichnenderweise in enger Verbindung mit dem Thema Ethik. Er sieht auf Seiten der Unternehmen aufgrund mangelnder Ressourcen und möglicher Betriebsblindheit einen generellen Bedarf an externer Expertise (S. 434-435). Die Anforderungen, die er an den Beraterstand formuliert, sind in der Abgrenzung unmissverständlich:

> „Leute, die in Wahrheit Presseagenten – und hier noch nicht mal lautere – sind, bezeichnen sich als PR-Agentur oder gar als Berater. Berater kann nur sein, wer als Journalist, in einer akademischen Fachausbildung als Jurist, Volks- oder Betriebswirt unter Einschluß von Nebenstudien in Psychologie und Soziologie Grundkenntnisse gesammelt hat. Und – ein absolutes *Muß* – wer diese Kenntnisse in jahrelanger Industriepraxis erhärtet und an der Wirklichkeit abgeglichen hat. Ein PR-Chef einer Firma kann oder sollte, ein PR-Berater muß Industrieerfahrung besitzen. Und zwar aus leitender Tätigkeit. Wie sollte er sonst Praktiker beraten können." (S. 434-435)

Im Weiteren spezifiziert er diese Industrieerfahrungen und entwickelt aus ihnen eine ganz wesentliche Beratungskomponente, die er „Inside-Kenntnisse des Beraters" nennt. Das Arbeiten für zahlreiche Firmen, unterschiedliche Wirtschaftszweige, Verbandstätigkeit, die Zusammenarbeit mit Berufsgenossen, all das formt sich zu einem Know-how, zu einem Erfahrungspaket, das dann in einen bestehenden Auftrag eingebracht werden kann und zusammen mit den intimen Kenntnissen des zu beratenden Unternehmens zur optimalen Beratungsleistung führt. Eine Einschätzung zur Preiswürdigkeit von Beratung hat er auch: „Aber guter Rat ist teuer. Je besser, desto teurer. Manche werden vor den Forderungen eines namhaften Beraters zunächst einmal erschrecken, und diesen sei gesagt: die Kosten amortisieren sich. Guter Rat ist preiswert." (S. 435) Den Aufgabenbereich einer PR-Agentur sieht er in der Ergänzung und Entlastung der unternehmenseigenen PR-Abteilung oder des Beraters, ganz besonders bei „Spezialpersonal", das man nicht direkt im Unternehmen, sondern wirtschaftlicher über einen Dienstleister verpflichtet, um eine „hydraartige Personalvermehrung" zu vermeiden. Dies empfiehlt er auch den Agenturen als effizientes Geschäftsmodell, denn die „sinnlos überhöhten Gemeinkosten" hätten letztendlich nur die Kunden zu tragen. Für die Agenturen wären „beste Könner" gerade gut genug (S. 445-446). „Und die Bezüge der besten Könner sprengen, will man sie unter Dienstvertrag statt unter Werkvertrag nehmen, jedes Gehaltsgefüge." (S. 446) Den deutschen PR-Dienstleistermarkt und das Leistungsangebot skizziert er wie folgt:

> „Es gibt in der Bundesrepublik nur wenige Firmen, die einen wirklich umfassenden Service bieten können. Der erforderliche Service umfasst im Wesentlichen die Pressearbeit in Wort und Bild durch eigene oder im Auftrag des Kunden herausgegebene Dienste, durch Exklusivarbeit und durch Kontakt mit der Presse, wie wir es ausführlich beschrieben haben. Sie umfaßt Entwurf und Gestaltung aller anderen Einzelmittel der Public Relations vom Film über Vorträge bis zu Schriften der verschiedensten Art. Sie umfaßt PR-Anzeigen in Entwurf und Disposition, kurz, alles was in die Zuständigkeit der Public-Relations-Abteilung des Hauses fällt und was diese nicht selbst bearbeiten will oder kann." (S. 446)

Ausführlich erläutert er die kostenspezifischen Regeln der Zusammenarbeit mit Berater oder Agentur. Basis ist der langfristige Vertrag, der dem Kunden die Exklusivität für seine Branche sichert und einen monatlichen Retainer Fee in Rechnung stellt. Die Höhe bemisst sich aus der Größe der Firma und dem Umfang der Arbeit. Bei einem größeren Umfang, der es notwendig macht, einen „senior account executive" einzusetzen, würde auch dessen Gehalt dem Kunden weiterberechnet, genauso wie Fremdkosten und Reiseaufwendungen. In der Umsetzung von Maßnahmen, das heißt dort wo Agentur oder Berater nicht beratend tätig sind, wird nicht auf Basis eines Grundhonorars gearbeitet, sondern nach Tarif und Leistungskosten zuzüglich eines Aufschlages (S. 446-447).

Das zweite wichtige Fachbuch dieser Jahre war Albert Oeckls „Handbuch der Public Relations" (1964). Im Vorwort umschreibt er seine Intention: „Dieses Buch soll einen Beitrag leisten zum Ausbau und zur Fundierung der Public Relations in Deutschland." Oeckl wagte eine erste Standortbestimmung und wissenschaftliche Fundierung, weil er bis dato weder in der internationalen noch in der deutschen Fachliteratur Ausreichendes gefunden hatte (vgl. Mattke, 2006, S. 263). Er verarbeitete in dem Buch eigene theoretische Überlegungen und praktische Erfahrungen, trug internationales PR- und kommunikationswissenschaftliches Wissen zusammen und leistete damit einen entscheidenden Beitrag zur Begriffsdefinition von und Aufklärung über Public Relations in jenen Jahren (vgl. ebd., S. 297). Dabei hatte er immer die Etablierung des Berufsstandes im Visier: „Aber erst im letzten Jahrzehnt sind die Public Relations eine hauptberufliche Spezialdisziplin geworden, die sich seit mehreren Jahren sehr starker Aufmerksamkeit erfreut und naturgemäß auch mancher, nicht immer begründeten Kritik unterliegt." (Oeckl, 1964, S. 5) Das Buch sollte „zum Aufbau eines den Verhältnissen unseres Landes entsprechenden Berufsstandes der Public-Relations-Fachleute" beitragen (S. 6). Oeckls Anforderung an sein Fachbuch waren geprägt durch seine Erfahrungen als langjähriger DPRG-Vorsitzender und als Lehrbeauftragter in der Abteilung Kommunikationsforschung an der Universität Heidelberg (Mattke, 2006, S. 263; S. 297).

Mit dem Kapitel „Der PR-Mann und seine Welt" (Oeckl, 1964, S. 159-203) liefert er eine umfassend angelegte berufstheoretische Fundierung, die sich auch mit den Spezifikationen Beratung und Dienstleistung befasst. Er unterscheidet zwei Bereiche, in denen der PR-Fachmann dienstleistend tätig ist. Zum einen als

> „[…] *freier Public Relations-Berater*, der allein oder mit Hilfe von Fachkräften selbständig, unter dem Namen Büro für Öffentlichkeitsarbeit oder Public Relations Consultant oder Public Relations Counceler oder Unternehmensberater für Öffentlichkeitsarbeit tätig ist oder als *Leiter oder Berater der Public Relations Abteilung einer Werbeagentur* oder der Public Relations Tochtergesellschaft einer Werbeagentur, das heißt zwar als Angestellter einer Gesellschaft, aber jeweils als aussenstehender Neutraler, der ohne Sachkenntnis der Betriebszugehörigen, aber auch ohne dessen mögliche Betriebsblindheit oder -befangenheit raten und handeln kann." (S. 162-163)

Wie schon in früherer Fachliteratur leistet die grundsätzliche Fragestellung, welche Persönlichkeit ein solcher PR-Fachmann sein und welches Wissen er mitbringen soll, eine wichtige Grundlegung des Berufsbildes. Auch Oeckl befasst sich eingehend mit den „notwendigen Eigenschaften des PR-Mannes" – die wenigen auf dem Gebiet der Public Relations tätigen Frauen werden kurz gewürdigt – (S. 169) ohne sich spezifisch auf den PR-Berater zu beziehen. Es ist davon auszugehen, dass er den Großteil der aufgeführten Eigenschaften auch für diesen als maßgeblich erachtete. Neben den klassischen Persönlichkeitstugenden wie Allgemeinbildung, Mut, Fleiß, Kontaktfähigkeit, Ideenreichtum und Sprachgewandtheit sind es besonders berufspraktische Eigenschaften, die Oeckl als wesentlich voraussetzt. Der PR-Fachmann sollte ein Mann der Mitte sein, ideologisch nicht gebunden und ein realistisch abwägender Ratgeber. Auch der Vergleich mit anderen Berufsgruppen hilft ihm bei der nähergehenden Beschreibung: das finanzielle Verständnis eines nüchternen Kaufmanns oder in der Etikette sicher wie ein Protokollchef. Schließlich bringt er es „pathetisch" auf den Punkt: „Öffentlichkeitsarbeit ist kein „Job", sie ist nicht nur ein Beruf, sondern mehr: Berufung" (S. 166-169). Sehr ausführlich befasst sich Oeckl mit der weitergehenden Formulierung von Berufsgrundsätzen, nicht zuletzt durch sein DPRG Engagement inspiriert und „berufen", und beschreibt den Stand der Fachausbildung und der berufsständischen Organisation in Deutschland und im Vergleich mit den führenden PR-Nationen.

Den Weg in eine spezialisierte Zeitschrift fand im Oktober 1964 ein Beitrag, der sich theoretisch mit dem Prozess des Beratens und dem Status des Beraters auseinandersetzte und explizit die Öffentlichkeitsarbeit miteinbezog. Er stammte von Dr. Friedrich H. Korte (Korte, 1964a, S. 9-12), der in der „Führungspraxis" unter dem Titel „Guter Rat ist teuer, wenn ..." eine Lanze für das Handwerk des Beraters brach und seinen Wert für die „moderne" Unternehmensführung beleuchtete. Er verarbeitet in seinem Beitrag allgemeine Probleme von Beratern mit Bezug auf den Wert von Qualität in der Beratung und ihrer Preisgestaltung. Diese Qualität sieht er auch auf dem Dienstleistungsmarkt für Öffentlichkeitsarbeit nicht unbedingt gegeben: „Ganz trübe aber sieht es noch mit dem Beraten und Beratenwerden auf den Gebieten aus, wo jeder meint, mitreden zu können: Der Wirtschaftswerbung, insbesondere der Öffentlichkeitsarbeit, nicht zuletzt der Human-Relations-Arbeit." (S. 10) Wichtig ist ihm die budgetäre Trennung von Beratung und Umsetzung. Gleichzeitig fordert er ein Mehr an Wertschätzung der Unternehmerschaft gegenüber Beratern in der Dienstleistungsbeziehung: „Werbung mehr noch Öffentlichkeitsarbeit und Human Relations sind weniger eine Institution oder eine Technik, sondern ein Prinzip der Unternehmensführung. Lassen sie ihren Berater mit Ihnen arbeiten und benutzen Sie ihn nicht nur als Handlanger, umso mehr wird dabei für Sie herauskommen." (S. 12)

10.3.2.   Fachzeitschriften und erster Branchendienst

Von der ersten deutschen PR-Fachzeitschrift existiert bis zum jetzigen Zeitpunkt nur der Hinweis einer zeitgenössischen Quelle, der Dissertation von Hans Steybe aus dem Jahr 1958. Er erwähnt das „erste deutsche Public Relations-Organ" – die „PR Public Relations" –, das seit Herbst 1957 erscheint, von Dr. Manfred Zapp redigiert und von Hill & Knowlton International mit Verlagsort Düsseldorf herausgegeben wird (Steybe erwähnt folgende Ausgaben: 1/1957; 2/1957; 3/1958; 4/1958). „Ein Organ, das über den Stand der Public-Relations-Arbeit in Deutschland sowie im Ausland orientiert, und vor allem denen kostenlos zur Verfügung gestellt wird, die sich für die Public-Relations-Arbeit interessieren." (Steybe, 1958, S. 22) Im vorausgegangenen Kapitel ist auf die Existenz eines ersten Zweigbüros von Hill & Knowlton International in Düsseldorf seit 1956 verwiesen worden.

Der erste Fachinformationsdienst, der die noch junge Branche „unter Beobachtung" stellte, war 1959 „aus unseren Kreisen – Informationsdienst für Presse, Verlage, Rundfunk und

Werbung". Herausgegeben wurde er von dem Pressebüro Waldemar Schweitzer. Verantwortlich für den Inhalt zeichnete Waldemar Schweitzer, der ebenfalls Gründer und Verleger der Zeitschrift DM war, zu Beginn selbst, danach Günter Kress, späterer Gründer des auch heute noch existierenden Mediendienstes kressreport. Die Publikation erschien vierzehntäglich. Die Rubrik PR und Werbung, die ab 1962 zeitweise Werbung und Öffentlichkeitsarbeit hieß, verarbeitete im Wesentlichen aktuelle Branchennews. Dreiviertel der Meldungen waren personenspezifisch, hauptsächlich Stellenwechsel, oder unternehmensspezifisch, Gründungen, Unternehmensveränderungen, Etatwechsel, Liquidationen. In den ersten Jahren wurde die Rubrik nicht in jeder Ausgabe bedient, erst ab 1963 gehörte sie zum (fast) regelmäßigen Inhaltspunkt. Der Dienst wurde im Zuge des Konkurses der DM zum 16. August 1965 eingestellt. Für die personen- und unternehmensbezogene Transparenz und Vernetzung der noch jungen Branche hatte ein erster Informationsdienst eine identitätsstiftende Wirkung. Besonders die von hoher Wechselfrequenz in Personal und Kundenetats geprägte Agentur bzw. Beraterszene, Werbung wie PR, profitierte von einer solchen Plattform, sei es bei der Besetzung von Stellen oder der kontinuierlichen Beobachtung des Wettbewerbs und der „Wanderbewegung" von Kundenetats. Mit dem Wachstum der Branche erfüllten diesen Zweck in Nachfolge ab Mitte der 60er der kressreport oder der spezialisierte PR-Report. Zu einer ersten regelmäßigen Berichterstattung über Public Relations kam es in diesen Jahren auch in den eigentlich für die angrenzenden Berufsfelder Werbung und Journalismus maßgeblichen Fachzeitschriften „die absatzwirtschaft" und W&V sowie der ZV+ZV (Zeitungs-Verlag und Zeitschriften-Verlag).

10.3.3   Weiterführende Verwissenschaftlichung

Die Phase bis 1965 brachte keine relevante wissenschaftliche Auseinandersetzung mit Themen und Fragestellungen der PR-Beratung. Recherchierte Dissertationen dieser Jahre sind unternehmensspezifisch aufgehängt oder haben einen eher betriebswirtschaftlichen Hintergrund (diesbezüglich gesichtet: Steybe, 1958; Breyer, 1962 und Bauch, 1963).

10.4   Ausbildung

Was die Hochschullehre betraf, so waren es in erster Linie die Aktivitäten von Oeckl an der Universität Heidelberg, die zu einer Etablierung von Public Relations an deutschen Universitäten führte. Nach ersten Vorträgen 1959 übernahm Oeckl zum Wintersemester 1960/61 einen Lehrauftrag in Public Relations. Inhaltlich standen in seinen Seminaren neben den theoretischen Grundlagen besonders PR-praktische Übungen auf dem Lehrplan. Mit der Gründung der Abteilung Kommunikationsforschung innerhalb des Instituts für Soziologie ab dem Wintersemester 1963/64 kamen zum bestehenden Kanon Übungsreihen zu Aspekten der

Kommunikationsforschung hinzu. Oeckls genuines Themenfeld war die Unternehmens-PR, Beratungsspezifika werden in dem bei Mattke detailliert aufgeführten Seminarprogrammen Oeckls nicht erwähnt (Mattke, 2006, S. 214-225). Einen Überblick über allgemeine Lehr- und Ausbildungstätigkeiten gibt Oeckl selber (1964, S. 190). Neben seiner eigenen Lehrtätigkeit erwähnt er Vorlesungen zur Massenkommunikation an der Universität Köln. Korte (Korte, 1963, Maschinenschriftliches Manuskript, Nachlass Korte) verweist auf eine Seminarveranstaltung zur Public Relations von Prof. Dr. Wilmont Haacke an der Universität Göttingen. Der Lehrtätigkeit von Carl Hundhausen an diversen Hochschulen und dann seit 1955 als außerplanmäßiger Professor an der Technischen Hochschule Aachen hatte in der Anfangsphase den Schwerpunkt industrielle Werbung, erst nach 1965 fand eine thematische Verlagerung in Richtung Public Relations statt (Lehming, 1995, S. 68-70).

Ein erstes außeruniversitäres PR-Fachseminar wurde vom 19. bis 23. Mai 1958 von der Internationalen Studiengesellschaft in Wiesbaden ausgerichtet und hatte den Veranstaltungstitel: „PR – Werkzeug der modernen industriellen Unternehmung". Dozenten, waren neben Gerhard J. Drechsler, Carl Hundhausen, M. B. Longyear, Friedrich Mörtzsch, Edmund Sala, Sven von Müller, Richard von Weizsäcker auch PR-Berater Manfred Zapp (Oeckl, 1964, S. 96; Steybe, 1958, S. 22). Das erste Fach-Bildungsprogramm außerhalb der Universitäten entstand an der Akademie für Führungskräfte in Bad Harzburg, initiiert und umgesetzt von Dr. Friedrich H. Korte, der zu diesem Zeitpunkt 1956 noch PR-Chef der Hamburgischen Elektrizitätswerke war und erste Lehrerfahrungen zur Public Relations an der Werbefachschule des Werbeverbandes Hamburg/Schleswig Holstein gesammelt hatte (Bentele & Szyszka, 1995, S. 22). Das Angebot war hauptsächlich an Unternehmensvertreter gerichtet. Der Anteil der Vertreter aus PR-Beratung und -Agentur war gering. Ein weiterer außeruniversitärer Meilenstein war die Initiierung des ersten Public Relations-Lehrgangs durch die DPRG vom 25.-30. Juni 1962 in München. In dem umfangreichen Programm wurde neben theoretischen und praktisch-methodischen Themenfeldern mit besonderen journalistischen und medienspezifischen Schwerpunkten sowie einigen institutionellen Fallbeispielen auch das Grenzgebiet zur Werbung behandelt. Renommierte Werber wie GWA-Geschäftsführer Dr. Joachim von Rohrscheidt und Curt Blasberg, Vorsitzender des Werbefachverbandes Hessen, referierten über allgemeine Werbung und die Anforderungen an eine moderne Werbeagentur (DPRG, Schriftenreihe Nr. 3, 1962, S. 2). Unter den 19 Teilnehmern des Lehrgangs war mit Peter D. Wendt vom PR-Beratungsbüro Dr. Manfred Zapp lediglich ein Dienstleister vertreten (S. 96). Zu weiteren (Einführungs-)Lehrgängen kam es im Dezember 1963, unter Mitwirkung von Dr. Friedrich H. Korte und dem PR-affinen Werbeagenturchef Horst Slesina („PR im Kreuzfeuer", W&V, 19.12.1963 S. 1-2), und im Mai 1965. Eine Weiterentwicklung fand die DPRG-Lehrgangsreihe in einem ersten Public Relations-Lehrgang für Fortgeschrittene vom 6.-10. Juli 1964 in Wiesbaden (DPRG, Schriftenreihe Nr. 4, 1965, S. 2). Slesina und Korte gehörten auch hier zum Referentenkreis. Von den 23 Teilnehmern kamen sechs aus dem Berater- bzw. Agenturbereich, die bekanntesten waren Dr. Hanns Dietrich Ahrens und Günther Schulze Fürstenow damals bei Uecker Public Relations Service (S. 95-96).

10.5 Fachliche Organisation

Die Gründung des ersten deutschen Public Relations Berufsverbandes vollzog sich zum 8.12.1958 in Köln. Zu den vierzehn Gründungsmitgliedern der Deutsche Public Relations Gesellschaft zählten neben den Vertretern aus Verbänden und Unternehmen zwei Berater bzw. Agenturinhaber: Heinz G. A. Beller und Dr. Manfred Zapp (DPRG, Mitgliederbroschüre, 1990, S. 16). Schon im März 1958 hatte sich in Frankfurt ein Ausschuss konstituiert, der die Gründung eines deutschen „Public-Relations-Klubs" vorbereiten sollte. Ihm gehörten neben sieben der späteren Gründungsmitglieder aus Verband und Unternehmen (F.W. Kleinlein, Cornell Ettinger, Harry Damrow, Hans Leitner, Friedrich Mörtzsch, Edmund Sala, Wolfgang Oehme, Dr. Johann Schäfer) auch Beller und Zapp an. Der zunächst auf „Klub-Basis" angestrebte lose Zusammenschluss sollte alle an der PR-Arbeit interessierten Personen erfassen und die Public Relations-Gesellschaft vorbereiten („Es geht nicht ohne Public Relations", ZEIT, 27.3.1958, S. 17). Die letztendliche Gründung erfolgte dann erst nach einem halben Jahr, was dem Umstand geschuldet war, dass „über die Frage lange keine Einigung erzielt werden konnte, ob die zu gründende Gesellschaft nur Presse- und Werbefachleute von Firmen und Verbänden oder auch freie PR-Fachleute umfassen sollte." Schließlich setzte sich die Ansicht von Harry Damrow, Leiter der Presse- und Werbeabteilung der Farbwerke Hoechst durch, der für eine Aufnahme auch freier PR-Berater plädierte (aus unseren Kreisen, 18.7.1960, S. 11). Diese sollte später im Paragraph 3 der Verbandssatzung ihren Niederschlag finden. Dort heißt es „Mitglieder können alle Public-Relations-Fachleute werden, die im Gebiet der Bundesrepublik wohnen, die mindestens fünf Jahre auf dem Gebiete der Public Relations tätig waren und sich in leitender Stellung befinden." Der Zweck der neuen Gesellschaft wird unter §1 wie folgte beschrieben: „Die Public-Relations-Gesellschaft bezweckt: 1. Zusammenschluß der Fachleute auf dem Gebiet der Public Relations innerhalb der Bundesrepublik Deutschland; 2. Pflege des Public-Relations-Gedankens und gegenseitige berufliche Förderung durch Erfahrungsaustausch; 3. Förderung des Nachwuchses auf dem Gebiet der Public Relations." Zum ersten Vorsitzenden wurde Carl Hundhausen gewählt, zum zweiten Vorsitzenden Dr. Sven von Müller, darüber hinaus gehörten Friedrich Mörtzsch und Dr. Manfred Zapp dem Vorstand an. Die Geschäftsführung übernahm Dr. Johann Schäfer. Mit von Müller und Zapp waren zwei PR-Dienstleister im Vorstand vertreten (DPRG, Schriftenreihe Nr. 1, 1959, S. 47-48).

Schnell wurde versucht, mit aufmerksamkeitsstarken Tagungen Profil zu gewinnen. Ihren ersten öffentlichen Auftritt hatte die DPRG am 5. Mai 1959 unter dem Thema „Public Relations als Aufgabe der Industrie" im Haus der Technik in Essen. Zu den Referenten gehörte auch von Müller (DPRG, Schriftenreihe Nr. 1, 1959, S. 2). Zu einer weiteren öffentlichen Veranstaltung kam es am 11.12.1959 in Frankfurt. Deren Vorträge wurden danach in einer Schrift unter dem Titel „Was will die DPRG" publiziert (DPRG, 1958, Broschüre, BArch). Die Veranstaltung fand mit einer Zusammenfassung der Vorträge (Dr. Hans C. Boden, Vorstandsvorsitzender der AEG, Friedrich Mörtzsch und Dr. Sven von Müller) auch in der Frankfurter Allgemeinen Zeitung Erwähnung („Betrieb und Öffentlichkeit", FAZ, 12.12.1959, S. 7). Eine zweite Veranstaltung – die erste internationale – fand am 21.11.1960 in Hamburg statt und hatte den Titel „Die Wirksamkeit zielbewusster Public Relations" (DPRG, 1960). Im Vordergrund der Vorträge stand der Ländervergleich zur Lage und Entwicklung der Public Relations zwischen Großbritannien, Frankreich und Deutschland. Während die deutsche „Seite" mit Albert Oeckl und die französische mit M. C. Chapeau durch angestellte PR-Fachleute als Referenten vertreten wurden, vermittelte auf britischer Seite der PR-Berater Alan Campbell-Johnson, Delegierter des British Institute of Public Relations, nicht nur einen Stand der PR-Entwicklung in seinem Land, sondern gab auch vertiefte Einblicke in seine Beratungspraxis. Mit 1.450 Mitgliedern (Stand 1960) war der Ende 1948 gegründete britische Berufsverband in seiner Größe bezeichnend für das rasche Wachstum der Public Relations in Großbritannien. Den Anteil der freien PR-Berater innerhalb des Verbandes gab Campbell-Johnson mit 400 an. Mit rund 27,5 % unterscheidet sich dieser Anteil nicht maßgeblich von dem der DPRG, der zu diesem Zeitpunkt bei ungefähr 24 % lag (Auswertung nach beruflichen Eigenangaben; DPRG, 1960, Mitgliederliste, Nachlass Korte). Nach Oeckl (1964) hatte sich der Anteil der Mitglieder des britischen Verbandes, welche in Agenturen beschäftigt waren, vier Jahre später bereits auf 39 % vergrößert (S. 170). Eine Begründung hierfür könnte in dem, nach L´Etang (2004), starken britischen Wirtschaftswachstum der 60er Jahre und der damit verbundenen rasch voranschreitenden Anerkennung und Professionalisierung von (PR-)„Consultancy" liegen (S. 123). Gute Fortschritte bescheinigte Campbell-Johnson seinem Berufsverband auch in der Etablierung eines berufsständischen Ethos sowie in der Aufnahme von Ausbildungskursen in die Verbandsprogramme. Negativ äußerte er sich über die Einführung „teilweise ganz billiger Methoden" aus den Vereinigten Staaten. Sogenannte „image merchants" oder „Konstrukteure der öffentlichen Meinung" bezeichnete er als „geheime Verführer". Zu dieser Gruppe zählte er auch die Lobbyisten, deren Beeinflussung von Parlamentsangehörigen besonders in Großbritannien äußerst kritisch gesehen würde. Nach wie vor gäbe es in seinem Land „sehr viel Missverständnisse über die Natur von Public-Relations-Arbeit". Hinsichtlich seiner beruflichen Praxis – in mehr als 20 Jahren hatte er 15 große Industriekonzerne beraten – beklagte er die mangelnde Messbarkeit von Public Relations. Besonders die Arbeit eines Beraters, dessen Aufträge meistens nur ein halbes bis anderthalb Jahre dauerten, könne „weder quantitativ abgemessen" noch „nach dem Gesichtspunkt der Ursache und Wirkung" beurteilt werden. Daher wäre es „tatsächlich Teil unserer berufsständischen Ehre, dass wir uns nicht nach den Resultaten bezahlen lassen dürfen." (DPRG, 1960, S. 2-3)

> „Ich möchte natürlich nicht sagen, dass die Public-Relations-Arbeit nicht gewertet werden kann, d. h. also durch Projektionen gemessen werden kann. Natürlich ist das möglich. Aber vom Standpunkt des Beraters aus gesehen, muss sie in gleicher Weise wie die Aussenpolitik etwa eines Landes gewertet werden, wo man Erfolg und Niederlage nur an allgemeinen Bedingungen und nicht an Zahlen abmessen kann. Gleichermassen kann die Public-Relations-Arbeit und ihre Wirksamkeit nur verstanden werden, wenn sie als Projektion sozusagen diplomatischer Werte und diplomatischen(r) Standards in der Welt der Wirtschaft gesehen wird." (ebd., S. 4)

Auf seine rhetorische Frage, wer sich denn nun solcher Berater bedienen würde, differenzierte er zwei Arten von Kunden. Einmal die großen Kunden, die eine eigene PR-Abteilung besäßen, mit der dann zusammengearbeitet würde. Gründe für ein Engagement wären die fehlende „Betriebsblindheit", um als Externe zusätzliche Aspekte einzubringen, eine eventuell notwendige Expertise oder die zusätzliche Ressource, um sich in ein spezielles Projekt einzuarbeiten. Zielsetzung wäre die „Verstärkung" der eigenen PR-Abteilung. Zum Zweiten gab es die Wirtschaftsvereinigungen und Verbände, deren Ausstattung mit eigenen PR-Ressourcen noch nicht sehr weit fortgeschritten wäre. Hier ständen Beratung und die Übernahme von Publicity-Aufgaben im Vordergrund (ebd., S. 4).

Weitere Veranstaltungen mit DPRG-Beteiligung sollten folgen. Beim zweiten Public Relations Weltkongress 1961 war der Verband durch neun Mitglieder und fünf schriftliche Referate vertreten. Im Februar 1962 war er Gastgeber der Mitgliederversammlung des „Centre Europeén des Relations Publiques" (CERP) in Düsseldorf (DPRG, 1967, Broschüre, S. 25, BArch). Im Mai 1963 war die DPRG Gastgeber der jährlichen Tagung der „International Public Relations Association" (IPRA) in Berlin. Neben zahlreichen Vorträgen, unter anderem von Prinz Bernhard der Niederlande, Prof. Dr. Karl Schiller, damals Wirtschaftssenator in Berlin, Walter Scheel, damals Bundesminister für wirtschaftliche Zusammenarbeit, war ein wichtiges Diskussionsthema der Berufskodex der IPRA („Internationale PR-Gesellschaft tagte in Berlin", W&V, 13.6.1963, S. 1-2; DPRG, 1967, Broschüre, S. 25, BArch). Eine weitere große Vortragsveranstaltung fand am 23. Oktober 1964 in Bad Godesberg statt. Sie zielte vornehmlich in Richtung Politik. Der Einladung folgten rund 400 Vertreter aus Diplomatie, Politik, Ministerien und Wirtschaft, die für, wie die W&V titelte, „PR-Glanz auf Bonner Parkett" sorgten. Hauptredner waren der Bundesjustizminister, der britische Botschafter und der Präsident des Deutschen Industrie- und Handelstages („PR-Glanz auf Bonner Parkett", W&V, 29.10.1964, S. 1-2; DPRG, 1967, Broschüre, S. 25, BArch).

Auf der Mitgliederversammlung im Juli 1960 wurde Dr. Sven von Müller, bis dahin Stellvertreter, zum ersten Vorsitzenden gewählt. Dr. Manfred Zapp wurde als geschäftsführendes Vorstandsmitglied im Amt bestätigt. Stellvertretender Vorsitzender wurde Friedrich Mörtzsch. Anstelle des ausscheidenden Hundhausen wurde Albert Oeckl in den Vorstand gewählt, der dann auf der Mitgliederversammlung von 1961 erster Vorsitzender wurde. Sein Stellvertreter wurde Friedrich W. Kleinlein. Zapp blieb geschäftsführender Vorstand (DPRG, 1967, Broschüre, S. 24, BArch). Auch dem Vorstand von 1962 unter Vorsitz von Oeckl gehörten mit Zapp und dem neu hineingewählten Heinz G. A. Beller zwei PR-Berater an (DPRG, Schriftenreihe Nr. 3, 1962, S. 90). Die Mitgliederentwicklung gestaltete sich zwischen 1962 und 1965, Stichtag war die jährliche Mitgliederversammlung, wie folgt:

Jahr	DPRG Mitglieder
1962	114
1963	139
1964	161
1965	192

Tabelle 8: DPRG Mitgliederentwicklung 1962-65 (Quelle: DPRG, 1967, Broschüre, S. 25, BArch)

Auf internationaler Ebene wurde die Vernetzung des jungen deutschen Verbandes weiter vorangetrieben. Neben den zahlreichen internationalen Engagements von Oeckl (Mattke, 2006, S. 204-206) gehörten 1963 auch der PR-Berater Ernst Kottow und der PR-Direktor der Werbeagentur J. Walter Thompson Helmut Knaupp dem IPRA-Council an. 1966 wurden erneut Helmut Knaupp und die PR-Beraterin Gerta Tzschaschel als deutsche Council Members gewählt („Internationale PR-Gesellschaft tagte in Berlin", W&V, 13.6.1963, S. 2; DPRG, 1967, Broschüre, S. 23, BArch). Auch auf regionaler Ebene breitete sich die DPRG weiter aus und verzweigte sich in regionale Gruppierungen, die sich zwischen den jährlichen Mitgliederversammlungen regelmäßig zum Meinungsaustausch trafen. Die erste Regionalversammlung fand Anfang 1963 auf Initiative von Heinz Todtmann von der Landesgruppe Nordrhein-Westfalen in Düsseldorf statt. Weitere Zusammenkünfte auf dieser Ebene sollten folgen, bis 1967 weit über 30. Gastgeber waren die PR-Chefs von Firmen und Verbänden, sowie selbständige PR-Berater und Werbeagenturen (DPRG, 1967, Broschüre, S. 17, BArch).

Das bereits erwähnte „Todtmann-Golombek-Wagner"-Resumé (o. V., 1964, Dokument „Resumé", Nachlass Korte) gibt aufschlussreiche Hinweise über die Rolle der PR-Beraterschaft innerhalb der DPRG. Trotz der überproportional hohen Präsenz von „freien" PR-Beratern in den Führungsgremien des Verbandes fiel eine Bewertung ihres Gesamtengagements als Berufsgruppe negativ aus. So beklagten Todtmann, Golombek und Wagner die „historische Gründungslast" des Verbandes und sahen in ihr eine mangelnde Aufgeschlossenheit gegenüber neuen Tendenzen begründet. Darunter verstanden sie eine durch das historische Überwiegen der Industrieseite fundierte Fixierung auf ihr zugehörige Themen und Agenden, wie „Prestige- und Positionsfragen, Abgrenzungsfragen gegenüber der Werbung, Weiterbildungsfragen für ehemalige Pressechefs usf.", was zu einem „Zurücktreten der freiberuflichen und agenturgebundenen Berater bis zum völligen Schweigen" führe. Sie sahen darin die Ursache für das „Fehlen methodischer oder gar wissenschaftlicher

Erörterungen im Kreise der DPRG". Damit dies nicht zu einer Stagnation führe, wäre es dringend geboten die Beraterseite, auch im Hinblick auf weitere potentielle Mitglieder zu ermutigen (S. 4).

Programmatischer Höhepunkt der DPRG in den „Jahren der Entwicklung" zwischen 1961 und 67, (DPRG, 1967, Broschüre, S. 24, BArch) war die Vorlage eines 10-Punkte-Programms durch den Vorsitzenden Albert Oeckl auf der Mitgliederversammlung 1965 in Stuttgart, das auf breite Zustimmung stieß und in die Zielsetzungen des Verbandes aufgenommen wurde. Mit diesem Programm plädierte Oeckl für eine fachliche und qualitative Weiterentwicklung des gesamten PR-Berufsstandes in Deutschland – insoweit besaß es auch für die PR-Dienstleister uneingeschränkte Relevanz. Neben der Forderung nach beruflicher Fortbildung der Mitglieder und der Nachwuchsförderung lag Oeckl besonders die wissenschaftliche Etablierung der PR-Lehre am Herzen. Auf der Verbandsebene strebte er nach verstärkter Mitgliedergewinnung und einer Verbesserung der DPRG-Serviceleistungen. Auch die internationalen Verbandsbeziehungen sollten ausgebaut werden. Auf nationaler Ebene war Oeckl an einer freundschaftlichen Kooperation mit den benachbarten Verbänden, z. B. dem deutschen Presserat, dem Bundesverband Deutscher Zeitungsverleger oder dem Bund Deutscher Werbeberater und Werbeleiter, gelegen. Berufspolitisch relevant waren die Punkte Berufsanerkennung nach französischem oder englischem Beispiel und eine verstärkte „Eigen-PR" für den Berufsstand und die Ideen der Public Relations (S. 26-27).

Es kann konstatiert werden, dass bereits in der Vorgründungsphase des ersten deutschen PR-Berufsverbandes PR-Berater eine nicht unerhebliche Rolle spielten. Umso erstaunlicher der Diskussionspunkt im Gründungsprozess, ob denn freie Berater überhaupt als Mitglieder zugelassen werden sollten. Offensichtlich existierten innerhalb des Gründungszirkels Vorbehalte gegenüber den teilweise schlecht beleumundeten „schwarzen Schafen" der Branche, von denen sich ein Berufsverband absetzen wollte. Ebenso wahrscheinlich ist es, das sich mit der letztendlichen Öffnung des Verbandes auch die freien Berater im Gründungszirkel durchsetzen. Den Defiziten in der öffentlichen Wahrnehmung eingedenk, nahm der Verband über diverse aufmerksamkeitsstarke Veranstaltungen rasch Fahrt auf, um sich als maßgebliche Stimme der Public Relations in Deutschland zu profilieren. Getragen wurde die Etablierung nicht nur von den festangestellten „Granden" der Public Relations, sondern auch von den freien PR-Beratern in den Führungsgremien. Die DPRG setzte auf eine stringente internationale Vernetzung, die für einen Transfer von Berater-Know-how vornehmlich aus den angelsächsischen Ländern sorgte. Auch wenn es der eigenen Einschätzung der DPRG-Mitgliedsberater zufolge eine „Gründungslast" gab, die zu Unzufriedenheit und fehlendem Engagement bei einem großen Teil der Beraterschaft führte, so profitierten auch sie maßgeblich von den Aktivitäten des Verbandes für das Gesamtberufsfeld.

10.6 Abgrenzung und interprofessionelle Konkurrenz

Das Berufsfeld Journalismus wurde wie in den Jahren zuvor weniger unter Konkurrenzgesichtspunkten, sondern als Ressource oder Partnerberufsgruppe gesehen. In der ersten Hälfte der 60er Jahre rückten Aspekte fachlicher Interdependenz und vergleichender Beobachtung in den Vordergrund. Das Verhältnis zur Werbung blieb maßgeblicher, weil es durch deutliche Abgrenzungskonflikte geprägt war. Immer mehr Werbeagenturen richteten sich in den 60er Jahren als Full-Service-Agenturen aus. Dementsprechend wurde die Frage, ob Werbeagenturen die PR-Dienstleistung durch die Gründung einer eigenen Abteilung oder durch eine spezialisierte Tochtergesellschaft abdecken sollten, häufig diskutiert. Innerhalb der Werbebranche und ihren Fachmagazinen wurde die Erweiterung des Angebots, in welcher Form auch immer, grundsätzlich begrüßt. So hatte bereits 1952 bei der Verabschiedung der Richtlinien des führenden Werbeagenturverbandes „Gesellschaft Werbeagenturen" (GWA) eine Leistungs- und Qualifikationsbestimmung für die Mitgliedschaft gelautet: Regie aller unter dem Begriff Public Relations zusammengefassten Funktionen (Hinweis in Rohrscheidts Vortrag „Die Arbeit einer modernen Werbeagentur", DPRG, Schriftenreihe Nr. 3, 1962, S. 72). Die Sichtweisen auf diese Problematik waren durchaus differenziert und von Sensibilität geprägt. Argumentiert wurde vornehmlich aus der Bedarfssicht der Kunden. In einem Beitrag für die Werbezeitschrift „die Anzeige" („Public relations – eine legitime Aufgabe der Werbeagentur", die Anzeige, 1.10.1961, S. 49-53) stellte Erhard Hille eine sich immer weiter vollziehende Annäherung zwischen Werbeagentur und PR-Beratung bzw. PR-Betreuung fest. Für ihn lag sie begründet in einer ähnlichen Zielsetzung, auch wenn sich Methoden und Arbeit deutlich unterschieden. Als Stoßrichtung der Public Relations sah er die „planvolle Vertrauenswerbung" und die „Publizierung der Firmenziele und -aufgaben" im steten Austausch mit der Umwelt. Ausgangspunkt für ihn waren die absatzwirtschaftlichen Gegebenheiten eines Unternehmens, die einer steten Neubewertung verlangten. Public Relations befassten sich für ihn nicht mit dem Produkt, sondern mit der „Idee des Unternehmens". Da sich Unternehmen nur ab einer bestimmten Größenordnung eine eigene PR-Abteilung leisten könnten und kreative und administrative Aufgaben in der Public Relations eng ineinander griffen, bot sich für Hille die Zusammenarbeit mit einer Werbeagentur geradezu an. Hierfür spräche nach seiner Ansicht, dass bei einem Full-Service-Ansatz viele Vorarbeiten von der Produktplanung über die Marktforschung bis zur Verkaufspsychologie bereits in der Agentur angesiedelt wären. Die Agentur kenne den Kunden, sein kaufmännisches und absatzwirtschaftliches Instrumentarium, auf das dann die eigentliche PR-Konzeption aufbauen würde. Danach war es für ihn geboten, dass „die Öffentlichkeitsarbeit ihre eigenen Wege" ginge. „Ihre Gesetze unterscheiden sich von denen der Werbung." Hille warnte ausdrücklich vor allzu großer Nähe. Trotzdem sah er bei der Umsetzung von PR-Maßnahmen die Werbeagentur aufgrund ihrer Bandbreite und Ressourcen im Vorteil. Besonders die spezialisierten Abteilungen und die administrative Infrastruktur einer Werbeagentur böten die notwendigen Umsetzungsressourcen (S. 49-53).

Auch PR-Fachleute rieten Werbeagenturen in das PR-Feld zu expandieren. In einem Interview mit der „Führungspraxis" („Warum sind Public relations so wichtig und so schwierig?", Führungspraxis, 7, 1962, S. 3-13) beantwortete Graf Zedtwitz-Arnim die Frage „Sollen Werbeagenturen sich eine Abteilung oder eine Tochtergesellschaft für PR angliedern?" mit "Ja unbedingt." Als Schwesterdisziplinen im Kommunikationsgeschäft wären beide durch die gleichen Techniken verbunden. Zwar unterschieden sie sich in den Zielsetzungen, aber gerade „diese Unterschiedlichkeit von Zweck und Markt bei gleicher Grundtechnik legt es nahe, beide Instrumente der Meinungsbildung in einem Hause zu vereinen." (S. 11) Er plädierte jedoch gegen eine interne PR-Abteilung, sondern für die Ausgliederung in einer unabhängigen Firma. Er sah die Vorteile vornehmlich für den Kunden. Gerade die Nutzung von Spezialabteilungen einer Werbeagentur, Markt-, Meinungs-, und Motivforschung, FFF (Film, Funk und Fernsehen)-Abteilung und Kreation, minimiere Kosten. Grundvoraussetzungen waren für ihn, Public Relations inhaltlich von Werbung zu trennen, sie als autonome Aufgabe zu verstehen und auch in der Werbeagentur von hochqualifizierten PR-Fachleuten ausführen zu lassen (S. 12).

Dr. Rudolf Farner, begründete auf einem Forumgespräch der Werbeagentur Hegemann am 20.10.1962 (Dr. Hegemann Werbeagentur, 1961, Broschüre, S. 17-20, Nachlass Korte) dezidiert seinen Schritt, neben seiner Werbeagentur zusätzlich eine eigene PR-Agentur zu etablieren. Er machte besonders Kundenanfragen und -bedürfnisse, die über die Möglichkeiten der Werbung hinausgingen, dafür verantwortlich, in einem ersten Schritt einen Publizisten zu engagieren, um die Produkte seiner Kunden im redaktionellen Teil der Presse „erscheinen" zu lassen.

> „Wir sahen aber sehr rasch ein, daß diese ungesteuerte „Publicity" doch nur von sehr fraglichem Nutzen für den Klienten und von einem äußerst geringen Interesse für eine weitere Öffentlichkeit war. Aus dieser Erkenntnis entstand während einer jahrelangen intensiven Arbeit meine Public-Relations-Agentur, die personell und sogar geographisch völlig getrennt von der Werbeagentur auf der Basis ihrer Public-Relations-Philosophie für unsere Kunden und nicht zuletzt im Interesse unserer Gesamtbevölkerung tätig ist. Dabei sorgt die zentrale Geschäftsleitung für eine vernünftige Koordinierung von Zielsetzung, Festlegung der Politik und Ausführungsarbeit zwischen der Public-Relations-Agentur einerseits und meiner Werbe-Agentur andererseits." (S. 17)

Unterschiede existierten für ihn in den Schnittstellen seiner Agenturen mit dem Kunden bzw. Unternehmen. Während die Werbeagentur vornehmlich mit der Marketing-Abteilung zusammenarbeitete, würde die Public-Relations-Agentur aus ihrer Funktion heraus den unmittelbaren Zugang zur obersten Geschäftsleitung benötigen. Übergreifend sah er besonders im Agenturcharakter Kundenvorteile, „er verhindert Einseitigkeit und ein Totlaufen der Sachbearbeiter, sichert Kontinuität, Ideenreichtum und bietet ein Maximum an Public-Relations-Beziehungen sowie Personalreserve." (S. 20) Auch Oeckl hatte wenige Berührungsängste mit der Werbebranche. Ausführlich lobte er in seinem Handbuch (1964) die Arbeit der Werbeagenturen, die durch den Einsatz von PR-Maßnahmen zur Eigenprofilierung ihrer Agenturen der noch jungen Schwesterdisziplin die notwendige Bekanntheit und Anerkennung verschaffen würden. Er erwähnte die aufklärende PR-Arbeit der GWA am Beispiel der

Ausstellung „Der umworbene Mensch" im März 1963 in Bad Godesberg oder die der „American Association of Advertising Agencies", die in den Vereinigten Staaten eine etablierte PR-Agentur damit beauftragt hatte, für die eigene Branche „PR zu machen". Diese Beispiele sah er im Übertrag für den eigenen Berufsstand in der Bundesrepublik als dringend erforderlich an. Als junger Beruf, der in weiten Teilen noch nicht verstanden würde, wäre es geboten, „für sich selbst Public Relations zu machen" (S. 155-156). Bemerkenswert war Oeckls enge Zusammenarbeit mit Horst Slesina, Gründer und Inhaber der gleichnamigen Werbeagentur in Frankfurt. Beide waren persönlich und beruflich durch Slesinas Tätigkeit für die BASF verbunden. Seine Agentur war in der ersten Hälfte der 60er Jahre mit der „Vertrauenswerbung" für den Konzern beauftragt. Slesina galt auch als anerkannter PR-Fachmann (Mattke, 2006, S. 113-114). Oeckl und Slesina hatten ein ähnliches Verständnis von Werbung und Public Relations. Slesina setzte sich für eine deutliche Trennung der beiden Disziplinen ein. Er bedauerte die aktuell existierenden fließenden Grenzen. Für ihn bedienten sie sich zwar der gleichen Medien, aber in ihren Zielsetzungen unterschieden sie sich deutlich voneinander. Slesina lehnte die Koppelung von Anzeigenauftrag und redaktioneller „Verkaufe" für sich und seine Werbeagentur ab (Mattke, 2006, S. 200). Auf dem zweiten PR-Lehrgang der DPRG 1964 referierte Slesina über „Unternehmensplanung und Öffentlichkeitsarbeit". Schon damals plädierte er für eine auf der strikten Trennung bestehenden „Integration" der Disziplinen − hier unter dem Dach der Unternehmensplanung:

> „In dem heutigen Vortrag soll der Komplex Öffentlichkeitsarbeit das gesamte Gebiet der Werbung und der Public Relations umschließen. Diese Zusammenfassung dessen, was wir gegenwärtig landläufig unter Werbung bzw. Public Relations verstehen, unter einem gemeinsamen Dachbegriff erscheint mi(r) schon deshalb ratsam, weil Werbung und Public Relations in ihrer ganzen Anlage gut aufeinander abgestimmt werden müssen, so sehr ich auch in der praktischen Handhabung eine absolut saubere Trennung der beiden Gebiete befürworte. Letzteres darf aber nicht darüber hinwegtäuschen, daß Werbung und Public Relations in der Gesamtplanung der Unternehmung eine strategische Einheit bildet." (Slesina Vortrag, DPRG, Schriftenreihe Nr. 4, 1965, S. 9)

Während die „integrative Sichtweise" auf Sympathie bei den PR-Fachleuten stieß, wurde einer Gleichsetzung von Werbung und PR eine klare Absage erteilt. Besonders „brisant" war 1964 die Auseinandersetzung der DPRG mit Harry Damrow, Werbeleiter der Farbwerke Hoechst, der sowohl Gründungsmitglied der DPRG als auch Mitglied im Bund Deutscher Werbeberater (BDW) war, und sich mit seiner These, dass es zwischen Werbung und Public Relations im umfassenden Sinne keinen Unterschied gäbe, den „Zorn" seines PR-Verbandes zuzog. So wurden auf der DPRG-Mitgliederversammlung am 10. Juli 1964 in Wiesbaden die „Damrowschen Thesen" stark kritisiert. Eine Vermischung von Public Relations und Werbung sei tödlich für jede Form von PR. Der DPRG-Vorstand distanzierte sich deutlich, Damrow habe einen klaren Trennungsstrich zu den Grundsätzen der DPRG gezogen. Trotzdem wurden der Dialog und die überzeugende Auseinandersetzung gesucht. Auf der BDW-Herbsttagung im Oktober 1964 in Bad Nauheim kam es zu einer öffentlichen Disputation der unterschiedlichen Standpunkte, die stellvertretend von DPRG-Vorstandsmitglied Dr. Friedrich H. Korte und für den BDW von Harry Damrow geführt wurde. Im Mittelpunkt der Auseinandersetzung standen die unterschiedlichen Definitionsansätze von PR und Werbung in den jeweiligen Disziplinen und der Abgleich dieser Definitionen mit der tagtäglichen Unternehmensrealität. Schlussendlich kam man überein, wegen der verhärteten Fronten zu dem Thema langfristig und verbandsübergreifend an einer gemeinsamen Definition arbeiten zu wollen („PR sind nicht Werbung", W&V, 23.7.1964, S. 1-2; „Begriffsgeplänkel", W&V, 12.11.1964, S. 1-2). Wie undogmatisch Korte, besonders wenn es um beratende Tätigkeiten ging, sich zwischen den Disziplinen bewegte, zeigt eine Diskussion zwischen ihm und Günther Schulze Fürstenow auf dem DPRG-Lehrgang für Fortgeschrittene im Juli 1964 (DPRG, Schriftenreihe Nr. 4, 1965, S. 73-88). In der Abgrenzungsproblematik zwischen Public Relations und Werbung wurde die Zuordnung der Grenzdisziplin Product Publicity erörtert. Nach Auffassung von Korte, und er sah sich in diesem Punkt im Widerspruch zu vielen anderen PR-Beratern, war sie „eine der reizvollsten Aufgaben, die die Wirtschaftswerbung zu vergeben hat". Auf die Nachfrage von Schulze-Fürstenow, was er denn als Berater machen würde, wenn eine Doppelaufgabe PR im „soziologischen Sinne" und Product Publicity von einem Kunden an ihn herangetragen würde, antwortete er:

> „Ich habe gar keine Bedenken, beides zu übernehmen. Wenn ich einen Auftrag für Product Publicity bekomme, dann mache ich Product Publicity. Aber das firmiere ich auch so. Und wenn ich einen Auftrag für Wirtschaftswerbung bekomme, dann mache ich Wirtschaftswerbung, aber firmiere es auch so. Wenn ich den Auftrag für Verkäuferschulung, als „sales promotion" bekomme, dann schule ich Verkäufer, aber das ist dann Verkäuferschulung. Wenn ich aber einen Auftrag für Public Relations bekomme, dann nenne ich das Public Relations. Es kommt nicht darauf an, wer was macht, sondern was beabsichtigt ist. Hauptsache, man versteht das jeweils erforderliche Handwerk."

Die Nachfrage, ob er denn unter einem Auftraggeber völlig verschiedene Arbeiten erledigen würde, bestätigte er. Es käme besonders bei Großaktionen häufig zu eng verzahnten Kombinationen (S. 78-83).

10.7 Kodizes und Standards

In einem Interview mit dem Hessischen Rundfunk am 11. Dezember 1959 wurde Carl Hundhausen (DPRG, Schriftenreihe Nr. 2, 1959, S. 18-20) in seiner Eigenschaft als Vorsitzender der DPRG gefragt, ob es in dem sich langsam firmierenden Berufsstand so etwas wie einen Berufsethos, „vielleicht sogar einen Ehrenkodex", geben würde. Er entgegnete: „Ja in den Schwesterverbänden in den europäischen und außereuropäischen Staaten gibt es selbstverständlich so etwas wie ein geschriebenes Gesetz, wie einen Ehrenkodex. Wir könnten diese Dinge einfach übernehmen, aber wir sind noch nicht dazu gekommen, uns gleich ein so schweres Gepäck zuzulegen." Auf die weitergehende Frage nach Hundhausens ethischer Einstellung zu den in der letzten Zeit publizierten Korruptionsfällen entgegnete er: „Ich möchte sagen, daß die Aufgabe der Public-Relations-Berater und -Fachleute in Unternehmungen darin besteht, daß sie sich ganz bewußt distanzieren von Vorstellungen, als handle es sich bei Public Relations um Geschenke oder irgendwelche Dinge, die man im Zwielicht oder unter der Hand macht." (S. 19)

Zweieinhalb Jahre später auf der DPRG-Jahresversammlung am 29.6.1962 wurde nach zweijähriger Vorarbeit ein erster praktischer Entwurf deutscher PR-Berufsgrundsätze vorgelegt. In einer unmittelbaren Kommentierung am 30.6.1962 legte Albert Oeckl (DPRG, Schriftenreihe Nr. 3, 1962, S. 83-88) besonderen Wert auf die „nationale Identität" dieser Grundsätze, „denn wir haben uns in unserer Auffassung in den mehr als 10 Jahren, in denen wir in Deutschland Öffentlichkeitsarbeit betreiben, nicht unbeträchtlich von den amerikanischen Ausgangspunkten entfernt". Ein amerikanisches Manko sah er in der weitreichenden Vermischung von Public Relations und Werbung. In Deutschland sollte eine strikte Trennung der Begriffe und der damit verbundenen Berufsbilder herbeigeführt werden. Für ihn waren nationale Berufsgrundsätze notwendig,

> „1. weil die Öffentlichkeitsarbeit in Deutschland ein sehr junger Beruf ist, der einer Abgrenzung bedarf,
>
> 2. weil wir eine sich rasch ausdehnende Berufsgruppe PR vor uns haben, in die nicht wenige – sagen wir vorsichtig ausgedrückt – nicht Qualifizierte einzudringen versuchen und
>
> 3. weil in der letzten Zeit in zunehmendem Maße Geschäftemacher – auch das ist ein mildes Wort – unter Mißbrauch des jetzt sehr zugkräftigen Namens „Public Relations" eine gewisse Diskreditierung unserer ganzen Arbeit verursacht haben." (S. 83-84)

Als eine der wichtigsten Grundlagen der deutschen Ausarbeitungen nannte er den Code of Conduct der IPRA. Dieser Code war international auf dem 2. PR-Weltkongress 1961 (Venedig) verabschiedet worden. PR-beratungsspezifisch ist besonders der Verhaltenskanon gegenüber Klienten und Auftraggebern relevant. Er regelt wesentliche Punkte innerhalb einer Dienstleistungsbeziehung, wie Vertraulichkeit, faires Verhalten, Konkurrenzausschluss oder das Koppeln von Honoraren an die Erzielung bestimmter Ergebnisse. Das Verhalten gegenüber der Öffentlichkeit und den Medien wird ebenso reglementiert wie das Verhalten der Berufskollegen untereinander. Darüber hinaus erwähnt Oeckl als Vorlage die Reglements der „Schweizerischen Public Relations Gesellschaft", die ebenfalls ein Jahr zuvor verabschiedet wurden.

Aufschlussreich sind seine Ausführungen zur unmittelbaren Motivation, Berufsgrundsätze zu fordern und zu verabschieden, beleuchten sie doch zwei wesentliche Aspekte berufspolitischer Positionierung. Zum einen berichtet er von aktuellen Fällen unseriöser Angebote von PR-Dienstleistern an Unternehmen, zum anderen richtet er seinen Blick auf die Aktivitäten der benachbarten Berufsgruppen in Journalismus und Werbung – die Forderung des deutschen Journalistenstandes auf dem zweiten deutschen Journalistentag am 5.5.1962 in Köln nach berufs- und pressepolitischen Leitsätzen und die zeitnah veranstaltete Jahrestagung des BDW, auf der ein Berufsbild des Wirtschaftswerbers vorgestellt und anschließend verabschiedet wurde (S. 84-86).

Die finalen Berufsgrundsätze der DPRG wurden dann erst wiederum zwei Jahre später und nach langer Vorarbeit einer Grundsatzkommission, in Abstimmung mit den Mitgliedern und unter Berücksichtigung „führender ausländischer Berufsorganisationen" am 10.7.1964 von einer ordentlichen Mitgliederversammlung einstimmig angenommen. Die Verankerung nur Aufgaben zu übernehmen, die in Einklang mit den Gesetzen der Bundesrepublik stehen, die Freiheit der Presse zu respektieren und keine widerstrebenden Interessen gegen den Willen der Beteiligten zu vertreten in den Grundsätzen 1, 2 und 3 sowie dem Punkt 5 „niemals vorsätzlich das Ansehen oder die Arbeit eines anderen Mitglieds herabzusetzen", entwickelten für alle PR-Fachleute Relevanz. Die Grundsätze „4. Vertrauliche Sachverhalte aus den Wirkungsbereichen früherer oder gegenwärtiger Auftraggeber nicht weiterzugeben, solange nicht alle Beteiligten anders beschlossen haben"; „6. In Ausführung von Dienstleistungen ohne die ausdrückliche Einwilligung des direkten Auftraggebers keine Honorare, keine Vergünstigungen oder andere Gegenleistungen von Dritten anzunehmen" sowie „7. Auftraggebern weder ein nach bestimmten Publikationsergebnissen gestaffeltes Vergütungssystem vorzuschlagen noch dem gleichen Zweck dienende Honorarvereinbarungen zu treffen, sowie keine Kunden durch Zusicherung unerfüllbarer Leistungen zu werben" waren besonders für PR-Dienstleister maßgeblich. Die letztendlichen Grundsätze folgten in diesen Punkten den internationalen IPRA-Vorgaben. Die Mitglieder wurden einerseits verpflichtet die DPRG als Organ der Selbstkontrolle anzuerkennen, andererseits gewährte die DPRG allen Mitgliedern „Ehrenschutz", die wegen Einhaltung dieser Grundsätze in Schwierigkeiten gerieten (DPRG, Broschüre, 1967, S. 10-12, BArch). Während die DPRG-Satzung vom Juni 1959 (DPRG, Schriftenreihe Nr. 1, 1959, S. 48-51) noch keinen Ehrenrat vorsah, war er im Dezember 1962 (DPRG, Schriftenreihe Nr. 3, 1962, S. 90-95) in der Satzung als Organ der Gesellschaft etabliert. Seine Zusammensetzung und Aufgaben wurden in §10 wie folgt umschrieben:

> „Der Ehrenrat besteht aus dem Vorsitzenden sowie je einem Mitglied des Vorstandes und des Beirates und zwei weiteren von der Mitgliederversammlung gewählten ordentlichen Mitgliedern. Zu den Aufgaben des Ehrenrates gehört es, den Mitgliedern beruflichen Ehrenschutz zu gewähren, Verstöße gegen die Grundsätze und Interessen der Gesellschaft festzustellen und gemäß §3 der Satzung Empfehlung auf Verwarnung, Suspendierung oder Ausschluß mit Begründung der Mitgliederversammlung zur Beschlussfassung vorzulegen. Der Ehrenrat beschließt mit einfacher Mehrheit." (S. 95)

Die Verabschiedung der Berufsgrundsätze war eingebettet in eine Mitgliederversammlung, deren generelle Themensetzung in der W&V markant mit „Der Graben zwischen Werbung und Public Relations wurde weiter vertieft." kommentiert wurde. Bereits auf einer vorausgehenden Pressekonferenz hatte sich die DPRG klar positioniert: „Es ist totaler Unfug, daß PR Verkaufsförderung oder Verkaufsanbahnung ist. Auch der Standpunkt, daß PR lediglich eine andere Form der Werbung darstellt, muß als antiquiert und überholt bezeichnet werden." („PR sind nicht Werbung", W&V, 23.7.1964, S. 1)

Werden die einführenden Äußerungen von Hundhausen in Betracht gezogen, muß der lange Zeitraum von fünf Jahren bis zur letztendlichen Verabschiedung von Berufsgrundsätzen durch die DPRG doch verwundern. Zum einen im Hinblick auf den Druck durch die schon seit Jahren existierende „Verunglimpfung des Berufsstandes" durch „schwarze Schafe", zum anderen durch diverse Vorlagen anderer nationaler Verbände. So ist der Einfluss des IPRA-Codes offensichtlich und die DPRG-Berufsgrundsätze sind nur in Ansätzen wirklich national.

Nichtsdestotrotz bekam die PR-Beraterschaft ihr „operatives Geschäft" regelnde Leitlinien, die unseriöse Methoden im Markt und in der Kundenbeziehung von vornherein unterbinden sollten und eine klare Differenzierung der durch die DPRG-„legitimierten" PR-Berater/-Agenturen ermöglichte. In den zeitgleich stattfindenden berufspolitischen Grundsatzprozessen der Verbände in Werbung und Journalismus kann ein den Verabschiedungsprozess der DPRG-Berufsgrundsätze forcierendes Moment gesehen werden.

10.8 Identität und Image

10.8.1 PR-Beratung in der öffentlichen Wahrnehmung

Auch in der ersten Hälfte der 1960er Jahre wurde das Bild der Public Relations und seiner Akteure in der Öffentlichkeit eher durch negative, als durch positive Anwendungsbeispiele geprägt. Besonders das zweifelhafte Wirken kommerzieller PR-Anbieter schadete der öffentlichen Wahrnehmung. Eine kurze aber markante Einschätzung der allgemeinen „Lage" der Public Relations und ihrer beruflichen Verortung Ende der 50er Jahre gab der zweite Vorsitzende des DPRG-Vorstandes Dr. Sven von Müller am 5. Mai 1959 auf der DPRG-Veranstaltung „Public Relations als Aufgabe der Industrie" im Haus der Technik in Essen (DPRG, Schriftenreihe Nr. 1, 1959, S. 42-46). In der Einleitung zu seinem Vortrag stellte er fest:

> „Die Public Relations-Tätigkeit erscheint in Deutschland immer noch als eine fast unerschöpfliche Fundgrube für Mißverständnisse. Diese Öffentlichkeitsarbeit ist mit Recht bei uns umstritten, denn wenn ungeeignete Personen mit unzweckmäßigen Mitteln nebelhaften Zielen zustreben, kann es nur Enttäuschungen geben. Wir können auch gar nicht bestreiten, daß sich nach dem Eindringen des Public-Relations-Gedankens in Westdeutschland manche Glücksritter dieser Möglichkeit zugewendet haben und im Vertrauen auf die Tatsache, daß Public-Relations-Erfolge schwer meßbar sind und sich nur über einen längeren Zeitraum auswirken. Die Deutsche-Public-Relations-Gesellschaft ist nicht gegründet worden, um einen Klub der Arrivierten zu schaffen, sondern um durch sorgfältige Auswahl der Mitglieder dem Interessenten die Gewähr für Fachwissen, Erfahrung und charakterliche Eignung zu geben. Wenn sich der Public-Relations-Gedanke bei uns, verglichen mit den westlichen Nachbarländern, nur langsam durchgesetzt hat, so liegt es zweifellos in dem amerikanischen Firmenaufdruck begründet. Solche Bedenken sind gar nicht gegenstandslos, denn bei uns herrschen in der Öffentlichkeit ganz andere Voraussetzungen als in Amerika, so daß dort bewährte Methoden nicht einfach übernommen werden können, sondern transponiert werden müssen." (S. 42)

Neben den häufig in den Medien nur angedeuteten Skandalen um Public Relations und den „schwarzen Schafen" der Branche waren es die amerikanischen PR-Agenturen, die in enger Verbindung mit der deutschen Politik standen, die von den Medien genau beobachtet wurden. Besonders die Aktivitäten von Julius Klein und seiner Agentur für deutsche Kunden sorgten Anfang bis Mitte der 60er Jahre für eine intensive Berichterstattung und gaben der Öffentlichkeit einen ersten, nicht immer vorteilhaften Eindruck der Arbeitsweise von PR-

Agenturen. Für die Adenauer-Regierung war Klein über Jahre einer der wichtigsten Zuarbeiter. 1960 vermittelte er eine Zusammenkunft zwischen Adenauer und Israels Premier David Ben Gurion in New York, ein erster Startpunkt in der deutsch-israelischen Aussöhnung. Eine enge Beziehung pflegte er auch mit Adenauers Staatsekretär Hans Globke, dessen Sohn zeitweise im Washingtoner Büro der Agentur arbeitete. Als die Medien diesen Punkt aufgriffen, dementierte Klein zwar, es entstand aber in den USA der Eindruck, er agiere als eine Art „Schattenbotschafter" der Bundesrepublik. Tatsächlich ermunterte er als politischer Lobbyist Kongressabgeordnete zu „pro-deutschen Deklamationen", lancierte Adenauer-freundliche Artikel und subventionierte Pressereisen in die Bundesrepublik. Neben seiner Tätigkeit für die deutsche Regierung verstand es Klein, weitere deutsche Klienten in Politik und Wirtschaft an seine Agentur zu binden. Zu seinen Wirtschaftskunden zählten viele erste Adressen der deutschen Wirtschaft: Mannesmann, Mercedes oder der von der Bundesregierung unterstützte „Förderkreis für deutsch-amerikanische Zusammenarbeit". Sie alle profitierten von Kleins ausgezeichneten Verbindungen in die amerikanische Politik und in die US-Medien. So wurde er unter anderem damit beauftragt, den nach dem Krieg konfiszierten Markennamen Agfa für Deutschland zurückzugewinnen. Immer wieder gerieten Klein und sein Unternehmen wegen politischer Anschuldigungen und Affären in den Fokus von Presse und Ermittlungsbehörden. Es waren das generelle Misstrauen gegenüber Agenturen, die für ausländische Regierungen arbeiteten, aber auch die Verstrickungen von Klein in die amerikanische Parteipolitik, die dazu führten, dass er sich 1962 vor dem außenpolitischen Senatsausschuss unter dem Vorsitz des Demokraten J. William Fullbright wegen des Verdachts der Spionage für eine fremde Regierung verantworten musste und dort Informationen über seine ausländischen Auftraggeber preisgeben sollte („General Klein: Häufig beim Kanzler", SPIEGEL, 1962, 37, S. 45-52; „General Klein: Gemeinsame Arbeit", SPIEGEL, 1963, 15, S. 72-73; „Register: Gestorben Julius Klein", SPIEGEL, 1984, 16, S. 260; „Außenpolitische Lobbyisten", FAZ, 27.7.1962, S. 2). In der Bundesrepublik folgte im gleichen Jahr seine Verstrickung in die sogenannte „Epstein-Affäre", innerhalb der die Bundesanwaltschaft in Karlsruhe wegen Geheimnisverrat ermittelte („Epstein Affäre: Zuerst die Nation", SPIEGEL, 1962, 41, S. 25-26). Die Untersuchungen wurden erst 1965 eingestellt, nachdem sich erwiesen hatte, dass Adenauer selbst Julius Klein geheime diplomatische Berichte zugespielt hatte, um die amerikanische Außenpolitik in seinem Sinne zu beeinflussen („Landesverrat: Jedermanns Pflicht II", SPIEGEL, 1965, 33, S. 17-18). Wieder negativ in die Schlagzeilen geriet Klein 1966 in der Affäre um den US-Senator Thomas Dodd, der sich vor einem Ehrenausschuss des Senats verantworten musste. Ihm wurden seine allzu engen Beziehungen zu Klein vorgeworfen. Eine „Pressekampagne" hatte enthüllt, dass Dodd sich für entsprechende Zuwendungen durch Klein zum „Handlanger deutscher Interessen" habe machen lassen. Einige Vorwürfe gegen Dodd wurden schnell entkräftet. Dodd bestritt vor dem Ausschuss energisch, jemals von Klein Geld genommen zu haben. Klein selber vermied es, als Zeuge auszusagen („Dodd Affäre: Made in Germany", SPIEGEL, 1966, 28, S. 71-73).

10.8.2 Erster von Dienstleistern initiierter PR-Fachkongress

Ihren ersten öffentlichkeitswirksamen Auftritt initiierte die „junge" PR-Dienstleistungsbranche eigenständig 1961. Über 300 Fachleute, Unternehmer, Journalisten und Werber besuchten am 20.10.1961 die erste deutsche PR-Fachveranstaltung, die von einem Dienstleister ausgerichtet wurde. Veranstalter im „Haus der Wissenschaften" in Düsseldorf war die etablierte Werbeagentur Dr. Hegemann. Die Veranstaltung war dem Grenzgebiet zwischen Werbung und Public Relations gewidmet und verfolgte die Zielsetzung, einen Beitrag zur Entwirrung der Begriffe zu leisten („Tun Sie Gutes – und wir reden darüber!", die Anzeige, 1.12.1961, S. 98). Das Forum war hochkarätig besetzt. Gastgeber war der Leiter der PR-Abteilung der Werbeagentur Dr. Karl Molnar gemeinsam mit dem Leiter der Abteilung Marketing-Planung Dr. Walter Scheele. Als prominenter Vertreter der Agentur- und Beratungsseite war Dr. Rudolf Farner, Inhaber einer Werbe- und einer PR-Agentur sowie einer der PR-Pioniere der Schweiz, der auch über Jahrzehnte eine hohe Präsenz im deutschen Markt entwickelte, eingeladen worden. Die PR-Expertise wurde vertreten durch Dr. Albert Oeckl und Dr. Friedrich H. Korte. Die Unternehmerseite vertrat Josef Neckermann, die Verbraucher die Verbandsfunktionärin Helga Merkel und den Journalismus der Redakteur des Rheinischen Merkur Paul Wilhelm Wenger. Die Moderation hatte der bekannte Fernsehjournalist Werner Höfer übernommen. Eingeleitet wurde das eigentliche Forumgespräch durch zwei Vorträge von Albert Oeckl und Rudolf Farner zu einer ersten Begriffsabgrenzung und -klärung. Allein die Ausrichtung einer solchen Veranstaltung durch eine Werbeagentur bezeichnete Oeckl als für das Grenzgebiet bezeichnend (Dr. Hegemann Werbeagentur, 1961, Broschüre, Nachlass Korte, S. 3-7). Auf die Ausführungen von Rudolf Farner wird an anderer Stelle noch eingegangen. Innerhalb der Diskussion, die selbst auf Seiten der mit Kommunikation befassten ein hohes Maß an Unwissenheit und falschen Vorstellungen von Public Relations und ihrer Beziehungen zur Werbung offenbarte, wurden aber auch Fragen erörtert, die grundsätzliche Hinweise auf das Geschäftsgebaren von Agenturen sowie Image und Ethik der noch jungen PR-Branche liefern. Auf die Frage von Helga Merkel an Dr. Scheele, ob er denn jeden Auftrag für eine PR-Aktion annehmen würde, wo es doch mit einem sehr hohen Maß an Verantwortung einherginge, „meinungsbildend, meinungspflegend und -beeinflussend zu wirken", entgegnete dieser, dass man nicht jedes Produkt oder jede Idee, auch wenn sie noch so schlecht sei, verkaufen könne. Wer so denke, verkenne die Möglichkeiten von Werbung und Public Relations. „Als eine Beratungsfirma hätten wir einen Ruf zu verlieren, würden wir Dinge übernehmen, von denen wir vorher wissen, daß sie keinen Erfolg haben können." Werner Höfer fragte konsequent nach: „Wie steht es, wenn eine Unternehmensführung ein Ablenkungsmanöver vorhat?" Dr. Scheele zog bei seiner Antwort die Stellung und das Gewicht der PR-Abteilung oder des PR-Beraters ins Kalkül. Ein Unternehmer, der seinen Public Relations Berater ernst nähme, würde auf die Empfehlung die Wahrheit zu sagen, hören (ebd., S. 33-35). Ein Thema, das sich konsequent durch die Diskussionen zog, war das in weiten Teilen noch existierende Misstrauen, wer PR betreibt oder beauftragt hat immer etwas zu verbergen und die damit verbundene Skepsis gegenüber den Methoden der PR. Werner

Höfer („Spätschoppen mit geheimen Verführern", ZEIT, 27.10.1961, S. 20) befand abschließend, dass Wahrheit, echte Information und Unabhängigkeit von der Werbung wesentliche Kennzeichen guter Public Relations-Arbeit seien.

In einem Nachwort der Werbeagentur Dr. Hegemann in der Forumsbroschüre, das auf den Erörterungen eines kleinen Kreises von PR-Fachleuten im Nachgang und zu den offengebliebenen Fragen des Forumgesprächs beruhte, wurde festgestellt, dass die Agentur allein mit der Veranstaltung bereits einen Beitrag zur sichereren Beurteilung von Public Relations geleistet habe. Gefordert wurde von den PR-Fachleuten „künftig ein wenig intensivere Public Relations für ihr Aufgabengebiet zu machen." (Dr. Hegemann Werbeagentur, 1961, Broschüre, Nachlass Korte, S. 41) Des Weiteren wurde vorgeschlagen, gegen die Unwissenheit und Skepsis gegenüber Public Relations in weiten Teilen des Journalismus – eine Annahme, die besonders durch die Wortbeiträge von Paul Wilhelm Wenger („Tun Sie Gutes – und wir reden darüber!", die Anzeige, 1.11.1961, S. 99) auf der Veranstaltung bestätigt wurde – Redakteuren einen Einblick in die PR-Aufgaben von Unternehmen zu gewähren und dies auch in der Journalistenausbildung zu installieren, „um im Interesse aller Beteiligten – Unternehmer, Verleger und Leser – eine Stabilisierung im Grenzgebiet zwischen Werbung und Public Relations herbeizuführen". „Noch stehen die Public Relations ein wenig geheimnisumwittert im wirtschaftlichen Raum – mehr zum Nutzen der „Auch-PR-Leute" als der Experten. Für den Verbraucher, den „Mann von der Straße" – und nicht nur für diesen – erscheint er zu schillernd, zu wenig faßbar, was sich hinter den vielzitierten PR verbirgt". Der Verbraucher glaube Werbung relativ leicht zu erkennen und ihre Absichten zu durchschauen. Die Besorgnis durch PR gegen den eigenen Willen unterschwellig beeinflusst zu werden, bliebe ein zu entkräftendes Vorurteil (Dr. Hegemann Werbeagentur, 1961, Broschüre, Nachlass Korte, S. 43).

Das Fachforum erzielte Resonanz in den Medien und wurde ausführlich besprochen. Bezweifelt wurde in beiden oben verarbeiteten Quellen (ZEIT und „die Anzeige"), ob die tatsächliche Zielsetzung zur „Begriffsentwirrung" beizutragen, erreicht wurde. Auch die Frankfurter Allgemeine Zeitung („Umstrittene Bemühungen um Vertrauen", FAZ, 23.10.1961, S. 21) stellte hierzu fest, dass Public Relations in der „Fachwelt" noch immer nicht einheitlich beurteilt würde. Zwar würde Unternehmen eine „planmäßige Schaffung von Vertrauen" nicht mehr abgesprochen, doch wenn es um die konkreten Methoden gehe, „bemächtigt sich vieler offensichtlich ein gewisses Unbehagen". Im Beitrag hervorgehoben wurde die inhaltliche Hinführung zum Thema über die Fachvorträge, „die ausgezeichnete Einblicke in die Praxis der Öffentlichkeitsarbeit und ihr theoretisches Fundament vermittelten". „Spürbare Unruhe" im Publikum wurde immer dann registriert, wenn innerhalb der Diskussion extreme Standpunkte vertreten wurden, z. B. zum Thema Angst vor gezielter Information oder Schleichwerbung. Oeckl (1964) lobte später in seinem Handbuch die Veranstaltung bzw. Veranstaltungsreihe grundsätzlich: „So veranstaltet beispielsweise eine der führenden deutschen Werbeagenturen seit einigen Jahren eine Serie von Veranstaltungen, die als solche bezeichnet und von dem

Leiter der PR-Abteilung der Agentur durchgeführt werden, und zwar mit beachtlichem Erfolg." (S. 155)

Grundsätzlich bleibt in der Beurteilung der Veranstaltung festzustellen: erstmalig initiierte ein PR-Dienstleister in dieser Form einen öffentlichkeitswirksamen Beitrag zur allgemeinen PR-Diskussion dieser Jahre. Die prominente Besetzung, der damit verbundene Zulauf und die Medienresonanz zeigen transparent und „hautnah" die sich formierende Agentur- und Beratungsbranche. Sicherlich intendierte die Veranstaltung zu einem gehörigen Maß auch die Eigenprofilierung der Agentur, inhaltlich wurden jedoch wertvolle Sichtweisen unterschiedlicher Akteure geliefert und deren Schnitt- und Bruchstellen deutlich aufgezeigt. Bezeichnend hier besonders die hohe Unkenntnis und die tiefen Vorurteile gegenüber Public Relations auf Seiten der Medien und der Verbraucher. Trotz der kontroversen Diskussion zum Grenzgebiet zwischen Werbung und Public Relations schaffte es die Werbeagentur, sich als ernstzunehmender PR-Marktteilnehmer zu positionieren, der in der Lage war eine Fachdiskussion in die Öffentlichkeit zu bringen. Erwähnenswert ist in diesem Zusammenhang die „ewig junge" Ermahnung an die Fachleute mit „PR für PR" gegen den Status einer „Geheimwissenschaft" anzugehen.

10.9 Zusammenfassung

Die historischen Rahmenbedingungen innerhalb der definierten Entwicklungsphase, seien sie nun wirtschaftlicher, politischer, gesellschaftlicher oder technischer Natur, übten einen maßgeblichen Einfluss auf die berufsfeldspezifischen Strukturen und Prozesse aus. Die konsequente Westbindung und internationale Gleichberechtigung der jungen Bundesrepublik beförderten die internationale berufspolitische Vernetzung. Die enorme Zunahme des politischen Interesses der Bundesbürger steigerte den Bedarf an relevanten Informationen, politisch wie wirtschaftlich, und damit auch die Notwendigkeit öffentlicher Kommunikation. Die Wachstumszyklen der 60er Jahre sorgten für sichere Arbeitsplätze auf einem durch Überbeschäftigung beeinflussten hohen Lohnniveau. Wenn auch die Innovationskraft der deutschen Wirtschaft immer noch schwächelte, wurde der technologische Rückstand gegenüber den Vereinigten Staaten weiter geschlossen. Von sehr direktem Einfluss waren die stark zunehmende Vernetzung innerhalb der deutschen Wirtschaft und die schnelle Expansion des Dienstleistungssektors. Die entscheidenden Impulse gingen von der sich in den sechziger Jahren ausbreitenden Wohlstandsgesellschaft und dem sich verfestigenden Massenkonsum aus. Die in dieser Zeit rasch ansteigende Anzahl der Markenprodukte konkurrierte um die Aufmerksamkeit der Verbraucher. Mit der Mediatisierung der Gesellschaft stiegen die Möglichkeiten und die Anzahl der kommunikativen Maßnahmen. In dieser Phase ist der Einfluss der Vereinigten Staaten nicht zu unterschätzen. Die zweite Amerikanisierungswelle nach dem Krieg verbunden mit dem Import vielfältiger Waren und Leitbilder führte zu einem grundsätzlich positiveren „Amerikabild". Die Medien markierten in ihrer deutlich am Westen orientierten Wertebindung einen produktiven Aufbruch und eine Abkehr von tradierten Denkmustern. Natürlich stand auch weiterhin die bedingungslose Übernahme amerikanischer Muster und Methoden in der Kritik. Doch Marketingstrategien nach amerikanischem Vorbild, intensivere Werbung, aber auch das Full-Service-Prinzip als Agenturmodell und Ansätze und Methoden der Public Relations wurden erst einmal vereinnahmt und teilweise zum Vorbild erhoben. Die quantitativen Wachstumsmomente in Werbung und Public Relations sprechen hier eine deutliche Sprache. Die steten Vergleiche mit den Entwicklungsständen und Adaptionsgeschwindigkeiten der Public Relations in den Vereinigten Staaten und Großbritannien vermitteln immer wieder den Eindruck einer sehr zögerlichen Entwicklung und Adaption aufgrund tradierter Hemmnisse besonders in Wirtschaftskreisen. Mangelnde Informationsbereitschaft der Unternehmerschaft, Arroganz gegenüber amerikanischen Managementmethoden oder einfach nur Unwillen zur Veränderung angesichts einer sowieso boomenden Wirtschaft werden häufig angeführt. Immer geht es darum, einen „Vorsprung" aufzuholen. Viel seltener fällt der Blick auf die nationalen Spezifika und den bereits erreichten Etablierungsstatus. Bezeichnend hierfür ist die durchgängige Angst vor unbewusster Manipulation und Schleichwerbung, ein positiver Lernerfolg aus der propagandageprägten Zeit des Nationalsozialismus, der auch innerhalb der Medien die Haltung gegenüber Public Relations mit beeinflusste.

Die fortschreitende Etablierung der PR-Dienstleister muss eingebettet in eine wirtschaftliche und gesellschaftliche Gesamtströmung gesehen werden, die besonders den Gesamtsektor Dienstleistungen und damit verbunden die Branche Werbung beförderte. Der kommerzielle Boom jener Jahre vergrößerte weiterhin die Dunkelziffer derer, die versuchten, innerhalb der jungen Disziplin unter diversen Dienstleistungs- und Berufsbezeichnungen am Markt zu verdienen. Fehlende berufliche Grundsätze im Allgemeinen, zweifelhafte PR-Methoden im Umgang mit den Medien sowie die schwierige Erfolgskontrolle in der Anwendung von Public Relations führten zu zahlreichen „Auswüchsen", die in der Öffentlichkeit immer wieder thematisiert wurden. So ist es nicht verwunderlich, dass die erfolgreichen „seriösen Berufsvertreter" neben der fachlichen PR-Kompetenz eine akademische Qualifikation mitbrachten. Akademisches Standing am augenscheinlichsten mit Promotion steigerten Verlässlichkeit und Kompetenzzuweisung und damit die Verkaufbarkeit der Expertise. Abgesehen davon, bewegte sich das Leistungsvermögen dieser Beratergruppe auf einem hohen handwerklich-fachlichen Niveau – auch nach heutigen Maßstäben – sicherlich nicht zuletzt aufgrund der Ausbildung und ersten Erfahrungen in benachbarten Berufen. Doch in der öffentlichen Wahrnehmung blieben Missbrauch und mangelnde Qualifizierung ein durchgängiges Thema, das auch den neugegründeten Berufsverband, von dem in diesem Bereich schnelle Lösungen erwartet wurden, stetig beschäftigte. Die positive Wirtschaftsentwicklung und der „Siegeszug" der Dienstleistungsberufe generell schufen für den jungen aufstrebenden Erwerbszweig Public Relations ein Klima, das für Einzelpersonen den Schritt in die beraterische Selbständigkeit leicht machte. Der steigende Konsum beförderte zudem die Werbebranche, deren etablierte Agenturakteure in die PR-Dienstleistung expandierten. Zugleich richteten sich die internationalen PR-Agenturen weiter im deutschen Markt ein und wurden zu „Kow-how-Lieferanten", indem sie deutsche Berater beschäftigten und „ausbildeten".

Der Blick in die Wissensbasis jener Jahre bietet ein ambivalentes Bild. Noch immer war der „Blick über den Teich" eine wichtige Wissensressource, gerade was die dort boomende Branche der PR-Berater und -Agenturen betraf. Es ist davon auszugehen, dass die Schilderung der US-Erfolgsgeschichten über das kommerzielle Potential der PR-Dienstleistungsbranche nicht ohne Einfluss auf deutsche „Gründer" blieb. Andererseits bilden die beiden maßgeblichen Fachbücher jener Jahre eine eindeutige Zäsur. Oeckls und Zedtwitz-Arnims Werke entstanden aus einer „nationalen Zielsetzung" heraus. Oeckl wollte mit seinem Handbuch zum Aufbau eines entsprechenden Berufsstandes der PR-Fachleute beitragen und Zedtwitz-Arnim die in Deutschland immer noch existierende Skepsis gegenüber Public Relations abbauen. Während Oeckl den berufsständischen Überbau lieferte, war Zedtwitz-Arnims Buch das erste wirklich auf Deutschland bezogene Kompendium konkreten Anwendungswissens. Beide Werke verarbeiten zudem Spezifika zu PR-Beratern und – Agenturen, sei es in Form ihrer strukturellen Verortung oder wie bei Zedtwitz-Arnim in Form von anwendungsspezifischem Beraterwissen, vom Leistungsportfolio über die Honorierung bis hin zur Vertragsgestaltung.

Das „Erwachen und Erstarken" der jungen Berufsbranche Public Relations im Allgemeinen und PR-Beratung im Speziellen dokumentiert das Aufkommen erster regelmäßig erscheinender Fachmagazine und -dienste. Während die nur aus der Sekundärliteratur bekannte Publikation „PR Public Relations" beratergetrieben der Agenturprofilierung und der Akquise diente, war „aus unseren Kreisen" nicht unbedingt ein auf inhaltliche Fachvermittlung zielendes Organ. Für den jungen Berufsstand war es wichtig, schaffte es doch Transparenz innerhalb der Branche und trug so ganz pragmatisch zur Vernetzung, Identitäts- und Imagebildung bei. Auf diese Weise entstand eine Übersicht über den aktuellen Stellenmarkt, über existierende Dienstleistungsetats und entsprechende Etathalter. Die zunehmende Bedeutung von Public Relations in dieser Phase fand zudem Niederschlag in einer umfangreicheren und regelmäßigeren Berichterstattung in den Fachzeitschriften der Nachbardisziplinen. Eine öffentliche Sichtbarkeit erzielte die PR-Dienstleistungsbranche, auch wegen des Medienechos, auf dem Forumgespräch der Dr. Hegemann Werbeagentur. Eine Berichterstattung über Public Relations in den Leitmedien der jungen Bundesrepublik war noch äußerst selten und mit dieser Veranstaltung profilierten sich die PR-Dienstleister abseits der „Niederungen" als seriöse und fachlich hoch qualifizierte Akteure. Dass gerade eine Werbeagentur hier eine Führungsrolle übernahm, ist bezeichnend für Tendenzen im PR-Markt jener Jahre. Die Verwissenschaftlichung und die Ausbildungsangebote in dieser Phase waren fast ausschließlich auf institutionelle Public Relations ausgerichtet. Die festangestellten Unternehmens-, Verbands- bzw. Politikvertreter waren die größte Berufsgruppe, dementsprechend galt ihrer Problematik das Hauptaugenmerk. Nur langsam wurden erste Dienstleister präsenter, z. B. als

Teilnehmer von Weiterbildungsangeboten. Etablierte freie Berater wie Dr. Friedrich H. Korte oder Dr. Sven von Müller, die bereits in festangestellten Positionen Karriere gemacht hatten, engagierten sich im Ausbildungsbetrieb. Korte als Referent auf zahlreichen Veranstaltungen und Verantwortlicher für das PR-Ausbildungsprogramm der Akademie für Führungskräfte und von Müller ebenfalls als Referent in seiner Eigenschaft als Verbandsvorstand.

Die Gründung des Berufsverbandes DPRG war eine Bewegung von unten. Dem Zusammenschluss einzelner regionaler Gruppierungen unter einem gemeinsamen Verbandsdach ging eine halbjährige Diskussion um die Mitgliedschaft freier PR-Fachleute voraus. Obwohl dem Gründungskreis zwei freie Berater angehörten, schien die Angst vor einer zu großen Öffnung in einem Teil des von Festangestellten dominierten Gremiums tief zu sein, eine nachvollziehbare Haltung angesichts des angestrebten elitären Charakters des Berufsverbandes. Hinzu kamen die schwierigere Definition von Qualifikationskriterien für freie Berater und das allgemein negative Image dieser Berufsgruppierung. Letztendlich entschied man sich mit „Erfahrung" und „leitender Stellung" für Selektionskriterien, die sicherstellten, dass bei freien Beratern die „Spreu vom Weizen" getrennt werden konnte und nur solche Berater den Weg in den Verband fanden, die gewünscht waren. Wie sehr danach der Berufsverband von den festangestellten Industrievertretern dominiert wurde, dokumentiert das „Todtmann-Golombek-Wagner"-Resumé, das von einer „historischen Gründungslast" spricht und mangelnde Aufgeschlossenheit gegenüber neuen Tendenzen beklagt. Festzustellen bleibt, dass die freiberufliche oder agenturgebundene Beraterschaft innerhalb des Verbandes, von den Beratern in den Führungsgremien abgesehen, insgesamt wenig Impulse gab, weder in allgemeinen noch in beratungsrelevanten Fragestellungen. Ein wesentlicher Meilenstein für den noch jungen Gesamtberufsstand auf dem Weg zur Etablierung war 1964 die Verabschiedung von Berufsgrundsätzen durch die DPRG. In ihnen finden sich auch beratungsrelevante Punkte, die Problemstellungen innerhalb der Dienstleistungsbranche verarbeiteten und Handlungsmaxime festlegten.

Eine besondere Dynamik entwickelte in dieser Phase die Abgrenzung in Richtung Werbung. Bedingt durch die verstärkte Zuwendung etablierter Werbeagenturen zur PR-Dienstleistung wurde die fachliche Abgrenzung in Bezug auf Zielsetzung und Herangehensweise kontrovers diskutiert. Trotz der Problematik Schleichwerbung und der trennenden Momente in der Methode begrüßte die PR-Seite das Engagement der Agenturen besonders unter dem Effizienzaspekt für den Kunden. Als Grundvoraussetzung galt die organisatorische und inhaltliche Trennung, soweit sie sich denn unter einem gemeinsamen Agenturdach umsetzen ließ. In der alltäglichen Umsetzung wurde das allerdings weniger dogmatisch gesehen. Führungsansprüchen der jeweiligen Disziplin wurde von Vertretern der Gegenseite kategorisch eine Absage erteilt. Bei allem Trennenden herrschten jedoch immer eine kommunikative Auseinandersetzung und durchaus selbstkritische Sichtweisen vor. Bemerkenswert ist, dass bereits in diesen Jahren die Integration beider Disziplinen auf viel Zuspruch stieß und von Vertretern beider Disziplinen als mögliches Kooperationsmodell gesehen wurde.

11 Die Ausdifferenzierungsphase 1966-74

Zwischen den Rezessionen von 1966/67 und 1974 entwickelt sich das Berufs- und Dienstleistungsfeld PR-Beratung zu einer wachsenden Branche mit weitergehender Ausdifferenzierung und spezifischen Professionalisierungsprozessen. Den Beginn dieses Kapitel bildet kategorienbezogen die Bestimmung der historischen Rahmenbedingungen. Markt- und akteursspezifisch ist diese Phase geprägt von einer starken Zu- und Einflussnahme der PR-Agenturen. Im Verlauf werden die Marktentwicklungen nachgezeichnet sowie das Leistungsportfolio zweier Agenturen exemplarisch vorgestellt. In der Kategorie Wissensbasis zeigen sich eine weitere Ausdifferenzierung von PR-Beratungswissen und die Besetzung relevanter Themenfelder. Auch in der Ausbildung kommt es zu ersten Ansätzen. Innerhalb der fachlichen Organisation gewinnt die Berufsgruppe an Bedeutung, was im Falle der PR-Agenturen in der Gründung der GPRA mündet. Die interprofessionelle Konkurrenz verliert in dieser Phase an Vehemenz. Eine beratungsbezogene Dienstleistungsethik wird angedacht und erste Standards formuliert. Den Abschluss bildet eine Rekonstruktion und Analyse der nach wie vor kritischen öffentlichen Wahrnehmung und der „inneren Befindlichkeit" des Berufsfeldes.

11.1 Rahmenbedingungen

11.1.1 Politik

Das schnelle Ende der Kanzlerschaft Erhards war vor allem innenpolitisch begründet. Eine sich abzeichnende wirtschaftliche Rezession und steigende Arbeitslosenzahlen und Absatzprobleme in maßgeblichen Wirtschaftszweigen sorgten für Unruhe in der Bevölkerung. Dem „Vater des Wirtschaftswunders" fehlten die Rezepte, dieser Situation zu begegnen. Als sich bei Beratungen zum Haushalt 1967 Deckungslücken auftaten, denen nach Erhard mit Steuererhöhungen begegnet werden sollte, führte der Streit um die Strategie Ende Oktober 1966 zum Rücktritt der FDP Minister und damit zu Erhards Sturz wenige Wochen danach.

Schon vor seinem Rücktritt hatten sich die Unionsparteien auf Kurt Georg Kiesinger als zukünftigen Kanzler festgelegt und sich dazu entschlossen, zusammen mit den

Sozialdemokraten in eine Große Koalition einzutreten. Das Bündnis zwischen den Unionsparteien und der SPD veränderte die parlamentarische Konstellation grundlegend. Die neue Koalition beherrschte den Bundestag mit 447 Mandaten gegenüber der FDP mit 49. Als Übergangsregierung von der durch Adenauer geprägten Gründerära in die sozialdemokratisch geprägten 70er Jahre kommt der Großen Koalition eine wichtige Funktion zu (vgl. Recker, 2002, S. 56-57). So ist, wenn die Reformleistungen der 60er Jahre bewertet werden, nicht nur das Augenmerk auf die Phase der sozialliberalen Regierung ab 1969 zu richten. Die Kanzlerschaft Kiesingers muss in die Betrachtung miteinbezogen werden, wurden doch wesentliche politische Reformentscheidungen in dieser Zeit vorbereitet (vgl. Gallus 2008, S. 50). Die Überwindung der Rezession wurde von der neuen Regierung umgehend in Angriff genommen. Wirtschaftsminister Schiller und Finanzminister Strauß einigten sich rasch auf eine aktive Konjunkturpolitik, um das Wirtschaftswachstum wieder zu beleben. Die Rolle der öffentlichen Hand sollte ausgeweitet und neue Steuerungsmomente zur wirtschaftlichen Beeinflussung zur Verfügung gestellt werden. Hierzu gehörten unter anderem die „konzertierte Aktion", die mittelfristige Finanzplanung und die Globalsteuerung zur Schaffung von Vollbeschäftigung, Preisstabilität und Gleichgewicht im Außenhandel. Der Erfolg ließ nicht lange auf sich warten. Mitte 1967 setzte der Aufschwung wieder ein und die Arbeitslosigkeit die 1967 bei 2 % gelegen hatte, wurde rasch abgebaut. Zu den Erfolgen der großen Koalition zählten darüber hinaus sozialpolitische Reformmaßnahmen, die bis dahin am Veto der FDP gescheitert waren, und die Verabschiedung der Notstandsgesetze (vgl. Recker, 2002, S. 57-61). Das mit den Wahlen vom September 1969 dann eine Koalition von SPD und FDP für mehr als ein Jahrzehnt die Geschicke der Bundesrepublik bestimmen sollte, war das Ergebnis tiefgreifender Veränderungen im deutschen Parteiensystem. Alle Parteien hatten in den 60er Jahren versucht, sich programmatisch und organisatorisch auf die veränderten gesellschaftlichen Realitäten einzustellen, um mehrheitsfähig zu bleiben oder zu werden. Erst mit der Verabschiedung des Godesberger Programms 1959 hatte die SPD den Schritt zum Wandel zu einer Volkspartei unternommen. Diese Öffnung verschaffte ihr im weiteren Verlauf einen deutlichen Zuwachs an Mitgliedern und machte sie politisch mehrheitsfähig und als Koalitionär für die FDP interessant. Das Wahlergebnis im September 1969 fiel denkbar knapp aus. Die FDP schaffte wegen ihres Kurswechsels nur knapp den Sprung in den Bundestag und die sozial-liberale Koalition verfügte lediglich über eine Mehrheit von acht Stimmen. Trotzdem wagte Willy Brandt den Schritt und lies sich zum Kanzler wählen. Programmatische Zielsetzung seiner neuen Reformpolitik war „mehr Demokratie wagen". Ehrgeizige und vordringliche Projekte waren im Rahmen einer neuen Bildungspolitik der Ausbau des Hochschulwesens und die gerechte Verteilung von Bildungschancen über alle sozialen Schichten hinweg. In der Rechts-, Finanz- und Wirtschaftspolitik vermochte die neue Regierung anfänglich an die Erfolge der Großen Koalition anzuschließen. Mit der Rückkehr zu Wachstum und Vollbeschäftigung schienen die notwendigen finanziellen Mittel zur Realisierung innerer Reformen vorhanden zu sein. Ein Trugschluss, die finanziellen Wünsche der einzelnen Ressorts führten schon bald zu Deckungslücken im Haushalt. Im Zuge dessen reichten Finanzminister Möller und 14 Monate später „Superminister" Schiller ihre Rücktritte ein. Die wirtschaftliche Basis für die Reformpolitik der sozial-liberalen Koalition verlor binnen weniger Jahre an Tragfähigkeit. Besonders die Sozialpolitik hatte einen großen Anteil an dieser Entwicklung, beinhaltete sie doch in vielen Fällen eine Leistungsexpansion in etablierten Strukturen, von bedeutenden Weiterentwicklungen wie der Neuregelung der Mitbestimmung einmal abgesehen. So war die Rentenreform von 1972 mit massiven Erhöhungen der Sozialausgaben verbunden. Der Anspruch eine aktive Gesellschaftsgestaltung in Politik umzusetzen, konnte von der sozial-liberalen Regierung insgesamt nicht eingehalten werden (vgl. Recker, 2002, S. 61-66). Das stand im Kontrast zu dem angestrebten Neuanfang in der Ost- und Deutschlandpolitik. Hatte Adenauer mit seiner Integrationspolitik den Grundstein für die Einbindung der Bundesrepublik in das westliche Bündnis und ein geeintes Europa gelegt, so ebnete Brandt mit seiner Ost- und Deutschlandpolitik den Weg zu einer Normalisierung der Beziehungen zu den östlichen Nachbarn. Diese Verbesserung sorgte für Erleichterungen im deutsch-deutschen Binnenverhältnis und milderte die Spaltung Europas in zwei sich gegenüberstehende Blöcke. Brandt erklärte Anfang Mai 1974 im Zuge der sogenannten „Guillaume-Affäre" seinen Rücktritt. Während sein Nachfolger Helmut Schmidt außenpolitisch die Früchte der Ostpolitik von Brandt ernten konnte, stand er wirtschaftspolitisch vor einer sehr schwierigen Aufgabe. Ein schwerer Konjunktureinbruch führte ab Herbst 1973 zu einer der schärfsten Rezessionen nach dem zweiten Weltkrieg (vgl. Recker, 2002, S. 73).

Die Bundesrepublik entwickelte sich in diesen Jahren immer mehr zu einer Verhandlungs- und Konsensdemokratie. Auf vielen Feldern der Politik etablierten sich, nicht selten als Reaktion auf Krisen, Formen des Politikmanagements, die auf Verhandlung und damit auf den Kompromiss und Konsens zwischen den politischen und gesellschaftlichen Akteuren setzten, wie z. B. die „konzertierte Aktion". Ähnliche Tendenzen zeigten sich auch im Verhältnis von Bund und Ländern. Hier bildete sich der „kooperative Föderalismus" als entsprechende Form der Politikkoordination heraus (vgl. Willems, 2001, S. 14).

11.1.2 Wirtschaft

Wirtschaftspolitisch lässt sich die Zeit zwischen der ersten nationalen Rezession und der Weltwirtschaftskrise von 1973 als „Phase des konjunkturpolitischen Interventionismus, der Abkehr von der Sozialen Marktwirtschaft und Hinwendung zu Keynesianismus und Wohlfahrtsstaat begreifen" (Abelshauser, 2008, S. 176). Das Jahr 1966/67 stand für das Ende eines als dauerhaft und endlos angenommenen Wirtschaftswachstums. Die Rückkehr zyklischer und struktureller Wirtschaftskrisen war für viele angesichts der Mini-Rezession und der raschen Erholung noch immer nicht wahrscheinlich. Tatsächlich verzeichneten die Jahre 1968 und 69 (vgl. von Prollius, 2006, S. 190) bereits wieder hohe Wachstumsraten, die sich von einem kleinen Einbruch 1971 abgesehen zwischen 4 bis 5 % stabilisierten. Auch die Arbeitslosigkeit, die sich in der Krise 1966/67 auf 1,6 % verdreifachte, sank 1969 wieder unter

1 % und wurde bis 1973 von einem Arbeitskräftemangel abgelöst. In dieser Phase veränderten sich jedoch eine Vielzahl makroökonomischer Grunddaten, welche die Rezession nach 1973 ankündigten. Das reale Pro-Kopf-Einkommen der Bevölkerung sank zwischen 1965 und 1975 von 28 auf 15 %, die Inflationsrate stieg zwischen 1970 und 73 von 3,2 % auf 6,8 %. Deutschland lag mit diesen sich veränderten Daten im internationalen Trend (vgl. ebd., S. 150-154). Die Anzeichen mehrten sich, dass die Wachstumsbedingungen der Nachkriegswirtschaft ausliefen. Das Arbeitskräftepotential war ausgereizt, technischer Fortschritt nicht mehr beliebig umsetzbar und die Kapitalproduktivität hatte sich deutlich vermindert. Auch mit Schillers „Gesetz zur Förderung der Stabilität und des Wachstums der Wirtschaft" von 1967 ließen sich die Verhältnisse der 50er Jahre nicht wieder herstellen. Die nur kurze Rezessionsphase machte den Deutschen deutlich, dass ihr wirtschaftspolitisches Konzept und ihr ordnungspolitischer Stil sie nicht vor den Schwankungen von Produktion und Beschäftigung schützen konnten. Viele Hoffnungen, die mit den Reformen der Sozialen Marktwirtschaft verbunden waren, wurden damit enttäuscht. Die Konsenspolitik, die die Bundesrepublik bis dahin gekennzeichnet hatte, geriet in die Krise und das soziale Klima wurde zusehends frostiger. Konsens war nicht länger das zwangsläufige Ergebnis der steten Zunahme des allgemeinen Wohlstandes, er musste politisch wie wirtschaftlich organisiert werden (vgl. Abelshauser, 2011, S. 295-400).

Nach den Jahren des Wirtschaftswunders war es nicht nur die Politik, die sich auf veränderte Rahmenbedingungen einstellen musste. Auch für Unternehmen wurde Neuorientierung wichtiger als selbstgefälliges Beharren auf vertraute Dogmen. Der wirtschaftliche Erfolg der „langen 50er" hatte die Anreizstrukturen für den Wandel in der bundesrepublikanischen Wirtschaft weitgehend blockiert. Bis Anfang der 60er Jahre wurde es von Unternehmen nur sehr selten abverlangt, Entscheidungen zu treffen, von denen das Wohl und Wehe auf den Märkten abhängig war. Für die meisten begann nun die Zeit der strategischen Entscheidungen, nachdem man zuvor damit beschäftigt war, den Märkten zu folgen. Die Nachfragestruktur begann sich langsam zu verändern. Besonders für Unternehmen, die auf standardisierte Massenproduktion ausgerichtet waren, wurde der Absatz schwieriger. Die Verbreitung langlebiger Konsumgüter erreichte ihren Gipfel nicht nur in Deutschland, sondern weltweit, und die Nachfrage verlagerte sich auf Sektoren, die sich der Massenproduktion weitgehend entzogen (vgl. ebd., S. 363-367). Maßgebliche Trends, die sich im Laufe der 1960er und 70er Jahre weiter verstetigten, waren der Strukturwandel und die Expansion des tertiären Sektors. 1965 stand die westdeutsche Industriewirtschaft im Zenit: 59 % aller Erwerbstätigen fanden in ihr ihre Beschäftigung (vgl. ebd., S. 310). Während sich der Anteil der Erwerbstätigen im produzierenden Gewerbe zwischen 1965 und 75 um 3,4 % verminderte, setzte der Wirtschaftsbereich Dienstleistungen seinen Wachstumskurs fort und stieg im gleichen Zeitraum um 6,4 % (vgl. ebd., S. 314).

11.1.3 Gesellschaft und Technologie

11.1.3.1 Prosperität und Generationenkonflikt

Trotz des wirtschaftlichen Strukturwandels war diese Phase nach wie vor geprägt von enormer Prosperität, welche die soziale Schichtung der Bundesrepublik weiter in der Mitte verfestigte und die soziokulturellen Unterschiede immer feiner machte. Die Schichten wurden immer durchlässiger, die soziale Mobilität nahm zu und Abgrenzung erfolgte durch mit Prestige verbundene Konsum- und Lebensstile (vgl. Schildt, 2007, S. 30-32). Besonders die Erwerbstätigkeit von Frauen etablierte sich zusehends, verstärkt auch durch den Wunsch nach Gleichberechtigung und Teilhabe am Konsum. Mehrere Trends veränderten die Gesellschaft jener Jahre ebenfalls nachhaltig. Der Wohnungsbau und damit verbunden der Eigenheimboom verstärkten die räumliche Trennung der Generationen. Zwischen 1961 und 1971 stieg der Anteil der Einpersonenhaushalte von einem Fünftel auf ein Viertel der Gesamthaushalte. Der PKW – der „Deutschen liebstes Kind" – setzte seinen Siegeszug fort, mobilisierte die Gesellschaft und wurde zum wesentlichen Statussymbol und zu einer maßgeblichen Verortung des Lebensstils. Damit verbunden war der Massentourismus, der sich zunehmend in Richtung Ausland orientierte. Erst mit der Ölpreiskrise von 1973 nahm diese Phase „naiver Massenmotorisierung" ein erstes Ende. Ein weiterer Trend, der sich in diesem Zeitraum durchsetzte und das grundsätzliche Verhältnis zu Geld und Konsum beeinflusste, war der bargeldlose Zahlungsverkehr. Die Scheckkarte wurde 1967 eingeführt und die Anzahl der Girokonten stieg zwischen 1969 und 1974 von 6 auf 20 Millionen (vgl. ebd., S. 39-47). Auch die weitergehende Ausdifferenzierung einer Jugendkultur und der Generationenkonflikt, kulminierend in der 68er-Bewegung, waren maßgebliche Momente in der Beeinflussung der bundesrepublikanischen Gesellschaft. Der Jugendliche mit eigenem, frei verfügbarem Einkommen wurde zu einer wichtigen Konsumentengruppe. Neben der gestiegenen Kaufkraft verfügten Jugendliche vermehrt über Freizeit, die entsprechend genutzt wurde. Von besonderer Attraktivität waren bei der Berufswahl technische oder administrative Berufe, deren Ansehen und Verdienstmöglichkeiten über denen gewerblicher Lehrstellen lag. Zeitgleich vergrößerte sich auch die Anzahl höherer Bildungsabschlüsse. Obwohl in Politik und Öffentlichkeit kontrovers über eine Bildungskatastrophe diskutiert wurde, verdoppelte sich in den 60er Jahren die Anzahl der Realschüler und Gymnasiasten. Auch die Anzahl der hauptamtlich angestellten Lehrkräfte stieg zwischen 1960 und 1975 von 210.000 auf 425.000. Dieser beträchtliche Zuwachs an Einkommen, Eigenständigkeit und Bildung bei der jüngeren Generation, führte zu einem kulturellen Konflikt mit der älteren Bevölkerungsmehrheit, der in der Öffentlichkeit nicht zuletzt über die Medien ausgetragen wurde. In diesem Zusammenhang waren die Einflüsse der britischen und amerikanischen Beatkultur von sozialhistorischer Bedeutung (vgl. ebd., S. 51-53). Auch wenn viele der politischen Ziele der 68er-Bewegung scheiterten und Randgruppen im Verlauf der 70er Jahre radikalisierten und in den Terrorismus abglitten, sie veränderte den Lebensstil in einigen sozialen Klassen, indem sie überkommene Normen kritisierte und eine neue Form der Individualisierung propagierte (vgl. Wehler, 2008, S. 310-321). Der Ölpreiskrise von 1973 ging bereits ein grundsätzlicher Perspektivwandel in der deutschen Gesellschaft voraus. Bis Anfang der 70er Jahre gehörten die Zuversicht in den Fortschritt und der Glaube, dass die Technik alle Probleme lösen könne, zum Standard-Credo weiter Teile der Bevölkerung. Der Bericht des Club of Rome von 1972 "Die Grenzen des Wachstums" hatte eine enorme Breitenwirkung und minderte das Vertrauen in die Steuer- und Planbarkeit globaler und nationaler Entwicklungen (vgl. Angster, 2012, S. 83-86).

11.1.3.2 Konsum, Marketing und Werbung

Auf dem Feld des Marketings, der Marktforschung und der Werbung erzeugten die Absatzkrisen der Jahre 1967/68 und 1973/74 einen erheblichen Handlungsdruck und führten zu einer umfassenden Neuorientierung. Die Wirkung der Konjunktureinbrüche wurde verstärkt durch eine immer weiter voranschreitende Nachfragedifferenzierung. Der Konsument versuchte nicht mehr seine grundsätzlichen Bedürfnisse abzudecken, sondern durch die erworbenen Konsumgüter soziale Distinktion und Abgrenzung zu erlangen. Die sich herausbildenden Milieus und Subkulturen verlangten nach spezifischen Gütern, deren Bestimmung nur durch eine verfeinerte Marktanalyse möglich war. Auch wenn seit Mitte der 60er Jahre die Konsumkritik lauter wurde, pluralisierten sich die Kundenwünsche weiter. Die produzierenden Unternehmen begegneten den Absatzkrisen unterschiedlich. Manche reagierten noch zögerlich auf die Anforderungen einer marktorientierten Unternehmenspolitik. Andere entwickelten sehr schnell Marketingstrategien mit unterschiedlichen Instrumenten und veränderten ihre Absatzpolitik (vgl. Borscheid, 2009, S. 93-95). Durch die Segmentierung des Gesamtmarktes in homogene definierte Konsumentengruppen sollten Angebot und Werbung gezielt angepasst werden. Das Modell der „nivellierten Mittelstandsgesellschaft" durch Konsum galt als überholt. Der „Übersättigung der Märkte" sollte durch die Konzentration auf bestimmte Teilmärkte begegnet werden. Marketingexperten und Marktforscher griffen seit Mitte der 60er Jahre kaum noch auf psychoanalytische Methoden zurück. Zur Konstruktion geeigneter Zielgruppen bediente man sich nun der aus den USA stammenden neobehavioristischen Verhaltensforschung. Auf dieser Basis bildete sich bis in die 70er Jahre ein analytisches und methodisches Repertoire, das neue Ansätze zur Erforschung des Konsumenten zur Verfügung stellte. In diesen Zeitraum fallen auch die Publikationen erster deutscher Marketing-Lehrbücher (vgl. Gasteiger, 2010, S. 138-142). Die Werbung reagierte schnell auf die veränderten Konsumentenwünsche. Die Etats wurden infolge der Absatzkrisen weiter vergrößert, Werbemittel und Botschaften den neuen Prioritäten angepasst. Ende 1967 ermöglichte die Liberalisierung des Wettbewerbsrechts zusätzlichen Branchen offensiv Werbung zu betreiben, was die Ausgaben weiter anschwellen ließ (vgl. Borscheid, 2009, S. 95). Auf der Dienstleisterseite verschärfte sich in den 60er Jahren der Konkurrenzkampf in der vorwiegend von amerikanischen Agenturen dominierten Branche zusehends. Markt und Produktforschung boomten. Die Befürchtung große Full-Service-Agenturen könnten den Markt übernehmen, bewahrheitete sich nicht, da im Schatten der Großen viele kleinere Agenturen entstanden, die sich erfolgreich auf Spezialwissen oder Marktsegmente konzentrierten. Viele dieser Agenturen entwickelten eigene Dienstleistungsphilosophien und setzten auf spezialisierte Teams in Abgrenzung zu den starren Hierarchien der etablierten Agenturen. Auch in den 70er Jahren, die von großen Agenturpleiten und -fusionen bestimmt waren, beherrschten weiterhin die amerikanischen Großagenturen den deutschen Markt (vgl. Schmidt, 1996, S. 125).

11.1.3.3 Medien und Journalismus

Die Medienlandschaft in dieser Zeit war geprägt durch die Expansion des Fernsehens, das sich in der Breite als Medium weiter durchsetzte. 1965 wurde die Hälfte und 1969 bereits 84 % aller westlichen Haushalte erreicht. Das 1967 eingeführte Farbfernsehen sorgte für einen kontinuierlichen Nachschub an TV-Besitzern. Die ständige Programmerweiterung und die fortschreitenden technischen Verbesserungen vergrößerten den Sog. Das Fernsehen beeinflusste den Lebensstil der Bundesbürger maßgeblich. Das Verhältnis zwischen Öffentlichem und Privatem wurde neu definiert und prägte zunehmend das Weltverständnis und die Auffassung von der eigenen Gesellschaft (vgl. Wehler, 2008, S. 396-397). Die 60er Jahre waren insgesamt von einer strukturellen Stabilität des Rundfunksystems geprägt. Erst gegen Ende des Jahrzehnts vergrößerte sich der Druck auf die Öffentlich-Rechtlichen, was dann in der parteipolitischen Diskussion über die Einführung des privaten Rundfunks mündete. Der Tagespressemarkt setzte in dieser Phase seinen seit den 50er Jahren anhaltenden Konzentrationsprozess fort, während sich der Bereich der spezialisierten Zeitschriften weiter ausdehnte. Erst Mitte der 70er Jahre ging dieser Prozess in eine Konsolidierung über (vgl. Rödder, 2004, S. 218). Das Fernsehen veränderte zudem die alten Medien. Das Radio entwickelte sich zu einem „Nebenbei-Medium" und die Printmedien wurden unter dem Einfluss der elektronischen Bilderwelten immer visueller (vgl. Bösch, 2011, S. 219).

Ab Mitte der 60er Jahre und verstärkt dann 1967/68 entwickelte die außerparlamentarische Protestbewegung einen gesellschaftlichen Einfluss, forderte die Öffentlichkeit und veränderte Medien und Journalismus nachhaltig (vgl. von Hodenberg, 2006, S. 397). Bereits seit Anfang des Jahrzehnts hatte sich die Medienlandschaft inhaltlich weiter polarisiert. Die Konservativen befanden sich auf dem Rückzug und die „Zeitkritiker" auf dem Vormarsch (vgl. ebd., S. 372). Dies schlug sich in der Berichterstattung und dem Umgang mit der Protestbewegung nieder. Die Gesamtschau zeigt, dass die Massenmedien auf die Proteste genauso polarisierend reagierten, wie es die herausgebildeten internen Gegensätze vermuten ließen. Nur die bekennend konservativen Medien machten aktiv Stimmung gegen die Bewegung.

Berufsbezogen veränderte der Journalismus in den 60er Jahren seine Strukturen. Die vor 1900 geborenen Journalisten waren fast überall – bis auf wenige konservative Medien – auf dem Rückzug und die zwischen 1921 und 1932 geborene 45er-Generation eroberte die Leitungspositionen in vielen Redaktionen. Bereits gegen Ende der 60er bildeten die „68er" einen stetig wachsenden Teil an der Berufsgruppe. Der Journalismus übte gerade auf die politisch Engagierten aus dem Umfeld der Protestbewegung eine hohe Faszination aus. Um 1975 war fast die Hälfte der Redakteure bei Zeitschriften und Zeitungen unter 37 Jahren. Das soziale Profil der Berufsgruppe um 1970 unterschied sich nicht von dem der Vorgängergenerationen. Es überwog die bürgerliche Herkunft, die akademische Ausbildung und der großstädtische Hintergrund (vgl. ebd., S. 410-413). Der gesellschaftliche Umbruch der 60er Jahre veränderte nicht nur das berufliche Selbstverständnis des Journalismus, er schuf auch das Klima für eine Veränderung der journalistischen Ausbildungssituation. Das weitgehend verbindliche Ideologem vom Begabungsberuf mit offenem Zugang wich ersten reformpolitischen Konzepten, in deren Mittelpunkt die fortschreitende Akademisierung und die Ausbildung an den Hochschulen standen. Mit Anfang der 70er Jahre setzte sich langsam das Grundverständnis durch, dass eine praxisorientierte akademische Journalistenausbildung durchaus berufsqualifizierend sein konnte (vgl. Schneider, 1990, S. 44-45).

11.2 Akteure und Markt

11.2.1 Branchenentwicklung

Aufgrund der deutlich gestiegenen Anzahl von Angehörigen des Gesamtberufsstandes und der PR-Dienstleister im speziellen ist eine genaue Quantifizierung – jenseits konkreter statistischer Erhebungsverfahren, die auch für diesen Zeitraum nicht existieren – gebunden an Veröffentlichungen, die die persönlichen Einschätzungen versierter Berufsstands- und Branchenbeobachter wiedergeben. Albert Oeckl ging Ende 1965 von insgesamt 1.200 bis 1.500 PR-Fachleuten „in allen Bereichen des öffentlichen Lebens" aus („Fachmann für Public Relations", Welt, 31.12.1965, o. S.). 1964 hatte er die Zahl auf ungefähr 1.000 taxiert. Der SPIEGEL schätzte Mitte 1968 die Zahl der PR-Berater und Agenturen auf 500 („Public Relations. Werbung in Watte", SPIEGEL, 8.7.1968, S. 33-34). Eine differenziertere numerische Einschätzung des Berufsstandes und des „PR-Marktes" publizierte 1972 das Handelsblatt („4000 PR-Fachleute bemühen sich um Öffentlichkeitsarbeit", Handelsblatt, 6.9.1972, S. 10) basierend auf Angaben der Hamburger PR-Agentur Dr. Reiner Schulze van Loon. Danach gab es in Deutschland 1.800 reine PR-Leute, von denen 496 der DPRG angehörten. Würden allerdings die „Pressestellen-Inhaber" (Pressesprecher/Pressereferenten etc.) miteinbezogen, vergrößere sich ihre Anzahl auf rund 4.000. Auf der Dienstleisterseite existierten etwa 30 PR-Agenturen, die nach der persönlichen Einschätzung Dr. Reiner Schulze van Loons über „das notwendige Fachwissen und Know-how verfügen. Weitere 20 Agenturen seien auf dem Wege hierzu. Darüber hinaus könne man mit rund 200 freien PR-Beratern rechnen" (S. 10). Eine verbandsinterne Einschätzung der GPRA (Gesellschaft Public Relations Agenturen e. V.) vom 18.7.1973 für das für sie relevante Marktsegment geht von 25 PR-Agenturen aus, „denen ihre Klienten und ihre Kollegen sogar" nachsagen, dass sie über entsprechende Voraussetzungen verfügen. Die 13 in der GPRA zusammengeschlossenen Agenturen beschäftigten zusammen über 160 Mitarbeiter und verwalteten PR-Etats in einem Gesamtvolumen von 100 Mio. DM (GPRA, 1973, Dokument „PR-Agenturen in der BRD", GPRA-Archiv).

Das Zimpel PR-Berater- und -Agenturen-Verzeichnis (1974) gibt zwar einen weiteren Überblick über die mit Stand 1974 existierenden Dienstleistungseinheiten, aufgrund der im Handbuch aber nicht systematisch erfassten Mitarbeiterzahlen, die weitaus größer und heterogener waren als in den Jahrzehnten zuvor, ist eine personenbezogene Gesamtschätzung auf dieser Basis nicht möglich. Erfasst wurden in dieser Quelle 140 als PR-Agenturen klassifizierte Einheiten, 126 Einzelberater und 22 Werbeagenturen mit PR-Abteilung.

11.2.2   Gründungen deutscher PR-Dienstleister bis 1974

Unter Bezugnahme auf die Gründungsdaten, die im Zimpel PR-Agenturen- und PR-Berater-Verzeichnis (1974) aufgeführt wurden, kann für die Phase von 1966 bis 1974 ein regelrechter Boom von Gründungen verzeichnet werden.

Jahr	PR-Agentur	PR-Berater	PR-Spezialisierung Werbeagentur
1966	2	6	4
1967	6	5	2
1968	6	8	1
1969	13	7	2
1970	18	14	0

1971	6	7	1
1972	10	10	3
1973	21	10	1
1974	7	6	0
Gesamt	**89**	**73**	**14**

Tabelle 9: Gründungen deutscher PR-Dienstleister bis 1974 (eigene Darstellung)

73 PR-Berater beschritten den Weg in die Selbständigkeit und insgesamt 89 PR-Agenturen wurden in diesem Zeitraum gegründet. Während in der zweiten Hälfte der 60er Jahre die Gründungstätigkeit nur eine moderate Steigerung gegenüber dem Niveau der ersten Hälfte verzeichnete, kam es in dem Zeitraum 1969-70 zu einem markanten Anstieg. Allein in diesen beiden Jahren erfolgten 59 Gründungen. Selbst im Vorfeld der Weltwirtschaftskrise 1973 verzeichnete die Branche noch 33 Gründungen, die sich dann 1974 angesichts der rezessiven wirtschaftlichen Entwicklungen wieder deutlich reduzierten. Leider bietet das Zimpel PR-Berater- und -Agenturen-Verzeichnis keine eindeutigen Anhaltspunkte wie groß das Engagement der Werbeagenturen bei der Gründung eigenständiger PR-Agenturen war. Die PR-Spezialisierung innerhalb von Werbeagenturen bewegte sich auf einem ähnlichen Niveau wie in der ersten Hälfte der 60er Jahre. „Blick durch die Wirtschaft" stellte Ende 1968 fest, dass immer mehr Werbeagenturen ihre Public Relations-Abteilungen rechtlich auslagerten, um zu zeigen, dass Public Relations und Werbung zwei unterschiedliche Disziplinen sind. Als Motivation wurde den Werbeagenturen unterstellt, zum einen durch einen neuen Auftritt unter einem neutralen Namen auch die PR-Arbeit neutraler erscheinen zu lassen, zum anderen es betriebswirtschaftlich vermeiden zu wollen, PR-Arbeit für den Kunden aus den in der Werbung üblichen 15 Prozent Agenturprovision bestreiten zu müssen („Mehr und Mehr Werbeagenturen", Blick durch die Wirtschaft, 31.12.1968, o. S.). Hinweise auf ein durchaus größeres Marktengagement der Werbeagenturen veröffentlichte der Public Relations Report Mitte 1968:

> „... jetzt wollen also die Werbeagenturen auch ins „PR-Geschäft" einsteigen. Nachdem die Mehrzahl jahrelang die Nase über diese Disziplin gerümpft hat, sehen die durch wachsende Kundenwünsche und härtesten Wettbewerb Bedrängten, neue Ufer. Wie anders kann man den Vorsitzenden der deutschen GWA-Blue-Chips-Agenturen, Rudolf Stilcken, verstehen, der kürzlich in einer Sonderbeilage des Handelsblatt zum Thema „Neue Trends in den Werbemärkten" erklärte, auch im Bereich der Public Relations und besonders für die Product Publicity würden sich größere Aufgaben für Werbeagenturen ergeben." (Public Relations Report, 3.7.1968, S. 1)

11.2.3 Entwicklungsstand der Public Relations und Nachfrage im Markt

Die Situation am deutschen PR-Markt aus internationaler Sicht vermittelte 1967 das „Hill & Knowlton Handbook of International Public Relations". Der weltweite „Länderreport" wurde vom internationalen Management und den Associates des PR-Networks erstellt.

Nach Einschätzung des „West Germany"-Autors Gerald W. Schroeder würde der PR-Begriff immer noch von einem Großteil der Bevölkerung nicht richtig verstanden. Ausnahmen wären die großen deutschen, international agierenden Unternehmen wie Volkswagen und große Konzerne in der Chemie- und Stahlindustrie. Deren PR-organisatorische Aufstellung würde internationalen Ansprüchen gerecht. Ähnliches gälte für die deutschen Tochterunternehmen amerikanischer Konzerne, die Public Relations handhabten wie ihre US-Muttergesellschaften. Eine weitere Ausnahme bildeten die führenden deutschen Verbände und Gewerkschaften. Die „durchschnittliche" deutsche Unternehmung würde Public Relations eher unprofessionell aufhängen und organisieren, meistens in der Ausrichtung Product Publicity und verortet bei der Werbeabteilung oder Werbeagentur des Unternehmens. Noch immer hafte Public Relations der Ruf einer Geheimwissenschaft an, deren Berufsvertreter dann geholt würden, wenn das Unternehmen sich in einer schwierigen Situation befände. Wenn es dann zu unbefriedigenden Resultaten käme, wären die PR-Fachleute häufig die Sündenböcke. Grundsätzlich wiederholte Schroeder in seiner Einschätzung die „altbekannte" Forderung: „It is no exaggeration, therefore, to say that public relations biggest job in Germany remains that of educating management as to its nature and function" (Schroeder, 1967, S. 180-181). Ähnliches galt für die Akzeptanz von Marketing. Auch hier wäre die Begrifflichkeit in Fachkreisen durch die großen amerikanischen Werbefirmen eingeführt. Bei weiten Teilen der Bevölkerung stieße Marketing wie Public Relations noch auf Unverständnis. Ebenso würde „Grenzdisziplinen" wie der Product Publicity in den Medien mit sehr viel Argwohn begegnet (S. 190). Schroeder sah geringe Unterschiede in der grundsätzlichen Handhabung von Public Relations in den Vereinigten Staaten und Deutschland, „since the art of public relations is an American postwar export to Germany". Bemerkenswert war für ihn der Mangel an guten PR-Fachleuten. Zwar gäbe es einige wenige Experten, die auf höchstem Level PR beraten könnten, aber gerade in der Altersklasse zwischen 30 und 40 Jahren existiere kein adäquates Personal, das zudem auch international arbeiten könne. Darüber hinaus stelle für viele deutsche Unternehmen es nach wie vor ein Problem dar, externe PR-Beratung zu organisieren. Immer noch existiere Misstrauen gegenüber Ressourcen, die nicht Teil des Unternehmens wären – ausgenommen es bestände bereits eine lange persönliche Bekanntschaft mit dem externen Dienstleister. Für ein amerikanisches Unternehmen, das auf dem deutschen Markt agiere, wäre es das Einfachste, eine Agentur in Deutschland zu beauftragen, mit der die Muttergesellschaft in den USA bereits zusammengearbeitet hat (S. 192-193).

Gestützt wird seine Aussage der flächendeckend noch geringen Zusammenarbeit mit externen Dienstleistern, durch „eine erste nicht repräsentative Umfrage" des Public Relations Report aus dem Jahre 1966. Der Fragebogen wurde an 1.000 Unternehmen verschickt, über den Rücklauf gibt es keine Angaben. Auf die Frage, ob das Unternehmen mit einer PR-Agentur zusammenarbeiten würde, antworten 20 % mit ja, 72 % mit nein und 8 % gaben keine Antwort („Keine Originalquelle vorhanden", W&V, 24.3.1966, S. 1-2). Der Public Relations Report führte diese Befragung, die sich ein Bild von der Verfassung des „PR-Mannes im Unternehmen" machen sollte, auch 1968, 1971 und 1973 durch. Die Basisfragen waren weitgehend identisch, befragt wurden leitende PR-Fachleute in bis auf Ausnahmen deutschen Unternehmen, ausgewertet wurden 110 (1971) und 88 (1973) Fragebögen (für 1966 liegt keine genaue Zahl vor). Der Public Relations Report setzte bei der Veröffentlichung die jeweiligen Jahresergebnisse in Bezug. Hinsichtlich der dienstleisterrelevanten Frage nach der Zusammenarbeit mit Agenturen und Beratern zeichnet sich folgendes Bild:

Umfrage des Public Relations Report 1966-1973

Arbeitet ihr Unternehmen mit PR-Agenturen oder PR-Beratern zusammen?

Jahr	Anzahl Befragte	ja	nein
1966	k. A.	20 %	72 %
1968	k. A.	45 %	55 %
1971	110	45 %	55 %
1973	88	55 %	45 %

Tabelle 10: Entwicklung Zusammenarbeit Unternehmen – PR-Dienstleister (eigene Darstellung basierend auf Umfragen des Public Relations Report)

Während 1966 eine Zusammenarbeit mit Dienstleistern noch eine große Ausnahme war, vergrößerte sich der Anteil der beauftragenden Unternehmen bis 1968 bzw. 1971 auf 45 %. Erst 1973 überwog mit 55 % eine Zusammenarbeit mit Agenturen und Beratern („Das Bild des PR-Mannes im Unternehmen", Public Relations Report, 22.5.1968, S. 3-4; „Das Bild des PR-Mannes im Unternehmen", Public Relations Report, 31.3.1971, S. 3-6; „Das Bild des PR-Mannes im Unternehmen", Public Relations Report, 1.6.1973, S. 5-8). Eine in der Fragestellung vergleichbare Umfrage unter angestellten DPRG-Mitgliedern (Datenbasis: 112 Befragte) kommt 1969 zu einem in der Tendenz ähnlichen Ergebnis. Auf die Frage „Arbeitet ihr Unternehmen mit einem selbständigen PR-Berater oder mit einer PR-Agentur zusammen?"

antworteten 30,4 % mit „ja", 68,7 % mit „nein" und 0,9 % machten keine Angaben (IFK, 1969, Dokument, o. S., Nachlass Korte).

Zahlen zum Volumen der PR-Ausgaben veröffentlichte 1972 das Handelsblatt („4000 PR-Fachleute bemühen sich um Öffentlichkeitsarbeit", Handelsblatt, 6.9.1972, S. 10) basierend auf Angaben der Hamburger PR-Agentur Dr. Reiner Schulze van Loon. Demnach betrugen die Ausgaben für Informationsschriften und Öffentlichkeitsarbeit in der Bundesrepublik ca. 3. Mrd. DM. In diesen Betrag schloss Schulze van Loon tarifgebundene PR-Kommunikation, d. h. PR-Anzeigen, mit ein, da eine exakte Trennung zwischen Ausgaben hierfür und den „reinen Public Relations-Bemühungen" zum gegebenen Zeitpunkt nicht möglich wäre. Zur Einordnung erwähnte er, dass manche Unternehmen allein für ihre Geschäftsberichterstattung im Jahr rund 300.000 DM ausgäben.

11.2.4 Marktentwicklung und Trends

Die Rezession von 1967 ging auch an der PR-Dienstleisterbranche nicht spurlos vorbei. So berichtete der Public Relations Report von durchaus fühlbaren Auswirkungen in Form von überraschenden Kündigungen von Dienstleistungsaufträgen durch Unternehmen und konstatierte eine „weitverbreitete Angst-Reaktion" auf die Wirtschaftsflaute (Public Relations Report, 20.9.1967, 117, S. 1). Trotzdem verzeichneten die meisten Agenturen einen deutlichen Umsatzschub. In einer Umfrage unter Agenturgeschäftsführern im Frühjahr 1968 lagen die Umsätze 1967 größtenteils zwischen 15 und 30 % über denen von 1966. Auch auf der Personalseite gab es Zuwachsraten. Auswirkungen der Rezession im direkten Kundengeschäft wurden bei den meisten zwar festgestellt, weniger bei laufenden Verträgen als bei der Anbahnung neuer Projekte. Nach den Geschäftsaussichten für 1968 befragt, äußerte sich der Großteil bereits wieder optimistisch im Hinblick auf ein Halten bzw. eine Steigerung des Umsatzes. Als limitierendes Moment wurde allerdings der Mangel an qualifizierten PR-Beratern im Markt genannt (Public Relations Report, 27.3.1968, S. 3). Ein Trend im Markt, der für diese Zeit vom Public Relations Report thematisiert wurde, war die durch die Unternehmen forcierte Entwicklung zur Beauftragung von „PR-Mannschaften" mit hochqualifizierten Spezialisten. Dem Einzelberater, der sich in „vielerlei Gebieten" betätigt, wurde bescheinigt, zukünftig schwerer an finanziell lukrative Aufträge zu kommen (Public Relations Report, 8.11.1967, S. 1). Die positive Einschätzung für 1968 sollte sich bewahrheiten. Gegen Ende des Jahres wurde eine insgesamt äußerst positive New Business-Entwicklung festgestellt, was für viele Agenturen das Problem qualifizierte PR-Berater zu finden noch weiter vergrößerte. Besonders die Gehaltsforderungen stießen bei vielen einstellungswilligen Geschäftsführern auf Unverständnis: in den PR-Hochburgen Frankfurt und Düsseldorf seien unter 2.000 DM kaum noch Mitarbeiter zu finden, unter 3.000 DM auch keine Senior-Berater mehr (Public Relations Report, 18.12.1968, S. 1). Den Niedergang der Public Relations in Deutschland und das Ende der „roaring sixties" konstatierte der Branchendienst im Frühjahr

1971. Verantwortlich hierfür machte er nicht die wirtschaftliche Entwicklung in den Unternehmen und damit verbundene Etatkürzungen. Vielmehr würde die PR-Welle unvermindert weiter rollen, zudem viele Werbe-budgetkürzungen und Rationalisierungsmaßnahmen der Public Relations zuspielten. Ein Rückgang des Auftragsbestandes wäre nicht zu befürchten. Für die negativen Aussichten machten die Autoren mehrere unterschiedliche Trends im Markt verantwortlich:

- Die Institutionalisierung von PR nähme ständig zu und selbst bei mittelständischen Unternehmen würde der externe PR-Berater durch einen Festangestellten ersetzt.
- PR-Agenturen würden im wachsenden Umfang zu kurzfristigen Arbeiten herangezogen, was grundsätzlich weitaus unrentabler wäre, als mittel- oder langfristige Aufträge.
- Das Akquise-Know-how einer Mehrzahl von PR-Beratern wäre rudimentär entwickelt. Besonders schlecht bestellt wäre es um die Präsentationsfähigkeiten.
- Die Branche hätte „überalterte Ideen" und ein Großteil ihrer Fachleute wären „praktisch alle Autodidakten".
- Für den geeigneten Nachwuchs wäre die Branche nicht attraktiv genug. „Die Kreativsten tendieren zu den Medien".
- Die eigenen Ausbildungsstrukturen wären „ein einziger Jammer", die Hochschulausbildung und die Ausbildung durch die DPRG unzureichend.

Aufgrund dieser Entwicklungen stellte der Public Relations Report fest: „PR made in Germany gehen schweren Zeiten entgegen". Trotz dieser doch zum Teil sehr polemischen Anklagen treffen besonders die Aussagen zur Institutionalisierung, zum kurzfristigen Auftragsgeschäft sowie zu mangelndem Nachwuchs aufgrund unzureichender Branchenattraktivität und eigener Ausbildung ernstzunehmende Kerntendenzen innerhalb der Marktentwicklung (Public Relations Report, 3.3.1971, S. 1-2). Eine weitere Entwicklung, die sich mit Anfang der 70er Jahre ebenfalls einstellte, wurde in einer Umfrage unter führenden PR-Agenturen 1973 thematisiert. Zwar war der Markt weiterhin durch Wachstum gekennzeichnet, aber das steigende Verständnis für Public Relations auf Kundenseite führte zu schärferer Etatkalkulation und sparsamerer Bewirtschaftung der Mittel. Zudem deuten erstmalige Fragestellungen nach Kennzahlen wie Mindesthonorare, pro-Kopf-Honorarumsätze und Jahres-Honorar-Umsatz auf eine weitergehende Professionalisierung der betriebswirtschaftlichen Unternehmensführung innerhalb der Agenturen hin (Public Relations Report, 13.6.1973, S. 9-10).

11.2.5 Leistungsportfolio, Positionierung und Arbeitsweise zweier PR-Agenturen 1970/71

Generelle Aussagen über Organisation, Leistungsportfolio und Ausrichtung etablierter PR-Agenturen Anfang der 70er Jahre sind in den meisten Fällen nur über vereinzelte Aussagen des Führungspersonals in der relevanten Fachpresse möglich. Einen detaillierteren Einblick in das Leistungsvermögen und Selbstverständnis bieten Unterlagen zur Eigenvermarktung der ringpress Hans Krüger-Franke GmbH & Co. KG aus dem Jahre 1971 und ein Vortrag von Walter Rodenbusch, Chefredakteur bei Infoplan, über die Organisation und Arbeitsmethoden seiner Agentur. ringpress wurde nach Eigenbekundung 1954 in München gegründet und 1988 von der Grey Com, New York, übernommen (kressreport, 1988, 7, o. S.). Sie firmierte als „Studio für Öffentlichkeitsarbeit" und beschäftigte 1971 zehn feste und 15 freie Mitarbeiter. Bereits in diesen Jahren war die Agentur Partner in dem immer noch existierenden internationalen PR-Agentur-Netzwerk „Public Relations Organisation International" (PROI). Über ihren Inhaber Hans Krüger-Franke war sie zudem Mitglied der DPRG und des DJV (Deutscher Journalisten Verband). Als wesentliche Arbeitsgebiete bezeichnete sie die Redaktion, Organisation von Aktionen und die Beratung (Image-Analysen und PR-Konzeption). Die Branchenerfahrung war breit gefächert. Betreut wurden sowohl nationale als auch internationale Kunden. Der Mitarbeiterstamm bestand aus einem festen Kernteam von Objektleitern mit branchenspezifischen Schwerpunkten und hochqualifizierten freien Mitarbeitern, die „für Auftragsarbeit von Fall zu Fall" engagiert würden. Im Hinblick auf das PR-Verständnis ist die Aussage „ringpress betreibt PR konsequent in Marketing-Integration" programmatisch. In ihrem Außenauftritt in Broschüre, Informations-schrift und Kundenbrief war die Agentur sehr um Transparenz bemüht, zum einen was die Disziplin Public Relations insgesamt, zum anderen was die spezifischen Leistungsmomente und Arbeitsweisen der Agentur betraf. So wurde den Kunden und potentiellen Kunden in geraffter Form Basiswissen über Public Relations vermittelt, z. B. „Was wollen Public Relations?" oder „Unterscheidungsmerkmale von Public Relations und Werbung", oder im Kundenbrief ausführlicher relevante Artikel und Zitate zu Public Relations-Themen zusammengetragen und kommentiert. Hinsichtlich der Informationen zur Kosten- und Honorarstruktur „bediente" sich ringpress bei den DPRG-Honorarrichtlinien. Besonders dem Thema Kundenbeziehung und Zusammenarbeit widmete die Agentur umfangreiche Texte. Dabei war ihr besonders wichtig, dem Kunden die Arbeitsstruktur der Agentur aufzuzeigen und die Prozesse an den Schnittstellen verständlich zu machen, um falsche Vorstellungen auf Seiten der Auftraggeber über die Verfahrensweisen und Möglichkeiten von Public Relations auszuräumen. Nach Auffassung der Agentur war eine Zusammenarbeit am friktionslosesten, wenn auf Kundenseite bereits Erfahrungen mit Public Relations bestünden. Erklärungsbedürftig war des Weiteren die besondere Position der Agentur als Interessenvertretung des Kunden und „ehrlichem Makler" gegenüber der Öffentlichkeit. Dieses „Dienen zweier Herren" nutzte ringpress in seiner Argumentation gegen zu kurz bemessene Vertragslaufzeiten. Die Agentur strebe Jahresverträge mit monatlichen Pauschalhonoraren an und arbeite nicht für Erfolgshonorare. Auch das System der „freien Mitarbeiterschaft" schien erklärungsbedürftig. Zwar bemühe sich die

Agentur um eine permanent gleichmäßige Kapazitätsauslastung, dies sei aber aufgrund der Konjunkturanfälligkeit des Geschäftsmodells nicht zu gewährleisten. Darum sicherten freie Mitarbeiter einerseits Kostenvariabilität, andererseits habe man durch diese „sofort einsetzbaren Professional(s)" die notwendigen Ressourcen bei Auftragsspitzen.

Insgesamt vermitteln die Inhalte eine auf Seiten potentieller Kunden immer noch latent vorhandene Unwissenheit über die Anwendung und Leistungsfähigkeit von Public Relations. Auch Geschäftsmodell, Organisationsstruktur und Arbeitsweise einer PR-Agentur bedurften anscheinend eingehender Erklärung bzw. sogar Rechtfertigung (ringpress, 1971(?), Dokument, „Agenturbroschüre"; ringpress, 1971, Dokument „Selbstdarstellung"; ringpress, 1971(?), Dokument „Aspekte der Zusammenarbeit zwischen PR-Agentur und Auftraggeber"; ringpress, 1971(?), Dokument „PR-Agentur dient zwei Herren"; ringpress, 1966(?), Dokument „Kundenbrief", alle Nachlass Korte).

Auch infoplan vertrat innerhalb ihrer Agenturphilosophie ein dezidiertes Verständnis von Public Relations. Nach Angaben von Rodenbusch wären „Public Relations Maßnahmen ein systematischer produktstützender Vertrauensaufbau, bei dem es sehr methodischer, alle Meinungsbildner umfassender Tiefen- und Breitenarbeit in kontinuierlich angelegter Planung bedarf". Eingebettet war für ihn Public Relations in das Gesamtfeld Werbung, Verkaufsförderung und Verkaufsgespräch. Alle Disziplinen wären einander ergänzende Ansprachen des Vertriebs. Ein Großteil der Leistungen, die die Agentur für ihre Kunden – hauptsächlich aus marktnahen Wirtschaftsverbänden und -initiativen und Unternehmen – erbrachte, wäre Pressearbeit. In der Schilderung der Arbeitsweise der Agentur ist eine Dienstleistungsphilosophie erkennbar, die sich nicht nur auf die Kunden bezog, sondern den professionellen Umgang mit den Medien bzw. Journalisten einschloss. So sah sich die Agentur über ihre „infopress-Dienste" auch als Dienstleister der Medien, der den Journalisten entsprechend aufbereitete Texte mit Informationsgehalt übermittelt, „wie sie der Redakteur für sein Objekt benötigt." In ihrer Arbeit war die Agentur um Systematik und Effizienz bemüht. So erwähnt Rodenbusch einen neuen Service, den bisher nur seine Agentur in Deutschland anbieten würde. Für den Kunden organisiere infoplan systematische „Pressebereisungen", um vor Ort in den Redaktionen Kontakte zu pflegen und Themen anzubieten (vgl. Fabian, 1970, S. 232-237).

Auch wenn es sich um unterschiedliche Beispiele aus dem PR-Agenturmarkt handelt, verbinden sie doch grundsätzliche Merkmale. Beide Agenturen vertraten einen sehr absatz- und produktorientierten Ansatz von Public Relations in enger Kooperation und Abstimmung mit den benachbarten Disziplinen. Beide waren sichtbar um Systematik und effiziente Arbeitsorganisation bemüht, um für den Kunden professionelle und preiswürdige Dienstleistungen zu erbringen. Besonders an der Schnittstelle zu den Medien versuchten beide Agenturen über Methode und Planung bestmögliche Erfolge für ihre Kunden zu erzielen.

11.3 Wissensbasis

11.3.1 Etablierung von Branchenpublikationen

Die erste unabhängige und ausschließlich auf Public Relations ausgerichtete Fachpublikation war der Public Relations Report, dessen Anfänge nach eigenen Angaben auf das Jahr 1964 zurückgehen. Gründungsherausgeber Dieter Zimpel startete im Januar 1964 in Frankfurt mit der ersten Ausgabe des wöchentlich erscheinenden Informationsbriefes für PR-Fachleute. Der Public Relations Report etablierte sich schnell zum führenden Medium der PR-Branche, dessen informativ-soziale Relevanz für die gesamte Berufsgruppe prägend war. Seine Wirkung innerhalb der Branche belegte der Public Relations Report mit einer Notiz von Dieter Zimpel vom Februar 1975: "Es gibt [...] wahrscheinlich kaum eine Berufsgruppe, deren Empfindlichkeit, Kleinmut und Intrigantentum hier konkurrenzfähig wäre. Nur ein nicht ganz gefälliger Halbsatz in einer Meldung, und schon bimmeln die Telefone, ticken die Fernschreiber und hetzen die Eilboten ins Haus…Gespräche, Briefe, Schmeicheleien, Drohungen, Klatsch über Kollegen, Gegendarstellungen: Manchmal ist das, was man da hört und sieht, an Groteskheit nicht mehr zu überbieten." („Sonderausgabe 40 Jahre", PRReport, 2005, S. 4; S. 49) Jenseits dieser identitätsbildenden Funktion entwickelte sich der Public Relations Report für die PR-Dienstleistungsbranche jener Jahre zu einer maßgeblichen Wissensressource. In diversen Dokumentationen und Erhebungen wurde beratungsspezifisches Wissen weitergegeben oder sorgten Umfragen und Studien für Transparenz auf dienstleistungsrelevanten Themenfeldern. Zudem begleitete und kommentierte er intensiv die Verbandspolitik der DPRG.

Als weitere Publikation etablierte sich Anfang 1970 ein Vorläufermedium des heutigen PR-Magazins, die PR-Information. Die Fachzeitschrift wurde vom Verlag Rommerskirchen in Zusammenarbeit mit der DPRG herausgegeben. Ab 1971 trug sie dann den Namen „PR – Erste Zeitschrift für Public Relations" und erschien vierteljährlich und ab Anfang 1975 sogar monatlich bis sie dann in das PR-Magazin überging. Die Redaktion lag in den Händen von Hans-Theo Rommerskirchen, später Eberhard B. Freise, und der Redaktionsbeirat war im Wesentlichen mit DPRG-Vertretern besetzt. Thematisch war sie ausschließlich PR-Themen gewidmet und bot vornehmlich vertiefende Beiträge zu spezifischen Feldern und zum generellen PR-Instrumentarium. Den PR-Agenturen war eine eigene Rubrik gewidmet, ebenso existierte eine Rubrik „Berufsständisches", in der vornehmlich verbandspolitische Themen behandelt wurden.

Redaktionell nicht ausschließlich auf die PR-Branche ausgerichtet war der Informationsdienst textintern. Er deckte ebenfalls die Bereiche Presse, Verlag und Funk/Fernsehen/Film mit ab. Die erste Ausgabe erschien am 1.2.1967. Herausgegeben wurde er von dem Hamburger Journalisten und PR-Berater Lutz Böhme. Der hatte ein Jahr zuvor seine PR-Agentur Lutz

Böhme gegründet und der neue Informationsdienst sollte ein „PR-Standbein" für seinen Medienkunden Heinrich Bauer Verlag sein. textintern wurde bereits im Vorfeld als „Bauer-Dienst" geschmäht, profilierte sich journalistisch aber sehr schnell und etablierte sich als unabhängiges Fachorgan innerhalb der Medienwirtschaft („1. Februar 1967: Der Beginn", textintern, 18.4.2012, S. 20).

In der DPRG-Berufsbild-Erhebung von 1973 gaben die befragten DPRG-Mitglieder an, als wichtigste Informationsquelle das vierteljährliche DPRG-Hausblatt PR-Information (63 %) zu nutzen, den Public Relations Report lasen 60 %, textintern 29 % und nur 14 % den Kontakter (Public Relations Report, 31.10.1973, S. 2). Natürlich berichteten auch die etablierten benachbarten Medien wie kressreport, die absatzwirtschaft, W&V und ZV+ZV weiterhin zu PR-Themen.

11.3.2 Berufsgruppenspezifische Wissens- und Themenfelder

11.3.2.1 Honorare

Das Thema der Preisgestaltung war und ist für frei am Markt anbietende Dienstleistungseinheiten ein existentielles. In der Berufsliteratur der 50er und frühen 60er Jahre gab es weder systematische Erhebungen noch publizierte Vergleichswerte von Wettbewerbern, einzig der internationale Vergleich hauptsächlich mit den amerikanischen Marktteilnehmern gewährte Anhaltspunkte. Noch 1966 stellte Dr. Herbert Gross sarkastisch fest: „Manche Public-Relations-Berater machen ihre Preise, indem sie die Entfernung Erde-Mond durch die Anzahl der Ameisen pro Quadratmeter Gartenboden dividieren und das eigene Lebensalter hinzuziehen." (Public Relations Report, 1966, 68, S. 2) Eine erste nationale Verortung dieses wesentlichen Wissensbereiches findet sich in der Branchenpublikation Public Relations Report. In Workshop-Berichten oder Dokumentationen wurde konkretes Anwendungswissen aufbereitet und kommentiert. Die tiefergehenden Beiträge waren zumeist eigenrecherchiert oder von Autoren aus der Branche. Den Start machte 1965 die Darstellung eines Kostenrechnungssystems für PR-Agenturen des geschäftsführenden Direktors der Londoner Infoplan Ltd. Dennis Lyons, der anhand seines eigenen Unternehmens sehr ausführlich einen Berechnungsschlüssel für Beratungshonorare aufzeigte, bei dem er Betriebskosten, Gehälter und Marge in Verbindung setzte. Zudem gab er Hinweise zur allgemeinen Betriebskostenrechnung und Budgetplanung (Public Relations Report, 1965, 22, S. 3-4). Wie begierig diese Informationen auch außerhalb der Dienstleistungsbranche aufgenommen wurden, dokumentiert der Hinweis in einer folgenden Ausgabe des Public Relations Report, dass mittlerweile Fotokopien und Nachdrucke des Beitrages als Background-Informationen für Firmenchefs in Gesprächen mit PR-Beratern kursierten. Sogar der Bundesrechnungshof und das Bundespresseamt würden diese Schrift zur Beurteilung finanzieller Gepflogenheiten von Agenturen nutzen (Public Relations Report, 9.2.1966, S. 1). Für „Branchenaufruhr" sorgte Ende 1965 die erste öffentliche Herausgabe einer Preisliste durch das Düsseldorfer PR-Büro Claus Heinrich (Public Relations Report, 1965, 33, S. 2). Die vollständige Preisliste druckte der Public Relations Report dann im Februar 1966 ab. Besonders der Umstand, dass Heinrichs sich offen zu der von der DPRG verpönten Erfolgshonorierung bekannte und dezidiert Preise benannte, bescherten ihm umfangreiche Kritik. Konkret führte er, aufgeteilt zwischen Pauschal- und Einzelleistungen, mehr als 30 Leistungsposten mit entsprechenden Preisen an – von der generellen Beratung über Meinungspflege und Public Promotions bis zu Presse- und Materndiensten (Public Relations Report, 9.2.1966, S. 3-4). Die DPRG reagierte auf die Veröffentlichung mit einer konkreten inhaltlichen Auseinandersetzung. Wichtigste Reaktion war die Gründung eines DPRG-Arbeitsausschusses, der die Aufgabe hatte, existierende Berechnungssysteme zu studieren und Empfehlungen zu verabschieden. Darüber hinaus distanzierte man sich noch einmal deutlich vom Erfolgshonorarsystem, d. h. der Abrechnung nach erbrachten Zeitungsausschnitten. Zu den üblichen von der DPRG anerkannten Berechnungsformen gehörten die „Zeitaufwand-Berechnung" und die „Agenturberechnung". Trotz dieser deutlichen Absage von Verbandsseite stellte der Public Relations Report fest, dass sich inzwischen „die Erfolgshonorar-Abrechnung wie eine ansteckende Krankheit weiter zu verbreiten" schien (Public Relations Report, 1966, 68, S. 2). Das Thema Erfolgshonorar blieb auf der Branchenagenda, was für seine Relevanz sprach. Noch 1971 wurde innerhalb der deutschen Unternehmerschaft eine Unwissenheit hinsichtlich der seriösen Berechnungsbasis von PR-Beratern und -Agenturen festgestellt. Als Handicap wurde ausgemacht, dass Unternehmer noch immer nicht verstehen würden, warum sie für eine Leistung, die nicht unbedingt Erfolg garantiert, ein festes Honorar zahlen sollten. Zwar würden der Rechtsanwalt oder Arzt ebenso arbeiten, diese Berufe wären jedoch etabliert und anerkannt (Public Relations Report, 10.3.1971, S. 1). Erneut leistete der Public Relations Report mit einem Bericht „Was kosten Public Relations?" (Public Relations Report, 10.3.1971, S. 5) und mit der Dokumentation des neu überarbeiteten DPRG-Honorar- und Leistungsverzeichnisses (Public Relations Report, 30.6.1971, S. 3-6) Aufklärungsarbeit. Wichtigster Beitrag zur Transparenz war Ende 1974 die Veröffentlichung einer Umfrage, die von Public Relations Report-Herausgeber Dieter Zimpel mit initiiert wurde und den Anspruch hatte, Licht in das Dickicht deutscher PR-Beratungshonorare zu bringen. Insgesamt hatten 144 PR-Dienstleister den umfangreichen Fragebogen beantwortet. Neben dem Aufgabenspektrum wurden folgende Kostenpunkte abgefragt:

- Berechnung von Vorbesprechungen
- Arbeiten vor Auftragserteilung
- Vertragsdauer
- Vergütung in Form von Jahrespauschalen
- Vergütung durch monatliche Grundpauschalen
- Vergütung nach Zeitaufwand

- Tages- und Halbtagshonorare auf Stundenbasis
- Stundensätze für Mitarbeiter
- Vergütung von Fall zu Fall
- Vergütung von Konsultationen
- Vergütung pro Aktion
- Vergütung in Prozentanteilen
- Erfolgshonorar
- Gesondert berechnete Kosten.

Diese Umfrage war die erste Honorarstudie im PR-Dienstleistungsbereich und ihre Ergebnisse vermittelten einen Überblick über die Formen und Staffelung der Leistungsberechnung im Markt. Erwähnenswert ist, dass die „früher verbreitete" Erfolgshonorierung nur noch von „ganz wenigen" Marktteilnehmern angeboten wurde (Public Relations Report, 4.12.1974, S. 3-6; Public Relations Report, 18.12.1974, S. 5-6).

11.3.2.2 Erfolgskontrolle

Eng verbunden mit der Honorierung gehörte die Evaluation von Leistungen für die Branche zu einem weiteren wichtigen Thema. Die Hamburger PR-Agentur publicrelations GmbH beauftragte 1968 diesbezüglich eine Umfrage durch Infratest. Grundannahme war, dass Public Relations genauso planbar und der Erfolgskontrolle zugänglich sei, wie die Wirtschaftswerbung. Beide Kommunikationsformen initiierten Informationsprozesse, die Meinungen oder Verhalten ändern oder stabilisieren sollten. Dabei wurde die größere Herausforderung in der Messbarkeit von Public Relations gesehen, da diese in der Regel räumlich und zeitlich schwerer einzugrenzen sei. Nach Ansicht der Agentur dürfe dies jedoch nicht zu einer „Gieskannen-Informationspolitik" führen, die es dem Zufall überließe, ob bestimmte Zielgruppen erreicht werden oder nicht. Leider wäre in der Praxis diese Form immer noch die Regel, was einer ökonomischen Ressourcenverschwendung gleich käme und den Nutzwert von Public Relations insgesamt in Frage stelle. Die Ergebnisse der Studie unterstützen die These, dass die subjektive Einschätzung keine Planungsgröße für Public Relations sein könne. Essentiell für den Erfolg wären die Kenntnis der Zielgruppen, Form und Inhalt der Botschaft und die entsprechende Auswahl der Informationswege. Nach Ansicht des Geschäftsführers der publicrelations GmbH Dr. Hans-Joachim Muth helfe die Studie, zu einer besseren qualitativen Planung zu kommen. Ein Umstand, der letztendlich auch für potentielle Auftraggeber relevant sein könne (Public Relations Report, 10.6.1968, S. 1-2). Auch innerhalb der DPRG-Arbeitsgruppe „PR-Berater und PR-Agenturen" stand das Thema Erfolgskontrolle auf der Tagesordnung (DPRG, 26.6.1970, Protokoll, S. 2, DPRG-Archiv). Wie wenig sich in diesem Bereich allerdings insgesamt tat, dokumentiert ein veröffentlichter Leserbrief von Dr. Reiner Schulze van Loon an das Manager Magazin vom April 1973. Der Brief war als Replik auf das im Januar veröffentlichte Streitgespräch „Public Relations Scharlatanerie oder Managementaufgabe?" gedacht, bei dem das Thema Erfolgskontrolle kurz angeschnitten wurde, ohne aber, außerhalb der Standardlösung Zeitungsausschnitte zu zählen, wirklich neue Ansätze zu bieten. Schulze van Loon hinterfragte, warum gerade die Zeitungsausschnitte eine solche „exhibitionierte Beurteilung erhalten", schließlich zähle doch letztendlich die Einstellungs- und Verhaltensänderung innerhalb der Zielgruppe. Gerade in diesem Bereich gäbe es für seine Auftraggeber und ihn diverse Verfahren und Methoden aus der Werbe-, Einstellungs- und Persönlichkeitsforschung, die ergänzend zur Erfolgskontrolle durch Ausschnitte wertvolle Hinweise auf Veränderungen des Images und damit auf Erfolg und Misserfolg von PR-Maßnahmen liefern könnten (GPRA, 1973, Clipping, o. S., GPRA-Archiv).

11.3.2.3 Kundenakquise und -beziehungen

Ein ebenfalls dienstleisterspezifisches Feld ist die Kundenakquise. Dieser Professionalisierungsbereich entzieht sich einer generellen Herangehensweise und durch Erfahrung gewonnene individuelle Strategien werden gehütet und selten mit der Konkurrenz geteilt. Nichtsdestotrotz gibt es Verfahren und Akquiseprozesse, wie Wettbewerbspräsentationen oder Ausschreibungen staatlicher Institutionen, die einen Erfahrungsaustausch oder sogar eine branchenspezifische Abstimmung notwendig machen. In der damaligen PR-Literatur spielte dieser Bereich kaum eine Rolle. Erst die Etablierung von Branchenmedien und deren systematische Nutzung von Insiderinformationen machten ihn zum Thema. Anhand von Beispielen wurden wichtige Verhaltensvorgaben entwickelt und der Branche transparent gemacht. Ein häufig existierendes Grundproblem war die einerseits durch Unwissenheit begründete andererseits durch kaufmännisches Kalkül getriebene Umgangsweise von beauftragungswilligen Kunden mit in Frage kommenden PR-Beratern und -Agenturen. Die grundsätzliche, oft über ein normales Maß hinausgehende Bereitschaft vieler Dienstleister in eine neue Kundenbeziehung zu investieren, wurde häufig ausgenutzt und erste Überlegungen und Präsentationen kostenlos angefordert. Der Public Relations Report schilderte im Februar 1967 den Fall des amerikanischen Generalkonsulats, das im Auftrag einer Industriegruppe mehrere PR-Agenturen aufgefordert hatte, für PR-Aktionen Vorschläge zu unterbreiten. In Hoffnung auf Geschäft kamen diese der Aufforderung nach. Als nun die Vergabe zurückgezogen wurde, war der Unmut der Agenturen aufgrund vielfältiger Vorleistungen groß. Das Wissen um solche Fälle führte schließlich zu ersten Initiativen innerhalb der Branche: „Tatsächlich zeigt sich wieder einmal, dass die einzig vernünftige Basis ein Vertrag ist, und dass für Vorschläge, die über den Rahmen eines ersten, allgemein informierenden Gesprächs hinausgehen, Honorare gefordert werden sollen. Dieses klare System hat allerdings nur dann Sinn und Zweck, wenn sich alle Wettbewerber an diese Regel halten. Vielleicht sollten sich deshalb schon bald die Chefs der deutschen PR-Agenturen zu einem klärenden Gespräch zusammensetzen." (Public Relations Report, 1.2.1967, S. 1) Trotz bestehender Aufrufe zum Schulterschluss bot das uneinheitliche Vorgehen in Bezug auf kostenlose Präsentationen immer wieder Anlass zur Beschwerde, besonders wenn der Eindruck entstand, der potentielle Auftraggeber nutze das Verfahren, um PR-Ideen „abzugreifen". Ein erster Versuch klare Spielregeln zu installieren, waren die Honorarrichtlinien der DPRG. Doch in Akquisesituationen wurde dieses Regelwerk selbst von DPRG-Mitgliedern häufig missachtet (Public Relations Report, 4.6.1969, S. 1).

Aber auch Missstände auf Agenturseite wurden thematisiert. Verbreitet schien das Phänomen zu sein, den Erstkontakt und die Anbahnung der Zusammenarbeit mit dem Kunden dem erfahrenen Personal zu überlassen und ihn dann im Tagesgeschäft mit juniorem Personal „zu überraschen". Eine Vorgehensweise, die häufig für Irritation und Missstimmung sorgte. Empfohlen wurde den Agenturen, sofort mit offenen Karten zu spielen und dem Kunden das gesamte ihn betreuende Team vorzustellen (Public Relations Report, 22.2.1967, S. 1).

Eng verbunden mit der Akquise ist der Themenbereich der Kundenbeziehung. Auch hier schien Anfang der 70er Jahre noch ein hohes Maß an Aufklärungsarbeit notwendig zu sein. So stellte der Public Relations Report im März 1971 fest, dass die Beziehungen zwischen PR-Agenturen und ihren (potentiellen) Kunden noch sehr von Vorurteilen und Missverständnissen geprägt seien, und fühlte sich bemüßigt, Hinweise für den Einsatz von und zur Zusammenarbeit mit Agenturen zu geben. Auf Kundenseite gab es besonderen Bedarf an Transparenz über das tatsächliche Leistungsvermögen und die Arbeitsteilung, wenn eine eigene PR-Abteilung vorhanden war. Empfohlen wurde, Dienstleister einzusetzen und mit Teilaufgaben zu betrauen, wenn die eigenen Ressourcen bei entsprechenden Projekten nicht ausreichten. Dabei sollte die Agentur nicht zum reinen „Teilzeitbüro" degradiert werden, sondern eigenständig Projekte abwickeln. Die PR-Abteilung sollte sich mehr auf eine inhaltlich-kreative und überwachende Funktion zurückziehen. PR-Agenturen eigneten sich vornehmlich für externe PR-Aufgaben, bei internen sollte eher auf PR-Berater zurückgegriffen werden. Gewarnt wurde vor den Gefahren einer Zusammenarbeit mit weniger qualifizierten Agenturen. Überzogene Versprechungen, der Drang zum schnellen Geldverdienen, abgehoben und zu wenig praxisorientiert waren hier die Warnhinweise (Public Relations Report, 17.3.1971, S. 5-6). Das Thema Kundenbeziehung stand beim Public Relations Report unter steter Beobachtung, nicht zuletzt um als neutrales Medium PR-Dienstleister und PR-Fachleute auf Kundenseite für die jeweiligen Bedürfnisse zu sensibilisieren, ohne dabei einer Seite Vorschub zu leisten. Als sich im Rahmen der regelmäßigen Befragung „Der PR-Mann im Unternehmen" auf die Frage „Wie ist die Zusammenarbeit zwischen Presseabteilungen von Unternehmen und PR-Agenturen?" deutliche Negativabweichungen zwischen den Jahren 1973 und 1971 ergaben,

Gründe	Anzahl Befragte	1971	1973
Eigene Möglichkeiten reichen aus	k. A.	16 %	37 %
Etatgründe („kein Geld")	k. A.	24 %	25 %
Von den Aufgaben her nicht erforderlich	k. A.	7 %	23 %
Schlechte Erfahrungen, unzuverlässig, teuer	k. A.	6 %	23 %

Tabelle 11: Abweichungen Zusammenarbeit Unternehmen – PR-Dienstleister (eigene Darstellung; Quelle, Public Relations Report)

nutzte die Redaktion sehr schnell die Gelegenheit, mit einer Umfrage unter PR-Agenturchefs deren Kundenrealität mit den Befragungsergebnissen abzugleichen (Public Relations Report, 5.9.1973, S. 2-3). 1972 forderte R. Ziegler in der Fachzeitschrift „PR", Zerwürfnisse zwischen Agentur und Auftraggeber generell zum Anlass zu nehmen, Gründe für das Scheitern von Kundenbeziehungen zu analysieren und darauf basierend optimale Verfahren für den gegenseitigen Umgang zu entwickeln (Ziegler, 1972, PR - Erste Zeitschrift für Public Relations, 3, S. 34-35).

11.3.2.4 Allgemeine berufspolitische Themen

Das Qualifikationsproblem und der mangelnde Schutz der Berufsbezeichnung waren länderübergreifend. Für Aufmerksamkeit innerhalb der bundesrepublikanischen Branche sorgte 1966 der Versuch von Edward L. Bernays, in den USA eine Art staatliche Lizenz für den „PR-Berater" einzuführen, um den jungen Berufsstand vor „Scharlatanen" zu schützen. Bernays glaubte nicht, das eine freiwillige Akkreditierung durch Prüfungen von PR-Verbänden ausreichen würde, um Unqualifizierten zu begegnen. Dafür wäre das Sanktionspotential bei Regelverstößen zu gering. Die Durchsetzung von Statuten könne nur eine staatliche Registrierung gewährleisten. Bernays stieß mit diesem Vorschlag, z. B. bei seinen britischen Kollegen, auf wenig Zustimmung (Public Relations Report, 14.9.1966, 68, S. 2-3).

Berufspolitisch von Relevanz war auch, dass seit Januar 1967 für PR-Berater und -Agenturen die unbeschränkte Niederlassungsfreiheit sowie der freie Dienstleistungsverkehr innerhalb der EWG galten. Zwar wurde der PR-Beruf in der entsprechenden Richtlinie des Ministerrates nicht explizit genannt, auf Nachfrage jedoch der auch für Werbedienstleister relevanten Berufssparte zugewiesen. Für PR-Fachleute bedeutete dies, dass ihre Berufsausübung nicht mehr an nationale Reglements wie Staatsangehörigkeit, Gewerbeschein oder Ausländerkarte gebunden war und dass sie in jedem EWG-Land einer Berufsvereinigung beitreten konnten (Public Relations Report, 11.4.1967, 96, S. 2).

11.3.3   Weiterführende Verwissenschaftlichung

Eine weitergehende Verwissenschaftlichung speziell PR-beratungsrelevanter Themen in Doktorarbeiten fand auch in diesem Zeitraum kaum statt. Thematisch verließen die meisten zwar das Feld der allgemeinen Public Relations bzw. Öffentlichkeitsarbeit und konzentrierten sich auf Spezialthemen. In deren Mittelpunkt standen allerdings unternehmens-, institutionenspezifische oder gesellschaftliche Fragestellungen (ein Überblick über maßgebliche Dissertationen dieser Jahre findet sich bei Lehming, 1995, S. 307-308).

11.4   Ausbildung

Mitte der 60er Jahre hatten sich bei den Ausbildungsangeboten die Lehrgänge der DPRG, von denen bis Mai 1967 sechs veranstaltet wurden, und das PR-Angebot der Akademie für Führungskräfte in Bad Harzburg, das bis 1967 auf 16 verschiedene Programme vornehmlich für festangestellte PR-Fachleute angewachsen war, etabliert. Innerhalb der universitären Ausbildung waren es die Lehrveranstaltungen von Oeckl an der Universität Heidelberg und die von Hundhausen an der Technischen Hochschule Aachen. In beiden stand hauptsächlich die unternehmensspezifische Kommunikation im Vordergrund. Außerdem gab es Veranstaltungen an den Universitäten Berlin, Bochum, Erlangen-Nürnberg, Göttingen, Köln, Mainz, München und Münster im Rahmen der publizistischen und kommunikationswissenschaftlichen Studiengänge (DPRG, 1967, Broschüre, S. 20-21, BArch). Die Ausbildung von Nachwuchs für die PR-Dienstleistungsbranche thematisierte erstmalig der Public Relations Report im Juni 1966. Unter der Fragestellung woher PR-Agenturen und PR-Abteilungen ihren Nachwuchs beziehen, wurde festgestellt, dass die Mehrzahl der neuen Mitarbeiter aus den Reihen der Zeitungs- und Zeitschriftenredakteure kamen. Diese seien jedoch kein richtiger Nachwuchs, sondern nur Fachkräfte, die „umlernen". Nachwuchs, der „von der Pike auf in einer PR-Agentur seinen künftigen Beruf lernt", gäbe es, obwohl er dringend benötigt würde, kaum. Der Chefredakteur der PR-Agentur Infoplan Walter Rodenbusch schlug vor, dass sich die wenigen Agenturen, die es sich leisten könnten, zusammenschlössen, um einen gemeinsamen, bedarfsgerechten Ausbildungsweg aufzusetzen. Dieser könnte sich an die Volontärsausbildung des DJV anlehnen und wie folgt strukturiert sein:

jeweils drei Monate Ausbildung

- in der Redaktion einer PR-Agentur
- im Kundenkontakt der Agentur
- im Archiv oder der Dokumentation
- in der Erfolgskontrolle
- dann ein halbes Jahr Hospitanz in der Redaktion einer Tageszeitung
- dann drei Monate bei Funk oder Fernsehen
- und danach Rückkehr in die PR-Agentur in eine Abteilung, für die sich eine besondere Eignung erkennen lässt.

Nach diesen zweieinhalb Jahren sollte die fachliche Ausbildung abgeschlossen sein. Voraussetzung für dieses PR-Volontariat sollte mindestens das Abitur sein (Public Relations Report, 1.6.1966, S. 1-2). Der Mangel an ausgebildeten Mitarbeitern innerhalb der Branche verschärfte sich mit den kommenden Jahren weiter und führte zu zunehmender Kritik an der mangelnden Bereitschaft zur Ausbildung von PR-Fachleuten. Innerhalb der Agenturlandschaft war die Haltung verbreitet, zwar gut geschulte Leute zu fordern und nur solche einzustellen, aber selbst nicht auszubilden. 1969 wurde wieder der Ruf nach Zusammenschlüssen von Agenturen laut, um entsprechende Ausbildungsstrukturen zu schaffen (Public Relations Report, 5.11.1969, S. 1)

Eine eigene Initiative zur Schaffung institutioneller PR-Ausbildung für den Gesamtberufsstand startete die DPRG Ende 1969. Federführend war der DPRG-Arbeitskreis „PR-Institut", der nach der Verabschiedung von Oeckls 10-Punkte-Programm gegründet worden war, um sich um die Aus- und Fortbildung des Nachwuchses und der Mitglieder zu kümmern, aber auch die wissenschaftliche Fundierung, in deren Mittelpunkt die Errichtung eines PR-Instituts stand, voranzutreiben (DPRG, 1967, Broschüre, S. 13, BArch). Ein erster Schritt in Richtung strukturierter Ausbildung war der von diesem Arbeitskreis unter der Leitung von Heinz Flieger erarbeitete Vorschlag eines zweisemestrigen Ausbaustudiums. Ein entsprechender Lehrstuhl sollte an der neuen Hochschule Augsburg entstehen, finanziert durch die Unterstützung der Bundesanstalt für Arbeit. In Augsburg sollten Lehrpläne erarbeitet werden, die für weitere Universitäten als Modell und für eine „middle-management"-nahe Ausbildung an Volkshochschulen als Vorlage dienten. Als Lehrstuhlinhaber schwebte den Initiatoren kein Praktiker, sondern ein Professor eines publizistischen Instituts vor, „auch wenn die Ausbildung dann möglicherweise eine entsprechende Schlagseite erhält." (Public Relations Report, 26.11.1969, S. 3). Zur Installation dieses Lehrstuhls wurde eine Arbeitsgruppe gebildet, der Albert Oeckl, Heinz Flieger und Bruno Kalusche angehörten. Ihre Aufgabe war es, den Lehrbetrieb vorzubereiten und erste Lehrpläne zu erstellen (DPRG, 1970, Protokoll Mitgliederversammlung, S. 4, DPRG-Archiv). Der DPRG-Mitgliederversammlung 1970 in Baden-Baden wurde in Aussicht gestellt, dass nach Verhandlungen mit dem bayrischen Kultusministerium und dem Gründungspräsidenten der Hochschule Augsburg der Lehrstuhl für Public Relations Ende des Jahres seinen Lehrbetrieb aufnehmen würde. Das Lehrfach Public Relations sollte in den Lehrplan integriert werden und neben dem Lehrstuhl ein PR-Institut entstehen (DPRG, 1970, Bericht des Geschäftsführers, S. 4, DPRG-Archiv). Die Bilanz zwei Jahre später war ernüchternd. Initiiert wurden lediglich erste Gastvorlesungen zur PR-Theorie im Rahmen des Ordinariats für Mikroökonomie, aus denen sich dann ein zugesagter Lehrstuhl für Public Relations entwickeln sollte. Parallel führte die DPRG Gespräche mit Universitäten im Rhein-Main- und Rhein-Ruhr-Raum sowie in Norddeutschland.

Zwischenzeitlich war das Deutsche Public Relations Institut (DIPR) gegründet und ins Vereinsregister eingetragen worden. Es stand unter der Leitung von Bruno Kalusche, den wissenschaftlichen Beirat führte Albert Oeckl. Zwei erste maßgebliche Startprojekte waren der Aufbau eines Zentralarchivs von PR-Fachpublikationen bis 1973 und eine Situationsanalyse der Public Relations in der Bundesrepublik (DPRG, 1972, Protokoll, S. 2-3, DPRG-Archiv; Public Relations Report, 6.6.1973, S. 4).

Eher pragmatisch-methodisch orientiert war 1970 die Stiftung des PR-Preises „Die Goldene Brücke" als „Auszeichnung für besondere und vorbildliche Leistungen im Bereich der Public Relations". Die DPRG initiierte den Preis als Pendant zum „Silver Anvil Award" der „Public Relations Society of America" (PRSA). Er sollte alle zwei Jahre vergeben werden und wurde erstmalig auf der DPRG-Mitgliederversammlung im Juni 1970 in Baden-Baden verliehen. Es wurden 28 Fallstudien eingereicht. Unter den Geehrten befand sich auch die PR-Agentur UPS Uecker & Co., die für ein Projekt im Auftrag des Bundespostministeriums ausgezeichnet wurde (Public Relations Report, 15.7.1970, S. 3; DPRG, 1970, Bericht des Geschäftsführers, S. 4, DPRG-Archiv). Bei der Verleihung zwei Jahre später wurde in der Kategorie „Freie Berater, Agenturen" mangels Beteiligung auf eine Preisvergabe verzichtet (Public Relations Report, 16.5.1972, S. 4).

11.5 Fachliche Organisation

11.5.1 *Interessenvertretung der PR-Berater und -agenturen innerhalb der DPRG*

Seit Mitte der 60er Jahre vergrößerte die DPRG kontinuierlich ihren Mitgliederstamm, ohne eine deutliche über den Gesamtberufsstand reichende Abdeckung zu erzielen. Als einzige deutsche Standesorganisation bemühte sie sich um klare Maßstäbe in der PR-Arbeit. Sie etablierte sich als Plattform für Informations- und Erfahrungsaustausch und wurde zu einem maßgeblichen Faktor innerhalb der berufsspezifischen Aus- und Weiterbildung.

- **Mitgliederentwicklung der DPRG 1966-74**

Jahr	DPRG Mitglieder
1966	232
1967	253
1968	267
1969	299
1970	364
1971	419
1972	462
1973	556
1974	620

Tabelle 12: Mitgliederentwicklung DPRG 1966-74 (eigene Darstellung; Quelle: DPRG, 1990, Broschüre)

Die bereits 1964 in dem DPRG-internen Besprechungs-(Todtmann-Golombek-Wagner)-Resumé (o. V., 1964, Dokument „Resumé", Nachlass Korte) thematisierte passive Haltung der selbständigen PR-Berater innerhalb des Verbandes verschärfte sich, nach Angaben des Public Relations Report, mit einer weiter für sie „ungünstig" verlaufenden Mitgliederentwicklung zu offener Unzufriedenheit. Zwar entwickelte sich der Zuwachs insgesamt positiv und auf der Jahresversammlung im Juli 1966 konnten mit 232 Mitgliedern 40 mehr als im Vorjahr verzeichnet werden, aber die Aufschlüsselung macht deutlich, dass die Zahl der festangestellten PR-Fachleute stärker wuchs und die Selbständigen „mehr und mehr ins Hintertreffen" gerieten. Das Verhältnis lag bei 2:1 (Public Relations Report, 6.7.1966, S. 2). Genaue Angaben zur Mitgliederstruktur jener Jahre machte der DPRG-Vorstand auf der Mitgliederversammlung am 30.6.1967 in Köln.

- **Mitgliederstruktur der DPRG 1965 und 1966**

DPRG-Mitglieder	1965	1966
in Unternehmen	83	94
in Agenturen und als selbständige Berater	79	81
in Verbänden	47	52
in Behörden und öffentlichen Institutionen	16	18
nicht eingestuft	7	8

Tabelle 13: Mitgliederstruktur der DPRG 1965 und 1966 (eigene Darstellung; Quelle: DPRG, 1967, Bericht des geschäftsführenden Vorstandsmitgliedes, S. 3, BArch)

Demnach ergibt sich für die Jahre ein Verhältnis – ohne die „nicht eingestuften" – in 1965: von 146 Festangestellten zu 79 Dienstleistern und 1966: von 164 zu 81 (DPRG, 1967, Bericht des Geschäftsführenden Vorstandsmitgliedes, S. 3, BArch). Auch zu Beginn der 70er Jahre lag das Verhältnis ähnlich:

- **Mitgliederstruktur der DPRG 1970**

DPRG-Mitglieder	1970
in Unternehmen	148
in Agenturen und als selbständige Berater	107
in Verbänden, Behörden und öffentlichen Institutionen	75
nicht eingestuft	8

Tabelle 14: Mitgliederstruktur der DPRG 1970 (eigene Darstellung; Quelle: DPRG, 1970, Bericht des Geschäftsführers, DPRG-Archiv)

Schon 1965 existierte wegen dieses ungünstigen Verhältnisses unter den Beratern eine „heftige Missstimmung", die dazu führte, dass erste PR-Berater planten „ernsthaft auszusteigen" und eine eigene PR-Berater-Organisation zu gründen. Die DPRG begegnete zu diesem Zeitpunkt den Abspaltungs-Tendenzen mit der Gründung eines Arbeitskreises für PR-Berater. 1966 gab es Informationen des Public Relations Report zufolge wieder Bestrebungen zur Gründung einer eigenen PR-Berater-Vereinigung. Erste Gespräche zwischen DPRG-Mitgliedern und Nicht-Mitgliedern sollten bereits stattgefunden haben. Ein nicht benannter gründungswilliger Hamburger PR-Berater wurde wie folgt zitiert: „Ein eigener Verband für Berater hat den grossen Vorteil, dass wir uns nur mit unseren eigenen Problemen beschäftigen brauchen. Vielleicht fusioniert einmal später der Verein wieder mit der DPRG, aber unter ganz anderen Vorzeichen!" (Public Relations Report, 6.7.1966, S. 2)

Trotz dieser Entwicklungen war Mitte der 60er Jahre eine deutliche Präsenz von PR-Beratern und -agenturen im fünfköpfigen Vorstand der DPRG gegeben. Dr. Friedrich H. Korte und Helmut Knaup gehörten ihm bis Mitte 1967 an und wurden dann von Dr. Hans Muth als zweiten Vorsitzenden und Gerta Tzschaschel abgelöst. Geschäftsführendes Vorstandsmitglied blieb Heinz Todtmann (DPRG, 1967, Broschüre, S. 8, BArch; DPRG, 1967, Bericht des Geschäftsführenden Vorstandsmitgliedes, S. 4, BArch). Erst im Vorstand von 1971 unter Dr. Carl Friedrich Burger waren keine PR-Berater vertreten (DPRG, 1971, Protokoll der ordentlichen Mitgliederversammlung, S. 4, DPRG-Archiv; in Abgleich mit der DPRG, 1968, Mitgliederliste, Nachlass Korte). Dem Präsidium von 1973 unter Dr. Carl Wingenroth gehörte dann mit Vizepräsident und PR-Agenturgeschäftsführer Peter Hoenisch wieder ein Selbständiger an (DPRG, 1973, Protokoll, S. 3, DPRG-Archiv).

11.5.2 Spezifisch beratungsrelevante Themenbereiche innerhalb der DPRG

Innerhalb dieser Phase gab es im Verband verschiedene berufspolitische Themen und Projekte, die besonders für PR-Berater und -Agenturen Relevanz entwickelten. Zu den Themen, deren Bearbeitung und verbandspolitische Umsetzung häufig in spezifischen Arbeitskreisen erfolgte, gehörten die Berufsanerkennung, Steuer und Finanzen, Honorare und Honorarrichtlinien sowie generelle beratungs- und agenturrelevante Problemstellungen.

- **Berufsanerkennung, Berufsbild und Berufsrolle**

Der Arbeitskreis (Berufs-) „Anerkennung" tagte erstmalig am 10.2.1966. Ziel war es, ähnlich wie in Frankreich oder Brasilien eine Anerkennung des PR-Berufsstandes bei den staatlichen Bundesbehörden in Deutschland zu erwirken. Eine Anfrage im zuständigen Bundeswirtschafts-ministerium wurde mit der Begründung abschlägig beschieden, der Berufsstand sei zu neu und unbekannt. Stattdessen wurde dem Verband empfohlen, sich als Berufsorganisation selbst eine „Ordnung" zu geben. Die Mitgliedschaft in der DPRG sollte ein Ausweis für gute Ausbildung, fachliche Eignung und persönliche Integrität werden. Als richtungsweisend sah der Arbeitskreis den „Bund Deutscher Architekten" (BDA) an. In erster Konsequenz skizzierte der PR-Berater im Arbeitskreis Joachim Hentze Vorschläge für eine Verschärfung der DPRG-Aufnahmekriterien für Mitglieder (DPRG, 1966, Rundschreiben Nr. 2/3, S. 4, BArch; DPRG, 1966, Rundschreiben Nr. 9/66, S. 5, BArch). Zukünftig sollten die Aufnahmepaten auf strengere Auskünfte der Mitgliedswilligen bestehen. In besonders gelagerten Fällen sollten durch Mitglieder der Aufnahmekommission Hearings veranstaltet werden, um die Qualifikation festzustellen (DPRG, 1967, Bericht des Geschäftsführenden Vorstandsmitgliedes, S.7, BArch).

Des Weiteren erarbeitete ein DPRG-Arbeitskreis „Berufsbild des PR-Fachmannes", dem auch PR-Berater angehörten, einen Vorschlag für ein Berufsbild, der am 20.5.1969 verabschiedet wurde. Er sollte auf der Mitgliederversammlung am 6.6.1969 in Berlin vorgestellt werden und wurde bereits am 4.6.1969 in großen Teilen im Public Relations Report vorveröffentlicht (Public Relations Report, 4.6.1969, S. 2-3). Der Vorschlag war Basis für die DPRG-Berufsbild-Publikation „Der Public-Relations-Fachmann. Ein Beruf mit Chancen" (DPRG, o. J., Publikation, Nachlass Korte). Neben Ausführungen über die Aufgabengebiete der Public Relations, Ausübungsbereiche des Berufes, Ausbildungswege und Qualifikationen legte diese Publikation dezidiert Berufsfunktionen fest, unter anderem auch für den „freischaffenden PR-Berater":

> „Der Public-Relations-Berater steht im allgemeinen lang- oder kurzfristig in einem Beratungs- und Konsultationsverhältnis zu seinem Auftraggeber. Er ist wie der PR-Leiter ein ausgebildeter Fachmann auf dem Gebiet der Public Relations. Er hat nicht nur die gesamte Methodik und Technik der Arbeit zu beherrschen, sondern muß auch als Persönlichkeit und aufgrund seiner Berufserfahrung ein beachtenswerter Gesprächspartner der Führungsspitze bei Unternehmen oder anderen Institutionen der Gesellschaft sein. Seine Aufgabe ist es, die Politik des Auftraggebers unter dem Public-Relations-Aspekt mitzugestalten."

Die Berufsbilder des „Public-Relations-Assistenten" und des „PR-Sachbearbeiters" sind ebenfalls mit der PR-Beratung verknüpft. So dient der PR-Assistent „in erster Linie seinem PR-Leiter oder seinem PR-Berater „als rechte Hand" bei der Durchführung gemeinsamer Aufgaben". Der PR-Sachbearbeiter wird in diesem Zusammenhang – in Abwandlung zu seiner Stellung innerhalb der PR-Abteilung eines Unternehmens – als mindererfahrener Berater oder zuliefernder PR-Spezialist innerhalb einer PR-Agentur definiert (S. 4). Die Organisationseinheit PR-Agentur wurde nicht weiter bestimmt. Nur innerhalb der Ausübungsbereiche, bei denen verschiedene Sparten benannt wurden, erfolgt der Hinweis, dass PR-Agenturen sowohl festangestellte als auch freie Fachleute beschäftigen können (S. 6).

Diese Version des Berufsbildes stieß auf breites Interesse. Das Bundesarbeitsministerium erklärte sich bereit, das Berufsbild in seinen Mitteilungsblättern „mit einer Gesamtauflage von 30.000 Stück" zu veröffentlichen. Es wurde den Berufsberatungsstellen der Landesarbeitsämter zur Verfügung gestellt. Diese breite Streuung sah die DPRG als Impuls, „die Anstrengungen zur Aus- und Fortbildung zu verstärken und vor allen Dingen für Nachwuchskräfte Stellen zu schaffen, die den Zugang zum Beruf ermöglichen." (DPRG, 1970, Protokoll Mitgliederversammlung, S. 2, DPRG-Archiv; DPRG, 1970, Bericht des Geschäftsführers, S. 4, DPRG-Archiv)

Drei Jahre später wurde auf der Mitgliederversammlung am 1.6.1973 in Berlin von dem PR-Agenturgeschäftsführer Heinz Golombek ein Antrag auf die Schaffung einer Berufsrolle für PR-Fachleute gestellt. Die Berufsrolle sollte die Anerkennung des Berufsstandes weiter untermauern. Der freie Zugang zum Beruf sollte so gesichert und Orientierungspunkte für die Aus- und Weiterbildung gesetzt werden.

> „Die Berufsrolle soll die Möglichkeit geben, allen auf dem Gebiet der Public Relations tätigen Fachleuten – egal ob in der Industrie, in Verbänden, Agenturen oder freien Vertretern – eine vergleichbare Bewertung zu verschaffen. Sie soll dem Nachwuchs die Möglichkeit geben, innerhalb der verschiedenen Zweige der Public Relations austauschbar einsatzfähig zu werden."

Golombek wollte mit diesem Vorstoß gleichgeartete Bestrebungen in anderen Ländern aufgreifen. Auf der Mitgliederversammlung wurde der Antrag abgelehnt, weil "die Mehrheit Bedenken hatte, die nicht ausgeräumt werden konnten". Beschlossen wurde aber, einen Arbeitsausschuss zu gründen, der ihn prüfen sollte (DPRG, 1973, Antrag, DPRG-Archiv; DPRG, 1973 Protokoll Mitgliederversammlung, S. 4, DPRG-Archiv).

- **Steuerfragen**

Die Einrichtung eines Arbeitskreises für Steuerfragen wurde auf der Mitgliederversammlung 1966 beschlossen. Er entstand aus dem Bewusstsein heraus, dass besonders die selbständigen Angehörigen der „freien Berufe" eine Reihe von steuerspezifischen „Sorgen" hatten, u. a die steuerliche Behandlung von Honoraren und Werbungskosten. Der Verband wollte seine Bemühungen zur Befreiung von der Umsatzsteuer ebenso forcieren wie die Verhandlungen mit dem Bundesfinanzministerium zur Anerkennung einer angemessenen Werbungskosten-Pauschale. Zum weiteren Aufgabenfeld dieses Kreises gehörte zudem die Intensivierung der Kontakte zum „Bundesverband der Freien Berufe" und der „Arbeitsgemeinschaft beratender Freier Berufe" (DPRG, 1967, Broschüre, S. 14, BArch). Nach Verhandlungen mit dem Bundesfinanzministerium gelang es im Juni 1967, für PR-Fachleute einen „zeitabhängigen Werbungskosten Pauschalsatz auf der Basis einer 3-6-monatigen Referenzperiode" zu erzielen (DPRG, 1969, DPRG intern 6/69, DPRG-Archiv).

- **Honorarrichtlinien**

Für die Selbständigen innerhalb der DPRG war das Thema Honorare und Tarife eines der wichtigsten. Auch dieses Feld wurde in einem eigenen Arbeitskreis behandelt. Vorausgegangen war der Gründung ein erneuter Eklat zur Erfolgshonorierung. Der Public Relations Report hatte in seiner März-Ausgabe 1966 berichtet, dass einige Ministerien im Rahmen einer Ausschreibung für PR-Maßnahmen Agenturen dazu aufgefordert hatten, Angebote einzureichen, die abseits des üblichen Honorarsystems erfolgshonoriert auf „Gesamt-Netto-Kontakten" basieren sollten. Das Magazin monierte, dass sich das „verflixte Erfolgs-System auch in das Denken der PR-Chefs Bonner Ministerien eingeschlichen" habe, und befürchtete, dass dieses „Schreckgespenst für eine junge Branche" zwangsläufig eines Tages zur flächendeckenden Bestechung von Journalisten ausarten könne. „Das Ergebnis wäre nicht auszudenken: Der Reporter der Zeitung X erklärt dem PR-Mann vor Beginn des Gesprächs zunächst, dass er ihm 200.000 Leser „einbringe", mithin also ca. 400 Mark Leser-Kontakt-„Honorar". Das wäre doch nur fair, 50/50 zu machen." Nach Ansicht des Public Relations Reports wäre es höchste Zeit, für die DPRG Flagge zu zeigen (Public Relations Report, 30.3.1966, S. 1). In einer offiziellen Stellungnahme distanzierte sich der DPRG-Vorstand deutlich von diesen Abrechnungsformen und wies noch einmal darauf hin, dass sie den Grundsätzen der Public Relations widersprächen und zu „unlauterer Beeinflussung der Presse führen können". Zudem wäre es bedauerlich „wenn ausgerechnet deutsche Regierungsstellen eine Praxis einführen würden, die diese Grundsätze gefährden." (DPRG, 1966, Dokument, BArch)

Der für die Honorierung zuständige Arbeitskreis wurde am 5.7.1966 in Hamburg gegründet und war mit Günter Kaufmann, Dr. Friedrich H. Korte, Dr. Hans Muth, Günther Schulze Fürstenow und Dr. Rainer Schulze van Loon ausschließlich mit PR-Agenturgeschäftsführern bzw. PR-Beratern besetzt. Ihre Aufgabe war es, nach dem Studium der Honorargrundsätze ausländischer PR-Gesellschaften und Anpassung auf die deutschen Gegebenheiten entsprechende Richtlinien zu erarbeiten, auf die sich Berater und Agenturen gegenüber ihren Auftraggebern berufen konnten. Auf Basis der Richtlinien der Schweizer PR-Berater wurden „präzis anwendbare" Vorgaben formuliert. Ein erster Entwurf der Honorarrichtlinien wurde bereits im Oktober 1966 in Auszügen vom Public Relations Report veröffentlicht. Nach der Verabschiedung im Arbeitskreis sollten diese dann zur Beschlussfassung der Mitgliederversammlung vorgelegt werden (DPRG, 1967, Broschüre, S. 15, BArch; DPRG, 1966, Rundschreiben Nr. 9/66, S. 4, BArch; „Dokumentation: Honorar-Richtlinien für Public-Relations-Dienstleistungen/DPRG-Entwurf", Public Relations Report, 12.10.1966, S. 3-4). Der Entwurf wurde am 30. 6. 1967 verabschiedet und dem DPRG-Justitiar Dr. Külbs zugeleitet, dem die Aufgabe oblag, den Entwurf mit dem Bundeskartellamt abzustimmen. Dieses hatte nur geringfügige Änderungen, die von den Beratern akzeptiert wurden. Sie entschieden sich jedoch nach dem Abstimmungsprozess ihrerseits, den Code d'Athènes „wegzulassen" (DPRG, 1967, Bericht Mitgliederversammlung, S. 10, BArch; DPRG, 1967, Schreiben Todtmann, BArch). Das finale „Honorar- und Leistungsverzeichnis für Public Relations" wurde noch im laufenden Jahr zugänglich gemacht und regelte die wesentlichen Dienstleistungsprozesse, setzte Standards und legte Preisvorgaben fest. Bereits in der Präambel wurde einer wie auch immer gearteten Erfolgsgarantie eine Absage erteilt, das beinhaltete besonders Honorarsysteme, die auf bestimmten Publikations- und Produktionsergebnissen beruhten. Weitere Punkte waren:

- Erste Besprechungen sollten unverbindlich und kostenfrei sein.
- Konzeptionsarbeiten vor Abschluss eines Beratungsvertrages sollten nach einem gestaffelten Honorarsatz vergolten und alle in diesem Prozess erbrachten Arbeiten urheberrechtlich geschützt sein.
- Spezifische Dienstleistungen innerhalb der PR-Beratung wurden definiert. Diese beinhalteten nicht nur unmittelbar PR-bezogene, sondern auch administrative, wie z. B.

die Aufstellung und Verwaltung eines PR-Etats oder die Leistungsdokumentation und Abrechnung.
- Bei den Honoraren wurde noch einmal ausdrücklich darauf hingewiesen, dass Vergütungen ausschließlich vom Auftraggeber angenommen werden dürfen. Des Weiteren wurden zwar keine Standardhonorare aufgeführt, aber die Bemessungsgrundlagen sowie die Berechnungsverfahren transparent gemacht, sogar Minimum-Stundensätze bezogen auf einzelne Leistungsfunktionen wurden aufgeführt.
- An Ausschreibungen sollte nur teilgenommen werden, wenn die Aufgabenstellung konzeptionell und zeitlich festgelegt und für alle Teilnehmer gleich war.
- Definiert wurde, welche Kosten nicht im Honorar eingeschlossen sind und dem Kunden zusätzlich berechnet werden können.
- Berechnungsmodalitäten bei der Kündigung oder Kürzung eines Vertrages.
- Die urheberrechtliche Nutzung von Ideen, Texten oder grafisch-visuellen Leistungen sollte für den Kunden nur für den Rahmen und die Dauer des Vertrages gelten. Darüber hinaus gehendes sollte gesondert berechnet, bzw. nach Ablauf des Vertrages neu verhandelt werden.
- Der Auftraggeber sollte für alle Aufträge, die Berater und Agentur in seinem Auftrag erteilen, das Delkredere tragen (DPRG, 1967, Druckschrift, DPRG-Archiv).

Als Hilfsmittel setzte sich die Honorar-Richtlinie durch. Probleme schienen aber immer wieder die Bezahlung von Präsentationen zu machen. 1970 befand der DPRG-Beraterkreis, die Richtlinie regelmäßig den sich ändernden Verhältnissen und Honorarsätzen anzupassen. Einigkeit bestand grundsätzlich, den Kunden darauf zu drängen, entsprechende Vorvertragsleistungen zu bezahlen, „wie es auch in den Honorar-Richtlinien vorgesehen sei." (DPRG, 1970, Protokoll der Sitzung, S. 2, DPRG-Archiv) Auf der DPRG-Mitgliederversammlung 1971 in Berlin wurden überarbeitete Richtlinien verabschiedet. Wichtigster Einleitungssatz des neuen Honorarkataloges: „Der lautere Wettbewerb fordert, dass Dienste oder Leistungen nicht kostenlos, unverbindlich oder mit Erfolgsgarantie angeboten werden." („Honorar- und Leistungsverzeichnis für Public Relations", Public Relations Report, 30.6.1971, S. 3-6) Trotzdem kam es wegen der Erfolgshonorierung, die ja auch bereits in den Berufsgrundsätzen untersagt worden war, anscheinend immer wieder zu Verstößen. Auf der Mitgliederversammlung 1973 wurde noch einmal in aller Deutlichkeit darauf hingewiesen, dass Abrechnungen nach Abdruck oder Sendeerfolg sowohl gegen die Berufsgrundsätze als auch gegen die Honorarrichtlinien verstoßen. Das Präsidium wurde von der Mitgliederversammlung in „überwältigender Mehrheit" beauftragt, bei Verstößen Ehrenverfahren einzuleiten (DPRG, 1973, Protokoll Mitgliederversammlung, S. 3, DPRG-Archiv).

- **generelle beratungs- und agenturrelevante Problemstellungen**

Auf der Vorstands- und Beiratssitzung am 10.1.1966 wurde beschlossen, den PR-Beratern und -Agenturen eine eigene Arbeitsgruppe einzurichten, um ihre Bedeutung innerhalb der DPRG „zum Ausdruck zu bringen" (DPRG, 1966, Rundschreiben Nr. 9/66, S. 4-5, BArch). Diese Gruppe war in der Anfangsphase identisch mit dem Arbeitskreis „Honorar-Richtlinien" und firmierte danach als „Arbeitsgruppe PR-Berater und PR-Agenturen". Nach der Verabschiedung der Honorarrichtlinien nahm die Bandbreite der bearbeiteten beratungsrelevanten Themen deutlich zu. Neben der Beobachtung von Verfehlungen gegen Grundsätze und Richtlinien der Branche arbeitete sie ab 1970 an einem Verzeichnis der in der DPRG organisierten Berater und Agenturen. Im Erfahrungsaustausch überwiegten Themen aus dem Beratungsalltag: die Anforderungen an eine leistungsfähige PR-Erfolgskontrolle, die Zusammenarbeit mit dem Marketing oder mit Dienstleistern wie Matern- und Ausschnittdiensten. Die diskutierten verbandsspezifischen Anliegen geben einen Einblick in die innere Befindlichkeit der Berufsgruppe. So gab es Stimmen, die mit dem „Leistungspaket" der DPRG speziell für PR-Berater unzufrieden waren und sich ein Mehr an Leistungen über die allgemeine Arbeit für den Gesamtberufsstand hinaus wünschten. Kritik wurde an den festangestellten Mitgliedern innerhalb der DPRG geübt, die bei der Vergabe von Aufträgen ihre selbständigen Verbandskollegen nicht berücksichtigten (DPRG, 1970, Protokoll der Sitzung, S. 1-5, DPRG-Archiv). 1971 war es das berufspolitische Thema des „Partnerschaftsgesetzes", das als Antrag in den Bundestag eingebracht werden sollte, welches intensiv erörtert wurde. Es sollte die Berufsausübung für Angehörige freier Berufe vereinfachen und ihre Haftungsrisiken minimieren. Die Arbeitsgruppe begrüßte die Gesetzesinitiative und wollte sie mit eigener Pressearbeit unterstützen. Auf der betriebswirtschaftlichen Ebene sollte die Erarbeitung eines einheitlichen Abrechnungssystems für Kosten und Leistungen nach amerikanischem Vorbild angeschoben werden (DPRG, 1971, Protokoll der Arbeitsgruppe, S. 1-3, DPRG-Archiv). Eine dahingehend geplante betriebswirtschaftliche Plattform für PR-Agenturen und PR-Berater wurde weiter vertieft und als Projekt aufgesetzt. Bestehende kartellrechtliche Bedenken ließ die Arbeitsgruppe juristisch prüfen (DPRG, 1972, Protokoll der Arbeitsgruppe, DPRG-Archiv).

11.5.3   Zwischenfazit

Die bereits 1964 im „Todtmann-Golombek-Wagner"-Resumé angesprochene Passivität – jenseits des Führungszirkels – der PR-Berater in Engagement und Themensetzung veränderte sich in der zweiten Hälfte der 60er Jahre. Bei den generellen Themen des Berufsstandes, wie Berufsanerkennung, Abgrenzung oder Ausbildung, bei denen die Festangestellten die Impulse setzten, schwammen die Dienstleister mit und profitierten von dem Erreichten. Sie betrachteten diese Themen nicht als genuin ihre. Erst die sich verändernden Markterfordernisse vergrößerten den Druck und schufen Problemstellungen, die für sie von existentiellerer Bedeutung waren und der verbandspolitischen Bearbeitung bedurften. In einem Verband jedoch, dessen Entwicklung die bestehenden Verhältnisse in der Mitgliederstruktur weiter fortschrieb, musste zwangsläufig bei den Dienstleistern die Frage aufkeimen, inwieweit ihre Themen – wie z. B. das der Honorierung – auf der Verbandsagenda angemessenen Platz finden würden. Die latente Unzufriedenheit und Unsicherheit hinsichtlich der zukünftigen Verbandsentwicklung führten zu ersten Abspaltungstendenzen. Die direkte Durchsetzung der eigenen Themen in einem eigenen Verband war sicherlich eine Option. Trotzdem verstand es die DPRG zu diesem Zeitpunkt, die Berufsgruppe wieder einzubinden und die Verabschiedung der Honorarrichtlinien in Verbindung mit der Gründung eines eigenen Beraterkreises war ein wichtiger Schritt und führte zu einem neuen Selbstverständnis. Von da an kamen weitere beratungs- und agenturrelevante Themen auf die Agenda.

11.5.4 Gründung der Gesellschaft PR-Agenturen (GPRA)

Trotz der Etablierung des eigenen Arbeitskreises fühlten sich speziell die PR-Agenturen „stiefmütterlich" vertreten. Anfang 1973 erwogen daher die fünf Agenturen Gerd Giesen Public Relations, Hennenhofer KG, Hoenisch & Hass, Intervox und TPR Time Public Relations die Gründung einer eigenen Gesellschaft PR-Agenturen und erarbeiteten eine Diskussionsgrundlage, die bei einem weiteren Dutzend PR-Agenturen kursierte. Dieser Kern-Kreis hob zum 20.3.1973 die neue Gesellschaft aus der Taufe (GPRA, 1973, Notiz, GPRA-Archiv). Bereits im Vorfeld war es aus dem erweiterten Kreis zu zeitnahen Interessensbekundungen gekommen. So meldete sich am 16.3.1973 Klaus Dörrbecker von dö-PR, der seit Januar auch die Frankfurter Akademie für Marketing-Kommunikation leitete, bei Jürgen Pischel (TPR) mit dem Angebot, beizutreten und in der neuen Gesellschaft das Thema Ausbildung zu übernehmen (GPRA, 1973, Fax Dörrbecker, GPRA-Archiv). Schon vor der offiziellen Gründung gab es eine Berichterstattung im Public Relations Report, dem das Kurzprotokoll der konstituierenden Sitzung in Düsseldorf zugespielt worden war und der es im Original veröffentlichte. Von Anbeginn sahen die Initiatoren ihre neue Gesellschaft nicht in Frontstellung zur DPRG und strebten eine „friedliche Koexistenz" an. Eine Doppelmitgliedschaft sollte erwünscht und akzeptiert sein. Das Verhältnis zu den Mitgliedern der DPRG, die ja auch potentielle Kunden waren, sollte nicht getrübt werden, ja man wollte sich sogar ausdrücklich um ein „besseres Verhältnis" bemühen. Die Akquisition von Kunden für ihre Mitglieder war eines der Hauptziele der GPRA. Daher positionierten die Initiatoren sie als einen exklusiven „Leistungskader" – als „Club der guten PR-Agenturen". Beabsichtigt war darüber hinaus, gemeinsam gegenüber sogenannten Problemkunden – der Passus wurde später wieder gestrichen – aufzutreten, gemeinsame PR für PR zu machen und Richtlinien für Abrechnung und Mitarbeiterschulung zu entwickeln. Chancen auf eine Mitgliedschaft bei der GPRA sollten aber nur PR-Agenturen bekommen, die einen Full-Service bieten konnten. Dies sollte sogar Einzelberater, die dazu in der Lage waren, miteinschließen. Die Abgrenzung zur Werbung war in einer ersten Formulierung weiterer Mitgliedskriterien weniger strikt. So sollten auch marketingorientierte und werbungtreibende PR-Agenturen aufgenommen werden, ebenso wie PR-Töchter von Werbeagenturen, wenn sie als selbständige Gesellschaften firmierten. Zugelassen werden sollten zudem „PR-Töchter von Auslandsgesellschaften" (Public Relations Report, 30.4.1973, S. 1-2).

Die erste offizielle Mitgliederversammlung der gründungswilligen Agenturen fand am 8.5.1973 in Düsseldorf statt. Eingeladen waren mittlerweile 26 Agenturen und Berater (GPRA, 1973, Einladungsschreiben, GPRA-Archiv). An der Versammlung nahmen letztendlich 18 Agenturen teil und beschlossen mit drei Stimmenthaltungen Gründung und Satzung der GPRA. Eine Beitrittserklärung mit einem vierwöchigen Vorbehalt gaben die Agenturen Hoenisch PR, Kommunikation Volker Stoltz, Intervox Zeidler, Dr. Hennenhofer, Wolf G. Utrecht, Apitz, Kelly & Partner, Dr. Schulze van Loon, Lutz Böhme, Ringpress Hans Krüger-Franke, Friedrich von Friedeburg, Klaus Dörrbecker und Hass PR ab. Zum Sprecher wurde Jürgen Pischel (TPR) gewählt, dem Vorstand gehörten Dr. Reiner Schulze van Loon, Klaas Apitz, Dr. Gerd Hennenhofer und Peter Hoenisch an (GPRA, 1973, Kurzprotokoll Gründung, GPRA-Archiv).

Die Satzung vom 8.5.1973 nahm den Punkt Zusammenarbeit mit der DPRG auf und definierte die GPRA als selbständigen Wirtschaftsverband der PR-Unternehmen, der „auch die Mitgliedschaft der Mitarbeiter in Agenturen in der Standesvertretung DPRG förderte". Weitere Ziele waren, der Öffentlichkeit und Wirtschaft zu verdeutlichen, dass Public Relations dem allgemeinen Interesse diene, auf Basis des Code d´Athènes zu arbeiten, den freien Wettbewerb zu erhalten sowie Qualität und Image der Public Relations zu verbessern. Des Weiteren verpflichtete sich der Verband auf folgende Berufsgrundsätze:

> „1. Die finanzielle Vergütung (wie z.B. Abrechnung nach Tausender-preisen) nicht von bestimmten Resultaten abhängig zu machen;
>
> 2. sich bei der Berechnung an den Honorarrichtlinien der GPRA zu orientieren;
>
> 3. für die Beratung eines Auftraggebers von dritter Seite keine Vergütung zu akzeptieren;
>
> 4. Absprachen aller Art, die einen freien und fairen Wettbewerb beeinträchtigen könnten, abzulehnen;
>
> 5. Verstöße gegen diese Berufsgrundsätze unverzüglich der GPRA bekanntzumachen."

Eine Jahresmitgliedschaft sollte 1.000 DM kosten, der Aufnahmebeitrag lag ebenfalls bei 1.000 DM sollte aber auf 3.000 DM angehoben werden (GPRA, 1973, Satzung, GPRA-Archiv). Weitere personalpolitische Entscheidungen traf die GPRA auf einer Arbeitssitzung am 1.6.1973 in Berlin. Es wurde die Gründung eines inneren und eines äußeren Ausschusses beschlossen und personell besetzt. Zum Geschäftsführer der GPRA wurde einstimmig Wolfgang Wiegand von TPR bestellt (GPRA, 1973, Protokoll der Sitzung, GPRA-Archiv).

Das konzeptionell-programmatische Grundgerüst der GPRA wurde auf einem Treffen am 18. 7.1973 in Hamburg weitergehend konkretisiert. Aufschlussreich ist die in diesem Rahmen noch einmal schriftlich niedergelegte Gründungsmotivation. Anlass zur Gründung war: „Die bittere Erfahrung, daß sich Schreihälse, Scharlatane und Phantasten als PR-Berater ausgaben und zum Teil sogar wohlklingende Agenturnamen schufen, unter denen sie Geschäfte zum Leidwesen der Auftraggeber abwickelten und dabei beschämende Ineffizienz präsentierten". Dementsprechend wurde die dringende Notwendigkeit gesehen, möglichen Auftraggebern „qualifizierte PR-full-service-Leistungen" zu garantieren, sich von unqualifizierten Wettbewerbern abzusetzen und gleichzeitig die Öffentlichkeit von der notwendigen Dienstleistung der PR-Agenturen zu überzeugen. Man wollte potentiellen Kunden die Sicherheit geben, dass unter dem Dach der GPRA nur renommierte und qualifizierte Agenturen versammelt sind, die über das geeignete Personal verfügen und Dienstleistungen aus einer Hand nicht nur situativ, sondern mittel- und langfristig liefern können. Die konzeptionellen Überlegungen der Arbeitstagung manifestierten sich in 10 GPRA-Grundsätzen:

„1. Garantie qualifizierter PR-Leistungen

2. Abgrenzung gegenüber unqualifizierten „Mitbewerbern"

3. Einhaltung des Code d´Athènes und der DPRG-Grundsätze

4. Systematische PR-Arbeit auf wissenschaftlicher Basis

5. Eindeutige Orientierung der PR Leistung am öffentlichen Interesse (entsprechend Motivation der Auftraggeber)

6. Neutraler Informationsmittler zwischen Auftraggeber und Öffentlichkeitarbeit (Überprüfung der Informationsgehalte entsprechend „vor der Wahrheit gibt es keine Flucht")

7. Interner Erfahrungsaustausch über betriebswirtschaftliche Kriterien (Beispiel: Datenbank)

8. Systematische Nachwuchsförderung

9. Konsequente Verfolgung strenger Aufnahmekriterien und ständige Kontrolle

10. Selbstdarstellung qualifizierter PR-Agenturen" (GPRA, 1973, Protokoll Arbeitsessen, GPRA-Archiv).

In der sich anschließenden Pressekonferenz wurden Konzeption und Zielsetzung der GPRA erstmalig der Öffentlichkeit präsentiert. Der Gang an die Presse produzierte ein umfangreiches Medienecho (GPRA, 1973, Interview Dr. Hennenhofer, GPRA-Archiv; „Ein Klub der 13 Sauberen", Die Welt, 23.7.1973, o. S.; „Zusammenschluß von dreizehn PR-Agenturen", Handelsblatt, 25.7.1973, o. S.; Public Relations Report, 25.7.1973, S. 1-3) und sorgte wegen seines Inhalts für eine erste Belastung der Beziehungen zur DPRG.

Umgehende Ergebnisse zeitigte die Zusammenarbeit der Agenturen bei einem ihrer Kernthemen. Alle GPRA-Agenturen hatten sich verpflichtet, bei potentiellen Kunden nur gegen Bezahlung zu präsentieren. Bei einer „beschränkten Wettbewerbspräsentation im Forschungs- und Technologieministerium" bestanden die angefragten PR-Agenturen Hoenisch und Kaminski sowie die TPR bei einem Gespräch im Ministerium auf einer bezahlten Präsentation. Nach kurzer Beratung stimmte das Ministerium schließlich dieser Forderung zu. Darauf wurde der Hinweis, dass GPRA-Agenturen nur gegen Honorar präsentieren als verpflichtendes Kriterium für eine Mitgliedschaft aufgenommen (GPRA, 1973, Kurzprotokoll Vorstandssitzung, S. 3-4, GPRA-Archiv). Den Mitgliedern gingen die Ergebnisse der Sitzung per Rundschreiben vom 6.9.1973 zu (GPRA, 1973, Rundbrief, GPRA-Archiv).

Der finale Gründungsakt der GPRA folgte dann am 14.8.1974 mit der Eintragung in das Vereinsregister beim Amtsgericht Düsseldorf durch die Vorstände Klaas Apitz und Dr. Gerd Hennenhofer. Die eingereichte Satzung war von elf Agenturen unterschrieben (TPR Time Public Relations GmbH, Hennenhofer KG Public Relations, Ringpress Hans-Krüger-Franke GmbH & Co. KG, Intervox GmbH, dö-PR Arbeitsgruppe für Öffentlichkeitsarbeit und Vertrauenswerbung Klaus Dörrbecker plus Partner GmbH, Hoenisch & Kaminski Gesellschaft für Public Relations mbH, IP Informationen/Public Relations, Lutz Böhme Beratungsgesellschaft f. Public Relations, Apitz, Kelly & Partner GmbH & Co. KG, publicrelations - Beratungsgesellschaft für Öffentlichkeitsarbeit mbH, ABC-Presse-Information GmbH & Co. KG). Sie verarbeitete die bereits im Vorfeld publizierten Ziele und Grundsätze. Der Erwerb der Mitgliedschaft wurde neben dem grundsätzlichen Bekenntnis zu den Ziele und Grundsätzen von vier Einstiegs-Kriterien abhängig gemacht:

- der Inhaber oder Geschäftsführer sollte mindestens 5 Jahre eine leitende Position als selbständiger oder angestellter PR-Berater bekleidet haben
- es sollten bis dato qualifizierte PR-Leistungen erbracht worden sein
- die Agentur sollte mindestens 5 Mitarbeiter beschäftigen
- und es sollten feste Verträge mit Kunden bestehen

(GPRA, 1974, Satzung, GPRA-Archiv; Amtsgericht Düsseldorf, 1974, Auszug Nr. 521 Vereinsregister, GPRA-Archiv).

11.5.5 Der GPRA-Gründungsprozess in Auseinandersetzung mit der DPRG

Der erklärten Absicht der GPRA sich nicht in Konkurrenz zur DPRG zu etablieren, folgte bereits zur DPRG-Mitgliederversammlung am 1.6.1973 das konkrete Kooperationsangebot. In einem Schreiben des GPRA-Vorstandes an die DPRG-Mitglieder wurde aktiv für eine Wahlunterstützung für das GPRA-Vorstandsmitglied Peter Hoenisch geworben. Die GPRA hatte die Absicht, die Verbundenheit mit der DPRG durch die „Aufnahme eines Agenturinhabers in das DPRG-Präsidium" zu dokumentieren. Zudem warb die GPRA noch einmal für ihre strengen Aufnahmekriterien und beteuerte die „Probleme unseres Standes aus der Sicht der Agenturen" unter dem „Dach der DPRG" diskutieren zu wollen (GPRA, 1973, Telefax Dr. Reiner Schulze van Loon, GPRA-Archiv). In der Mitgliederversammlung gab GPRA-Vorstand Jürgen Püschel einen Überblick über die Zielsetzungen und Aufgaben der sich in Gründung befindlichen GPRA. Wie angestrebt wurde Hoenisch als Vizepräsident in das Präsidium der DPRG gewählt. Präsident wurde Dr. Carl Wingenroth, PR-Direktor der Lufthansa (DPRG, 1973, Protokoll Mitgliederversammlung, S. 2-6, DPRG-Archiv). In den Medien wurde diese Wahl kritisch beäugt. Das Manager Magazin stellte in einem kritischen Beitrag fest, dass mit Hoenisch „die starke Gruppe der PR-Agenturleute eine permanente Kontroverse ins DPRG-Präsidium hineingewählt hat". Bezeichnend ist Hoenischs Äußerung gegenüber dem Magazin zur angestrebten Mitgliederoffensive seines Präsidenten Wingenroth: „Wir sollten nicht gleich jeden Schwätzer bei uns aufnehmen." („Public Relations: Mangelndes Selbstverständnis", Manager Magazin, 7.7.1973, S. 17)

In einer am nächsten Tag stattfindenden Sitzung des DPRG-Arbeitskreises „Berater und Agenturen" unter Vorsitz von Klaus Golombek wurden die Konsequenzen der GPRA-Gründung weitergehend diskutiert. So sollte die Gründung zum Anlass genommen werden, eigene Defizite in der verbandsinternen Zusammenarbeit zwischen Beratern und Agenturen zu beheben. Vorgeschlagen wurde eine Verbesserung des Informationsaustausches. Gestartet werden sollte auf regionaler Ebene, da zumeist dort „eine unmittelbare Konkurrenzsituation" bestehen würde, mit Treffen, auf denen berater- und agenturspezifische Themen wie Kostensituation, Gehaltspegel, Abrechnungs- und Präsentationsmodi, Rationalisierungsfragen und gegenseitige Unterstützung erörtert werden könnten. Von einer schnell aufgesetzten regionalen Zusammenarbeit versprach man sich mehr als von der Gründung neuer Arbeitskreise. Dieser Vorschlag sollte dem neu gewählten Präsidium zur Realisierung unterbreitet werden. Besonderes Interesse weckte die von der GPRA vorgestellte betriebswirtschaftliche Plattform. Das Gremium sah sie als sinnvolle Ergänzung zu den DPRG-Honorarrichtlinien und als mögliches Instrument für die Berater und Agenturen innerhalb der DPRG (DPRG, 1973, Ergebnisprotokoll, DPRG-Archiv).

Zu einer ernsthaften Verstimmung während des Gründungsprozesses kam es zwischen beiden Verbänden im Nachgang zur ersten Pressekonferenz der GPRA am 18.7.1973 in Hamburg. DPRG-Präsident Wingenroth wurde drei Tage nach der Veranstaltung aus dem DPRG-

Mitgliederkreis (Dr. Christian Külbs) zu den Inhalten und dem Medienecho informiert. Auf Befremden stieß besonders, dass die Botschaften der GPRA-Sprecher Dr. Hennenhofer und Dr. Schulze van Loon „mit einer generellen Disqualifizierung aller derer, die dem neuen Zusammenschluss nicht angehörten oder nicht angehören wollten, verbunden" gewesen seien. In diesem Zusammenhang sei davon gesprochen worden, dass die DPRG durch die Lockerung ihrer Aufnahmebedingungen nicht mehr garantieren könne, dass nur „wirkliche PR-Leute" aufgenommen werden. Dr. Külbs drängte darauf, die Umstände der Äußerungen offiziell zu klären und die Kritik am Aufnahmeverfahren und die Disqualifikation anderer zurückzuweisen. „Eigenes Wollen, besonders eigenes Qualitätsstreben auf generelle, undefinierte Disqualifikation anderer zu stützen ist kein Beweis für richtiges Verständnis der Public Relations" (GPRA, 1973, Schreiben Dr. Külbs, GPRA-Archiv). Dr. Wingenroth wandte sich am 25.7.1973 mit einem offiziellen Schreiben an GPRA-Vorstandsmitglied und „seinen" DPRG-Vizepräsidenten Peter Hoenisch, in dem er besonders beklagte, „daß sich die Veranstalter der Hamburger Pressekonferenz als Konkurrenten der DPRG verstehen, nicht aber als PR-Leute, die mit ihren Kollegen von der DPRG gemeinsame Ziele verfechten". Die Gemeinsamkeit, die auf der Mitgliederversammlung in Berlin noch beschworen worden war, sei offenbar schon jetzt im Begriff „vom Winde verweht zu werden". Er verlangte, dass die beiden „Herren", die für die Hamburger Pressekonferenz verantwortlich seien, eine Erklärung für die DPRG-Mitglieder verfassten, in der sie versicherten, dass es nicht beabsichtigt gewesen sei, Nicht-Mitglieder der GPRA pauschal zu diffamieren. Der Angriff hätte sich nur gegen „erkannte und beweisbare Auswüchse gerichtet". Darüber hinaus sollte die GPRA von der auf der Veranstaltung getroffenen Aussage Dr. Hennenhofers abrücken, „PR-Leute in Unternehmen seien im Gegensatz zu Agenturen abhängig und könnten daher nicht das wirklich Notwendige raten." (GPRA, 1973, Schreiben Dr. C. Wingenroth, GPRA-Archiv) In seiner Antwort an Wingenroth (30.7.1973) entsprach Hoenisch dem Wunsch und bedauerte den Vorfall ausdrücklich auch im Namen der Beteiligten. Hennenhofer und Schulze van Loon sollten in zwei Briefen ihre Sicht des Sachverhalts darstellen und sich von „eventuellen Fehlinterpretationen" distanzieren. Diese würden dann über ein Rundschreiben den Mitgliedern der DPRG zugänglich gemacht. Darüber hinaus regte er ein Treffen der Beteiligten und weiterer Mitglieder des DPRG-Präsidiums und des GPRA-Vorstandes an, auf dem das Problem noch einmal eingehend erörtert werden sollte. Eventuell könne danach über ein Gespräch mit der Fachpresse eine Richtigstellung lanciert werden (GPRA, 1973, Schreiben Peter Hoenisch, GPRA-Archiv). Schlusspunkt dieser „Verstimmung" war eine „offizielle Stellungnahme" des GPRA-Vorstandes vom 2.8.1973, in der noch einmal das Bedauern über den falschen Eindruck ausgesprochen wurde. Der letztendliche Grund seien „ungeschickte Formulierungen" in der Pressemappe gewesen. Selbstverständlich würden die GPRA-Agenturen sich durch seriöse Leistung und nicht durch Diffamierung anderer profilieren wollen. Äußerungen zu einem angeblichen Konkurrenzverhältnis zwischen DPRG und GPRA wurden als falsch zurückgewiesen. Nach wie vor strebe die GPRA eine enge Zusammenarbeit an, daran habe sich nichts geändert (GPRA, 1973, Stellungnahme des Vorstands, GPRA-Archiv). Innerhalb der Branchenöffentlichkeit – vornehmlich bei der überwiegenden Mehrheit befragter Geschäftsführer von nicht GPRA-Agenturen – sorgte der Hamburger PR-Auftritt der GPRA für Unverständnis und Häme („PR-Leute gehören auf den Boden der Wirklichkeiten", textintern, 16.8.1973, S. 1-3).

11.5.6   Zwischenfazit

Die Gründung der GPRA hat ihren Ursprung in dem Erstarken der PR-Agenturen und den sich ändernden Marktgegebenheiten. Besonders diese entwickelten sich durch den allgemeinen Wachstumsprozess zu leistungsfähigen Organisationseinheiten, die mit den PR-Büros der Anfangsphase kaum noch zu vergleichen waren. Das Full-Service-Moment wurde zu einem maßgeblichen Unterscheidungskriterium. Auch gegenüber dem allein oder in kleineren Einheiten arbeitenden, selbständigen PR-Berater bestand eine veränderte Interessenslage. Was sie mit den dienstleistenden Kollegen innerhalb der DPRG nach wie vor verband, war die gemeinsame Frontstellung gegenüber den qualitativ weniger anspruchsvoll aufgestellten Marktteilnehmern außerhalb der DPRG, deren Agieren und deren „Verkaufe" auch bei den PR-Agenturen anscheinend zu Handlungsdruck führten. Anders ist die schriftlich fixierte GPRA-Gründungsmotivation nicht zu verstehen. Von Beginn an definierte sich die GPRA nicht als konkurrierender Berufsverband, sondern als Wirtschaftsverband von PR-Unternehmen, deren Basis eine gemeinsame Interessenslage und Zielsetzung war. Innerhalb der GPRA-Grundsätze nimmt das Moment der Qualifikation in Abgrenzung zu Nicht-Mitgliedern eine wesentliche Rolle ein. Die GPRA verschrieb sich eigenen hohen, kontrollierten und transparenten Qualitätsstandards und nutzte sie offensiv in ihrer Marktpositionierung. Zudem ermöglichte der Zusammenschluss eine Marktmacht, die genutzt werden sollte, sich bei Themen wie der Bezahlung von Präsentationen gegenüber Kunden durchzusetzen. Die DPRG sah sie additiv und die Doppelmitgliedschaft war ausdrücklich erwünscht, auch im Hinblick auf die nicht unerhebliche Anzahl der Angestellten innerhalb der Agenturen. Bei den Berufsgrundsätzen orientierte sich die GPRA an der DPRG, übernahm sie teilweise inhaltlich oder individualisierte sie wie im Falle der Honorarrichtlinien. Deutlichere Unterschiede zeigten sich bei den Mitgliedskriterien. Als „Leistungskader" war der GPRA an hohen Einstiegsbarrieren gelegen, sei es durch qualitative Kriterien oder durch Beitragshürden. Dieses Thema führte schnell zu ersten Konflikten. Klare Vorstellungen hatte die GPRA von ihrem zukünftigen Mitgliederkreis, zu dem auch Agenturen aus dem Grenzgebiet zur Werbung oder PR-Auslandsgesellschaften gehören sollten. Die Konfliktlinie mit der DPRG entlang der ersten GPRA-Pressekonferenz zeigt die angegriffenen Befindlichkeiten. Die Abspaltung eines durchaus wichtigen Teils von Mitgliedern beschädigte das Vertrauen in die Leistungsfähigkeit der DPRG und ihren Anspruch auf alleinige Repräsentanz des Berufsstandes. Zudem profilierte sich die junge GPRA als „Club der Guten" nicht nur gegenüber anderen Marktteilnehmern, sondern zu einem gewissen Grad auch gegenüber den Kollegen in der DPRG. Dies musste bei der DPRG auf Missfallen stoßen. Die GPRA versuchte den Konflikt schnell beizulegen. Eigentlich suchte sie den Schulterschluss und wollte es sich mit den potentiellen Kunden unter den PR-Chefs der DPRG nicht verscherzen.

11.5.7   Erste verbandsinitiierte Vermessungen des Berufsfeldes

Erhebungen zum Berufsbild waren Teil eines Arbeitsprogramms, das sich die DPRG auf ihrer Mitgliederversammlung am 30.6.1967 in Köln gab. Zwei Aufgaben dieses Programms bestanden in der Dokumentation der PR-Praxis in Deutschland und in der Untersuchung des „Berufsbildes des PR-Mannes". Zu diesem Zweck sollten Umfragen mit DPRG-Mitgliedern und außenstehenden Unternehmen und Institutionen sowie PR-Fachleuten durchgeführt werden (DPRG, 1967 Bericht Ordentliche Mitgliederversammlung, S. 8-9, BArch).

11.5.7.1   DPRG-Primärerhebung Berufsbild 1969

Die erste wissenschaftliche Vermessung ihrer Mitglieder initiierte die DPRG 1968. Sie beauftragte das in Wuppertal ansässige IFK Institut für Kommunikationsforschung unter der Leitung von Bruno Kalusche mit einer Primärerhebung des Berufsbildes Public Relations in der Bundesrepublik (IFK, 1969, Dokument, o. S., Nachlass Korte).

Ein entsprechender Fragebogen wurde am 21.9.1968 an „alle" Mitglieder der DPRG („offizieller Stand" 1968: 267 Mitglieder nach Protokoll der Mitgliedersammlung vom 25.-27.6.1970) verschickt. Zwei Monate später hatten sich 62 % der Mitglieder, insgesamt 159, an der Umfrage beteiligt. Die Ergebnisse wurden in einem Abschlussbericht 1-1969 dokumentiert. Ob eine konkrete Auswertung und Interpretation der Ergebnisse durch das IFK existiert, was die Nummerierung des Abschlussberichts eventuell erwarten lässt, ist nicht bekannt. DPRG-Geschäftsführer Heinz Todtmann kursierte im April 1969 ein Schreiben mit dem „Versuch einer Interpretation" durch das DPRG-Mitglied Sabine Schürer, das inhaltlich allerdings nichts anderes bot als die Zusammenfassung von Ergebnissen. Eine weitergehende Analyse oder Interpretation fand nicht statt (DPRG, 1969, Schreiben Todtmann, Nachlass Korte).

Die Auswertung erfolgte nach den zwei spezifischen Zielgruppen:

- „A: Anstellungsverhältnis in den Bereichen Produktion, Handel, Verkehr, Dienstleistungen, bei Verbänden, Behörden und Vereinigungen" (112 ausgewertete Fragebogen)
- „B: Inhaber, Mitinhaber und Geschäftsführer von PR- und Werbeagenturen, PR-Berater, Leiter und Dozenten wissenschaftlicher PR-Institute und Akademien" (47 ausgewertete Fragebogen).

Der Abschlussbericht vom Januar 1969 zeichnet für die Zielgruppe B folgendes Bild: Fast die Hälfte (48,9 %) der Angehörigen dieser vornehmlich in der PR-Dienstleistung beschäftigen Gruppe war zwischen 40-49 Jahre alt. In der Altersstufe zwischen 30-39 Jahren waren es 19,2 % und zwischen 50-59 Jahren 27,7 %. Der männliche Anteil überwog mit 91,5 % deutlich. 40,4 % hatten das Abitur und 42,6 % ein abgeschlossenes Studium, vornehmlich in Volkswirtschaft (22,2 %) oder Philosophie (61 %).

Der Vergleich mit der Zielgruppe A, der aufgrund der mehr als doppelt so hohen Anzahl von Auswertungen eine begrenzte Aussagekraft hat, zeigt folgende Ergebnisse: Die Altersverteilung verhält sich ähnlich, wobei die Altersgruppe zwischen 40-59 Jahren bei den Dienstleistern deutlicher ausfällt. Stärker vertreten sind im Unternehmen jüngere Leute zwischen 30-39 Jahren und Ältere der Gruppe der 60-64 Jährigen. Der Anteil der Akademiker ist mit 50 % höher als bei den Dienstleistern. Während bei der Gruppe B jedoch nur zwei Studienrichtungen (insgesamt 5) vertreten sind, hat die Gruppe A ein sehr breites Spektrum an Studienrichtungen (insgesamt 14), bei denen die Disziplinen Rechts-, Volks- und Staatswirtschaft überwiegen.

Des Weiteren nennen in der Gruppe B 46,8 % (Gruppe A: 55,3 %) als Primärkriterium der praktischen Ausbildung den Bereich „Volontär, Journalist, Redakteur", gefolgt von dem Bereich „Praktikum Werbung und Marketing" mit 17 % (Gruppe A: 13,4 %).

Am deutlichsten fallen die Unterschiede zwischen beiden Gruppen beim Gehalt aus. Grundlage war das Bruttoeinkommen von 1967. Während sich die Mehrzahl der Festangestellten in der Einkommensgruppe zwischen 26.000 DM und 45.000 DM (insgesamt 57,2 %) bewegte, zeichnete sich bei den Dienstleistern ein anderes Bild. Von ihnen verdienten 38,3 % 71.000 DM und mehr, gefolgt von der Einkommensgruppe 36.000 DM - 40.000 DM mit 1,7 % und der Einkommensgruppe 66.000 DM - 70.000 DM mit 8,5 %.

Die Gruppe B betreffende Fragestellungen dokumentieren folgende Grafiken ausführlich:

- **Spezifische Dienstleistungsfunktion**

Frage: Von den Befragten sind tätig als............

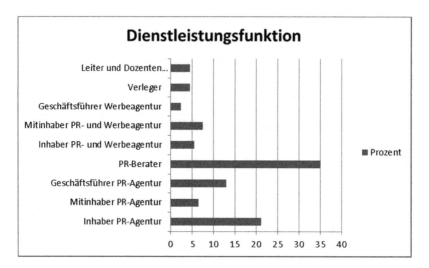

Abbildung 1: Befragung Dienstleistungsfunktion (Anzahl der Befragten 159; eigene Darstellung; Quelle: IFK Primärerhebung 1969)

Festzustellen ist, von den Befragten arbeitete die größte Gruppe als PR-Berater (35,1%), entweder selbständig oder als erfahrene Angestellte in einer Agentur. Etwa gleich groß war die Gruppe der Inhaber oder Geschäftsführer der nächstgrößeren Dienstleistungseinheit Agentur. Fast durchgängig handelt es sich bei den Befragten um Selbständige oder leitendes Personal.

- **Personelle Ausstattung der Organisationseinheiten**

Frage: Wie viele Mitarbeiter sind bei Ihnen im Sektor Public Relations tätig?

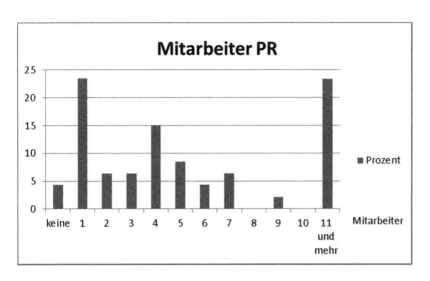

Abbildung 2: Befragung Mitarbeiteranzahl (Anzahl der Befragten 159; eigene Darstellung; Quelle: IFK Primärerhebung 1969)

Frage: Wie viele Mitarbeiter sind bei Ihnen im Sektor Werbung tätig?

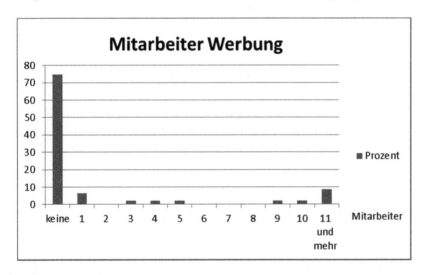

Abbildung 3: Befragung Mitarbeiter Werbung (Anzahl der Befragten 159; eigene Darstellung; Quelle: IFK Primärerhebung 1969)

Die Personalausstattung der PR-Dienstleister korrespondiert mit der jeweiligen Organisationsform. Bei selbständig arbeitenden Beratern ist von geringer Zuarbeit, meistens in Form einer Assistenzfunktion auszugehen. Größere Agenturen mit mehr als 11 Mitarbeitern bilden die Mehrheit, gefolgt von kleineren Agenturen mit 4-7 Mitarbeitern. Werbung spielt bei den in der DPRG organisierten Dienstleistern kaum eine Rolle, lediglich eine kleinere bei den größeren PR-Agenturen.

- **Informationsdienst**

Frage: Geben Sie einen eigenen Informationsdienst an Presse, Rundfunk, Fernsehen heraus?

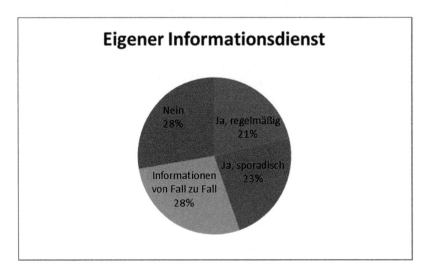

Abbildung 4: Befragung Herausgabe eigener Informationsdienst (Anzahl der Befragten 159; eigene Darstellung; Quelle: IFK Primärerhebung 1969)

Die meisten Befragten nutzen die Möglichkeit, über einen eigenen Informationsdienst an die Medien heranzutreten.

- **Kundenstruktur**

Frage: In welchen Kundenbereichen liegen die Schwerpunkte Ihrer Dienstleistungen? Voten!

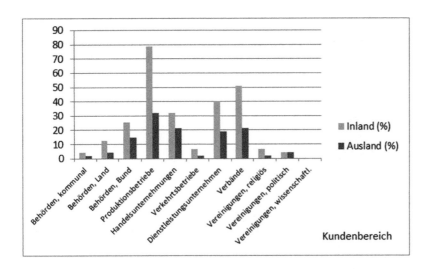

Abbildung 5: Befragung Kundenstruktur (Anzahl der Befragten 159; eigene Darstellung; Quelle: IFK Primärerhebung 1969)

Im Kundenportfolio der meisten Dienstleister dominieren inländische Produktionsbetriebe und Verbände, gefolgt von Dienstleistungs- und Handelsunternehmen. Die Branchenverteilung der internationalen Kunden ist vergleichbar. Ihr Anteil an der Kundenstruktur ist in den maßgeblichen Branchen ungefähr halb so groß wie der deutscher Kunden.

- **Dauer der Beratungsaufträge**

Frage: Sind Ihre PR-Dienstleistungen vornehmlich durch kurz-, mittel-, oder langfristige Beratungsaufträge vereinbart?

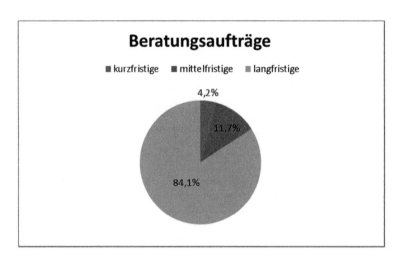

Abbildung 6: Befragung Beratungsaufträge (Anzahl der Befragten 159; eigene Darstellung; Quelle: IFK Primärerhebung 1969)

Der Großteil der Kunden ist durch langfristige Beauftragung gebunden. Kurzfristiges Projektgeschäft ist die Ausnahme.

- **Umsatzentwicklung**

Frage: Wie ist die Umsatzentwicklung 1968 im Vergleich zu 1967?

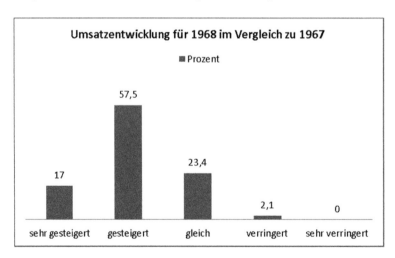

Abbildung 7: Befragung Umsatzentwicklung (Anzahl der Befragten 159; eigene Darstellung; Quelle: IFK Primärerhebung 1969)

Fast alle Befragten gehen von einer positiven, im schlechtesten Fall stagnierenden Umsatzentwicklung aus.

Diese erste Erhebung des Berufsstandes bestätigt trotz der auf die DPRG-Mitglieder begrenzten Datenbasis einige Annahmen im Hinblick auf die spezifische Verfassung der PR-Dienstleister. Während der soziodemographische Hintergrund den Erwartungen an den Berufsstand entspricht, überraschen die Einkommensunterschiede zwischen Festangestellten und Dienstleistern in der Größenordnung doch. Ein Argument für die Selbständigkeit in jenen Jahren, nämlich die Aussicht auf ein weitaus höheres Verdienstniveau, findet hier eine Bestätigung, auch wenn das Führungspersonal der PR-Agenturen und selbständige PR-Berater in der DPRG die Mehrheit in der Dienstleister-Gruppe bilden. Werber und Werbung spielten innerhalb der DRPG und auch innerhalb der DPRG-Dienstleistergruppe eine untergeordnete Rolle. Aufschlussreich sind die Erhebungen zu Kunden und zur wirtschaftlichen Entwicklung. Die meisten Dienstleister arbeiteten auf einer langfristigen Vertragsbasis für die Industrie und Verbände. Fast alle Dienstleister gingen von einer gesteigerten Geschäftsentwicklung für das laufende Jahr 1968 aus.

11.5.7.2 DPRG-Primärerhebung Berufsbild 1973

Eine zweite Studie zum „Berufsbild Public Relations in der BRD" legte die DPRG im Oktober 1973 vor (DIPR, 1973, Dokument, Privatarchiv Bentele). An der Befragung nahmen 277 der 576 (Stand: Oktober 1973) DPRG-Mitglieder teil. Davon waren 161 angestellt, 39 „Angestellte mit freiberuflicher Tätigkeit" und 77 Selbständige. Die Ergebnisse wurden von der DPRG als repräsentativ erachtet, da sich mehr als 50 % der damaligen Mitglieder an der Umfrage beteiligt hatten. Sie wurde durch das DPRG-eigene Deutsche Institut für Public Relations durchgeführt. Verantwortlich zeichnete sich wie für die Primärerhebung 1969 Bruno Kalusche. Eine Zusammenfassung der wichtigsten Ergebnisse veröffentlichte der Public Relations Report im Rahmen seiner Berichterstattung über diese Studie („DPRG-Studie zum Berufsbild PR", Public Relations Report, 1973, 407, S. 1-2).

Die Ergebnisse zeigten eine mit 90 % hohe männliche Dominanz innerhalb der Befragtengruppe. Die meisten waren zwischen 30 und 50 Jahren, 82 % hatten Abitur und 32 % ein abgeschlossenes überwiegend wirtschafts- oder sozialwissenschaftliches Studium. Bei den Dienstleistern gaben als Berufsbezeichnung der aktuellen Position 19 % „Allein- oder Mitinhaber einer Public Relations-Agentur" und 21 % „PR-Berater" an.

Im Vergleich zwischen den Angestellten und den Selbständigen zeigte sich ein höheres Ausbildungsniveau auf Seiten der Erstgenannten. So hatten bei den PR-Beratern und Agenturchefs 79 % Abitur und nur 25 % ein abgeschlossenes Studium. Bei den Angestellten waren es 84 % mit Abitur und 34 % mit Studium. Beim Gehalt gaben 29 % der Befragten an, im Jahr unter 40.000 DM zu verdienen, 11 % davon unter 30.000 DM, 21 % lagen über 70.000 DM. In dieser Gehaltskategorie dominierten die Selbständigen. 12 % verdienten zwischen 70.000 und 80.000 DM (Angestellte 6 %) und 21 % über 90.000 DM (Angestellte 3 %). Dessen ungeachtet bezeichneten 60 % der festangestellten DPRG-Mitglieder ihre Gehaltssituation als gut bis sehr gut (Selbständige 77 %) und nur 37 % als mittelmäßig bis schlecht (Selbständige 22 %). Aufschlussreich waren Angaben aller Befragten über eine zusätzliche Verbandsangehörigkeit. 42 % gehörten ausschließlich der DPRG an, 36 % waren außerdem Mitglied im DJV und 6 % im BDW.

Ernüchternd müssen für die DPRG die Antworten auf die Frage nach der Qualität der eigenen Öffentlichkeitsarbeit gewesen sein. 49 % der befragten Mitglieder fanden diese nur mittelmäßig, 27 % fühlten sich von ihrem Verband in der Öffentlichkeit nur schlecht oder sehr schlecht vertreten. Auf die Frage, welche Aufgaben die DPRG in der nächsten Zeit vordringlich lösen sollte, gehörte die Intensivierung der Öffentlichkeitsarbeit für die PR-Dienstleistung bei Industrie und Wirtschaft (gesamt 58 %) und bei Bund, Ländern und Kommunen (gesamt 43 %). Mehr Informationen über PR in Rundfunk und Fernsehen verlangten (gesamt) 48 % und die Durchsetzung eines PR-Lehrstuhls als akademischer Ausbildungsbasis (gesamt) 49 %. Hinterfragt wurden auch die Informationsquellen der DPRG-Mitglieder zu PR-relevanten Themen. Das Ergebnis dokumentiert positiv die Akzeptanz der Informationsstruktur des Verbandes. Auch die spezialisierten Fachmedien PR-Information und PR-Report sind als Informationsquellen etabliert.

Frage: Wodurch informieren Sie sich über Aktuelles aus dem PR-Bereich?

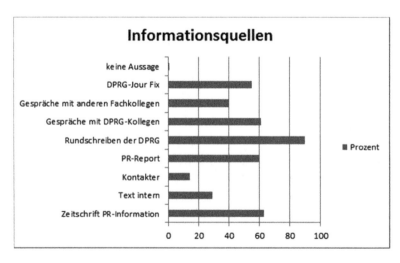

Abbildung 8: Befragung Informationsquellen (Anzahl der Befragten 277; eigene Darstellung; Quelle: DIPR Primärerhebung 1973).

Insgesamt bestätigt auch diese Studie das deutlich höhere Einkommensniveau der Selbständigen. Interessant sind zudem die Hinweise auf die hohe Doppelmitgliedschaft im DJV und die bestehende Unzufriedenheit mit der Öffentlichkeitsarbeit des Verbandes. Leider lassen sich die Ergebnisse beider Studien nur bedingt vergleichen, da die Originalfragestellungen deutlich voneinander abweichen.

11.6 Abgrenzung und interprofessionelle Konkurrenz

Obwohl sich seit Mitte der 60er Jahre die Berührungspunkte zwischen Werbung und Public Relations im Dienstleistungsmarkt weiter vergrößerten und Werbeagenturen sich als ernstzunehmende Wettbewerber oder als Gesellschafter abhängiger PR-Agenturen etablierten, waren die Konfliktmomente überschaubar. Nicht zuletzt wegen der moderierenden Rolle der Verbände, die trotz häufig unterschiedlicher Auffassungen bemüht waren, einen konstruktiven Dialog zu führen. Zwei kontroverse Themen waren nach wie vor die Schleichwerbung und die Erfolgshonorierung. Innerhalb des DPRG-Arbeitskreises "Schleichwerbung" sollten, gemäß der DPRG-Berufsgrundsätze „jeden Versuch einer unlauteren Beeinflussung der Öffentlichkeit und ihrer gewählten Repräsentanten zu unterlassen und die Freiheit und Unabhängigkeit der Presse zu respektieren", Fälle von Schleichwerbung untersucht und bewertet werden. Ein weiterer Auftrag war, eine gemeinsame Begriffsdefinition mit dem Deutschen Presserat und der Gesellschaft Werbeagenturen (GWA) zu erarbeiten, um die die „Arbeit des PR-Mannes in der Öffentlichkeit zu erleichtern" (DPRG, 1967, Broschüre, S. 14, BArch). Nach dem Scheitern der Gespräche, die nicht zu einer allseits anerkannten Definition als Handlungsgrundlage führten, sah der Arbeitskreis keine Basis mehr für eine „regulierende Tätigkeit" und gab dem DPRG-Vorstand den erteilten Auftrag zurück (DPRG, 1967, Bericht „Schleichwerbung", BArch).

Danach wurden innerhalb der DPRG Stimmen laut, sich um dieses Thema nicht weiter zu kümmern und es den Werbern zu überlassen. Gegner dieses Standpunktes vertraten die Ansicht, dass es durchaus Aufgabe des Verbandes sei, „den Mißbrauch der PR-Flagge für den Absatz journalistisch getarnter Werbebotschaften zu verhindern." Verletzungen sollten publik gemacht werden, sonst würde „das Image der PR weiterhin dubios bleiben" (DPRG, 1967, Bericht Ordentliche Mitgliederversammlung, S. 9, BArch). 1974 nahm sich die Werbung allein des Themas an und der Zentralausschuss der Werbewirtschaft veröffentlichte eine umfangreiche Broschüre (Zentralausschuss der Werbewirtschaft, 1974) zum Thema Schleichwerbung, in der aktuelle Fallbeispiele, die Rechtsprechung und wesentliche Richtlinien behandelt wurden.

Weitaus härter beharkten sich Werbe- und PR-Agenturen am Markt. Einzelne Werbeagenturen nutzten die Erfolgshonorierung aktiv, um ins PR-Geschäft einzusteigen. Den Kunden wurde erst nach Abdruck einer PR-Veröffentlichung die Rechnung gestellt und das meistens mit einem Abrechnungsschlüssel, der einen Anzeigenpreis zugrunde legte. Eine Sensibilität für die berufsethische Problematik dieser Form der Honorierung für PR-Fachleute und Journalisten existierte offenbar nicht. Eine „nicht kleine" Anzahl von Werbern praktizierte sie offenbar mit Erfolg. In ihrer Rechtfertigung standen das Wohl und der Vorteil für den Kunden im Vordergrund. Die Erfolgshonorierung sei ein faires und für den Kunden günstiges Abrechnungssystem im Gegensatz zu den Pauschalen in der PR-Branche (Public Relations Report, 17.7.1968, S. 1). Auch inhaltlich-methodisch positionierten sich die Werbeagenturen im PR-Markt. Rudolf Stilcken, Geschäftsführer der traditionsreichen und seit Jahrzehnten mit eigener PR-Abteilung ausgestatteten Werbeagentur Brose und Partner, brach auf einem Regionaltreffen der hessischen DPRG eine Lanze für die Zusammenarbeit mit Werbeagenturen (mit eigener PR-Abteilung). Für ihn lagen die Vorteile in einer größeren Kenntnis der Medien und der Märkte des Kunden. Zudem verfügten sie über das kreativere Potential, das größere Know-how im Druckbereich und Erfahrung im Umgang mit Rechtsproblemen. Zu den Grundsätzen der Agentur sollte aber gehören, keine Gefälligkeits-PR für vorhandene Werbekunden zu betreiben. Für ihn wäre PR immer auf den Markt ausgerichtet und in dieser Ausrichtung würden sich auch messbare Ergebnisse erzielen lassen (Public Relations Report, 15.11.1972, S. 4).

Anleitung zur Etablierung von PR-Dienstleistungen innerhalb einer Werbeagentur, gab ein Beitrag der „PR – Erste Zeitschrift für Public Relations" im gleichen Jahr. Der Autor sah mehrere Möglichkeiten, Public Relations als Profit-Center innerhalb einer Werbeagentur zu betreiben. Maßgeblich war für ihn die finanziell lukrativste Variante. Die sah er nicht in der budgetären Abhängigkeit von der Werbung, sondern im finanziell eigenständigen Angebot an den Kunden – sei es als inhouse-Abteilung oder als ausgegliederte Tochtergesellschaft (Trenck, 1972, PR – Erste Zeitschrift für Public Relations, 4, 11, S. 11).

Mit einem integrierenden Ansatz positionierte sich 1973 Deutschlands zweitgrößte Werbeagentur Lintas, bei der Günther Schulze-Fürstenow für den Geschäftsbereich PR verantwortlich zeichnete. Innerhalb der Agentur war eine Arbeitssystematik entwickelt worden, die sich „Lintas-Plan der integrierten Kommunikation" nannte und Public Relations als gleichberechtigte Kommunikationsdisziplin neben Werbung und Verkaufsförderung von Anfang an in die strategische Planung miteinbezog. Nach Ansicht der Agentur führten zeitlich begrenzte Kooperationen oder sporadische Zusammenarbeit nur zu Kompromisslösungen. Ein Vier-Phasen-Plan sollte zu einem abgestimmten Arbeitsprogramm führen unter der Voraussetzung, dass sich Werbeagenturen über das absatzpolitische Instrumentarium hinaus ein mehr auf die Gesellschaft bezogenes Kommunikationsverständnis aneignen (Schulze-Fürstenow, 1973, PR - Erste Zeitschrift für Public Relations, 3, S. 32-34).

Geringe Berührungsängste mit PR-Fachleuten zeigte der DJV. Im Herbst 1970 konstituierte sich innerhalb des Verbandes der „Fachausschuss für Journalisten in Pressestellen", dem sogar ein PR-Berater angehörte. Begründet wurde dieser Schritt mit dem Wandel des

Journalistenberufes und der schwindenden Begrenzbarkeit auf redaktionelle Tätigkeiten bei den Medien. Ziel sei es, das Berufsbild des Pressestellenleiters zu profilieren. Man sei sich der Gefahren einer solchen Verquickung bewusst, halte sie aber für kontrollierbar. Viele DJV-Mitglieder seien bereits Ex-Journalisten und in der Public Relations auf vielfältige Weise tätig, so dass der DJV mit diesem Problem sowieso schon konfrontiert sei. Auch die Reaktion der DPRG fiel moderat aus. Ihr Vorsitzender Dr. Carl Friedrich Burger begrüßte diesen Schritt: „Bei vielen PR-Leuten ist „das zweite Gesicht" eben doch noch der Journalismus, der in manchen Fällen noch die eigentliche Heimat bleibt, solange das Berufsbild des PR-Mannes in Deutschland noch nicht allgemein gesichert ist." Er glaube, dass der Ausschuss Verständnis auf beiden Seiten befördern könne, und hoffe auf eine gute Zusammenarbeit. Der Public Relations Report legte hingegen den Finger in die Wunde und warnte eindringlich vor den Gefahren. „Bei aller Euphorie über diesen Bruderkuss" sollten die Probleme, die auf der Hand lägen, ernst genommen werden. Zwar würden beide, Journalist und PR-Fachmann, informieren, das aber von ganz unterschiedlichen Standpunkten aus. Innerhalb des DJV habe ein PR-Fachmann andere Interessen als innerhalb der DPRG, wo seine beruflichen Belange bereits zu Genüge vertreten würden. Beim DJV müsse er damit rechnen, dass einige ihn wegen möglicher Versuche, Kontakte mit ehemaligen Kollegen auf dieser Ebene zu instrumentalisieren, der Infiltration bezichtigten. Sein Fazit: „PR-Leute sollten in ihrem Verband bleiben, ebenso wie die Journalisten. Allzu leicht können sonst Interessenkonflikte entstehen. Der Buhmann wäre dann wahrscheinlich wieder einmal der PR-Mann." (Public Relations Report, 18.11.1970, S. 1-2)

11.7 Kodizes und Standards

Eine generelle ethische Fundierung erfolgte für die der DPRG angeschlossenen PR-Berater und -agenturen mit der offiziellen Annahme des Code d´Athènes durch die DPRG-Mitglieder. Die Mitgliederversammlung vom 4. Juli 1966 hatte den Vorstand ermächtigt, die Stellungnahme der Mitglieder zum Code auf schriftlichem Wege einzuholen. Bis zum vorgegebenen Rückgabe-datum, dem 31.6.1966, wurde von keinem Mitglied Einspruch erhoben, erst zu einem späteren Datum trafen zwei Gegenstimmen ein. Damit war der Code d´Athènes offiziell angenommen und bindend (DPRG, 1966, Rundschreiben Nr. 9/66, S. 7-8, BArch).

Bereits die DPRG-Satzung von Ende 1962 sah einen Ehrenrat als Verbandsorgan vor, der sich seine Geschäftsordnung selber geben konnte. Auf der Mitgliederversammlung 1967 legte der Vorstand als Bestandteil einer neuen Satzung auch eine Ehrenratsordnung vor, die dann am 30.6.1967 beschlossen wurde. Ein Ehrenverfahren konnte demnach angestrengt werden, wenn das Ansehen der DPRG gewahrt werden musste und wenn es zu beruflichen Streitigkeiten zwischen DPRG-Mitgliedern bzw. zwischen Mitgliedern und dem Verband nicht angehörenden Personen oder Institutionen kommen sollte und Schlichtung vonnöten war.

Eröffnet werden musste das Verfahren mittels Brief mit ausführlicher Begründung an das DPRG-Präsidium. Ausgesprochen werden konnten Ehrenstrafen, die von einer Verwarnung über unterschiedliche Verweisformen bis zum Ausschluss reichten.

Zur Formulierung einer spezifischen Dienstleistungsethik innerhalb der DPRG kam es im Zuge der Erarbeitung des Honorar- und Leistungsverzeichnisses durch den entsprechenden Arbeitskreis. Anscheinend und nach jetzigem Kenntnisstand wurde sie jedoch über das Gremium hinaus nicht öffentlich gemacht. In einem Entwurf (der zwar nicht datiert, aber in den redaktionellen Abstimmungsprozess zur Honorarrichtlinie und damit in den Verlauf des Jahres 1966 eingeordnet werden kann), der dem Arbeitskreis-Mitglied Dr. Friedrich Korte zur Abstimmung vorlag, waren die erarbeiteten Honorarrichtlinien eingebunden in „Arbeitsgrundsätze des Berufsstandes der PR-Berater innerhalb der DPRG". Gegliedert war das Arbeitspapier in die Abschnitte A: Standesregeln und B: Honorar-Richtlinien. Während der zweite Teil in wesentlichen Teilen im Honorar- und Leistungsverzeichnis Niederschlag fand, wurde eine Verabschiedung der Standesregeln offensichtlich nicht angestrebt. Im Folgenden der Text im Wortlaut:

„Arbeitsgrundsätze des Berufsstandes der PR-Berater innerhalb der DPRG

A <u>Standesregeln</u>

Für den Berufsstand der selbständigen oder in Agenturen tätigen PR-Berater gelten – soweit sie Mitglied der DPRG sind – folgende Standesregeln:

I. Das Verhalten gegenüber Kunden und Auftraggebern

1. Die Mitglieder der Berufsgruppe sind grundsätzlich verpflichtet, sich gegenüber ehemaligen und gegenwärtigen Kunden oder Auftraggebern korrekt zu verhalten.
2. Ohne ausdrückliche Zustimmung der betreffenden Personen darf kein Mitglied der Berufsgruppe entgegengesetzte oder sich konkurrierende Interessen vertreten.
3. In Bezug auf ihre ehemaligen wie gegenwärtigen Kunden oder Auftraggeber sind die Mitglieder der Berufsgruppe zu absoluter Verschwiegenheit verpflichtet.
4. Die Mitglieder der Berufsgruppe verpflichten sich, keinerlei Methoden anzuwenden, die das Ansehen von Kunden und Auftraggebern eines anderen Mitgliedes der Berufsgruppe beeinträchtigen könnten.

II. Das Verhalten gegenüber der Öffentlichkeit

1. Die Mitglieder der Berufsgruppe haben sich so zu verhalten, dass ihre berufliche Tätigkeit stets die Interessen der Allgemeinheit und die Würde des Individuums respektiert.
2. Die Mitglieder der Berufsgruppe dürfen keine berufliche Aktion unternehmen, durch die die Integrität der Kommunikationsmittel in Frage gestellt werden könnte.
3. Kein Mitglied der Berufsgruppe darf Informationen verbreiten, von denen es weiss, dass sie falsch oder irreführend sind.
4. Ein wahrheitsgetreues Bild der Institution zu geben für die sie arbeiten, ist Pflicht aller Mitglieder der Berufsgruppe.
5. Die Mitglieder der Berufsgruppe verpflichten sich, keinerlei Organisation zu schaffen, die äusserlich für eine bestimmte Sache einsteht, in Wirklichkeit aber dazu dient, andere Interessen zu fördern. Sie verzichten

auf solche Praktiken und werden auch nie die Dienste einer Organisation in Anspruch nehmen, die für derartige Zwecke geschaffen wurde.

III. Das Verhalten untereinander

1. Ein Mitglied der Berufsgruppe wird nie absichtlich dem Ansehen und der beruflichen Tätigkeit eines anderen Mitgliedes der Gruppe Schaden zufügen. Erhält ein Mitglied der Berufsgruppe davon Kenntnis, dass ein anderes Mitglied dem Ansehen der PR Schaden zufügt, unkorrekt handelt oder die Standesregeln verletzt, so hat es dies dem Ausschuss der Berufsgruppe bekanntzugeben.
2. Kein Mitglied der Berufsgruppe darf versuchen, einen Kollegen bei einem Kunden oder Auftraggeber zu verdrängen.
3. Jedes Mitglied der Berufsgruppe ist bestrebt, in Zusammenarbeit mit den übrigen Mitgliedern den Standesregeln Nachahmung und vermehrt Geltung zu verschaffen." (o. V., o. J., Dokument „Arbeitsgrundsätze", S. 1-9, Nachlass Korte)

Dass diese Standesregeln nicht weiterverfolgt wurden, muss bei nähergehender Betrachtung nicht verwundern. Auch wenn die DPRG-Dienstleister als Verbandsmitglieder bei der Verfolgung spezifischer Ziele gemeinsam vorgingen, so waren sie doch auch Konkurrenten am Markt. Viele der Vorgaben und Standesregeln verfolgten durchaus integre Ziele, widersprachen aber offensichtlich der marktgängigen PR-Arbeitsweise und der üblichen Kundenbeziehung. Sehr wahrscheinlich wollten sie sich keinen weiteren Regeln unterwerfen, die untereinander und gegenüber außerhalb der DPRG stehenden Konkurrenten zu einem Wettbewerbsnachteil führten. Zudem wurden diverse Punkte der Standesregeln bereits durch DPRG-Berufsgrundsätze abgedeckt. Aufgrund der Quellenlage kann über die tatsächlichen Motive nur spekuliert werden. Genauso wie über mögliche Zusammenhänge mit der im Sommer 1966 vom Public Relations Report gemeldeten Absicht verschiedener PR-Berater, die DPRG verlassen zu wollen und eine eigene PR-Berater-Organisation zu gründen (Public Relations Report, 1966, 60, S. 2). Den tatsächlichen Schritt in die Ausgründung gingen die PR-Agenturen 1973. In der Satzung der GPRA vom 14.8.1974 finden sich auch Ziele und Grundsätze, die berufs- und dienstleistungsethische Standards setzen (GPRA, 1974, Satzung, S. 2-3, GPRA-Archiv).

11.8 Identität und Image

11.8.1   PR-Beratung in der externen Wahrnehmung

Mit zunehmender Bedeutung von Public Relations innerhalb der bundesrepublikanischen Gesellschaft und Wirtschaft veränderten sich ihr Bild und das der PR-Beratung in der Öffentlichkeit. Während sich auf der einen Seite der Medien eine nüchtern interessierte Beobachtung der Branche feststellen lässt, herrschte auf der andern Seite Mitte bis Ende der

60er Jahre immer noch eine grundsätzliche Skepsis gegenüber ihrer steigenden Relevanz und ihren manipulativen Möglichkeiten. In der FAZ überwiegte eine neutrale Berichterstattung, die kaum meinungsbildend Hinweise auf Mandate einzelner Agenturen („Meinungspflege für öffentliche Anleihen", FAZ, 11.1.1966, S. 15) oder auf PR-Berater gab, wie im Falle des PR-affinen Ruhrbischofs Franz Hengsbach, der sich von Dr. Christoph Wagner in Fragen der Öffentlichkeitsarbeit berieten ließ und 1968 sogar DPRG-Vertreter zum Erfahrungsaustausch empfing („Sachkundige Arbeit am Image", FAZ, 29.11.1968, S. 7-8). Vermeldet wurden generelle Unternehmensnachrichten zu internationalen Werbenetzwerken wie Interpublic und Young & Rubicam mit Hinweisen auf ihre nationalen PR-Töchter oder Informationen zur Umstrukturierung der Traditionsagentur Brose („Wann wird Interpublic „public?", FAZ, 16.12.1967, S. 9; „Brose zwischen Traditionsagentur und „Hot Shop", FAZ, 12.2.1969, S. 14; „Erfolg mit „multinationaler" Werbung", FAZ, 26.2.1969, S. 14). Weitaus heterogener berichtete die ZEIT. 1969 stellte sie fest, dass immer mehr Unternehmen dazu übergehen, „Public Relations auch im Kampf um die Gunst ihrer potentiellen Kunden einzusetzen" und hinterfragte kritisch, was denn dabei im Mittelpunkt stehen würde – Information oder Manipulation. Ausgewogen und anhand von Fallbeispielen erläuterte ZEIT-Autor Gernot von Hahn positive Aspekte. Public Relations wären immer dort am erfolgreichsten, wo sie offen und bereitwillig informierten. Sie könnten aber auch für fragwürdige Ziele eingesetzt werden, um Kaufentscheidungen zu beeinflussen, besonders im lukrativen Geschäft der Produktpublizität. Seine Abschlussthese war, dass sich ein transparenter Einsatz von Public Relations langfristig für Auftraggeber eher auszahlen würde („Zu viel Eifer schadet", ZEIT, 19.9.1969, o. S.). Negativ in die Schlagzeilen geriet 1972 die PR-Agentur Hoenisch und Hass mit ihrem Mandat für eine Liberalisierung der Ladenschlusszeiten. Die verhärteten Fronten innerhalb der Ladenschluss-Diskussion und der Umstand, dass die Agentur nicht bereit war, ihre Auftraggeber zu nennen, sorgten für einen negativen Eindruck der Kampagnenarbeit und von Public Relations im Allgemeinen. Der Auftrag der Agentur wurde mit „die Front der Ladenschlußhüter mit PR-Methoden aufzubrechen" umschrieben, vom Gegner wurde Peter Hoenisch bezichtigt, „an der öffentlichen Meinung eine Gehirnwäsche" vorzunehmen („Ein Schuß aus dem Dunkel", ZEIT, 21.4.1972, o. S.).

Die umfassendste Darstellung der PR-Branche in einem Leitmedium publizierte im Sommer 1968 der SPIEGEL. Der Beitrag wurde auf dem Magazintitel als „PR Die heimliche Großmacht" angekündigt und hatte die Überschrift „Public Relations: Werbung in Watte" (SPIEGEL, 8.7.1968, S. 32-42). Redaktionell verantwortlich war der SPIEGEL-Redakteur Dieter Grimm, ehemaliger Werbechef der Air France (Public Relations Report, 10.7.1968, S.1). Neben der tendenziösen Allgemeindarstellung der Disziplin („PR ist der stärkste Weißmacher, den es je gab." und des Berufsstandes „Sie haben eine Wissenschaft daraus gemacht, die Öffentlichkeit mit gezielten Informationen zu füttern, den Nutzen der Auftraggeber zu mehren, Schaden von ihnen zu wenden, ohne daß die Absicht erkennbar wird." SPIEGEL, 8.7.1968, S. 32) wurden besonders der „Typus" des PR-Chefs in Wirtschaft und Politik und der des PR-Beraters bzw. Agenturchefs negativ bedacht. Während bei den angestellten PR-

Fachleuten immer noch das Stereotyp des „blaublütigen Frühstücksdirektors" bedient wurde, war es bei den Dienstleistern der umtriebige, einzig gewinnorientierte Unternehmer, der für die entsprechenden Budgets bereit war, auch „unseriöse" PR zu betreiben. Die personenbezogenen Beispiele, die der Autor aus der Dienstleisterbranche wählte, um seine Thesen zu fundieren, waren die Hamburger Agentur UPS und ihr Inhaber Wolf Uecker sowie der Düsseldorfer PR-Unternehmer Claus Heinrich, der auch innerhalb des Berufsstandes als „enfant terrible" galt (Public Relations Report, 16.8.1972, S. 3). Zur inhaltlichen Information wurden zudem Statements von Dr. Friedrich H. Korte und Infoplan-Geschäftsführer Walter Rodenbusch eingearbeitet. Das Bild, das der SPIEGEL von den beiden PR-Unternehmern Uecker und Heinrichs zeichnete, wurde ergänzt durch umfangreiche Kunden- und Projektbeispiele der Agenturen, die im Wesentlichen produkt- und absatzorientiert ausgewählt waren. Der finanzielle Aspekt spielte dabei eine wichtige Rolle. Die Profitmöglichkeiten der Agenturen wurden immer wieder plakativ mit den „aufwendigen" Lebensstilen ihrer Inhaber in Verbindung gebracht und sollten gängige Klischees verstärken. Innerhalb der PR-Branche sorgte der Beitrag für Empörung, besonders wegen seiner oberflächlichen und tendenziösen Darstellung. Der Public Relations Report widmete ihm eine Kommentarseite (Public Relations Report, 10.7.1968, S. 1). Einhelliges Urteil: „Das erste größere Epos über die „Leute, die das mächtige und potentiell gefährliche Instrument der Public Relations handhaben", ist keine bestechende Dokumentation geworden, eher eine Aneinanderreihung von vielen Einzel-Recherchen im Stil der Illustrierten-Tatsachenberichte." Trotzdem war man besorgt, wie eine solche Darstellung beim Nicht-Fachmann oder potentiellen Kunden aufgenommen würde. Bezeichnend ist die Aussage eines nach seinem Artikeleindruck befragten Unternehmers: „PR sind ein ganz nützlicher Hokuspokus und deren Vertreter kleine Tausendsassas, denen jedoch eine gewisse Unseriösität anhaftet."

Eine differenziertere Auseinandersetzung mit Public Relations veröffentlichte das Manager-Magazin in Form eines Streitgesprächs Anfang 1973. Zu Beginn der 70er Jahre waren Public Relations als Management-Aufgabe immer noch umstritten. Die unterschiedlichen Standpunkte der Disputanten zeigten jedoch deutliche Veränderungen des Stellenwerts von Public Relations im Unternehmen und von PR-Beratung auf. An dem Streitgespräch nahmen teil der DPRG-Vorsitzende Dr. Carl Friedrich Burger, der dem PR-Fachmann nur beratende Funktion zuerkannte, Ford-Vorstand Klaus-Dieter Banzhaf, der dafür plädierte, den PR-Verantwortlichen direkt an Entscheidungsprozessen zu beteiligen, und PR-Agentur-Inhaber Dr. Hans Muth, der besonders in der Unabhängigkeit außenstehender Experten einen wesentlichen Vorteil sah. Von Interesse sind besonders die Ansichten und Thesen des PR-Dienstleisters Dr. Muth. Er bescheinigte der deutschen Unternehmerschaft einen großen Nachholbedarf in Public Relations. Die Regel wäre ein „Nicht-Verhältnis" zu diesem Kommunikationsinstrument und nur ein geringer Prozentsatz von Unternehmen würde umfassend PR betreiben. Zudem beklagte er die immer noch existierenden Vorurteile gegenüber der Disziplin und ihrer Vertreter. Es gäbe noch zu viele „schwarze Schafe", aber „vieles was den PR-Leuten in die Schuhe geschoben wird, hat mit PR überhaupt nichts zu tun.

Der Begriff „Public Relations" droht zu einer Art Sammelbezeichnung für alle Aktivitäten zu werden, die zwischen Show-Business und Verkaufswerbung angesiedelt sind." Auf die Frage, wer preiswerter arbeiten würde, eine PR-Agentur oder der eigene PR-Mann, antwortete er ausweichend. Die jeweilige Unternehmenssituation sei ausschlaggebend. Zusätzlich bemühte er das „altbekannte" Argument der unabhängigen und unvoreingenommenen Beraterposition. Um bei PR-Dienstleistern nicht an „Nichtskönner" zu geraten, schlug er vor, sich an den Kundenreferenzen zu orientieren und sich bewertbare Vorschläge machen zu lassen („Public Relations: Scharlatanerie oder Management-Aufgabe?", Manager Magazin, Januar 1973, S. 94-99).

11.8.2 Berufsbild und Selbstverständnis in Literatur und Medien

Die Idee der Verbrauchermanipulation durch Werbung und Marketing hatte sich schon seit Mitte der 50er Jahre, unter anderem beeinflusst durch die mediale Resonanz auf Vance Packards „Die geheimen Verführer" (1958), in der deutschen Öffentlichkeit festgesetzt. Die psychologische Kontrolle von Bedürfnissen und Beeinflussung von Kaufentscheidungen gehörte zu einem Leitthema der Literatur und Medien in den 60er und frühen 70er Jahren. Mit zunehmender Bekanntheit und Transparenz von Public Relations standen auch sie als Mittler zwischen Wirtschaft und Öffentlichkeit im Brennpunkt (Hahn, 2004, S. 88). Der SPIEGEL-Titel im Sommer 1968 „PR Die heimliche Großmacht" war symptomatisch für diese Sichtweise. Zwei Jahre später legte Rainer Fabian mit „Die Meinungsmacher" (1970) ein Buch vor, das Disziplin und Berufsstand zu einer „neuen unsichtbaren Gewalt" erklärte, die sich anschicke, alle Bereiche des öffentlichen Lebens zu kontrollieren. Das Buch vertrat drei grundsätzliche Thesen:

- die kritische Öffentlichkeit wird durch eine manipulierte Öffentlichkeit abgelöst
- der Bürger wird immer abhängiger von „Propagandatreibenden" und Public Relations ist trotz aller Bemäntelung nichts anderes als Propaganda
- und drittens die PR-Fachleute betreiben keine objektive Informationsvermittlung sondern wären im Sinne ihrer Auftraggeber tendenziös (S. 7).

Auch wenn Fabian kaum und nicht explizit über die PR-Dienstleistungsbranche schrieb, so sind doch eine Vielzahl von PR-Beispielen, die er verwendet, um seine Thesen zu stützen, durch Berater und Agenturen konzipiert und umgesetzt worden (erwähnt werden z. B. die Agenturen Brose, S. 227-228, Infoplan, S. 232-237 und ringpress Hans Krüger-Franke, S. 226). In einer zeitgenössischen FAZ-Rezension wird das Buch zwar umfangreich besprochen, aber ihm inhaltlich beschieden, weder aufklärerisch noch diagnostisch zu sein. „Fabian wird nicht müde, die PR-Leute zu stilisieren, sie als einen internationalen Geheimbund erscheinen zu lassen. Es ist für ihn die „neue Menschenklasse", die „neue Kaste". Die Mythe wabert. Und geboren wird wieder einmal das Berufsmythologem in dem sich die PR-Leute aalen." Sein Buch sei ein weiterer Beitrag zum PR-Kult und wolle letztendlich nur Angst machen („Meinungsmache für Meinungsmacher", FAZ, 28.3.1970, S. *(BUZ)* 7).

In einem der ersten Lehrbücher Carl Hundhausens „Public Relations" (1967), erschienen innerhalb der Reihe „Strauf´s Werbepraktikum" und gerichtet an den „Nachwuchs in Werbung, Publizistik und Management", findet sich hingegen kaum Ausdifferenziertes zu PR-Beratern oder -Agenturen. Hundhausen beschreibt lediglich das Beziehungsverhältnis zwischen der Unternehmensführung und dem PR-Berater bzw. dem Leiter der PR-Abteilung (S. 85-86).

Eine umfassende Momentaufnahme der Disziplin und des Berufsstandes veröffentlichte (Rommerskirchen, 1970) der Verlag Rommerskirchen zusammen mit der DPRG in Form einer Aufsatzsammlung in der „PR-Information". Diese Publikation war das Vorläufermedium der „PR – Erste Zeitschrift für Public Relations", die dann ab 1971 erschien und ebenfalls gemeinsam herausgegeben wurde. Ziel und Anspruch wurden bereits im Titel verarbeitet: „Diese Dokumentation macht PR transparent". Vierundzwanzig Autoren in der Mehrzahl angestellte PR-Fachleute, von Albert Oeckl über Conrad Ahlers bis zu Bruno Kalusche, aber auch fünf PR-Berater bzw. Agenturgeschäftsführer publizierten zu praxisbezogenen und den Berufsstand betreffenden Themen. Auch theoretische Fragestellungen wurden erörtert. Renommierte Wissenschaftler (Alphons Silbermann, P. R. Hofstätter, Erwin K. Scheuch, Gerhard Maletzke und Hans K. Platte) beantworteten einen Fragebogen zur gesellschaftlichen Relevanz und wissenschaftlichen Entwicklung von Public Relations in Deutschland. Innerhalb dieser Dokumentation veröffentlichte auch der Geschäftsführer der PR-Agentur Markt+Meinung Klaus Golombek einen Beitrag über sein Selbstverständnis als PR-Dienstleister, den PR-Markt und die Arbeitsweise seiner Agentur. Seiner Auffassung nach verlief die Entwicklung der PR-Agenturen ähnlich wie die der Werbeagenturen nur mit einer 20-jährigen Zeitverzögerung. Er hob damit besonders auf die Erweiterung des Dienstleistungsangebots zum Full-Service ab. Heute durchliefen die PR-Agenturen diesen Prozessschritt und würden ebenfalls mit ihren Paketangeboten alle Aufgaben, die zur Planung, Gestaltung und Durchführung von Öffentlichkeitsarbeit gehörten, abdecken. Er setzte jedoch Public Relations deutlich von Werbung ab. Im Vordergrund ständen bei ihr das Erahnen und Vermitteln des „Pulsschlags der Öffentlichkeit" und der Aufbau von Vertrauen. Aufgaben, die oberflächlich erst einmal gegen die Beauftragung eines „außenstehenden" Dienstleisters sprechen würden. Das Hauptverkaufsargument für eine PR-Agentur war für ihn der „totale Service" in Verbindung mit der Stellung eines unabhängigen Beraters. Diese Funktion stände nicht in einem Konkurrenzverhältnis zur angestellten PR-Abteilung. Mittlerweile würden gerade PR-spezifisch gut ausgestattete Unternehmen Gebrauch vom „Total-Angebot" seiner Agentur machen. Neben dem umfangreichen funktionalen Dienstleistungsangebot sah er die durch eine enge Zusammenarbeit erworbene intime Detailkenntnis des Kundenmarktes als Vorteil. Dies würde die Barrieren in Richtung Kunde minimieren und die Agentur bei entsprechendem

Vertrauen selbständiger agieren lassen. Golombek war sich mit anderen Beobachtern der Branche einig, dass die Bedeutung von PR-Agenturen in den nächsten Jahren zunehmen würde. Die immer länger werdenden Kundenlisten der „guten" Agenturen bestätigten diesen Trend. Notwendig wäre ein klares System der Honorierung, das 15 %-System der Werbeagenturen würde sich nicht für PR-Agenturen eignen (Golombek, 1970, S. 52-53).

Golombeks Äußerungen dokumentieren sehr deutlich das gewachsene Selbstbewusstsein der größeren PR-Dienstleister, das mehr als in den Jahren zuvor von unternehmerischem Denken und Habitus geprägt ist. Besonders die „Dienstleistungsphilosophie" nimmt im professionellen Selbstverständnis einen größeren Raum ein.

11.8.3 Sozialprestige der Branche

Das Image von PR-Beratern und -Agenturen hatte sich Mitte der 60er Jahre nicht verbessert. Der Public Relations Report fragte im September 1966 rhetorisch seine Leser: „ […] sind PR-Berater gewissenlose Subjekte, für die lediglich die Höhe des Honorars, nicht die Moral eine Rolle spielt? Bewegen sie sich, je nach Auftrag, gleich Grenzgängern dies- und jenseits der Demarkationslinie, zwischen Aufklärung und Manipulation, Information und Schleichwerbung, Interessenvertretung und brutalem Lobbyismus?" und bildete damit sicherlich eine Vielzahl von gängigen Klischees ab, die zu jener Zeit existierten. Besonders bedauernswert war nach Ansicht des Public Relations Reports, dass dieses Meinungsbild nicht nur innerhalb der Journalisten verbreitet wäre, sondern auch im PR-Gesamtberufsstand. Zitiert wurde das Beispiel eines Pressechefs, der die Auffassung vertrat, dass es zwischen seiner Tätigkeit und der eines PR-Beraters durchaus „ethische Grenzen" gäbe. Gerade diese „Zerrissenheit" in der Meinung und die „gelegentlich anzutreffende gegenseitige Geringschätzung" wäre es, die sich auf das Ansehen der PR-Fachleute negativ auswirke. Der Aufruf an die Branche: „Toleranz ist vonnöten! Keiner sollte vergessen, dass wir alle in einem Boot sitzen." (Public Relations Report, 28.9.1966, S. 1) Ein Jahr später forderte der Informationsdienst den PR-Gesamtberufsstand auf, sich bei der öffentlichen Anerkennung des jungen Berufs nicht nur auf die DPRG zu verlassen. Jeder einzelne Berufstätige könnte einen Beitrag leisten, indem er in seinem persönlichen Umfeld seine Kenntnisse gemeinnützig zur Verfügung stellte, um die breite Öffentlichkeit von den Zielen und Plänen seiner Disziplin zu überzeugen. Mit solchen Aktionen wäre dem Image des PR-Mannes mehr gedient als mit dem ausführlichsten Medienbericht. Bei der Befolgung dieses Ratschlages – so schloss der Aufruf pathetisch markant – wäre „der Tag auch nicht mehr fern, an dem sich der Junge eines Hamburger PR-Beraters nicht mehr zu genieren braucht, wenn ihn der Lehrer nach dem Beruf des Vaters fragt […]" (Public Relations Report, 26.7.1967, S. 1).

Ein Problem aus dem für die PR-Dienstleister immer wieder ein Imagedefizit erwuchs, war die mangelnde Bereitschaft Auftraggeber zu nennen. Das in der Branche verbreitete Zögern kann nicht allein den PR-Leuten angelastet werden. Häufig waren es Vertragsklauseln, die ihnen untersagten, „Ross und Reiter" zu benennen. Auf Seiten der interessierten Öffentlichkeit führte diese mangelnde Transparenz zu Spekulationen, die nicht selten in der Annahme gipfelten, dass für unseriöse Auftraggeber „dunkle Dinge" ausgeheckt würden und „böser Lobbyismus blüht" (Public Relations Report, 24.9.1969, S. 1). Wie schnell das Verschweigen des Auftraggebers für eine Agentur zum Boomerang werden konnte, beweist der bereits geschilderte Fall der PR-Agentur Hoenisch und Hass und ihr Engagement für die Liberalisierung der Ladenschlusszeiten.

Auch die schlechte Ausbildungssituation und die Unterstellung einer mangelnden internen Innovationskraft führten Anfang der 70er Jahre zu einem Imageproblem, das die Branche vor allem für jüngere Leute unattraktiv machte (Public Relations Report, 3.3.1971, S. 1-2).

Das Thema „PR für PR" stand immer wieder auf der Agenda der Verbände. So wurde auf der DPRG-Mitgliederversammlung 1971 der Antrag gestellt, einen Arbeitskreis „PR für PR" zu gründen und die „Feldarbeit an arbeitswillige junge Agenturen" zu verteilen (DPRG, 1971, Protokoll Mitgliederversammlung, S. 3, DPRG-Archiv). Trotzdem musste sich die DPRG im Oktober 1973 vom Public Relations Report vorwerfen lassen, nicht genügend für das „Image der Imagemacher" getan zu haben. Ausschlaggebend war nicht zuletzt das schlechte Zeugnis, das die DPRG-Mitglieder in der zweiten Berufsbild-Erhebung der Öffentlichkeitsarbeit des Verbandes ausgestellt hatten. Unmittelbarer Anlass für den Vorwurf war ein Pressegespräch – das erste außerhalb einer DPRG-Jahresversammlung – des DPRG-Vorstandes gewesen, das eklatante Informationsdefizite von Journalisten hinsichtlich des PR-Berufsstandes offenkundig machte. „Freilich darf man die Schuld kaum dem Journalisten anlasten. Zu spärlich floss bisher die Information über den Beitrag, die Aufgaben und die Grenzen des PR-Mannes im Kommunikationsprozess. Dazu mag zum Teil die Situation beigetragen haben, dass der PR-Mann auf kein historisch gewachsenes Berufsbild zurückblicken kann und an einem möglichen Modell bis heute noch heftig herumbosselt." Das aktuelle DPRG-Präsidium würde für „diese Jugendsünden" büßen, zeige aber gute Ansätze diesen „unerquicklichen Zustand" zu ändern (Public Relations Report, 31.10.1973, S. 1). Wie ernst der Bedarf an Aufklärung und Imagewandel genommen wurde, dokumentierte auch die GPRA bei ihrer Gründung. In ihrer Satzung wurde unter Ziele niedergeschrieben: „der Öffentlichkeit verdeutlichen, daß Public Relations den Interessen der gesamten Öffentlichkeit dienen" (GPRA, 1974, Satzung, S. 2, GPRA-Archiv).

11.9 Zusammenfassung

Das Berufsfeld Public Relations insgesamt und die untersuchte Berufsgruppe entwickelten sich ungeachtet der in fast allen Bereichen auftretenden Veränderungen und Umbrüche kontinuierlich weiter. Es blieb trotz der kurzen rezessiven Phase 1966/67 und der sich abzeichnenden Rezessionsphase nach 1973 expansiv. Noch war das wirtschaftliche Wachstum stabil und die nach der langen Erfolgsphase bis Mitte der 60er Jahre eintretende Einsicht in die Vulnerabilität wirtschaftlicher Entwicklung schaffte die Voraussetzung für ein Umdenken, das die Marktbearbeitung und damit eine Offenheit für neue Methoden mehr in das Zentrum rückte. Im politischen Bereich sorgten die Reformpolitik und die fortschreitende Entwicklung zur Konsensdemokratie für eine grundsätzliche Akzeptanz von Public Relations. Die neue Bildungspolitik schuf mit ihrem Ausbau des Hochschulwesens und der gerechteren Verteilung von Bildungschancen strukturelle Voraussetzungen, die im weitesten Sinne auch dem PR-Berufsstand zu Gute kamen. Die zunehmende Durchlässigkeit der gesellschaftlichen Schichten und die damit verbundene soziale Mobilität führten zu einer auf Abgrenzung und Prestige basierenden Nachfragedifferenzierung, die neue Marketingstrategien notwendig machte. Das analytische und methodische Repertoire veränderte sich und die Wirtschaft stand neuen Instrumenten der Absatzpolitik aufgeschlossener gegenüber. Auch wenn viele Unternehmen noch zögerten, profitierten Werbung und Marketing schnell von wachsenden Etats. Von Relevanz für die PR-Dienstleister war die sich verändernde Werbebranche. Nach wie vor dominierten hier die amerikanischen Full-Service-Agenturen, aber auch für sie wurde der Konkurrenzkampf härter, nicht zuletzt weil in ihrem Schatten viele kleine, spezialisierte Agenturen gegründet wurden und sich in Organisation und Methode innovativer aufstellten. Die Entwicklungen in den Medien und im Journalismus setzten entscheidende Impulse. Der Siegeszug des Fernsehens, seine fortschreitenden technischen Verbesserungen, die enorme Zunahme an Programmen und sein lebensstil-prägender Einfluss vergrößerten die „Spielräume" für Public Relations ebenso, wie der weiterhin wachsende Markt der spezialisierten Zeitschriften. Der sich generationenspezifisch verjüngende und inhaltlich engagierter auftretende Journalismus behielt seine kritische Haltung gegenüber den Public Relations und beobachtete skeptisch die fortschreitende Etablierung der Disziplin. Die aufgeführten Rahmenbedingungen beförderten eine intensive Gründungsphase zwischen 1969-73, die die Anzahl der PR-Dienstleister noch einmal erheblich vergrößerte. Dies führte zu einer Zunahme der Konkurrenz und damit zu einer deutlicheren Positionierung der Marktteilnehmer. Besonders die an die DPRG gebundenen Dienstleister differenzierten zwischen „guten und schlechten Anbietern". Hinzu kam, dass immer mehr etablierte Werbeagenturen in den PR-Markt drängten, sei es durch Ausgründungen oder Beteiligungen an Neugründungen. Zum einen wurden sie im Sinne des Full-Service von ihren Kunden dazu gedrängt, zum anderen sahen sie in der an Akzeptanz gewinnenden Nachbardisziplin ein lukratives Expansionsfeld. Dabei waren es häufig die mehr absatz- und produktorientierten Varianten der Public Relations, wie die Product Publicity, die für die Werbeagenturen interessant waren. Zudem verfestigte sich auf ihrer Seite die Erkenntnis, dass ein glaubwürdiges Engagement in Public Relations eine strikte Abgrenzung zur Werbung erforderte. So war die Gründung rechtlich und betriebswirtschaftlich eigenständiger Einheiten unter einem neutralen Unternehmensauftritt eine wichtige Voraussetzung, um zusätzlich PR-Budgets mit getrennter Honorierung zu gewinnen. Dass die Zusammenarbeit zwischen Unternehmen und Institutionen und den PR-Dienstleistern noch „Potenzial nach oben" hatte, dokumentiert die vergleichende Sicht des Hill & Knowlton Länderreports. Natürlich müssen in der Beurteilung die angelegten amerikanischen Maßstäbe relativiert werden. Bestand haben Kernaussagen, die auch durch andere Hinweise bestätigt werden. Da ist zum einen der immer noch vorhandene Vorbehalt gegenüber den Public Relations als Disziplin, der sich auch in einer unzureichenden Handhabung und Verortung im Unternehmen niederschlug und zum anderen die Skepsis gegenüber ihren Berufsvertretern, denen ein Ruf anhaftete, der von Geheimwissenschaftler bis Sündenbock reichte. Hinderlich für die PR-Dienstleister war zudem die im Länderreport deutschen Unternehmen attestierte Zurückhaltung, aus Misstrauensgründen externe Ressourcen nicht zu nutzen. Zwei Hinweise, die diese Einschätzung bestätigen, sind die „gelernten Reflexe" der Kunden teilweise ihre vertrauten Werbeagenturen mit Public Relations zu beauftragen und die intensive Aufklärungsarbeit, die Agenturen wie ringpress betreiben, um Kunden und potentiellen Kunden PR-Methoden, Agenturstrukturen oder die Formen der Zusammenarbeit zu erläutern.

Dessen ungeachtet existierte für die PR-Dienstleister bis 1973 ein positiver Entwicklungsverlauf. Laut Umfragen des Public Relations Reports vergrößerte sich der Anteil von Unternehmen, die mit Agenturen zusammenarbeiteten, von 1966 bis 1973 von 20 auf 55 Prozent. Wie sehr sich Public Relations in der Kommunikation von Unternehmen und Institutionen festgesetzt hatte, dokumentiert auch die Steigerung der PR-Ausgaben.

Bei diesem Wachstum musste zwangsläufig ein Mangel an geeignetem Personal auftreten. Schon 1966 im Hill & Knowlton Länderreport wurde darauf hingewiesen, dass die Altersklasse der 30 bis 40jährigen PR-Fachleute unzureichend besetzt sei. Dabei forderten die Trends im Markt nicht nur ein quantitatives Mehr an Ausbildung, sondern auch ein inhaltlich-qualitatives. Bereits 1967 sah der Public Relations Report den klassischen Einzelberater in einer zukünftig ungünstigeren Position, die Entwicklung ginge in Richtung PR-Mannschaften mit Spezialisten. Konkret wurde er 1971, als er der Branche überalterte Ideen, mangelnde Attraktivität und schlechte Ausbildung unterstellte.

Die DPRG konnte innerhalb dieses Zeitraums berufspolitische Erfolge verzeichnen, die „Zuneigung" ihrer Berater und Agenturen gewann sie damit nicht, obwohl auch diese davon profitierten. Zu groß war der Vorbehalt gegenüber einer Mitgliederstruktur, die das Übergewicht der Festangestellten innerhalb der DPRG weiter fortschrieb. Nachdem der Versuch, den jungen Beruf staatlich lizensieren zu lassen, fehlte, übernahm der Verband die Verantwortung für die Ausformulierung und Verbreitung des Berufsbildes, was auch von staatlicher Seite anerkannt und unterstützt wurde. Ein erstes Lobbying in Steuerfragen führte zum Erfolg. Engagiert und eingebunden in der Breite zeigten sich Berater und Agenturen erst beim Dienstleister-Thema Honorarrichtlinien. Für die Relevanz, die dieses Projekt entwickelte, gab es mehrere Gründe. Das Agieren in einem immer größer und unübersichtlicher werdenden Markt machte es für die Dienstleiter notwendig, den Kunden mit klaren Verhaltensregeln Transparenz und Sicherheit zu geben. Dadurch konnten sie sich deutlich vom unlauteren Wettbewerb absetzen. Das Projekt bezog sich ausschließlich auf Berater und Agenturen und hatte innerhalb des Verbandes eine für diese Berufsgruppe identitätsstiftende Wirkung. Zudem verlangte es Kontinuität, weil es wegen stetig auftretender Regelverstöße immer wieder der Durchsetzung und Aktualisierung bedurfte.

Mit der Etablierung eines eigenen Arbeitskreises entstand für die Berater und Agenturen ein Gremium, in dem relevante Themen bearbeitet werden konnten. Zuvor gab es nur die Möglichkeit über die Mitarbeit im Führungszirkel oder in gesamtberufsfeldbezogenen Arbeitskreisen direkt Einfluss zu nehmen. Der Wachstumsprozess der DPRG band des Weiteren jüngere Berater und Agenturleute, die ein gegenüber der „Gründergeneration" verändertes PR-Verständnis einbrachten und neue Schwerpunkte setzten, wie Evaluation, die gerade für die Dienstleister von Bedeutung waren.

Die Gründung der GPRA war marktmotiviert. Die Interessenslage der teilweise schnell wachsenden Agentureinheiten gegenüber den Einzelberatern, aber noch mehr gegenüber den angestellten PR-Fachleuten innerhalb der DPRG, hatte sich deutlich verändert. Wirtschaftliche Interessen dominierten die berufsständischen. Nach wie vor profitierten die PR-Agenturen in vielen Bereichen von der Verbandsarbeit. Vom persönlichen Selbstverständnis zählten sich die meisten Führungskräfte und Fachleute in den Agenturen dem Berufsstand der PR-Berater angehörig und sahen die DPRG als legitime Standesvertretung. Als Inhaber oder Geschäftsführer einer Agentur galt es aber, den wirtschaftlichen Gegebenheiten Rechnung zu tragen und gestaltend in den Markt einzugreifen. Hier hatten sich die Rahmenbedingungen soweit verändert, dass sich eine gemeinsame Handlungsgrundlage abzeichnete. Nach Auffassung der zukünftigen GPRA-Agenturen gab es zu viele unqualifizierte Anbieter. Die Leistungsversprechen der GPRA zielten auf eine deutliche Abgrenzung von diesen Konkurrenten, ebenso wie die hohen Einstiegshürden für neue Mitglieder. Ihre eher berufsständisch orientierten Grundsätze finden sich ähnlich auch bei der DPRG.

Wird der stete Zuwachs an PR-Dienstleistern mit den Ergebnissen der DPRG-Berufsbilderhebungen in Bezug gesetzt, so waren die Aussicht auf einen überdurchschnittlichen Verdienst zusammen mit der Möglichkeit, sich auch ohne erwiesene Qualifizierung als Einzelberater selbständig zu machen oder eine Agentur zu gründen, die Hauptbeweggründe für den Schritt in die Selbständigkeit. Hinzu kam die sich vergrößernde PR-Nachfrage auf Seiten der Auftraggeber, die auf einen Mangel an geeigneten Fachkräften stieß.

Die sich verschärfende Konkurrenzsituation veränderte das Marktverhalten. Die Gründung der GPRA als Verbund qualitativ hochwertiger Agenturen trug ebenso dazu bei, wie die Etablierung markttransparenzschaffender Instrumente. Auch vom Kunden verlangten die PR-Dienstleister ein geordnetes Marktverhalten. So stand besonders das Thema der kostenlosen Präsentationen von Beginn an auf der Agenda der GPRA. Kunden verstanden es immer wieder, durch Wettbewerbspräsentationen verbunden mit nicht eindeutigen Ausschreibungsmodalitäten den Agenturen und Beratern konzeptionelle Überlegungen kostenlos oder gegen geringe Aufwandsentschädigungen zu entlocken. Ziel der Dienstleister war es, durch ein geschlossenes Auftreten solche Verfahren zu unterbinden. Solange es immer wieder Agenturen gab, die in Aussicht auf einen möglichen Etatgewinn Absprachen unterliefen, blieben die Chancen auf eine Verwirklichung gering. Auch die Gründung der GPRA änderte trotz positiver Einzelfälle nichts Grundsätzliches daran.

Wichtig für die Entwicklung der Berufsgruppe war die kritisch beobachtende und Wissen vermittelnde Funktion der sich etablierenden PR-Fachmedien. Durch ihre Berichterstattung entstand nicht nur eine zunehmende Markttransparenz, sondern auch ein differenzierteres Bild des PR-Berufsstandes. Der Public Relations Report war das erste Medium, das der Berufsgruppe der PR-Dienstleister entsprechenden Raum gab. Letztendlich trug er damit der gestiegenen Bedeutung der Berufsgruppe Rechnung. Das Bild in der breiten Öffentlichkeit blieb diffus – selbst bei vielen Journalisten. Die thematische Auseinandersetzung mit der zunehmenden gesellschaftlichen Bedeutung der Public Relations fand bevorzugt im kritischen Journalismus statt. Häufig standen hier ihre manipulativen Möglichkeiten im Vordergrund. Die PR-Dienstleister wurden von den Auswirkungen einer solchen Berichterstattung weitaus härter getroffen als ihre festangestellten Kollegen. Das Portfolio vieler PR-Dienstleister war produkt- und verkaufsorientiert, dementsprechend waren sie für Vorwürfe in Richtung Schleichwerbung oder Konsumentenmanipulation anfälliger. Hinzu kam, dass gerade sie beauftragt wurden, wenn PR-Maßnahmen eine eindeutige Absenderadresse fehlen sollte. Auch das Klischee des umtriebigen Geschäftemachers, der um Gewinne willen bereit war, zu manipulativen Mitteln zu greifen, wurde in den Medien bedient. Dass zudem die festangestellten Berufskollegen begannen, sich auf Kosten der PR-Dienstleister zu profilieren, indem sie sich methodisch und ethisch abgrenzten, war nicht nur die Ausnahme, sondern sorgte für einen Riss innerhalb des Berufsstandes.

Ein immer drängenderes Problem wurde der steigende Bedarf an Nachwuchskräften. Die ersten Ausbildungsansätze hatten sich etabliert, den steigenden Bedarf konnten sie allerdings nicht decken. Der Berufsstand profitierte von „abgeworbenen" Journalisten, die Medienkenntnisse und das handwerkliche Rüstzeug mitbrachten. Die zunehmende Komplexität der Disziplin und ihrer professionellen Basis machten eine weitergehende wissenschaftliche Fundierung und eine praxisbezogene Ausbildung „on the job" dringend notwendig. Mitte der 60er Jahre meldeten sich wegen der prekärer werdenden Personalsituation Stimmen, die ein größeres Ausbildungsengagement der PR-Dienstleister forderten. Doch nur wenige größere PR-Agenturen konnten wirklich ausbilden. Ein Vorschlag wie der von Walter Rodenbusch 1966, sich an der Journalisten-Ausbildung zu orientieren und in einem „Traineeship" mit wechselnden Stationen auszubilden, war innovativ. Doch noch mangelte es an der grundsätzlichen Bereitschaft entsprechende Ausbildungsangebote zu schaffen. Für viele war es einfacher, Redakteure „umzuschulen".

An den Schnittstellen zu den angrenzenden Berufsfeldern gab es unterschiedliche Entwicklungen. Grundsätzlich gestaltete sich die Zusammenarbeit der Verbände dialogorientiert und kooperativ. Der rege Austausch mit dem Journalismus führte bei den PR-Dienstleistern ebenso wie im Gesamtberufsstand zu häufig auftretenden Doppelmitgliedschaften in DPRG und DJV. Die Verbundenheit mit dem angestammten Berufsfeld wollten viele PR-Leute nach dem Wechsel nicht aufgeben, auch um „alte Kontakte" zu pflegen. Mit der Gründung eines eigenen Forums für Journalisten in Pressestellen schuf der DJV eine offizielle „journalistische Heimat" für diese Berufsgruppe, die in ihrem Selbstverständnis nicht eindeutig war, und machte der DPRG so ihren Vertretungsanspruch streitig. Die moderate, von Verständnis geprägte Reaktion der DPRG dokumentiert neben der Verbundenheit, auch die noch immer gering entwickelte berufliche Identität.

In der Zusammenarbeit mit den Werbern auf Verbandsebene gab es keine großen Konflikte. Zwar scheiterten Gespräche zur Schleichwerbung, doch die Beziehungen zwischen den Verbänden wurden dadurch nicht nachhaltig beeinträchtigt. Mit mehr Vehemenz beharkten sich die beiden Disziplinen auf dem Dienstleistungsmarkt. Die zunehmende Akzeptanz der Public Relations und der anhaltende Expansionskurs der PR-Dienstleister weckten Begehrlichkeiten auf Seiten der Werbeagenturen. Treibende Kraft war das Full-Service-Modell und eine bei den Kunden existierende Bereitschaft, etablierte Werbeagenturen mit Public Relations zu beauftragen. Zudem war das Agieren der Werbeagenturen am Markt von mehr Verständnis für Public Relations geprägt als Jahre zuvor. Ihr Zugang zur Erfolgshonorierung war allerdings weitaus pragmatischer.

Im ethischen Bereich war nach der Verabschiedung der Berufsgrundsätze die Annahme des Code d'Athènes durch die DPRG ein entscheidender Schritt. Dass es zu keiner Formulierung dienstleistungsspezifischer Grundsätze innerhalb des Verbandes kam, mag der Dominanz der festangestellten PR-Fachleute geschuldet sein, die neben den allgemeinen Berufsgrundsätzen keine weiteren zulassen wollten. Auch bei der Gründung der GPRA wurden lediglich die „ethischen Vorarbeiten" der DPRG vereinnahmt.

12 Schlussbetrachtung

In der Schlussbetrachtung werden die Untersuchungsergebnisse zur Entstehung der Berufsrolle und zu den relevanten historischen Entwicklungslinien noch einmal unter Berücksichtigung der Forschungsfragen zusammengefasst und analysiert. Gleiches gilt für die einzelnen professionalisierungsrelevanten Kategorien über den gesamten Untersuchungszeitraum. Den Motiven, Strategien und Treibern der Professionalisierung wird im Rahmen der interpretationsrelevanten Kategorien und professionstheoretischen Fragestellungen nachgegangen. Schlussendlich wird der historische und professionstheoretische Ertrag der Untersuchung resümiert und eine Brücke zu den aktuellen professionsspezifischen Problemen des Berufsfeldes geschlagen.

12.1 Berufsrolle und Entwicklungslinien

Die Entstehung der Berufsrolle des PR-Beraters ist eng verknüpft mit der Entstehung der Kommunikationsdisziplin Public Relations unter den gesellschaftlichen und wirtschaftlichen Gegebenheiten der Vereinigten Staaten gegen Ende des 19. Jahrhunderts. Sie war aber nicht nur eine zwangsläufig und anonymisiert verlaufende Weiterentwicklung des Berufs eines *press agent* unter den kommunikativen Vorgaben des sich gewandelten *publicity*-Begriffs, sondern war gekoppelt an das persönliche Wirken der PR-Gründerväter Lee und Bernays. Insoweit sind Lees „Principles" ebenso eine Professionserklärung, wie Jahre danach Bernays´ „Crystallizing Public Opinion". Die *two-way-function* der Public Relations öffnete die Tür zu einer erweiterten Kompetenzzuschreibung als „Erklärer" und damit zu einem weitaus stärkeren Beratungsmoment. Auch ihre persönliche Etablierung in dem neuen Beruf des PR-Beraters, unter klaren abgrenzungs- und aufwertungsspezifischen Handlungsstrategien und innerhalb eines überschaubaren Zeitraums, erzeugt den Eindruck eines „Berufs vom Reißbrett". Von Beginn an stand die Zielsetzung einer Aufwertung zur Profession, ähnlich dem Rechtsanwalt, auf der Agenda. Der akademische Hintergrund von Lee und Bernays gab dieses Selbstverständnis vor, ebenso wie die amerikanische Unternehmertradition die Selbständigkeit. Unternehmerisches Handeln war nicht nur monetär attraktiv, sondern auch mit hoher gesellschaftlicher Anerkennung verbunden. Daher hatte ihre Berufsausübung Vorbildfunktion und fand berufene und unberufene Nachahmer. Abgrenzen wollten sich erste Berufsausübende nicht nur von den unter anderen Vorzeichen agierenden *press agents*, sondern auch von inkompetenten und unseriösen Beratern. So wurde schnell der Ruf nach ethischer Fundierung, qualitativen Standards und fachlichen Netzwerken laut. Eine flächendeckende Verbandsorganisation etablierte sich in den Vereinigten Staaten allerdings erst nach dem zweiten Weltkrieg.

Eine deutsche Traditionslinie ist damit nicht vergleichbar. Sicherlich verfügt die deutsche Öffentlichkeitsarbeit über eigene Wurzeln und einen autonomen Entwicklungsstrang, von einem Berufsfeld „dienstleistender Öffentlichkeitsarbeit" kann kaum gesprochen werden. Relevant sind verschiedene Umfeldentwicklungen, auf die eine Etablierung des Berufsfeldes in der Bundesrepublik aufsetzte. Das System der obrigkeitsstaatlichen Pressepolitik instrumentalisierte lediglich willfährige Publizisten und Journalisten im Sinne staatlicher Öffentlichkeitsarbeit. Zwar gab es einzelne Pioniere, die den Wert von Öffentlichkeitsarbeit zur Durchsetzung spezifischer Ziele erkannten und ihre Kenntnisse und ihre Arbeitsleistung an entsprechender Stelle einbrachten, doch das in den meisten Fällen ohne kommerzielle Interessen. Selbst nach der Entstehung eines nationalen Medienmarktes um die Wende vom 19. ins 20. Jahrhundert kam es nicht zur Ausprägung eines dem freien *press agent* vergleichbaren Berufes. Vielmehr expandierte und professionalisierte in dieser Zeit auf nationaler Ebene das Berufsfeld Werbung in raschen Schritten. Zwischen der Etablierung erster Fachzeitschriften ab 1890 über die Gründung eines ersten Berufsverbandes 1908 bis zur Verwissenschaftlichung der Werbelehre an deutschen Hochschulen in den 1910er Jahren liegen nur ungefähr zwei Jahrzehnte. Auch die nationale Berufsrolle des freien Werbeberaters entstand in diesen Jahren. Von Bedeutung für die PR-Entwicklung sind die ersten angelsächsischen Einflüsse auf die junge deutsche Werbebranche in den 1920er Jahren. Obwohl die Anzahl der in Deutschland agierenden internationalen Werbeagenturen nicht übermäßig groß war, führte doch die Modernität ihrer Arbeitsweise und ihres Full-Service-Prinzips zu nachhaltiger Auseinandersetzung. Die deutsche Werbebranche nutzte ihre internationale Anbindung über die Anwesenheit angelsächsischer Wettbewerber im Markt oder den verbandsspezifischen Austausch bis Ende der 1930er Jahre.

Noch unmittelbarer waren die Einflüsse der amerikanischen PR-Branche auf die deutsche Politik und Wirtschaft der Zwischenkriegs- und NS-Zeit. Die deutschen auf dem US-amerikanischen Markt agierenden Unternehmen und die für die Vereinigten Staaten verantwortlichen politischen Kreise kamen bereits nach dem ersten Weltkrieg in kommerziellen Kontakt mit dortigen PR-Dienstleistern und nutzten sie wie selbstverständlich zur Verfolgung ihrer meist auf die US-amerikanische Gesellschaft und Wirtschaft gerichteten kommunikativen Zielsetzungen. So entstand ein Wissen um die Möglichkeiten und Arbeitsweisen von Public Relations. Carl Hundhausen hat sicherlich den Begriff Public Relations öffentlichkeitswirksam im deutschen Sprachraum eingeführt. Sein Hinweis, das erste Mal von Public Relations in den Geschäftsräumen von Henkel in Düsseldorf gehört zu haben, zeugt von der Aufmerksamkeit mit der international agierende Konzerne den US-amerikanischen Markt beobachteten. Andererseits hatten amerikanische Dienstleister ein großes Interesse an deutschen Auftraggebern, was die Existenz der Berliner PR-Büros von Byoirs und Lee Anfang der 30er Jahre dokumentiert. Auch NS-Regime und -Wirtschaft beobachteten die Entwicklung der Public Relations in den Vereinigten Staaten genau und hatten keine Berührungsängste, Know-how zu adaptieren oder bereitwillige PR-Berater zur Verfolgung eigener Ziele kommerziell zu binden. Bei denen, die unmittelbar in den Vereinigten Staaten das Berufsfeld Public Relations kennenlernten und sich nach dem Krieg in der Bundesrepublik als PR-Berater selbständig machten, wird diese Kenntnis vermutlich entscheidenden Einfluss auf ihre Gründungsmotivation gehabt haben. Insgesamt legt die Zahl der Hinweise den Schluss nahe, dass die Berührungspunkte mit der sich seit dem ersten Weltkrieg rasch entwickelnden US-amerikanischen PR-Branche bereits vor 1945 dazu führten, dass das Berufsfeld PR-Beratung in Existenz und Funktionsweise den PR-nahen Fachkreisen vertraut war.

12.2 Historische Rahmenbedingungen

Entstehung und Etablierung des Berufsfeldes müssen in hoher Abhängigkeit von den historischen Rahmenbedingungen gesehen werden. Die Zeit unmittelbar nach dem zweiten Weltkrieg brachte nur in Ausnahmefällen eine rasche berufliche Neuorientierung, sondern war beeinflusst vom Überlebenskampf in einer von wirtschaftlicher Not geprägten Nachkriegsgesellschaft. Erst die Besatzungspolitik der Westalliierten unter Führung der Vereinigten Staaten schuf Zukunftsoptionen. Die Etablierung der parlamentarischen Demokratie ab 1948 machte dann den Weg frei für neue Karriereverläufe unter geänderten politischen und (markt-)wirtschaftlichen Bedingungen. Dabei gehörte der Bruch mit einer mehr oder weniger belasteten beruflichen Vergangenheit für viele, die im „kommunikativen" Bereich tätig waren, dazu. Bereits in der Transformationsphase zwischen 1948-51 zeichnete sich dann eine politische und wirtschaftliche Stabilität ab, die mit ihrer west- und marktwirtschaftlichen Orientierung ein Maß an Zukunft versprach, das erste Persönlichkeiten dazu bewegte, sich als PR-Berater selbständig zu machen. Ebenfalls nicht unerheblich muss in dieser Phase der Einfluss der sich zwischen 1945-49 rasch neu entfaltenden Medienlandschaft gewesen sein. Das politische Klima der Westernisierung und erste Wahlen sorgten Anfang der 50er Jahre für Schub im politischen Bereich, während wirtschaftlich mit dem Korea-Boom 1951 ein selbsttragender dauerhafter Wachstumsprozess einsetzte, der Deutschlands Rückkehr auf den Weltmarkt und den Durchbruch in eine über zwanzig Jahre andauernde Aufschwungphase brachte, die den Lebensstandard innerhalb der Gesamtbevölkerung um ein Vielfaches anhob. Die erste Gründungsphase wurde befördert durch den Start in eine Konsumgesellschaft, die sich im letzten Drittel der 50er Jahre vollständig etablierte und einherging mit einer verstärkten Nachfrage und einer stetig wachsenden Infrastruktur für Massenkonsum. Siegrist (1994, S. 310) attestiert in dieser Phase der Neustrukturierung von Märkten und der Neuverteilung von Einkommens- und Einflusschancen den freien Berufen allgemein, immer mehr Elemente einer „Unternehmereinstellung" übernommen zu haben. Ein mentalitätsgeschichtlich interessantes Moment, erinnert es doch an das Gründungsklima, in dem in den 1920er Jahren in den Vereinigten Staaten viele PR-Berater den Schritt in die Selbständigkeit wagten.

Zu diskutieren ist im Zusammenhang mit dem erwachenden Bewusstsein für Public Relations in der Bundesrepublik Anfang der 1950er Jahre die Einflussgröße einer generellen Amerikanisierung. Hilger verzeichnet (2004, S. 281-282) für die 1950er und 60er Jahre einen verstärkten Amerikanisierungsschub, der allerdings nach ihrer Ansicht nicht zu einer kritiklosen und unveränderten Adaption amerikanischen Gedankenguts, sondern zu einer durch den Willen zur Eigenständigkeit geprägten Form der Auseinandersetzung führte. Auch Wehler vertritt die These (2008, S. 51) einer grundsätzlichen Offenheit und Lernbereitschaft gegenüber Entwicklungen aus den Vereinigten Staaten, die aber auf ein traditionsbedingtes Selbstbewusstsein der eigenen industriellen und technologischen Leistungsfähigkeit traf. Im Hinblick auf das Berufsfeld PR-Beratung sind zwei Aspekte relevant. Unbestritten ist hier das hohe Maß an Beobachtung und Orientierung am US-amerikanischen PR-Vorbild. Die in den 50er Jahren intensiv geführte Diskussion, inwieweit Public Relations US-amerikanischer Prägung auf deutsche Verhältnisse übertragbar sind, sowie die vielfach dokumentierte Zurückhaltung der deutschen Wirtschaft sich vorschnell auf Public Relations einzulassen, bestätigen Wehlers und Hilgers Sichtweise. Maßgeblich für die 60er Jahre waren die sich ausbreitende Wohlstandsgesellschaft, das sich steigernde politische Interesse und die immer umfassendere Mediatisierung. Der sich fortschreibende wirtschaftliche Aufschwung machte mit zunehmender europäischer und weltwirtschaftlicher Verflechtung die Bundesrepublik auch zu einem attraktiven Zielmarkt für internationale Agenturnetzwerke. Märkte und Konsumverhalten wurden weitaus komplexer und die Anzahl der Markenprodukte vergrößerte sich rapide. Dies betraf ebenfalls die kommunikativen Zugänge zu ihren „Markenwelten". Damit fand amerikanisches Marketing-Know-how einen immer größeren Eingang in die deutsche Wirtschaftspraxis. Die Absatzorientierung bescherte der Werbung weitere Wachstumsraten, aber auch den entsprechend eingesetzten Public Relations. Die Anzahl der PR-Dienstleister stieg weiter an, immer mehr Unternehmen, politische und staatliche Institutionen arbeiteten mit externen PR-Kräften zusammen, was zunehmend zu Personalproblemen innerhalb der überschaubaren Branche führte. Ein wichtiges Schlüsselereignis war die kurze Rezession von 1966/67. Nicht dass sie sich nachhaltig negativ auswirkte, die Wirtschaft erholte sich sehr schnell. Aber eine wesentliche Erkenntnis aus dem kurzen Schock war, dass Wirtschaftswachstum nicht mehr selbstverständlich, sondern durch Planung und Steuerung abgesichert werden musste. In den Unternehmen setzte sich diese Grundhaltung weiter durch und führte bei vielen zu strategischeren, marktorientierten Entscheidungen. Die beauftragten Werbeagenturen professionalisierten ihre Instrumente weiter. Trotz steigender Werbebudgets verschärfte sich in diesen Jahren die Konkurrenz im Werbemarkt, was ebenfalls im Sinne des Full-Service zu einem intensiveren Zugriff auf die Schwesterdisziplin Public Relations führte. Die PR-Branche profitierte von der gesteigerten

Nachfrage nach Expertise, was sich auch in verstärkten Gründungsaktivitäten niederschlug, denn bis Anfang der 70er Jahre war das Wirtschaftsklima weiterhin von Vertrauen in die Zukunft geprägt. Erst mit der Ölkrise von 1973 begann es sich einzutrüben. Politisch war die Phase zwischen 1966 und 1973 beeinflusst vom endgültigen Bruch mit der Gründerära und wichtigen Reformentscheidungen. Die Öffnung der Politik in Richtung Konsens und Kompromiss bescherte zudem der politischen Kommunikation einen Schub. So gehörten, nach der DPRG-Berufsbilderhebung von 1968, politische Institutionen in Kommune, Land und Bund zu einer wichtigen Gruppe von PR-Auftraggebern. Ein maßgeblicher Einfluss blieb die anhaltende Mediatisierung des gesellschaftlichen Lebens, welche die Relevanz von Public Relations und die Nachfrage nach PR-Leistungen weiter beförderte. Dem gegenüber stand ein engagierterer Journalismus, der ab der zweiten Hälfte der 60er Jahre ein kritischer Begleiter der sich ausdehnenden PR-Branche wurde.

12.3 Markt und Akteure

Eine Etablierung des Berufsfeldes setzte bereits in der unmittelbaren Nachkriegszeit ein. So gehörten Ahrens, Brose und Todtmann zu den ersten, die sich als externe PR-Dienstleister selbständig machten. Inwieweit ihre berufliche Eigendefinition zu diesem Zeitpunkt bereits eine solche war, darüber existieren nur persönliche Bekundungen. Ihre Gründungsmotivation mochte individuell gewesen sein, generell verfügten alle über einen journalistischen oder PR-relevanten Hintergrund. Als eigentlicher Startpunkt einer kontinuierlichen Berufsfeld- und Marktetablierung muss der Beginn der 50er Jahre gesehen werden. Eingebunden in eine sich verbessernde wirtschaftliche Lage startete ein erster Kreis in die Selbständigkeit, entweder als Einzelberater oder direkt als PR-Agentur. Diese noch kleine Gruppe von PR-Beratern umfasste gegen Ende der 50er Jahre ungefähr 100 Personen. Verstärkt wurde der Etablierungsprozess durch internationale PR-Akteure, die an die ersten Kontaktstrukturen aus der Vorkriegszeit anknüpften und sich als Auftragnehmer für den US-amerikanischen Markt anboten. Dies unternahmen sie mit deutschen Niederlassungen, einer respektablen Vernetzung in relevante Kreise und einer nicht immer positiven medialen Aufmerksamkeit. Als erstes internationales PR-Network nahm Hill & Knowlton den deutschen Markt in „Angriff". Die nachvollziehbare Anzahl von in der PR-Dienstleistung Beschäftigten verdreifachte sich bis Mitte der 60er Jahre. Schwer zu beurteilen ist die Anzahl von Marktteilnehmern, die wertend als unseriöse Anbieter klassifiziert wurden. Zeitgenössische Quellen berichten immer wieder von ihrer Existenz, Zahlen oder Fallbeispiele bleiben sie meistens schuldig. Ihr Einfluss ist trotzdem ernst zu nehmen, da sich das berufsständische und marktbezogene Verhalten vielfach an ihnen ausrichtete.

Die Voraussetzungen, die die meisten in den Beruf mitbrachten, waren eine akademische Ausbildung und eine berufliche Heimat, die häufig im Journalismus oder in der Werbung lag. Die Gründungsintensität nahm in den 60er Jahren deutlich zu, natürlich auch motiviert durch überdurchschnittliche Verdienstmöglichkeiten. Dabei war es besonders das Geschäftsmodell PR-Agentur, das sich in diesen Jahren im Markt festsetzte, sei es als eigenständige Gründung oder als Ableger einer Werbeagentur. Besonders gegen Ende der Dekade kam es noch einmal zu einem markanten Anstieg. Anfang der siebziger Jahre umfasste das qualifizierte Berufsfeld dann nach zeitgenössischen Schätzungen – Schulze van Loon mit Stand 1972 – um die 50 Agenturen und 200 Einzelberater.

Dem ersten Angebot an PR-Dienstleistung stand eine Nachfrage gegenüber, die sich nur zögerlich entwickelte. Zwar war das generelle Interesse an der Disziplin Public Relations sehr hoch, aber es fehlte eine nationale Informationsbasis, die Wissen und ein deutliches Verständnis vermitteln und damit für Anforderungen und Möglichkeiten sensibilisieren konnte. Stattdessen existierte eine verwirrende Gemengelage unterschiedlicher Auffassungen, von unseriös über kritisch bis zu fachkundig. Verbunden war dies mit einer generellen Skepsis gegenüber amerikanischen Methoden und einer in der Nachkriegsphase bei vielen Unternehmen divergenten betriebswirtschaftlichen Priorisierung. Auch der stete Blick auf die PR-Infrastruktur der Vereinigten Staaten oder die Anwesenheit erster internationaler PR-Akteure im Markt konnten daran nichts ändern. In den 60er Jahren sorgten dann der sich verfestigende Massenkonsum und die fortschreitende Mediatisierung für eine kontinuierlich steigende Nachfrage. Wie sehr sich PR-Dienstleistung im Wirtschaftsleben manifestierte, belegen die Umfragen des Public Relations Report zur Zusammenarbeit mit Dienstleistern, die zwischen 1966 und 73 von 20 % auf 55 % anstieg. Der Blick in die Kundenstruktur der Dienstleister (IFK Primärerhebung 1969) offenbart zudem eine umfangreiche Beauftragung durch politische Institutionen und Verbände.

Aufgrund der zunehmenden Etablierung des Berufsfeldes und seines Marktes spezialisierten Mitte der 60er Jahre erste Fachzeitschriften auf PR und sorgten für eine kontinuierliche Beobachtung, die Trends und Entwicklungen ausmachte und dem Branchengeschehen Transparenz gab. Erste „New Business"-Umfragen dieser Fachzeitschriften zeigen ein Berufsfeld, das in den 60er und Anfang der 70er Jahre mit einem stetig steigenden Auftragsbestand vom ungebrochenen Wirtschaftswachstum profitierte. Gleichzeitig vergrößerten sich durch die wachsende Anzahl teilweise sehr heterogener Wettbewerber im Markt die Positionierungsanforderungen. Angesichts der steigenden Nachfrage an Festangestellten direkt von Unternehmen und Institutionen wurde die begrenzte Anzahl qualifizierter Arbeitskräfte zum limitierenden Faktor. Einer insgesamt noch immer rudimentären Ausbildungsstruktur standen mit Werbung und Journalismus zwei ebenfalls expandierende und damit um Nachwuchs konkurrierende Berufsfelder gegenüber. Auch kundenseitig verstärkte sich der Druck, da die Auftraggeber über die Jahre ihren Umgang mit Public Relations weiter professionalisiert hatten und mit einem größeren Verständnis PR-Leistungen „am Markt einkauften".

12.4 Wissensbasis

Die Wissensbasis Public Relations und damit ein Großteil des Berufswissens PR-Beratung konnte auf ein handwerklich-instrumentelles Fundament aufsetzen, das sich bereits durch Traditionslinien in der Öffentlichkeitsarbeit – aber auch Propaganda – herausgebildet hatte. Der Beruf des PR-Beraters wurde ebenso wie die Public Relations generell an sich schon vor dem Krieg von Fachkreisen aufmerksam verfolgt. Hierzu gehörten kommunikativ Tätige mit Verbindungen in die Vereinigten Staaten, interessierte politische Kreise oder deutsche Unternehmen mit Engagement im US-amerikanischen Markt. Sie rezipierten relevante US-Fachliteratur oder hatten Kontakt zu US-amerikanischen PR-Dienstleistern. Das „Eintauchen" in Demokratie und liberale Marktwirtschaft westlicher Prägung nach dem 2. Weltkrieg war verbunden mit der Suche nach Orientierung und Vorbild. Amerikanische Ideen und Entwicklungen im Umgang mit der Öffentlichkeit wurden sehr interessiert aufgenommen und führten zu einer ersten, von den Medien mitgetragenen Welle der Auseinandersetzung. Dabei konzentrierte sich der Wissenserwerb in erster Linie auf die Kommunikationsdisziplin Public Relations. Das Bild einer boomenden US-amerikanischen „PR-Industrie" wurde dabei in positiven Zusammenhängen mittransportiert.

Die erste deutsche Fachliteratur war vornehmlich amerikanisch geprägt, wenn auch mit kritischer Auseinandersetzung. Theoretisch wie instrumentell stand der Wissenspool der Gesamtdisziplin im Vordergrund. Das Berufsfeld PR-Beratung wurde nur in geringem Maße erörtert. Dabei wurden zugeordnete Berufsbilder und Organisationseinheiten deutlich umrissen – der amerikanische Markt bot zahlreiche Beispiele. Als Vorteile des Dienstleistungsmodells wurden Unabhängigkeit und breites Erfahrungswissen angeführt.

Eine eigenständige Wissensbasis entwickelte sich im Laufe der 1960er Jahre. Die ersten nationalen Fachbücher setzten sich rudimentär mit Berufsspezifika dienstleistender PR-Berater auseinander. Auf der anderen Seite „eroberte" sich die PR-Beratungsbranche mit zunehmender Relevanz die Aufmerksamkeit der Fachzeitschriften oder sorgte selbst mit einem ersten Fachkongress für Wahrnehmung. Maßgeblich für eine eigenständige Wissensbasis PR-Beratung waren die sich nach 1964 etablierenden „reinen" PR-Fachmedien. Sie trugen zur Profilierung der Berufsgruppe und Markttransparenz bei. Neben allgemeinen Informationen vermittelten sie zudem spezifisches Anwendungswissen.

Das Professionalisierungsfeld Verwissenschaftlichung wurde über den gesamten Untersuchungszeitraum durch die höhere Präsenz der festangestellten PR-Fachleute geprägt. Bei den Dissertationsthemen dominierten nach einer ersten generellen Auseinandersetzung mit der Disziplin, spezielle Fach- oder unternehmensspezifische Themen. Veranstaltungen an Hochschulen waren in den meisten Fällen die Domäne der Festangestellten, was sich auf die Themensetzung auswirkte.

12.5 Ausbildung

Zwar brachten sich PR-Berater vereinzelt in den sich langsam entwickelnden PR-Ausbildungsbetrieb ein, ohne allerdings thematische Schwerpunkte zu setzen. Auch die Ausbildung wurde maßgeblich durch die festangestellten PR-Fachleute vorangetrieben. Interessierte PR-Berater profitierten vom generellen Bildungsangebot. Überlegungen, sich weitgehender mit eigenen Ausbildungsstrukturen zu beschäftigen, kamen erst auf, als Personalengpässe in der zweiten Hälfte der 60er Jahre den wirtschaftlichen Druck auf Berater und Agenturen vergrößerten. Zu diesem Zeitpunkt war die Branche zu heterogen und strukturell nicht in der Lage, sich entsprechend zu engagieren. Grundsätzlich gab es die wirtschaftlich attraktive Lösung, ausgebildete Kräfte z. B. aus dem Journalismus abzuwerben, die zunehmende Komplexität des beruflich relevanten Wissens schärfte aber das Bewusstsein für die Notwendigkeit eigener Ausbildungsstrukturen.

12.6 Fachliche Organisation

Der Zusammenschluss der im Berufsfeld Public Relations tätigen Akteure in einer Fachorganisation wurde hauptsächlich durch die angestellten PR-Fachleuten befördert. Der angestrebte elitäre Charakter des Berufsverbandes machte die Mitgliedschaft von freien PR-Beratern schon im Gründungsprozess zum Politikum. Zwar waren respektierte Vertreter dieser Berufsgruppe im Gründungskreis vertreten, über die generelle Aufnahme von weiteren PR-Berater-Mitgliedern bestanden unterschiedliche Ansichten. Die qualitative Heterogenität der Berufsgruppe und ihr belasteter Ruf erschwerten die Entscheidungsfindung. Letztendlich votierte der Gründungskreis für die PR-Berater, legte aber für beide Berufsgruppen gleich hohe Einstiegshürden fest, um dem Qualifikationsanspruch gerecht zu werden. Bereits dem ersten DPRG-Vorstand gehörten dann zwei PR-Berater an und auch in den folgenden Jahren waren im Führungskreis des Verbandes immer PR-Berater vertreten. Wird dem „Todtmann-Golombek-Wagner"-Resümé gefolgt, blieben Umstand und Wirkung auf die übrigen Berufsgruppen-Mitglieder gering. Die in diesem Dokument geäußerte Einschätzung, dass aufgrund der Industrie-Prägung des Verbandes die gruppenindividuellen Interessen der PR-Berater nicht optimal verfolgt worden seien, hinterlässt einen ambivalenten Eindruck. In Anbetracht des Entwicklungsstadiums des PR-Berufs generell profitierten sie von der Basisarbeit bei Berufsgrundsätzen, Ausbildung oder „PR für PR". Dass sie sich trotzdem in dieser Anfangsphase bei der DPRG nicht aufgehoben fühlten, mag am numerischen Übergewicht der Festangestellten gelegen haben. Verbandspolitisch spielten diese die größere Rolle und die PR-Berater in den Führungsgremien setzten zu wenig berufsgruppenspezifische Akzente. Mit den letztendlich verabschiedeten Berufsgrundsätzen bekamen die PR-Berater relevante Leitlinien, die ihnen eine klare Abgrenzung und Positionierung als DPRG-Mitglieder erlaubten. Schwer nachzuvollziehen ist die lange „Redaktionszeit" bis zur Verabschiedung der Grundsätze, die sich in weiten Teilen dann doch an existierenden internationalen Vorlagen orientierten. Zumal der Druck durch unqualifizierte oder unseriöse Anbieter schon seit Etablierung des Berufsstandes bestand. Insgesamt waren es die sich langsam verändernden Markterfordernisse, die Problemstellungen schufen, die den PR-Beratern und -agenturen ab Mitte der 60er Jahre verbandspolitisch „unter den Nägeln brannten" und ein größeres Engagement zeitigten. Gleichzeitig wuchs der Zweifel, ob in einem von Festangestellten dominierten Verband diesen Themen die notwenige Aufmerksamkeit geschenkt werden würde. Der „eigene" Verband zur besseren Interessenswahrnehmung wurde zur Option. Die DPRG bewies in dieser Phase genügend Sensibilität, die PR-Berater durch Signale, Themensetzung und eigene Gremien wieder einzufangen.

Auch die Gründung der GPRA war eine Reaktion auf Markterfordernisse. Die Interessen der PR-Agenturen als Wirtschaftsunternehmen hatten sich gegenüber Festangestellten und PR-Einzelberatern deutlich verändert. Zwar gab es berufsständisch nach wie vor eine hohe thematische Deckung, doch die Gestaltung eines Marktes für PR-Dienstleistungen erforderte einen unmittelbareren Einfluss. So schien sich der anfänglich angestrebte „Eliteanspruch" der DPRG, im Laufe der Jahre abgenutzt zu haben und für einige Agentur-Mitglieder als Differenzierungsmoment im Markt nicht mehr auszureichen. Ihr Anspruch und ihr Leistungsversprechen zielten eindeutig auf eine Abgrenzung gegenüber unqualifizierten Anbietern. Die kurze Eintrübung der Beziehungen zur DPRG war sicherlich auch das Ergebnis von „Befindlichkeiten". Eine wirkliche Konkurrenzsituation entstand durch die Gründung nicht, da beide voneinander profitierten und der angestrebte Schulterschluss schnell gefunden wurde. In der Außenwahrnehmung verlieh die Gründung der GPRA den PR-Dienstleistern ein deutlicheres Profil.

12.7 Abgrenzung und interprofessionelle Konkurrenz

Für die untersuchte Berufsgruppe waren drei benachbarte Berufsfelder maßgeblich: die festangestellten Berufskollegen, die Werbung und der Journalismus.

Die Abgrenzung gegenüber den festangestellten PR-Fachleuten war aufgrund der großen inhaltlichen Übereinstimmung von Wissen und Funktion gering und eher von additiven Aspekten geprägt. Beide Berufsgruppen suchten keine direkte Abgrenzung, sondern sahen sich als unterschiedliche „Ausübungsformen" von PR-Expertise. Dabei oblag es der individuellen Situation von Unternehmen oder Institutionen und ihrer PR-Problemstellung, in welcher Form PR-Expertise gebunden wurde. Die Grenzen zwischen den Berufsfeldern waren durchlässig. Häufig machten sich erfahrene festangestellte Berufsvertreter selbständig und wechselten auf die Dienstleisterseite, um an den wesentlich lukrativeren Verdienstmöglichkeiten zu partizipieren. Der Umgang miteinander war innerhalb der qualifizierten Zirkel kollegial. Zum „belastenden" Problem wurde von Beginn an der negative Einfluss, den besonders unseriöse und weniger qualifizierte Dienstleister auf die öffentliche Wahrnehmung hatten. Zahlenmäßig war der weitaus größere Anteil der PR-Fachleute festangestellt, was in Deutschland nicht anders war als in den Vereinigten Staaten oder Großbritannien. Entsprechend groß war auch ihr Einfluss auf den Gesamtberufsstand. Mit zunehmendem Selbstbewusstsein der PR-Dienstleisterbranche wurde dies als Dominanz empfunden und kritisiert. Trotzdem waren PR-Berater und -Agenturen sich immer ihrer Abhängigkeit von den Festangestellten als Auftraggeber bewusst. Als ab Mitte der 60er Jahre das Thema Kunde und Kundenbeziehung weitaus intensiver reflektiert wurde, spielte die Beziehungsgestaltung zu den festangestellten PR-Fachleuten eine wichtige Rolle. Erste wirkliche Abgrenzungshinweise stammen aus den beginnenden 70er Jahren, als sich Festangestellte ethisch und qualitativ von ihren dienstleistenden Kollegen absetzten, um sich „höherwertiger" zu positionieren.

Mehr von Koexistenz als von Konkurrenz geprägt war die Beziehung zum Berufsfeld Journalismus. Dabei geht es unter abgrenzungsspezifischen Gesichtspunkten nicht so sehr um die funktionale Arbeitsbeziehung von PR-Fachleuten und Journalisten. Für das Gesamtberufsfeld Public Relations war der Journalismus personell eine wichtige Ressource. Viele PR-Berater hatten ihre Wurzeln im Journalismus, da journalistische Fertigkeiten für den PR-Beruf grundlegend waren. Die Grenzen waren durchlässig und die jeweiligen Arbeitsmärkte beeinflussten sich, besonders als sich mit Mitte der 60er Jahre erste Personalengpässe innerhalb des PR-Gesamtberufsstandes abzeichneten. Ausgewiesene Abgrenzungsprobleme, die speziell die PR-Dienstleister betrafen, sind nicht festzustellen. Das Thema Schleichwerbung war umfassend und eine inhaltliche Konfliktlinie mit dem Journalismus naheliegend. Aber auch das Verhältnis der beiden Berufsverbände war wenig problembehaftet, Doppelmitgliedschaften in beiden Verbänden häufig. Weitaus diffiziler war die Außensicht des kritischen Journalismus auf den PR-Gesamtberufsstand. Eine positive Sichtweise der Medien war selten, es dominierten Neutralität oder eine häufig von Unkenntnis und Angst vor Beeinflussung bestimmte negative Sicht.

Komplex und von starker interprofessioneller Konkurrenz geprägt war das Verhältnis zur Werbung. Dabei wurde das Miteinander beider Berufsfelder in der Nachkriegszeit besonders durch die Entwicklungslinien der Werbung beeinflusst. Obwohl sie in der Zeit der Weimarer Republik strukturell zügig professionalisierte und auch der Status einer Profession erklärtes Ziel war, bescheinigt Hirt (2013, S. 360-365) dem Berufsfeld zum Zeitpunkt der Machtübernahme wenig Sozialprestige und einen geringen Grad an Professionalität. In der sich dann in der Bundesrepublik etablierenden jüngeren Kommunikationsdisziplin Public Relations sahen viele Werbepraktiker ein Vereinnahmungsobjekt, das im Hinblick auf seine gesellschaftspolitische Relevanz dem eigenen Berufsfeld eine Aufwertung verleihen konnte. Dabei galt die pragmatische Nähe zur Schwesterdisziplin als Hauptargument. Zwar hielten bei den Werbern viele eine strikte inhaltliche Trennung für notwendig, der grundsätzliche Wesensunterschied wurde aber nur bedingt verinnerlicht. Das Bekunden der GWA-Agenturen 1952 in ihren Richtlinien auch Public Relations steuern zu können und zu wollen, unterstreicht bei den Willen zur Vereinnahmung. Das junge Berufsfeld setzte dem wenig entgegen, zu sehr fehlte in dieser Phase eine klare Eigenorientierung. Sicher war nur, dass eine zu große organisatorische „Nähe" zur Werbung als wenig positiv empfunden wurde. Innerhalb der erstarkenden Public Relations Branche der 60er Jahre gab es dann weniger Berührungs- oder Bedrohungsängste. Markantes Ereignis in deutlicher Abgrenzung zur Werbung war 1964 die Verabschiedung eigener Berufsgrundsätze.

Wie selbstverständlich wurden von den PR-Dienstleistern die stetig zunehmenden Aktivitäten der Werbeagenturen in ihrem Markt hingenommen, ja sogar begrüßt. Gerade die größeren Werbeagenturen steuerten dabei über ihre PR-Abteilungen oder -Ausgründungen ein hohes Maß an organisatorischem Know-how, an Dienstleistungswissen und integrativem absatzorientiertem Denken bei, von dem letztendlich die gesamte PR-Beratungsbranche profitierte. Kritisch wurde die Beziehung immer nur dann, wenn wie im Falle von Schleichwerbung oder allzu lockerer Verknüpfung von Werbung und Public Relations Grundprinzipien verletzt wurden. Ansonsten nahmen die reinen PR-Dienstleister bereitwillig zur Kenntnis, dass die Kunden ressourcenorientiert den Full-Service aus einer Hand zu schätzen wussten.

12.8 Kodizes und Standards

Die ethische und grundsatzbezogene Fundierung der Berufsgruppe kann ebenfalls nur in enger Korrespondenz mit der Entwicklung des Gesamtberufsstandes gesehen werden.

Bereits Anfang der 50er Jahre wurde der Ruf nach ethischer Fundierung laut, da gerade die diskursive Findungsphase genutzt wurde, um erste kommerzielle, nicht immer seriöse Pflöcke einzuschlagen. Dies schien angesichts der wenig ausgeprägten Beurteilungsfähigkeit von Public Relations in Wirtschaft und Politik nicht sehr schwierig gewesen zu sein. Das Dienstleistungs- oder Beratungsverhältnis ermöglichte dabei wegen seiner geringeren Bindungsmomente auch ein „unseriöses Mitnehmen" von Mandaten.

Erste ethische Überlegungen von Hundhausen (1951) und Gross (1951) zielten auf eine deutliche Abgrenzung zu deutschen Propagandastandards. Thematisch konzentrierten sie sich zuerst auf das ethisch einwandfreie Verhalten gegenüber Presse und Öffentlichkeit. Ein für den Gesamtberufsstand wichtiger Schritt war die Verabschiedung der ersten Berufsgrundsätze 1964 und eines Berufsbildes 1969 durch die DPRG, die beratungs- und kundenrelevante Spezifika berücksichtigten und neben ethischen Momenten auch erste wesentliche Standards formulierten. Der Verband verpflichtete seine Mitglieder auf die Einhaltung dieser Grundsätze und bot ihnen gleichzeitig durch die Einrichtung eines Ehrenrates Hilfestellung bei ihrer Durchsetzung. Mit der offiziellen Annahme des Code d´Athènes durch die DPRG 1966 wurde ein internationaler Ethik-Standard bindend. Er galt vornehmlich für Verbandsmitglieder und musste innerhalb des Gesamtberufsstandes erst Relevanz entwickeln und seine Wirkung in

Richtung „unseriöse Kräfte" entfalten. Dass eigene Arbeitsgrundsätze für PR-Berater und damit die Ausdifferenzierung einer eigenen Dienstleistungsethik innerhalb der DPRG angedacht wurden, muss im Zusammenhang mit der Verabschiedung des wichtigen Standards Honorarrichtlinien gesehen werden und deutet auf ein gewachsenes Standesbewusstsein hin. Schlussendlich waren die dort angedachten Inhalte nicht konsensfähig. Die Gründe hierfür sind spekulativ, eine vielen PR-Beratern zu weitgehende Verbindlichkeit scheint wahrscheinlich.

Eine gemeinsame Handlungsgrundlage war hingegen bei der Gründung der GPRA vorhanden. Auch wenn die PR-Agenturen von den DPRG-Grundsätzen profitierten, hatten sich ihre Interessen soweit verändert, dass eine eigene Plattform zur Durchsetzung notwendig erschien. Mit Blick auf die beratungsrelevanten Standards und Schlüsselthemen im Untersuchungszeitraum entstand immer dann eine besondere Dynamik, wenn sie Marktrelevanz besaßen. Mitte der 60er Jahre entwickelte das Schlüsselthema Honorierung aus der Dringlichkeit einer verbandsspezifischen Haltung gegenüber der Erfolgshonorierung Relevanz, was dann schnell zur Verabschiedung von Honorarrichtlinien führte. Ein Standard, der über seine Regelungsfunktion hinaus wichtig war, indem er zur Ausbildung einer berufsgruppenspezifischen Identität beitrug und weitere Subthemen, wie das der Erfolgskontrolle, beförderte. Auch um den Themenkomplex Kundenbeziehung entstanden immer wieder Diskussionen, die in Versuchen mündeten, bindende Standards zu schaffen. Besonders bei der Auftragsvergabe, entweder über öffentliche Ausschreibungen oder über Wettbewerbspräsentationen, drängten die Verbände ihre Mitglieder und generelle Auftraggeber auf Verbindlichkeiten. Der standardisierte Umgang sollte unlautere Methoden auf beiden Seiten von Beginn an unterbinden.

12.9 Identität und Image

Während Fachkreise mit der Disziplin Public Relations und der amerikanischen PR-Branche bereits vor und unmittelbar nach dem Krieg konkrete Vorstellungen verbanden, entstand erst Anfang der 50er Jahre in der bundesrepublikanischen Wirtschaft und Öffentlichkeit ein intensiveres Interesse. Diesem Informationsbedarf stand vornehmlich amerikanisches Knowhow gegenüber, das innerhalb kurzer Zeit in unterschiedlicher Durchdringungstiefe und Intention adaptiert wurde. Da die Zahl nationaler Experten überschaubar war, bildete sich bereits in dieser Phase eine Gruppe „leicht qualifizierter Interpreten", die in die Wissensvermittlung einstiegen und Bedarf und Unsicherheit nutzten, um kommerzielle Interessen zu verfolgen. Obwohl mit einer ersten nationalen Fachliteratur eine solide Wissensbasis entstand, reichte diese Orientierungsphase aus, dass unseriöse Kräfte sich festsetzten und ein erstes Gesamtberufsimage negativ beeinflussten. Das immer wieder gezeichnete Bild einer boomenden amerikanischen PR-Industrie, in der lukrative Verdienstmöglichkeiten gerade für PR-Berater existierten, förderte den Zulauf auch unqualifizierter Akteure. Das Motiv des „profitgierigen PR-Geschäftemachers" wurde noch in den 60er Jahren von kritischen Journalisten gerne bemüht und durch zahlreiche Negativbeispiele umfangreich gefüttert. Die Intransparenz des Berufs, eine Gemengelage aus Unwissenheit, Mystifizierung und gewollt verdecktem Handeln, war der faktische Nährboden für das bereits in der frühen Etablierungsphase negativ geprägte Fremdbild. Mit zunehmender Professionalisierung, wachsenden Marktaktivitäten und organisatorischer Aufwertung in den Unternehmen differenzierte sich in den 60er Jahren das Image. Durch die Gründung des Berufsverbandes und der Verabschiedung von Berufsgrundsätzen gewann die Abgrenzungspolitik gegenüber den „Unqualifizierten" noch einmal an Dynamik, trotzdem scheint dies gerade in der PR-Dienstleistungsbranche nicht unbedingt von Erfolg gekrönt gewesen zu sein. Zu hartnäckig halten sich die Hinweise auf „schwarze Schafe" und deren Verfehlungen. Auch unter den PR-Agenturen spielte dieses Moment eingedenk der Gründungsmotivation der GPRA eine maßgebliche Rolle. Den weniger qualifizierten Akteuren gerade unter den PR-Dienstleistern nutzte die schwierige Erfolgsbestimmung von Public Relations, verbunden mit einer „lockeren Beziehung" in Form zeitlich befristeter Aufträge. Über ihre letztendliche professionelle Qualifikation bleiben die Bestimmungen vage. Sicherlich spielten Abgrenzung und vermarktungsrelevante Eigenpositionierung durch professionelle „Selbsterhöhung" bei den durch die DPRG, wie Oeckl sie nannte, „Legitimierten" ebenfalls eine nicht unerhebliche Rolle. Eine eigene Identität entwickelte sich bei den PR-Dienstleistern in den 50er Jahre kaum, im Wesentlichen integrierten sie sich in den Gesamtberufsstand. Auch wenn das Berufsbild „PR-Berater amerikanischer Prägung" durchaus Bekanntheit entwickelte, so diente es nur bedingt zur Identifikation. Erst die nationale Schärfung und Abgrenzung und die Herausbildung eigener Interessens- und Themengebiete schufen eine Basis. Die Diskussion um und Verabschiedung von Berufsgrundsätzen durch die DPRG, mit ebenfalls beraterspezifischen Inhaltsanteilen, leisteten dann einen wichtigen Beitrag zur Identitätsbildung. Hinzu kam ein Markt, auf dem sich zunehmend größere und internationale Organisationseinheiten etablierten. Im Laufe der 60er Jahre vollzog sich eine deutlichere Ausdifferenzierung. Die PR-Berater drängten auf eine autonome Interessensvertretung und öffentliche Profilierung, die PR-Agenturen sahen sich immer mehr als Wirtschaftsunternehmen mit einer gesonderten Interessenslage.

12.10 Motive, Strategien und Treiber der Professionalisierung

Innerhalb des Untersuchungszeitraums zwischen 1945 und 1974 etablierte sich das Berufsfeld externe PR-Beratung nicht nur in Form von ersten Dienstleistungseinheiten in einem bundesrepublikanischen Markt, sondern durchlief auch erste professionalisierungsrelevante Entwicklungen. Die historischen Rahmenbedingungen spielten dabei eine nicht unerhebliche Rolle. So bescherten das fast durchgängige Wirtschaftswachstum und die zunehmende gesellschaftliche Mediatisierung und Demokratisierung dem Gesamtberufsfeld und der

Berufsgruppe im speziellen eine expansive Entwicklung. Selbst der kurze rezessive Einschnitt von 1966/67 sorgte für einen Akzeptanzschub. Generell zeigt die in dieser Forschungsarbeit historisch untersuchte strukturelle Ebene der Professionalisierung das Durchschreiten theoretisch relevanter Entwicklungsstufen und damit einen höheren Professionalisierungsgrad am Ende (1974) als zu Beginn (1945) des Untersuchungszeitraumes.

Dabei wurde innerhalb der einzelnen Prozessdimensionen ein Teil der Entwicklung gemeinsam mit dem Gesamtberufsstand durchschritten, bestand doch zwischen Festangestellten und Dienstleistern eine hohe berufsspezifische Schnittmenge. Eine weitergehende Ausdifferenzierung zeigte sich erst im Verlauf und unter sich verändernden Marktgegebenheiten. In diesen Professionalisierungsprozess brachte sich die Berufsgruppe PR-Berater ihrer quantitativen Präsenz entsprechend ein, ohne allerdings bis Mitte der 60er Jahre maßgebliche Impulse zu setzen oder die Dominanz der Festangestellten herauszufordern. Dienstleisterspezifische Berufsinteressen fanden in den Kodizes und Standards des Gesamtberufsstandes ihren Niederschlag. Ein genuines Eigeninteresse und eine eigene Berufsgruppenidentität bildeten sich erst mit steigender Anzahl, einem wachsenden Markt und einer sich verschärfenden Konkurrenzsituation. Parallel verlief die Abgrenzung einer eigenen Wissensbasis. Erst das Aufkommen eigener marktrelevanter Problemstellungen verbunden mit der sich ausdifferenzierenden Wissens- und Transparenzfunktion der Fachzeitschriften akzentuierte die eigene Kompetenz.

In einem in seiner Anfangsphase sehr überschaubaren Gesamtberufsstand war die Initiierung von Professionalisierungsprozessen immer auch gebunden an das Engagement einzelner Persönlichkeiten. Ohne die Leistung engagierter PR-Berater schmälern zu wollen, scheinen die festangestellten PR-Vertreter aus Wirtschaft und Institution aufgrund ihrer persönlichen Ambition und ihres in der frühen Bundesrepublik anerkannteren allgemeinberuflichen Status wirkmächtigere „Professionalisierungstreiber" gewesen zu sein. Die Institutionalisierung von Strukturen in Form von Fachverbänden, Fachzeitschriften oder ersten Ausbildungsträgern forcierten dann die Professionalisierungsprozesse zusehends.

Die Klienten waren über ihre Nachfrage und über die Gestaltung ihrer Kundenbeziehung zu den PR-Dienstleistern ein ebenfalls wichtiger treibender Faktor. Obwohl in der allgemeinen PR-Theorie die gesamtgesellschaftliche Relevanz und Gemeinwohlorientierung einen hohen Stellenwert einnehmen, spielte der Staat innerhalb der Professionalisierung des Gesamtberufsstandes kaum eine Rolle. Der Versuch 1966, eine staatliche Anerkennung des Berufsstandes zu erlangen, scheiterte. Ein Schicksal, das international fast die Regel war. Die Aufforderung an die DPRG, sich als Berufsorganisation selbst eine Berufsordnung zu geben und damit über die Mitgliedschaft Standards zu setzen, nahm diese umgehend auf.

Qualitativ teilte sich die Berufsgruppe der PR-Berater von Anbeginn in zwei Kategorien. Anscheinend lud das sich gerade etablierende Berufsfeld besonders Unqualifizierte und Unseriöse ein, ihre Dienste am Markt anzubieten. Die Gründe für ihre über die Jahrzehnte nachhaltige Präsenz sind vielfältig. Anfang der 50er Jahre stand einem regen Interesse an der Kommunikationsdisziplin Public Relations eine geringe nationale Expertise gegenüber. Ein erstes oberflächliches Wissen konnte sich jeder anhand der US-amerikanischen Vorgaben schnell aneignen. Die Berufsrolle des PR-Beraters war neu, frei zugänglich und stand für sehr gute Verdienstmöglichkeiten. Auch in den 60er Jahren sorgten dieser freie Berufszugang ohne Qualifikationshürden und die noch geringe Beurteilungsfähigkeit von PR-Expertise bei Auftraggebern für eine latent vorhandene Konkurrenzsituation zwischen Qualifizierten und Unqualifizierten. Qualität begann sich durchzusetzen, aber nur langsam.

Ebenfalls von einer permanenten Konkurrenz geprägt war das Verhältnis zur angrenzenden Berufsgruppe der dienstleistenden Werber. Obwohl es dem jungen Beruf mit der Zeit gelang, nach erster Vereinnahmung seinen Kompetenzbereich inhaltlich abzugrenzen und auch bei „gemeinsamen" Themen wie der Schleichwerbung Stellung zu beziehen, blieb er den Ambitionen und „Strategien zur Erweiterung möglicher Einsatzfelder" der Werber ausgesetzt. Besonders die Werbeagenturen verstanden es, sich im Laufe der 60er Jahre erfolgreich im PR-Dienstleistermarkt festzusetzen. Sie folgten dabei den wesentlichen Inhalten und Prinzipien der Public Relations und verinnerlichten die ethische Abgrenzung der Disziplinen weitgehend. So gelang es ihnen, sich über ihr eigenes additives und organisationsspezifisches Know-how im Markt zu platzieren und diesem deutliche Impulse zu geben. Konzepte wie das der integrierten Kommunikation wurden in Ansätzen bereits in den 50ern angedacht und Anfang der 70er marktfähig angeboten.

Innerhalb des Gründungsprozesses der DPRG spielte die Berufsgruppe der PR-Berater eine eher ambivalente Rolle. Um die „Vertretbarkeit" ihrer Berufsgruppe wurde gerungen und erst ab Mitte der 60er Jahre gewann sie dann ein eigenes verbandspolitisches Profil. Zwar beteiligten sich auch die PR-Berater am Aufbau von Ausbildungsstrukturen für den Gesamtberufsstand, eigene Akzente setzten sie kaum. Organisatorisch waren Anfang der 50er nur wenige innerhalb ihrer Berufsgruppe überhaupt in der Lage, einen Beitrag zur Ausbildung zu leisten. Erst die Zunahme größerer Organisationseinheiten, verbunden mit spezifischeren inhaltlichen Anforderungen und ersten Personalengpässen ab Mitte der 60er Jahre setzten Diskussionen um einen maßgeblicheren Ausbildungsbeitrag der PR-Berater und -Agenturen in Gang.

Werden die Professionalisierungsprozesse benachbarter Kommunikationsberufe in Betracht gezogen, zeigen sich grundsätzlich ähnliche Verlaufsmomente und Problemstellungen. Von den Berufsfeldern Werbung und Journalismus wurden die gleichen politischen und wirtschaftlichen Anpassungen verlangt, die Mediatisierung stellte an alle die gleichen Herausforderungen. Die Professionalisierung in der (Neu-)Anfangsphase der Bundesrepublik erfolgte in vergleichbaren Schritten und das, obwohl Werbung und der „moderne" Journalismus über eigenständige nationale Entwicklungslinien der Berufsetablierung verfügten und erste Professionalisierungsschritte bereits mit Beginn des 20. Jahrhunderts durchlaufen wurden.

12.11 Historische Phaseneinteilung

Eine erste als Arbeitsgrundlage vorgenommene Phaseneinteilung konnte in ihrem Zuschnitt historisch verdichtet werden. Sie bezieht sich ausschließlich auf das untersuchte Berufsfeld.

Die Datierung einer Formierungsphase auf die Jahre zwischen 1945 und 57 rechtfertigt sich aufgrund folgender Faktoren: Bereits unmittelbar nach dem Ende des zweiten Weltkriegs wurden erste relevante PR-spezifische Grundlagen gelegt. Der Neubeginn nach westlichen Vorgaben, die berufliche Neuorientierung für einen Großteil der deutschen Bevölkerung und die Umgestaltung der Medienlandschaft durch die Besatzungsmächte waren Formierungsbedingungen, die bereits zwischen 1948-51 zu ersten Dienstleister-Gründungen führten. Es etablierte sich ein erster Markt. Der aufkommende Informationsbedarf und eine sich entwickelnde Nachfrage führten zum Aufbau und zur Abgrenzung einer ersten beruflichen Wissensbasis.

Der Beginn einer Institutionalisierungsphase markieren die Gründungsaktivitäten zur DPRG und die Herausgabe eines ersten Fachorgans 1957/58. Beides waren professionsstrukturell wichtige Ereignisse. In den Folgejahren trieb der Verband die berufliche Institutionalisierung weiter voran. Die Fachmedien fungierten als Schrittmacher. Weitere Dienstleistungseinheiten vergrößerten die ökonomische Bedeutung des Berufsfeldes. Gemeinsam mit dem Gesamtberufsfeld grenzte es sich gegenüber benachbarten Kommunikationsdisziplinen ab und setzte erste Akzente in der Öffentlichkeit.

Die Jahre nach der bundesdeutschen Wirtschaftskrise von 1966/67 bedingten einen weiteren konjunkturellen Schub für das Berufsfeld. Das Umdenken innerhalb der Wirtschaft in Richtung einer intensiveren Marktbearbeitung schuf ein positives Wirtschaftsklima für Public Relations, von dem auch die Dienstleister profitierten. Indikatoren sind die intensive Gründungsphase zwischen 1969-73 und hohe Zunahme der Beauftragung externer PR-Dienstleister zwischen 1966-73. Die größere wirtschaftliche Bedeutung initiiert eine Phase zunehmender Ausdifferenzierung. Es entstand eine berufsfeldspezifische Wissensbasis. Die Dienstleister drängten auf eine eigenständige Profilierung gegenüber dem Gesamtberufsfeld und auf verbandspolitische Freiräume. Die Gründung eines eigenen Agenturverbandes ist allerdings nicht der bewusst gesetzte Endpunkt dieser Phase, sondern ein bedeutsamer Kulminationspunkt.

Die Studie endet in dem für die Bundesrepublik historisch wichtigen Jahr 1974. Maßgeblich hierfür waren weniger inhaltliche, sondern forschungspraktische Gründe.

13 Fazit und Ausblick

Die vorliegende Studie rekonstruierte in ihrem Hauptteil ein „historisches Bild" der Grundlagen, Entstehung und Professionalisierung des Berufsfeldes PR-Beratung in der Bundesrepublik zwischen 1945 und 1974. Dabei wurden Ausprägung, Verlauf und Umfang der Professionalisierung analysiert und die maßgeblichen Etablierungs-, Institutionalisierungs- und Professionalisierungsfaktoren in Abgrenzung zum gesamten PR-Berufsfeld und benachbarten Berufen bestimmt. In der Schlussbetrachtung wurden die einzelnen Kategorien, die Motive und Strategien maßgeblicher Bestrebungen analysiert und die leitenden Forschungsfragen erörtert.

In der Bilanzierung des historischen und professionstheoretischen Ertrages der Forschungsarbeit erwiesen sich das aus der Theorie abgeleitete Kategoriensystem und die damit verbundene Auswahl historischer Quellen als tragfähig zur Beantwortung der Forschungsfragen. Trotz einer insgesamt nicht befriedigenden Quellensituation konnte die Etablierung und Entwicklung des Berufsfeldes nachgezeichnet werden. Das weitgefasste Verständnis von Professionalisierung als multidimensionalen und richtungsoffenen Prozess erlaubte eine Annäherung an die Vergangenheit ohne eingeschränkte Perspektive. Unter den verarbeiteten professionstheoretischen Modellen ist besonders der Ansatz von Andrew Abbott hervorzuheben. Sein marktorientiertes Konzept, das den Professionellen als „Verkörperung" kommodifizierter Problemlösungskompetenz und in interprofessioneller Konkurrenz ein treibendes Motiv für Professionalisierung sieht, findet in vielen historischen Beobachtungen dieser Studie seine Bestätigung.

Im Ergebnis zeigt die Gegenüberstellung und Bewertung der relevanten Prozessdimensionen zu Beginn und Ende des Untersuchungszeitraumes eine deutliche Zunahme des Professionalisierungsgrades. Die Berufsrolle wurde ausformuliert, relevantes Berufswissen abgegrenzt, zwei Verbände institutionalisierten sich, Kodizes und Standards wurden installiert und erste spezifische Ausbildungsansätze waren feststellbar. Eine letztendliche Einordnung dieser ersten Professionalisierungsschritte bedarf weitergehender Untersuchungen und des Abgleichs mit anschließenden historischen Entwicklungen.

Trotzdem lassen sich die Ergebnisse der Studie mit aktuellen Befunden der PR-Berufsfeldforschung in Verbindung setzen. Röttger geht in ihrer Einschätzung (2010) von einer grundsätzlichen Professionalisierbarkeit des PR-Berufs aus, verneint aber, dass er jemals den Status einer Profession erreichen wird. Der Blick in ihre Defizitliste für das Gesamtberufsfeld (S. 319-320) weist Punkte auf, deren Relevanz strukturell bis in den Untersuchungszeitraum zurückreicht:

- Eine exklusive Problemlösungskompetenz sieht sie bisher als nicht gegeben an. Ein Umstand, der sich historisch in der durchgängig schwierigen Abgrenzbarkeit gegenüber benachbarten Berufen manifestiert.

- Ihr Befund einer immer noch nicht vorhandenen praxistauglichen und berufsrelevanten PR-Ethik lässt sich sicherlich nicht im Untersuchungszeitraum absehen. In diesem Bereich wurden durchaus erste Strukturen geschaffen.

- Anders verhält es sich beim anerkannten Berufszugang. Hier gab es weder erfolgreiche Initiativen im Untersuchungszeitraum, noch in den Jahren danach.

- Röttger hält eine übergreifende PR-Berufsidentität für nicht erkennbar. Im Untersuchungszeitraum zeigten sich durchaus erste Ansätze, auch im Segment PR-Beratung. Einschränkend muss jedoch festgestellt werden, dass es sich bei denen, die sich identifizierten, engagierten und rekonstruierbar artikulierten immer um eine „Speerspitze" handelte.

- Ambivalent beurteilt sie die Arbeit der Fachverbände, die nach ihrer Ansicht weder relevante Handlungsvorschriften noch Rollenbilder liefern (S. 114). Eine Wirkmächtigkeit der relevanten Berufsgruppen-Verbände DPRG und GPRA ist in dem überschaubaren Berufsfeld jener Jahre durchaus gegeben.

- Hinzu kommen das diffuse Wahrnehmungsbild und die fehlende öffentliche Anerkennung, die bereits im Untersuchungszeitraum existierten, und sich nach ihrer Ansicht bisher nicht gewandelt haben.

Ab Mitte der 70er Jahre expandierte das Gesamtberufsfeld stetig. Die Entwicklung ging einher mit einem zunehmenden Stellenwert der PR-Fachleute in Wirtschaft und Politik. Gleichzeitig vergrößerten sich die Anforderungen an die fachliche Expertise. Trotz zunehmender Verwissenschaftlichung, Systematisierung der PR-Ausbildung und Initiativen in Richtung gemeinsames Selbstverständnis – also einem offensichtlichen Fortschreiten der Professionalisierung – besteht in der Wissenschaft Einigkeit, dass bis heute kein Professionsstatus erreicht wurde. (Szyszka 2015, S. 505-506) Auch diese Studie entwickelt einen kommunikationspraktischen Nutzen und dient damit der Professionalisierung des Berufsfeldes. Zwei Aspekte stehen dabei im Vordergrund: Bentele (2013, S. 226) fordert zu Recht den intensiven Austausch von historischem Wissen zwischen Berufsfeld und Wissenschaft. Den meisten klassischen Professionen ist eine umfangreich erforschte Geschichte zu eigen. Ihre Aufarbeitung hilft aktuelle Gegebenheiten und Strukturen des jeweiligen Berufsfeldes zu verstehen. Zu jeder Form der PR-Ausbildung sollte auch die Vermittlung von Berufsgeschichte gehören. Eine professionelle Identität bedarf der Auseinandersetzung mit den eigenen Wurzeln. Sie vertieft das Selbstverständnis und unterstützt die Vermittlung der eigenen Problemlösungskompetenz.

Ein weiterer Aspekt gilt der interprofessionellen Konkurrenz. Gerade das Wissen um die schwierige Position gegenüber anderen Berufsgruppen, erfordert das eindeutige Bekenntnis zur Abgrenzung. Professionelle Kontur kann nur durch Deutungshoheit und Entscheidungsbefugnis gewonnen werden. Daher ist es gerade in Zeiten, in denen die Grenzziehung zwischen den Kommunikationsberufen verschwimmt, umso wichtiger, die eigene Kompetenz zu stärken und offensiv zu vertreten und den Professionalisierungsprozess in Wissenschaft und Praxis weiter voranzutreiben – jenseits der Erreichbarkeit eines spezifischen Professionsstatus.

Mit Blick auf die aktuelle Situation des Berufsfeldes und seine Anschlussfähigkeit an die vorliegende Studie ergibt sich weiterführender Forschungsbedarf, der „historische Lücken" schließt. Generell wartet die deutsche PR-Geschichte nach 1945 ihrer quellennahen Aufarbeitung. Ein dringliches Vorhaben – ist doch systematische, langfristige Archivierung in der Wirtschaft und bei Verbänden nicht ausgeprägt und stehen Zeitzeugen für einzelne Forschungsaspekte nicht ewig zu Verfügung.

Eine Erweiterung der historischen Untersuchung von Professionalisierung auf die Zeit nach 1974, das Gesamtberufsfeld und auf den Professionalitätsbegriff würde zusätzliche Perspektiven eröffnen und weitergehende Fragestellungen zur beruflichen Praxis, zum Miteinander der einzelnen Segmente im Gesamtberufsfeld oder dem Zusammenwirken zwischen PR-Dienstleistern und Leistungsnehmern beantworten.

Ein weiterer Forschungsbedarf besteht hinsichtlich der Schnittstellenentwicklung mit angrenzenden Kommunikationsberufen. Hier könnte mit Bezug auf das Theoriegebäude von Abbot die historische Aufarbeitung Aufschluss über gegenseitige Beeinflussungsfaktoren liefern. Schließlich bedarf die einordnende Bewertung von Professionalisierung der Gegenüberstellung. Hier bieten sich vergleichende Studien mit den PR-Berufsfeldern in den Vereinigten Staaten und europäischen Ländern wie Großbritannien oder Frankreich an. Zudem können Studien mit ähnlich aufgestellten Berufsgruppen wie Unternehmens- oder Personalberatern Erkenntnisse über das eigene Berufsfeld und die Validität professionssoziologischer Theorien liefern. So harrt gerade mit Blick auf die Nachvollziehbarkeit von Brüchen und Kontinuitäten die PR-Berufsgeschichte ihrer umfassenden Aufarbeitung. Abbott forderte bereits 1988 in seinem Hauptwerk „The System of Professions" ein Mehr an historischer Überprüfung professionstheoretischer Thesen: „We need histories of jurisdictions – who served them, where they came from, how the market was created, how conflict shaped participants." (S. 325)

Quellen- und Literaturverzeichnis

Verzeichnis der Archivalien

Amtsgericht Frankfurt a. M.

Registergericht. Handelsregister Aktenzeichen HRB 593, 29.9.1950.

Amtsgericht München

Amtsgericht München, Aktenzeichen HR A 47708, 29.5.1964.

Bundesarchiv Koblenz

DPRG (1958). Broschüre „Was will die DPRG?", datiert 14.12.1958. Aktenbestand B145/4035.

DPRG (1966). Mitgliederliste (regionale Gruppierung). Stand Januar 1966. Aktenbestand B145/4034.

DPRG (1966). Dokument. Klaus Golombek, Sprecher der DPRG: Erklärung des Vorstandes. Düsseldorf 16. Mai 1966. Aktenbestand B145/4034.

DPRG (1966). Rundschreiben Nr.2/3, 2.3.1966. Aktenbestand B145/4035.

DPRG (1966). Rundschreiben Nr. 9/66, 14.11.1966. Aktenbestand B145/4035.

DPRG (1967). Broschüre „DPRG", datiert Mai 1967. Aktenbestand B145/4035.

DPRG (1967). Bericht über den Arbeitskreis Schleichwerbung von Helmut Pauli, 20. Juni 1967. Aktenbestand B145/4035.

DPRG (1967). Bericht über die 8. Ordentliche Mitgliederversammlung der Deutsche Public-Relations-Gesellschaft e. V. (DPRG) am 30. Juni 1967 in Köln. Aktenbestand B145/4034.

DPRG (1967). Bericht des Geschäftsführenden Vorstandsmitgliedes. Ordentliche Mitgliederversammlung der DPRG am 30. Juni/1.Juli 1967 in Köln. Aktenbestand B145/4035.

DPRG (1967). Schreiben Todtmann an das Presse- und Informationsamt der Bundesregierung Dr. von Griesheim, 4.8.1967. Aktenbestand B145/4034.

Bundesarchiv (2006). Auswärtiges Amt. Teil: Rundfunkpolitische Abteilung 1939-1945. R 901 1939-1945. Abgerufen von http://www.argus.bundesarchiv.de/R901-2235/index.htm?kid=300896b9-d612-4258-a19b-d2deb810b8c9.

DPRG-Archiv

DPRG (1967). Druckschrift. Honorar- und Leistungsverzeichnis für Public Relations.

DPRG (1969). DPRG intern 6/69. Abschrift Schreiben Bundesminister der Finanzen an die DPRG Dr. Christian Külb vom 1. Juni 1967.

DPRG (1970). Protokoll der Sitzung der Arbeitsgruppe PR-Berater und PR-Agenturen während der Mitgliederversammlung am 26. Juni 1970 in Baden-Baden.

DPRG (1970). Bericht des Geschäftsführers. Ordentliche Mitgliederversammlung der DPRG vom 25. - 27. Juni 1970 in Baden-Baden.

DPRG (1970). Protokoll der Ordentlichen Mitgliederversammlung am 25. und 27.6.1970 in Baden-Baden.

DPRG (1971). Protokoll der Arbeitsgruppe PR-Berater und PR-Agenturen während der Mitgliederversammlung am 18.6.1971 in Berlin.

DPRG (1971). Protokoll der ordentlichen Mitgliederversammlung am 19. Juni 1971 in Berlin.

DPRG (1972). Protokoll der Arbeitsgruppe PR-Berater und PR-Agenturen während der Mitgliederversammlung am 12.5.1972 in München.

DPRG (1972). Protokoll der ordentlichen Mitgliederversammlung am 13. Mai 1972 in München.

DPRG (1973). Protokoll der ordentlichen Mitgliederversammlung am 1. Juni 1973 in Berlin.

DPRG (1973). Ergebnisprotokoll des Arbeitskreises Berater und Agenturen am 2. Juni 1973 in Berlin.

DPRG (1973). Antrag an die Mitgliederversammlung der DPRG am 1. Juni 1973 in Berlin.

DPRG (1990). Mitgliederbroschüre 1. Jan. 1990.

o. V. (27.2.1962). Zeitungsausschnitt. "Europe P.R. Gets Foot in Door". Times, o. S.

GPRA-Archiv

Amtsgericht Düsseldorf (1974). Vereinsregister Nr. 521 vom 14.8.1974, Ordner „Vereinsregister ab 1972".

GPRA (1973). Notiz. Meldung im „Kontakter", 12.3.1973 (Auszug). Ordner „Texte Entwicklung der GPRA seit Gründung".

GPRA (1973). Einladungsschreiben Jürgen Pischel, 30. April 1973, Ordner „Mitgliederversammlung Protokolle 1973-1990".

GPRA (1973). Kurzprotokoll. Gründung Gesellschaft PR-Agenturen, 8. Mai 1973, Düsseldorf, Hilton. Ordner „Mitgliederversammlung Protokolle 1973-1990".

GPRA (1973). Satzung der GPRA - Gesellschaft PR-Agenturen. Stand 8. Mai 1973. Ordner „Mitgliederversammlung Protokolle 1973-1990".

GPRA (1973). Protokoll der Sitzung am 1.6.1973. Ordner „Mitgliederversammlung Protokolle 1973-1990".

GPRA (1973). Protokoll „Arbeitsessen 18. Juli 1973 Hotel Atlantik". Ordner „Entwicklung der GPRA seit Gründung".

GPRA (1973). Interview Dr. Hennenhofer „Umschau am Abend" NDR Hörfunk, 18.7.73. Mitschrift GPRA. Ordner „Medienarbeit 1972-1990".

GPRA (1973). Kurzprotokoll Vorstandssitzung der GPRA, 1. September 1973 in St. Augustin, Agentur Hoenisch und Kaminski. Ordner „Präsentationshonorare ab 1973".

GPRA (1973). Rundbrief, 6.9.1973. Ordner „Mitgliederinfo 1973-1977".

GPRA (1973). Telefax Dr. Reiner Schulze van Loon, 23.5.1973. Ordner „Mitgliederinfo 1973-1977".

GPRA (1973). Schreiben Dr. Külbs an Dr. C. Wingenroth, 21.7.1973. Ordner „Mitgliederinfo 1973-1977".

GPRA (1973). Schreiben Dr. C. Wingenroth an Peter Hoenisch, 25.7.1973. Ordner „Mitglieder-info 1973-1977".

GPRA (1973). Schreiben Peter Hoenisch an Dr. C. Wingenroth, 30.7.1973. Ordner „Mitglieder-info 1973-1977".

GPRA (1973). Fax Dörrbecker an Time Public Relations, 16.3.1973. Ordner „Mitgliederinfo 1973-1977".

GPRA (1973). Stellungnahme des Vorstands der GPRA zu den durch die Pressekonferenz der GPRA am 18.7.1973 in Hamburg ausgelösten Mißverständnissen und Fehlinterpretationen, 2.8.1973. Ordner „Mitgliederinfo 1973-1977".

GPRA (1973). Dokument PR-Agenturen in der BRD, 18.7.1973. Ordner „Entwicklung der GPRA seit Gründung".

GPRA (1973). Clipping: Leserbrief R. Schulze van Loon „Und ob man Erfolge kontrollieren kann" (Manager Magazin, April 1973, o. S.). Ordner „Medienarbeit 1972-1990".

GPRA (1974). Satzung der Gesellschaft PR-Agenturen (GPRA), 14.8.1974. Ordner „Vereins-register ab 1972".

Nachlass Dr. Friedrich Korte, Universitätsarchiv Leipzig

DPRG (o. J.). Publikation. Der Public-Relations-Fachmann. Ein Beruf mit Chancen. Köln.

DPRG (1960). Dokument „Mitgliederliste Stand 1.7.1960".

DPRG (1968). Dokument „Mitgliederverzeichnis Stand Januar 1968".

DPRG (1969). Schreiben geschäftsführendes Vorstandsmitglied Heinz Todtmann, April 1969. „Versuch einer Interpretation" des Ergebnisses der Primärerhebung „Berufsbild Public Relations in der BRD", durchgeführt vom Institut für Kommunikationsforschung e. V., Wuppertal (IFK).

Dr. Hegemann GmbH (1961). Broschüre „Im Grenzgebiet von Werbung und Public Relations. Ein Beitrag zu Entwirrung der Begriffe. Forumgespräch der Werbeagentur Dr. Hegemann GmbH im Haus der Wissenschaften in Düsseldorf am 20. Oktober 1961".

IFK Institut für Kommunikationsforschung Wuppertal (1969). Dokument „Primärerhebung Berufsbild Public Relations in der BRD im Auftrag der Deutschen Public Relations Gesellschaft e. V., Abschlußbericht 1 - 1969".

Korte, F. H. (1963). Maschinenschriftliches Manuskript „PR-Deutschland. Über den Stand der Public-Relations-Arbeit in der Bundesrepublik Deutschland im Jahre 1963".

Korte, F. H. (1965). Dokument „Übersicht über die Beratungstätigkeit 1965", 22.11.1965.

Leaf, R. S. (1963). Die deutsche Industrie tut zu wenig für Public Relations. Werbung und Wettbewerb. Eine wirtschaftspolitische Sonderausgabe des INDUSTRIEKURIER. Dezember 1963.

o. V. (1964). Dokument „Resumé einer Besprechung über das Image der D.P.R.G. am 5. August 1964 zwischen den Herren: Heinz Todtmann, Golombek, Dr. Chr. Wagner".

o. V. (o. J.). Dokument „Arbeitsgrundsätze des Berufsstandes der PR-Berater innerhalb der DPRG".

ringpress (1966[?]). Kundenbrief „Lektüre für die schöpferische Pause".

ringpress (1971). Dokument „Selbstdarstellung".

ringpress (1971[?]). Dokument „Aspekte der Zusammenarbeit zwischen PR-Agentur und Auftraggeber".

ringpress (1971[?]). Dokument „PR-Agentur dient zwei Herren".

ringpress (1971[?]). Agenturbroschüre „PR durch rp. Public Relations durch ringpress".

Verlag Rommerskirchen in Zusammenarbeit mit der Deutschen Public-Relations-Gesellschaft e. V. (Hrsg.) (1970). PR-Information. Kennen Sie das geheimnisvolle Public-Relations-Rezept? Es gibt keins. Diese Dokumentation macht PR transparent. Oberwinter: Verlag Rommerskirchen.

Privatarchiv Prof. Dr. Günter Bentele, Berlin

Deutsches Institut für Public Relations (Hrsg.). (1973). Dokument „Information über eine Primärerhebung des Deutschen Instituts für Public Relations zum Berufsbild Public Relations".

Verzeichnis der Zeitungs- und Zeitschriftenartikel

Gross, H. (8.3.1950). Unternehmen und Öffentlichkeit. FAZ, 7.

Gross, H. (1.9.1950). Public Relations – richtig und falsch, Handelsblatt, o. S.

Gross, H. (22.2.1951). The American Way. ZEIT, 8, 16.

Grün, K. (16.12.1967). Wahrheiten – gut verkauft. Die wechselvolle Geschichte des Interpublic-Konzerns. FAZ, 5.

Hahn, G. v. (19.9.1969). Zu viel Eifer schadet. ZEIT, 38, o. S.

Heinrich, K. (27.3.1958). Es geht nicht ohne Public Relations. Erst ein Schlagwort – jetzt eine zwingende Aufgabe. ZEIT, 13, 17.

Herles, H. (29.11.1968). Sachkundige Arbeit am Image. FAZ, 7-8.

Hoffmann, W. (21.4.1972). Ein Schuß aus dem Dunkel. ZEIT, 16, o. S.

Jansen, P.W. (28.3.1970). Meinungsmache für Meinungsmacher. FAZ, 7.

Kruk, M. (19.2.1955). Bilanzen – kein Betriebsgeheimnis. FAZ Wirtschaftsblatt, 5.

Mauz, G. (6.10.1969). Ein Geheimagent des Vatikans. SPIEGEL, 41, 108-112.

Michaels, H. (27.10.1961). Spätschoppen mit geheimen Verführern. Der Mensch zwischen Public Relations und Werbung. ZEIT, 20.

Oeckl, A. (31.12.1965). Fachmann für Public Relations. Die Welt, o. S.

o. V. (26.1.1950). Zuviel Geheimniskrämerei. FAZ, 7.

o. V. (2.3.1950). Ruhm-Fabrikation. SPIEGEL, 9, 20.

o. V. (13.5.1950). Werbung und Public Relations. FAZ, 8.

o. V. (13.1.1951). Grenzen der Werbung. FAZ, 6.

o. V. (22.2.1951). Gesucht wird die beste Verdeutschung. ZEIT, 8, 9.

o. V. (26.4.1951). „Kontaktpflege" statt „Public Relations". ZEIT, 17, 3.

o. V. (13.6.1951). Kulturfilm: Keinesfalls für Kinoprogramm. SPIEGEL, 40-41.

o. V. (20.7.1951). Um Vertrauen werben. FAZ, 7.

o. V. (6.9.1951). Lesefrucht. Public Relations. FAZ, 5.

o. V. (15.5.1952). Lesefrucht. Public Relations, FAZ, 7.

o. V. (18.2.1953). Public Relations: Milderes Klima. SPIEGEL, 8, 6-8.

o. V. (18.2.1954). Pro – aber auch Kontra … . ZEIT, 7, 12.

o. V. (6.3.1954). Ehrliche Public Relations. FAZ, 7.

o. V. (9.9.1954). Mehr als Reklame. ZEIT, 36, 8.

o. V. (22.9.1956). Hill & Knowlton International. FAZ, 8.

o. V. (3./4.11.1956). Am Eichstrich der Publizität. Hamburger Abendblatt, 23.

o. V. (18.12.1957). Personalie Peter von Eckardt. SPIEGEL, 51, 65.

o. V. (12.12.1959). Betrieb und Öffentlichkeit. FAZ, 7.

o. V. (23.10.1961). Umstrittene Bemühungen um Vertrauen. Im Grenzgebiet zwischen Public Relations und Werbung, FAZ, 21.

o. V. (23.2.1962). Das Einmaleins der Propaganda. ZEIT, 8, 19.

o. V. (27.7.1962). Außenpolitische Lobbyisten. FAZ, 2.

o. V. (12.9.1962). General Klein: Häufig beim Kanzler. SPIEGEL, 37, 45-52.

o. V. (10.10.1962). Epstein Affäre: Zuerst die Nation. SPIEGEL, 41, 25-26.

o. V. (10.4.1963). General Klein: Gemeinsame Arbeit. SPIEGEL, 15, 72-73.

o. V. (14.10.1964). Personalnotizen Sven von Müller. FAZ, 21.

o. V. (11.8.1965). Landesverrat: Jedermanns Pflicht II. SPIEGEL, 33, 17-18.

o. V. (4.7.1966). Dodd Affäre: Made in Germany. SPIEGEL, 28, 71-73.

o. V. (11.1.1966). Meinungspflege für öffentliche Anleihen, FAZ, 15.

o. V. (16.12.1967). Wann wird Interpublic „public?". FAZ, 9.

o. V. (8.7.1968). Public Relations. Werbung in Watte. SPIEGEL, 28, 32-42.

o. V. (31.12.1968). Mehr und Mehr Werbeagenturen. Blick durch die Wirtschaft, o. S.

o. V. (12.2.1969). Brose zwischen Traditionsagentur und „Hot Shop", FAZ, 14.

o. V. (26.2.1969). Erfolg mit „multinationaler" Werbung, FAZ, 14.

o. V. (07.9.1970). Peter Norden. Pfändung mißglückt. SPIEGEL, 37, 90-92.

o. V. (6.9.1972). 4000 PR-Fachleute bemühen sich um Öffentlichkeitsarbeit. Handelsblatt, 10.

o. V. (7.7.1973). Public Relations: Mangelndes Selbstverständnis. Manager Magazin, 17.

o. V. (23.7.1973). Ein Klub der 13 Sauberen. Die Welt, o. S.

o. V. (25.7.1973). Zusammenschluß von dreizehn PR-Agenturen. Handelsblatt, o. S.

o. V. (16.4.1984). Register: Gestorben Julius Klein. SPIEGEL, 16, 260.

o. V. (1973). Public Relations: Scharlatanerie oder Management-Aufgabe?. Manager Magazin, 1, 94-99.

Rosenstiel, F. H. (5.2.1955). Haben Aktiengesellschaften ein Gewissen?. FAZ Wirtschaftsblatt, 5.

Tessman, T. (18.2.1954). Eine Hochschule?. ZEIT, 7, 12.

Tessman, T. (18.2.1954). Kleines und großes ABC. ZEIT, 7, 12.

von Müller, S. (22.2. 1951). Public Relations: mehr als Technik. ZEIT, 8, 16.

von Studnitz, H. G. (6.6.1958). „Frühstücksdirektor" tut´s nicht. Public Relations – ein deutsches Mißverständnis?. Handelsblatt, o. S.

Verzeichnis der Fachzeitschriftenartikel

die absatzwirtschaft

Marcotty, T. (1964). General Klein kämpft an der deutschen PR-Front. die absatzwirtschaft, 1. Märzausgabe, 216-218.

die Anzeige

Hille, E. (1.10.1961). Public relations – eine legitime Aufgabe der Werbeagentur. die Anzeige, 37 (19), 49-53.

Kropff, H. F. J. (1950). Irrungen und Wirrungen um die Public Relations. die Anzeige, 21 (9), 705-709.

Mühlhäusler, H. (1950). Welcher Meinung sind die Leser der „Anzeige"?. die Anzeige, 21 (9), 709.

o. V. (1.11.1961). Tun Sie Gutes – und wir reden darüber!. die Anzeige, 21, 98.

aus unseren kreisen

o. V. (18.7.1960). o. T. aus unseren Kreisen, 2 (28), 11.

o. V. (1.9.1960). o. T. aus unseren Kreisen, 2 (31), 9.

o. V. (9.9.1965). o. T. aus unseren Kreisen, 7 (156), 11.

o. V. (18.11.1965). o. T. aus unseren Kreisen, 7 (161), 13.

kressreport

o. V. (1988). o. T. kressreport, 7, o. S.

PR - Erste Zeitschrift für Public Relations

Schulze-Fürstenow, G. (1973). Integrierte Kommunikation im Angebot einer Agentur. PR – Erste Zeitschrift für Public Relations, 3, 32-34.

Trenck, H. von der (1972). PR als Profit-Center bei Werbeagenturen. PR – Erste Zeitschrift für Public Relations, 4, 11.

Ziegler, R. (1972). Ein Schema vereinfacht Auslese der richtigen PR-Agentur. PR – Erste Zeitschrift für Public Relations, 3, 34-35.

Public Relations Report

Lyons, D. (1965). Kostenrechnungssystem für Public-Relations-Agenturen, Public Relations Report, 22, 3-4.

o. V. (29.12.1965). PR-Büro gibt Preisliste heraus. Public Relations Report, 33, 2.

o. V. (9.2.1966). Verehrter Leser. Public Relations Report, 39, 1.

o. V. (9.2.1966). Public-Relations-Preisliste. Public Relations Report, 39, 3-4.

o. V. (30.3.1966). Verehrter Leser. Public Relations Report, 46, 1.

o. V. (1.6.1966). Wer bildet den PR-Nachwuchs aus?. Public Relations Report, 55, 1-2.

o. V. (6.7.1966). Relation PR-Chef:PR-Berater in der DPRG immer ungünstiger. Public Relations Report, 60, 2.

o. V. (14.9.1966). DPRG-Unbehagen über „Heinrichs Weinkarte" – aber bereits kopiert. Public Relations Report, 68, 2.

o. V. (14.9.1966). E. L. Bernays: Staat soll PR-Fachleute lizensieren. Public Relations Report, 68, 2-3.

o. V. (28.9.1966). Verehrter Leser. Public Relations Report, 70, 1.

o. V. (12.10.1966). Dokumentation: Honorar-Richtlinien für Public-Relations-Dienstleistungen/DPRG-Entwurf. Public Relations Report, 72, 3-4.

o. V. (1.2.1967). Verehrter Leser. Public Relations Report, 86, 1.

o. V. (22.2.1967). Verehrter Leser. Public Relations Report, 89, 1.

o. V. (11.4.1967). PR-Berater können sich ungehindert im EWG-Raum niederlassen. Public Relations Report, 96, 2.

o. V. (26.7.1967). Verehrter Leser. Public Relations Report, 111, 1.

o. V. (20.9.1967). Verehrter Leser. Public Relations Report, 117, 1.

o. V. (8.11.1967). Verehrter Leser. Public Relations Report, 124, 1.

o. V. (27.3.1968). Wohin geht der Trend im PR-Agenturgeschäft?. Public Relations Report, 142, S. 3.

o. V. (22.5.1968). Dokumentation: Das Bild des PR-Mannes im Unternehmen. Public Relations Report, 150, 3-4.

o. V. (10.6.1968). Dr. Muth: Public Relations sind plan- und messbar. Public Relations Report, 153, 1-2.

o. V. (3.7.1968). Verehrter Leser. Public Relations Report, 156, 1.

o. V. (10.7.1968). Verehrter Leser. Public Relations Report, 157, 1.

o. V. (17.7.1968). Verehrter Leser. Public Relations Report 158, 1.

o. V. (18.12.1968). Verehrter Leser. Public Relations Report, 177, 1.

o. V. (4.6.1969). Verehrter Leser. Public Relations Report, 198, 1.

o. V. (4.6.1969). Das Berufsbild des PR-Mannes – ein Vorschlag der DPRG. Public Relations Report 198, 2-3.

o. V. (24.9.1969). Verehrter Leser. Public Relations Report, 211, 1.

o. V. (5.11.1969). Verehrter Leser. Public Relations Report, 217, 1.

o. V. (26.11.1969). Eine PR-Ausbildung soll endgültig kommen. Public Relations Report, 220, 3.

o. V. (15.7.1970). Kurz berichtet. Public Relations Report, 251, 3.

o. V. (18.11.1970). Deutscher Journalistenverband: Keine Bedenken. Public Relations Report, 267, 1-2.

o. V. (3.3.1971). Verehrter Leser. Public Relations Report, 279, 1-2.

o. V. (10.3.1971). Verehrter Leser. Public Relations Report, 280, 1.

o. V. (17.3.1971). Dokumentation. Soll man mit einer Public-Relations-Agentur zusammen-arbeiten?. Public Relations Report, 281, 5-6.

o. V. (31.3.1971). Dokumentation: Das Bild des PR-Mannes im Unternehmen. Public Relations Report, 283, 3-6.

o. V. (30.6.1971). Honorar- und Leistungsverzeichnis für Public Relations, Public Relations Report, 296, 3-6.

o. V. (16.5.1972). DPRG-Jahrestagung. Public Relations Report, 337, 3-4.

o. V. (16.8.1972). Der Wirt kocht selbst. Public Relations Report, 349, 3.

o. V. (15.11.1972). Werbeagenturen: Keine Gefälligkeits-PR. Public Relations Report, 361, 4.

o. V. (30.4.1973). Verehrter Leser. Public Relations Report, 383[?], 1-2.

o. V. (1.6.1973). Dokumentation: Das Bild des PR-Mannes im Unternehmen. Public Relations Report, 387, 5-8.

o. V. (6.6.1973). Zentralarchiv: Nicht verzagen, Bruno fragen. Public Relations Report, 388, 4.

o. V. (13.6.1973). Dokumentation: Zehn Fragen -neunzig Antworten. Public Relations Report, 389, 9-10.

o. V. (25.7.1973). GPRA-Gründung. Public Relations Report, 395, 1-3.

o. V. (5.9.1973). PR-Agenturen: Klimaverschlechterung zwischen PR-Agenturen und Kunde?. Public Relations Report, 399, 2-3.

o. V. (31.10.1973). Verehrter Leser. Public Relations Report, 407, 1.

o. V. (31.10.1973). DPRG-Studie zum „Berufsbild PR". Public Relations Report, 407, 1-2.

o. V. (4.12.1974). PPR-Dokumentation. PR-Beratungshonorare in der Bundesrepublik Deutschland. Teil 1. Public Relations Report, 460, 3-6.

o. V. (18.12.1974). PPR-Dokumentation. PR-Beratungshonorare in der Bundesrepublik Deutschland. Teil 2. Public Relations Report, 462, 5-6.

PRReport (Hrsg.). (2005). Sonderausgabe 40 Jahre. Hamburg: Haymarket Media GmbH.

textintern

Bornscheuer, P. (18.4.2012). 1. Februar 1967: Der Beginn. textintern, 46, 20.

o. V. (16.8.1973). PR-Leute gehören auf den Boden der Wirklichkeiten. textintern, 102, 1-3.

W&V

o. V. (13.6.1963). Internationale PR-Gesellschaft tagte in Berlin. W&V, 6, 1-2.

o. V. (19.12.1963). PR im Kreuzfeuer. W&V, 20, 1-2.

o. V. (23.7.1964). PR sind nicht Werbung. W&V, 15, 1.

o. V. (29.10.1964). PR-Glanz auf Bonner-Parkett. W&V, 22, 1-2.

o. V. (12.11.1964). Begriffsgeplänkel. W&V, 23, 1-2.

o. V. (24.3.1966). PR im Unternehmen. W&V, 6, 1-2.

ZAV+ZAV

o. V. (1962). 1000 Public Relations-Berater im Bundesgebiet. ZAV+ZAV, 33, 1854.

Verzeichnis der Literatur

Abbott, A. (1988). The System of professions: An essay on the division of expert labor. Chicago: University of Chicago Press.

Abelshauser, W. (2011). Deutsche Wirtschaftsgeschichte. Von 1945 bis zur Gegenwart. München: C.H. Beck.

Ahrens, D. (1940). Weltbürgertum Amerikanismus und Deutschtum in der Weltanschauung von Karl Schurz. Frankfurt/M.: Klimm.

Ahrens, H. D. (1982). Demontage. Nachkriegspolitik der Alliierten. München: Universitas Verlag.

Angster, J. (2012). Die Bundesrepublik Deutschland 1963-1982. Darmstadt: WBG.

Baker, R. S. (1905/06). The Railroads on Trial: Part V – How the railroads make Public Opinion. McClure´s Magazine, XXVI, 535-549.

Bauch, H. (1963). Öffentliche Beziehungspflege in Industrieunternehmen. Versuch einer Grundlegung und kritischen Würdigung in primär betriebswirtschaftlicher Sicht (Dissertation). Freie Universität Berlin, Deutschland.

Baumert, D. P. (2013). Die Entstehung des deutschen Journalismus. Baden-Baden: Nomos Verlagsgesellschaft.

Baur, N. (2005). Verlaufsmusteranalyse: Methodologische Konsequenzen der Zeitlichkeit sozialen Handelns. Wiesbaden: VS Verlag.

Baus, M. (1948). Public Relations at Work. New York/London: Harper & Bros.

Beck, U., Brater, M., & Daheim, H. (1980). Soziologie der Arbeit und der Berufe. Grundlagen, Problemfelder, Forschungsergebnisse. Reinbek: Rowohlt Taschenbuch Verlag.

Behrens, K. C. (1976). Absatzwerbung. Wiesbaden: Dr. Th. Gabler Verlag.

Bentele, G. (1997). PR-Historiographie und funktional-integrative Schichtung. Ein neuer Ansatz zur PR-Geschichtsschreibung. In P. Szyszka (Hrsg.), Auf der Suche nach Identität. PR-Geschichte als Theoriebaustein (S.137-169). Berlin: Vistas.

Bentele, G. (2013). Der Diskurs über PR-Geschichte und PR-Historiographie in Deutschland und international. In O. Hoffjann, & S. Huck-Sandhu (Hrsg.), UnVergessene Diskurse. 20 Jahre PR- und Organisationskommunikationsforschung (S. 197- 235). Wiesbaden: Springer VS.

Bentele, G. (2015). Germany. In T. Watson (Ed.), Western European Perspectives on the Development of Public Relations: Other Voices (pp. 44-60). London: Palgrave Pivot.

Bentele, G., & Szyszka, P. (1995). Auf dem Weg zur Fata Morgana?. In G. Bentele, & P. Szyszka (Hrsg.), PR-Ausbildung in Deutschland (S. 17-43). Opladen: Westdeutscher Verlag.

Bentele, G., & Seidenglanz, R. (2004). Das Image der Image-Macher. Eine repräsentative Studie zum Image der PR-Branche in der Bevölkerung und eine Journalistenbefragung. Leipzig: Universität Leipzig.

Bentele, G., Großkurth, L., & Seidenglanz, R. (2005). Profession Pressesprecher 2005. Vermessung eines Berufsstandes. Berlin: Helios Media.

Bentele, G., Großkurth, L., & Seidenglanz, R. (2007). Profession Pressesprecher 2007. Vermessung eines Berufsstandes. Berlin: Helios Media.

Bentele, G., Großkurth, L., & Seidenglanz, R. (2009). Profession Pressesprecher 2009. Vermessung eines Berufsstandes. Berlin: Helios Media.

Bentele, G., Dolderer, U., Seidenglanz, R., & Fechner, R. (2012). Profession Pressesprecher 2012. Vermessung eines Berufsstandes. Berlin: Helios Media

Bentele, G., Dolderer, U., Seidenglanz, R., & Fechner, R. (2015). Profession Pressesprecher 2015. Vermessung eines Berufsstandes. Berlin: Helios Media

Berger, P.L., & Luckmann, T. (2004). Die gesellschaftliche Konstruktion der Wirklichkeit. Eine Theorie der Wissenssoziologie. Frankfurt/Main: Fischer Verlag.

Blevens, F. (2002). Publishers. In W. D. Sloan, & L. Mullikin (Ed.), American Journalism. History, Principles, Practices (pp. 97-105). Jefferson, NC: McFarland & Company.

Berghahn, V. (1985). Unternehmer und Politik in der Bundesrepublik. Frankfurt/M.: Suhrkamp Verlag.

Bernays, E. L. (1928). Propaganda. Reprint. Brooklyn, New York: IG Publishing.

Bernays, E. L. (1923). Crystallizing Public Opinion. Reprint. Brooklyn, New York: IG Publishing.

Bernays, E. L. (1952). Public Relations. Norman: University of Oklahoma Press.

Bernays, E. L. (1956). The Engineering of Consent. Norman: University of Oklahoma Press.

Bernays, E. L. (1965). Biography of an Idea: Memoirs of Public Relations Counsel Edward L. Bernays. New York: Simon and Schuster.

Bernays, E. L. (1967). Biographie einer Idee. Die hohe Schule der PR. Lebenserinnerungen. Düsseldorf: Econ-Verlag.

Birkner, T. (2012). Das Selbstgespräch der Zeit. Die Geschichte des Journalismus in Deutschland 1605-1914. Köln: Herbert von Halem Verlag.

Blyskal, J., & Blyskal, M. (1985). PR: How the Public Relations Industry Writes the News. New York: Morrow.

Bösch, F. (2011). Mediengeschichte. Frankfurt: Campus Verlag.

Borscheid, P. (2009). Agenten des Konsums: Werbung und Marketing. In H. -G. Haupt, & C. Torp (Hrsg.), Die Konsumgesellschaft in Deutschland 1890-1990. Ein Handbuch (S. 79-98). Frankfurt/New York: Campus.

Brecheis, H., & Siegert, G. (2010). Werbung in der Informationsgesellschaft. VS Verlag: Wiesbaden.

Brandt, T. (2009). Evaluation in Deutschland: Professionalisierungsstand und -perspektiven. Münster: Waxmann Verlag.

Breyer, P. O. (1962). Ruf und Rufpolitik. Studie ueber d. Wesen des Rufes u. d. betriebs-wirtschaftlichen Rufpolitik (Dissertation). Wirtschaftshochschule Mannheim, Deutschland.

Brose, H. W. (1958). Die Entdeckung des Verbrauchers. Ein Leben für die Werbung. Düsseldorf: Econ Verlag.

Bruhn, M., & Meffert, H. (2012). Dienstleistungsmarketing. Grundlagen - Konzepte - Methoden. Wiesbaden: Springer Gabler.

Bundesverband Freie Berufe (2016). Definition und Profil. Abgerufen am 20.01.2016 von http://www.freie-berufe.de/ueber-die-freien-berufe/definition-und-profil.html

Burrage, M., & Torstendahl, R. (Ed.). (1990). Professions in Theory and History. Rethinking the Study of the Professions. London: Sage.

Burrage M., Jarausch K. H., & Siegrist H. (1990). An Actor-based Framework for the Study of the Professions. In M. Burrage, & R. Torstendahl (Ed.), Professions in Theory and History. Rethinking the Study of the Professions (pp. 203-225). London: Sage.

Bussemer, T. (2008). Propaganda: Konzepte und Theorien. Wiesbaden: VS Verlag.

Carr-Saunders, A. M., & Wilson, P. A. (1964). The Professions. London: Frank Cass.

Conze, W. (1972). Beruf. In O. Brunner, W. Conze, & R. Koselleck (Hrsg.), Geschichtliche Grundbegriffe: Historisches Lexikon zur politisch-sozialen Sprache in Deutschland. Band 1 (S. 490-507). Stuttgart: Klett-Cotta.

Conze, W., & Kocka, J. (1985). Bildungsbürgertum im 19. Jahrhundert. Teil I. Bildungssystem und Professionalisierung im Vergleich. Stuttgart: Klett-Cotta.

Coppin, A., & High, J. (1999). The Politics of Purity. Ann Arbor: The University of Michigan Press.

Cutlip, S. M. (1966). The Nation´s First Public Relations Firm. Journalism Quaterly, 43 (2), 269-280.

Cutlip, S. M. (18th January 1991). Public Relations was Lobbying from the Start. The New York Times. Abgerufen von https://www.nytimes.com/1991/01/18/opinion/l-public-relations-was-lobbying-from-the-start-560791.html?src=pm

Cutlip, S. M. (1994). The Unseen Power: Public Relations. A History. Hillsdale, NJ: Lawrence Erlbaum Associates.

Cutlip, S. M. (1995). Public Relations History: From 17th to the 20th Century. The Antecedents. Hillsdale, NJ: Lawrence Erlbaum Associates.

Cutlip, S. M. (1997). The Unseen Power: A Brief History of Public Relations. In C.L. Caywood (Ed.), The Handbook of Strategic Public Relations & Integrated Communications (pp. 15-33). New York: McGraw Hill.

Days, C. H. (25. November 1905). The Press Agent's Antiquity. New York Dramatic Mirror. In W.L. Slout (Ed.) (2005), Charles H. Day's Ink From A Circus Press Agent: An Anthology of Circus History. Abgerufen von http://www. circushistory.org/Day/Day1.htm#Top

de Vito, L. V. (1956). Public Relations in der amerikanischen Industrie unter besonderer Berücksichtigung der Industrie-Presse (Dissertation). Universität München, Deutschland.

Deutsche Public-Relations-Gesellschaft e. V. (DPRG) (Hrsg.). (1959). Public Relations als Aufgabe der Industrie. Nr. 1 einer Schriftenreihe. Düsseldorf-Oberkassel: Eigenverlag.

Deutsche Public-Relations-Gesellschaft e. V. (DPRG) (Hrsg.). (1959). Public Relations - eine unternehmerische Aufgabe. Ansprachen anläßlich einer Tagung am 11. Dezember 1959 in Frankfurt/Main. Nr. 2 einer Schriftenreihe. Düsseldorf-Oberkassel: Eigenverlag.

Deutsche Public Relations Gesellschaft e. V. (DPRG) (Hrsg.). (1962). Erster Public Relations-Lehrgang 25.-30. Juni 1962. Nr. 3 der DPRG-Schriftenreihe. Düsseldorf-Oberkassel: Eigenverlag.

Deutsche Public-Relations-Gesellschaft e. V. (DPRG) (Hrsg.). (1965) Erster Public Relations-Lehrgang für Fortgeschrittene 6.- 10. Juli 1964. Nr. 4 der DPRG Schriftenreihe. Düsseldorf-Oberkassel: Eigenverlag.

Deutsche Public-Relations-Gesellschaft e. V. (Hrsg.). (1960). Die Wirksamkeit zielbewusster Public Relations. Wortlaut der Vorträge der internationalen Vortragsveranstaltung, Hamburg 21.November 1960. Aktenzeichen 1963-K582. Hamburg: Hamburgisches Weltarchiv.

Deutsche Public-Relations-Gesellschaft e.V. (DPRG) in Zusammenarbeit mit der Hauptabteilung Public-Relations und Information der Zentralverwaltung Rudolf August Oetker, (Hrsg.). (o. J./ 1971[?]). Kleines ABC der Public Relations (Öffentlichkeitsarbeit). Bielefeld: J. D. Broelemann.

Donsbach, W. (2013). Professionalisierung des Journalismus ist möglich - und nötig! Für eine neue Rolle des Journalismus. In N. Jackob, M. Maurer, S. C. Ehmig, S. Geiß, & G. Daschmann (Hrsg.), Realismus als Beruf. Beiträge zum Verhältnis von Medien und Wirklichkeit (S. 101-112). Wiesbaden: Springer VS.

Droysen, J. G. (1868). Grundriss der Historik. Leipzig: Veit & Comp.

Egan, J. (2007). Marketing Communications. London: Thomson Learning.

Esto Public Relations- und Verlagsgesellschaft Lothar von Balluseck KG (Hrsg.) (1961). public relations heute. Der McGraw-Hill-Bericht. Bad Godesberg: Esto.

Ewen, S. (1996). PR! A Social History of Spin. New York: Basic Books.

Fabian, R. (1970). Die Meinungsmacher. Eine heimliche Großmacht. Hamburg: Hoffmann und Campe Verlag.

Falk, B. (1955). Arbeit und Organisation der amerikanischen Public Relations Berater. Zeitschrift für Betriebswirtschaft, 25 (2), 104-11.

Fellow, A. R. (2010). American Media History. Boston: Wadsworth.

Fox, S. (1997). The Mirror Makers. A history of American Advertising & Its Creators. Champaign: Illini Books edition.

Freidson, E. (1970). Professional Dominance: the social structure of medical care. New Brunswick: Transaction Publishers.

Fröhlich, R. (2015). Zur Problematik der PR-Definition(en). In R. Fröhlich, P. Szyszka, & G. Bentele (Hrsg.), Handbuch der Public Relations: Wissenschaftliche Grundlagen und berufliches Handeln. Mit Lexikon (S. 103-120). Wiesbaden: VS Springer.

Fröhlich, R. (2015) Befunde der PR-Berufsfeldforschung in Deutschland. In R. Fröhlich, P. Szyszka, & G. Bentele (Hrsg.), Handbuch der Public Relations: Wissenschaftliche Grundlagen und berufliches Handeln. Mit Lexikon (S. 555-570). Wiesbaden: VS Springer.

Fuhrberg, R. (1997). PR-Geschichte ohne PR-Berater. Defizite deutscher PR-Forschung. In P. Szyszka (Hrsg.), Auf der Suche nach Identität. PR-Geschichte als Theoriebaustein (S. 219-232). Berlin: Vistas.

Fuhrberg, R. (2010). PR-Beratung. Qualitative Analyse der Zusammenarbeit zwischen PR-Agenturen und Kunden. Konstanz: UKV.

Fuhrberg, R. (2015). PR-Einzelberater und PR-Agenturen als Dienstleister. In R. Fröhlich, P. Szyszka, & G. Bentele (Hrsg.), Handbuch der Public Relations: Wissenschaftliche Grundlagen und berufliches Handeln. Mit Lexikon (S. 651-668). Wiesbaden: VS Springer.

Gallus, A. (2008). Zäsuren in der Geschichte der Bundesrepublik. In H. -P. Schwarz (Hrsg.), Die Bundesrepublik Deutschland. Eine Bilanz nach 60 Jahren (S. 35-56). Köln: Böhlau Verlag.

Gassert, P. (2006). Kurt Georg Kiesinger 1904–1988. Kanzler zwischen den Zeiten. München: DVA.

Gasteiger, N. (2010). Der Konsument: Verbraucherbilder in Werbung, Konsumkritik und Verbraucherschutz 1945-1989. Frankfurt: Campus Verlag.

Goldman, E. F. (1948). Two-Way Street. The Emergence of the Public Relations Counsel. Boston: Bellman Publishing Company.

Golombek, K. (1970). Der totale Service für den Müllsack. In Verlag Rommerskirchen in Zusammenarbeit mit der Deutschen Public-Relations-Gesellschaft e. V. (Hrsg.), PR-Information Kennen Sie das geheimnisvolle Public-

Relations-Rezept? Es gibt keins. Diese Dokumentation macht PR transparent (S. 52-53). Oberwinter: Verlag Rommerskirchen.

Gower, K. (2008). US corporate public relations in the progressive era. Journal of Communication Management, 12 (4), 305-318.

Greber, E. (1952). Public Relations. Die Politik der Unternehmung zur Pflege der öffentlichen Meinung. Unternehmung und Betrieb Band 38. Bern: Verlag Paul Haupt.

Gries, R. (2006). Produkt & Politik. Zur Kultur- und Politikgeschichte der Produktkommunikation. Wien: Facultas Verlags- und Buchhandels GmbH.

Grisworld, D., & Grisworld, G. (Ed.). (1948). Your Public Relations. The Standard Public Relations Handbook. New York: Funk & Wagnalls Company.

Gross, H. (1949). Manager von Morgen. Düsseldorf: Droste.

Gross, H. (1951). Moderne Meinungspflege. Für die Praxis der Wirtschaft. Düsseldorf: Droste.

Grunig, J. E., & Hunt, T. T. (1984). Managing Public Relations. New York: Holt, Rinehart & Winston.

Hagemann, W. (Hrsg.). (1956). Die soziale Lage des Journalistenstandes insbesondere ihre Entwicklung seit 1945. Eine Untersuchung des Instituts für Publizistik der Westf. Wilhelms Universität Münster. Düsseldorf: Droste Verlag.

Hahn, Th. (2004). „Kenneth, what is the frequency?" Manipulation, Simulation und Kontrolle durch unsichtbare Drähte. In I. Schneider, Ch. Bartz, & I. Otto (Hrsg.), Medienkultur der 70er Jahre. Diskursgeschichte der Medien nach 1945. Bd. 3 (S. 79-98). Wiesbaden: VS Verlag.

Hallahan, K. (2002). Ivy lee and the Rockefellers´ Response to the 1913-1914 Colorado Coal Strike. Journal of Public Relations Research, 14 (4), 265-315.

Harlow, R. (1981). A Public Relations Historian Recalls The First Days. Public Relations Review, 7, 33-42.

Harrison, S., & Moloney, K. (2004). Comparing two public relations pioneers: American Ivy Lee and British John Elliot. Public Relations Review, 30, 205-215.

Hastedt, G. P. (Ed.). (2011). Spies, Wiretapes and Secret Operations. An Encyclopedia of American Espionage (Volume 1). Santa Barbara: ABC-CLIO.LLC.

Heinelt, P. (2003). „PR-Päpste". Die kontinuierlichen Karrieren von Carl Hundhausen, Albert Oeckl und Franz Ronneberger. Berlin: Karl Dietz Verlag.

Heini, B. (1960). Public Relations. Die Vertrauenswerbung der Privatunternehmung. Mit besonderer Berücksichtigung amerikanischer Auffassungen und Methoden (Dissertation). Universität Freiburg, Schweiz.

Hiebert, R. E. (1966). Courtier to the crowd: The life story of Ivy Lee: Distinguished founder-modern public relations. Ames: Iowa State University Press.

Hilger, S. (2004). Die „Amerikanisierung" deutscher Unternehmen nach dem Zweiten Weltkrieg. Wettbewerbsstrategien und Unternehmenspolitik bei Henkel, Siemens und Daimler-Benz (1945/49-1975). Stuttgart: Franz Steiner Verlag.

Hilger, S. (2012). Amerikanisierung der europäischen Wirtschaft nach 1880. In Leibniz-Institut für Europäische Geschichte (IEG) (Hrsg.). Europäische Geschichte Online (EGO). Mainz 2012-03-08. Abgerufen von http://www.ieg-ego.eu/hilgers-2012-de

Hill, J. W. (1948). How to use Public Relations Counsel. In D. Grisworld, & G. Grisworld (Ed.) (1948), Your Public Relations. The Standard Public Relations Handbook (pp. 82-97). New York: Funk & Wagnalls Company.

Hirt, G. (2013). Verkannte Propheten?: Zur "Expertenkultur" (west-)deutscher Werbekommunikatoren bis zur Rezession 1966/67. Leipzig: Leipziger Universitätsverlag.

Hochfelder, D. (2006). The Communications Revolution and Popular Culture. In W. L. Barney (Ed.), A companion to 19th-century America (pp. 303-316). Malden, MA: Blackwell Publishing.

Hock, S. (2009). Vor 50 Jahren starb der Frankfurter Unternehmer Carl Adolf Schleussner. Abgerufen von http://www.sabinehock.de/publikationen/tagespresse/archiv/tagespresse_162_a.html

Höner, D. (2008). Die Legitimität von Unternehmensberatung. Zur Professionalisierung und Institutionalisierung der Beratungsbranche. Marburg: Metropolis Verlag.

Holland, D.R. (1974). Volney B. Palmer: The Nations First Advertising Agency Man. The Pennsylvania Magazine of History and Biography, 98 (3), 353-381.

Holldorf, L. (2003). Prestige, Profit, Profession: Der Professionalisierungsprozess der steuerberatenden Berufe in der Bundesrepublik Deutschland von 1949 bis 1975. Norderstedt: Books on Demand.

Hower, R. M. (1949). The History of an Advertising Agency. N. W. Ayer & Son at Work 1869-1949. Cambridge: Harvard University Press.

Hughes, E. C. (1958). Men and their work. London: Collier Macmillan.

Hundhausen, C. (1951). Werbung um öffentliches Vertrauen. Public Relations. 1. Band. Essen: Verlag W. Girardet.

Hundhausen, C. (1951a), Public Relations als Werbung um öffentliches Vertrauen, Vortrag auf dem Reklamekongress Hamburg 1951. In Werbefachverband Hamburg/Schleswig-Holstein e.V. (Hrsg.), Werbung überbrückt Ländergrenzen. Reklame-Kongreß Hamburg 1951. Kongressbericht (S. 135-154). Hamburg: Broschek & Co.

Hundhausen, C. (1957). Industrielle Publizität als Public Relations. Essen: Verlag W. Girardet.

Hundhausen, C. (1967). Public Relations. Eine Lehrstunde für den Nachwuchs in Werbung, Publizistik und Management. Essen: Wirtschaft+Werbung Verlagsgesellschaft mbH.

Jungblut, P. (2012). Ein verteufeltes Leben. Simson Alexander David. Berlin: epubli GmbH.

Jarausch, K.H. (1995). Die unfreien Professionen. Überlegungen zu den Wandlungsprozessen im deutschen Bildungsbürgertum 1900-1955. In J. Kocka (Hrsg.), Bürgertum im 19. Jahrhundert. Wirtschaftsbürger und Bildungsbürger. Band II (S. 200-223). Göttingen: Vandenhoeck & Rupprecht.

Kepplinger, H. M. (2011). Journalismus als Beruf. Wiesbaden: VS Verlag.

Kieser, A., & Ebers, M. (Hrsg.). (2006). Organisationstheorien. Stuttgart: Kohlhammer.

Köpf, P. (1995). Schreiben nach jeder Richtung: Goebbels-Propagandisten in der westdeutschen Nachkriegspresse. Berlin: LinksDruck Verlag.

Koppetsch, C. (2006). Das Ethos der Kreativen. Konstanz: UVK Verlagsgesellschaft.

Korte, F. H. (1955). Über den Umgang mit der Öffentlichkeit (Public Relations). Werbewissen Werbepraxis Band 3. Berlin: Kulturbuch-Verlag.

Korte, F. H. (1964). Diskussion. In Deutsche Public-Relations-Gesellschaft e. V. (DPRG) (Hrsg.), Erster Public Relations-Lehrgang für Fortgeschrittene 6.- 10. Juli 1964. Nr. 4 der DPRG Schriftenreihe (S. 73-88). Düsseldorf-Oberkassel: Eigenverlag.

Korte, F. H. (1964a). Guter Rat ist teuer … Vom Raten und Beratenwerden. Führungspraxis, 10, 9-12.

Krause, R. (1887). Friedrich List und die erste große Eisenbahn Deutschlands. Ein Beitrag zur Eisenbahngeschichte. Leipzig: Verlag von Eduard Strauch.

Kropff, H. F. J. (1954). Die erste Public-Relations-Campagne in Deutschland. Allensbach: IfD.

Kunczik, M. (1997). Geschichte der Öffentlichkeitsarbeit in Deutschland. Köln: Böhlau Verlag.

Kunczik, M. (2010). Public Relations. Konzepte und Theorien. Köln: Böhlau Verlag.

Lamoreaux, N. R. (2010). Entrepreneurship in the United States 1865-1920. In D. S. Landes, J. Mokyr, & W. J. Baumol (Ed.), The Invention of Enterprise (pp. 367-400). Princeton, NJ: Princeton University Press.

Lange, M. (2010). Unternehmerische Öffentlichkeitsarbeit in Deutschland 1929-1936. Frankfurt: Peter Lang.

Larson, M. S. (1977). The Rise of Professionalism: A Sociological Analysis. Berkeley and Los Angeles: University of California Press.

Lehming, E. M. (1997). Carl Hundhausen: Sein Leben, sein Werk, sein Lebenswerk. Public Relations in Deutschland. Wiesbaden: Deutscher Universitätsverlag.

L´Etang, J. (2004). Public relations in Britain: a history of professional practice in the twentieth century. Mahwah, New Jersey: Lawrence Erlbaum Associates.

Löblich, M. (2008). Ein Weg zur Kommunikationsgeschichte. Kategoriengeleitetes Vorgehen am Beispiel der Fachgeschichte. In K. Arnold, M. Behmer, & B. Semrad (Hrsg.), Kommunikations-geschichte. Positionen und Werkzeuge (S. 433-454). Berlin: Lit Verlag Dr. Hopf.

Löckenhoff, H. (1958). Public Relations. Versuch einer Analyse der öffentlichen Meinungs- und Beziehungspflege, insbesondere der des Industriebetriebes in soziologischer, wirtschafts-wissenschaftlicher und publizistischer Sicht (Dissertation). Freie Universität Berlin, Deutschland.

Ludemann, E. (1952). Betriebliche Partnerschaftspflege (Business Public Relations) (Dissertation). Universität Köln, Deutschland.

Maatje, C. (2000). Verkaufte Luft: die Kommerzialisierung des Rundfunks. Hörfunkwerbung in Deutschland (1923-1936). Berlin: Verlag für Berlin-Brandenburg.

Mataja, V. (1926). Die Reklame. Eine Untersuchung über Ankündigungswesen und Werbetätigkeit im Geschäftsleben. München und Leipzig: Duncker & Humblot.

Mattke, C. (2006). Albert Oeckl – sein Leben und Wirken für die deutsche Öffentlichkeitsarbeit. Wiesbaden: VS Verlag.

Mayntz, R. (1988). Funktionelle Teilsysteme in der Theorie sozialer Differenzierung. In R. Mayntz, B. Rosewitz, U. Schimank, & R. Stichweh (Hrsg.), Differenzierung und Verselbstän-digung – Zur Entwicklung gesellschaftlicher Teilsysteme (S. 11-44). Frankfurt/M.: Campus.

Mayring, P. (2008). Qualitative Inhaltsanalyse. Grundlagen und Techniken. Weinheim und Basel: Beltz Verlag.

McClelland, C. (1985). Zur Professionalisierung der akademischen Berufe in Deutschland. In W. Conze, & J. Kocka, Bildungsbürgertum im 19. Jahrhundert. Teil I. Bildungssystem und Professionalisierung im Vergleich (S. 233-247). Stuttgart: Klett-Cotta.

Merten, K. (1997). PR als Beruf. Anforderungsprofile und Trends für die PR-Ausbildung. PR Magazin, 97 (3), 43-50.

Mieg, H. (2005). Professionalisierung. In F. Rauner (Hrsg.), Handbuch der Berufsbildungs-forschung (S. 342-349). Bielefeld: Bertelsmann.

Mieg, H., & Pfadenhauer, M. (Hrsg.). (2003). Professionelle Leistung - Professional Performance. Positionen der Professionssoziologie. Konstanz: UVK.

Mikl-Horke, G. (2008). Sozialwissenschaftliche Perspektiven der Wirtschaft. München: Oldenbourg Wissenschaftsverlag.

Miller, K. S. (1999). The Voice of Business. Hill & Knowlton and Postwar Public Relations. Chapel Hill and London: The University of North Carolina Press.

Miller Russell, K., & Bishop, C. O. (2009). Understanding Ivy Lee's Declaration of Principles. Public Relations Review, 35(2), 91-101.

Mörtzsch, F. (1955). Industrielle Public Relations in den Vereinigten Staaten von Nordamerika. Zeitschrift für Elektrizitätswirtschaft, 54 (11), 362.

Mörtzsch, F. (1956). Offenheit macht sich bezahlt. Die Kunst der der Meinungspflege in der amerikanischen Industrie. Düsseldorf: Econ-Verlag.

Moser, D. (2010). Die Offenkundigkeit der Stellvertretung. Studien zum ausländischen und internationalen Privatrecht. Tübingen: Mohr Siebeck Verlag.

Murphy, M. (1948). How to use the Public Relations of an Advertising Agency. In D. Grisworld, & G. Grisworld (Ed.) (1948), Your Public Relations. The Standard Public Relations Handbook (pp. 98-109). New York: Funk & Wagnalls Company.

Nawratil, U. (1999). Die Biographische Methode: Vom Wert der subjektiven Erfahrung. In

H. Wagner, Verstehende Methoden in der Kommunikationswissenschaft (S. 335-358). München: Verlag Reinhard Fischer.

Neudeck, E. (2015). Geschichte der Personalberatung. Entstehung und Entwicklung der Personalberatungsbranche in Deutschland (Dissertation). Heinrich-Heine-Universität Düsseldorf. Deutschland.

Nöthe, B. (1994). PR- Agenturen in der Bundesrepublik Deutschland. Bestandsaufnahme und Perspektiven. Münster: Agenda.

North, D. C. (1992). Institutionen, institutioneller Wandel und Wirtschaftsleistung, Tübingen: Mohr.

Oeckl, A. (1962). Die Verantwortung des PR-Fachmanns. In Deutsche Public Relations Gesellschaft e.V. (DPRG) (Hrsg.), Erster Public Relations-Lehrgang 25.-30. Juni 1962. Nr. 3 der DPRG-Schriftenreihe (S. 83-88). Düsseldorf-Oberkassel: Eigenverlag.

Oeckl, A. (1964). Handbuch der Public Relations. Theorie und Praxis der Öffentlichkeitsarbeit in Deutschland und der Welt. München: Süddeutscher Verlag.

Oevermann, U. (1996). Theoretische Skizze einer revidierten Theorie professionalisierten Handelns. In A. Combe, & W. Helsper (Hrsg.), Pädagogische Professionalität (S. 70-182). Frankfurt/M.: Suhrkamp.

Offerhaus, A. (2011). Die Professionalisierung des deutschen EU-Journalismus. Expertisierung, Inszenierung und Institutionalisierung der europäischen Dimension im deutschen Journalismus. Wiesbaden: VS Verlag.

Opitz, S., & Vowe, G. (2009): Typen externer politischer PR-Dienstleister. Ein Beitrag zur Vermessung der PR-Welt. In U. Röttger, & S. Zielmann (Hrsg.), PR-Beratung. Theoretische Konzepte und empirische Befunde (S. 187-196). Wiesbaden: VS Verlag.

o. V. (20.4.2017). Pfeffers PR-Agenturranking 2016, PR-Journal. Abgerufen von http://pr-journal.de/nachrichten/agenturen/18906-pfeffers-pr-agenturranking-2016-branche-waechst-um-4-9-prozent.html

o. V. (24.1.2016). „Balluseck, Lothar". Abgerufen von http://kulturportal-west-ost.eu/biographien/balluseck-lothar-2

Packard, V. (1958). Die geheimen Verführer. Düsseldorf: Econ Verlag.

Pahl, W. (1951). Public Relations, Soziale Betriebspolitik und Gewerkschaften. Gewerkschaftliche Monatshefte, 2 (4), S. 190-194.

Pape, J., & Liebert, T. (2013). PR-Museum: Herbert Gross. Zusammenstellung der Texte. Abgerufen von http://www.prmuseum.de/fileadmin/template/img/Texte_Personen/ Herbert_Gross_Zusammenstellung_der_Texte.pdf

Penning, T. (2008). First impressions: US media portrayals of public relations in the 1920s. Journal of Communication Management, 12 (4), 344-358.

Pfadenhauer, M. (2003). Professionalität: Eine wissenssoziologische Rekonstruktion institutionalisierter Kompetenzdarstellungskompetenz. Wiesbaden: VS Verlag.

Pfadenhauer, M. (Hrsg.). (2005). Professionelles Handeln. Wiesbaden: VS Verlag.

Pfadenhauer, M., & Sander, T. (2010). Professionssoziologie. In G. Kneer, & M. Schroer (Hrsg.), Handbuch Spezielle Soziologien (S. 361-378). Wiesbaden: VS Verlag.

Preusse, J., & Schmitt, J. (2009). Zum Status Quo der PR-Beratungsforschung. Stand und Perspektiven eines vernachlässigten Forschungsfeldes. In U. Röttger, & S. Zielmann (Hrsg.), PR-Beratung. Theoretische Konzepte und empirische Befunde (S. 75-86). Wiesbaden: VS Verlag.

Protess, D. L., Cook, F. L., Doppelt, J., Ettema, J., Gordon, M. T., Leff, D. R., & Miller, P. (1991). The Journalism of Outrage. Investigative Reporting and Agenda Building in America. New York: The Guilford Press.

Pürer, H., & Raabe, J. (2007). Presse in Deutschland. Konstanz: UVK Verlagsgesellschaft.

Raucher, A. R. (1968). Public Relations and Business. Baltimore: The Johns Hopkins Press.

Raupp, J. (2009). Wie professionell ist die PR-Beratung? Ein Beitrag zum Stand der Professionalisierungsdebatte in der PR-Forschung. In U. Röttger, & S. Zielmann (Hrsg.), PR-Beratung. Theoretische Konzepte und empirische Befunde (S. 173- 186). Wiesbaden: VS Verlag.

Recker, M. L. (2009). Geschichte der Bundesrepublik Deutschland. München: Beck.

Reinhardt, D. (1993). Von der Reklame zum Marketing. Geschichte der Wirtschaftswerbung in Deutschland. Berlin: Akademie Verlag.

Reiling, J. (1997). Deutschland Safe for Democracy. Stuttgart: Franz Steiner Verlag.

Requate, J. (1995). Journalismus als Beruf: Entstehung und Entwicklung des Journalistenberufs im 19. Jahrhundert. Göttingen: Vandenhoeck und Ruprecht.

Richter, R., & Furubotn, E. G. (2010). Neue Institutionenökonomik. Tübingen: Mohr Siebeck.

Riesmeyer, C. (2007). Wie unabhängig ist Journalismus? Zur Konkretisierung der Deter-minationsthese. Konstanz: UVK.

Ritchie, D. A. (2005). Reporting from Washington. The History of the Washington Press Corps. New York: Oxford University Press.

Rueschemeyer, D. (1980). Professionalisierung: Theoretische Probleme für die vergleichende Geschichtsschreibung. Geschichte und Gesellschaft, 6 (3), 311-325.

Rödder, A. (2004). Die Bundesrepublik Deutschland 1969-1990. Oldenbourg Grundriss der Geschichte Bd. 19. München: Oldenbourg Verlag.

Rodenbusch, W. (1970). Beispiel aus der Arbeit einer Agentur. Aus einem Vortrag von Walter Rodenbusch, Chefredakteur des „infopress"-Dienstes über Organisation und Arbeitsmethoden der INFOPLAN, Gesellschaft für Öffentlichkeitsarbeit mbH, Frankfurt. In R. Fabian, Die Meinungsmacher. Eine heimliche Großmacht (S. 232-237). Hamburg: Hoffmann und Campe Verlag.

Röttger, U. (2000). Public Relations - Organisation und Profession. Öffentlichkeitsarbeit als Organisationsfunktion. Eine Berufsfeldstudie. Wiesbaden: Westdeutscher Verlag.

Röttger, U. (2010). Public Relations - Organisation und Profession. Öffentlichkeitsarbeit als Organisationsfunktion. Eine Berufsfeldstudie. Wiesbaden: VS Verlag.

Röttger, U., & Zielmann, S. (Hrsg.). (2009). PR-Beratung. Theoretische Konzepte und empirische Befunde. Wiesbaden: VS Verlag.

Röttger, U., & Zielmann, S. (2009a). Entwurf einer Theorie der PR-Beratung. In U. Röttger, & S. Zielmann (Hrsg.), PR-Beratung. Theoretische Konzepte und empirische Befunde (S. 35- 58). Wiesbaden: VS Verlag.

Salin, E. (Hrsg.). (1933). Friedrich List. Tagebücher und Briefe 1812-1846. Berlin: Reimar Hobbing Verlag.

Sandhu, S. (2009). Legitimitätsexperten in eigener Sache? Zur sozialen Konstruktion der PR-Beratung. In U. Röttger, & S. Zielmann (Hrsg.), PR-Beratung. Theoretische Konzepte und empirische Befunde (S. 151- 172). Wiesbaden: VS Verlag.

Säuberlich, A. (2013). PR-Beratung in gesellschaftlichen Wandlungsprozessen. Strukturen, Rollen und Funktionen von PR-Agenturen am Beispiel des demografischen Wandels (Dissertation). Freie Universität Berlin, Deutschland.

Schelsky, H. (1952). Schlagwort „Public Relations". Zu dem Buche „Moderne Meinungspflege" von Herbert Groß. Gewerkschaftlichen Monatshefte, 3, 163-167.

Schieder, W. (2013). Mythos Mussolini: Deutsche in Audienz beim Duce. München: Oldenbourg Verlag.

Schildt, A. (2007). Die Sozialgeschichte der Bundesrepublik Deutschland bis 1989/90. München: Oldenbourg Verlag.

Schildt, A. (2009). Amerikanische Einflüsse auf die westdeutsche Konsumentwicklung nach dem Zweiten Weltkrieg. In H. -G. Haupt, & C. Torp (Hrsg.), Die Konsumgesellschaft in Deutschland 1890-1990. Ein Handbuch (S. 435-447). Frankfurt/New York: Campus.

Schildt, A., & Siegfried, D. (2009). Deutsche Kulturgeschichte. Die Bundesrepublik von 1945 bis zur Gegenwart. München: Carl Hanser Verlag.

Schindelbeck, D. (1995). „Asbach Uralt" und „Soziale Marktwirtschaft". Zur Kulturgeschichte der Werbeagentur am Beispiel von Hanns W. Brose. Zeitschrift für Unternehmensgeschichte, 4, S. 235-252.

Schindelbeck, D. (2000). Geschichte der Gemeinschaftswerbung. Von der Weimarer Republik bis in die Bundesrepublik der siebziger Jahre. Abgerufen von http://dirk-schindelbeck.de/archives/4483

Schindelbeck, D., & Illgen, V. (2002). Haste was, biste was! Werbung für die Soziale Marktwirtschaft. Darmstadt: Wissenschaftliche Buchgesellschaft.

Schmeiser, M. (2006). Soziologische Ansätze der Analyse von Professionen, der Professiona-lisierung und des professionellen Handelns. Zeitschrift für sozialwissenschaftliche Forschung und Praxis, 57 (3), 295-318.

Schmidt, S. J. (1996). Die Welten der Medien: Grundlagen und Perspektiven der Medien-beobachtung. Braunschweig/Wiesbaden: Vieweg Verlagsgesellschaft.

Schneider, S. (1990). Ein Wegweiser durchs Labyrinth. Die hochschulgebundene Journalisten-ausbildung in der Bundesrepublik. In S. Weischenberg (Hrsg.), Journalismus & Kompetenz: Qualifizierung und Rekrutierung für Medienberufe (S. 43-70). Opladen: Westdeutscher Verlag.

Schönhagen, P. (1999). Historische Untersuchungen: Von der „Faktenhuberei" zur Fach-erkenntnis. In H. Wagner, Verstehende Methoden in der Kommunikationswissenschaft (S. 311-334). München: Verlag Reinhard Fischer.

Schroeder, G. W. (1967). West-Germany. In Hill and Knowlton inc. Hill and Knowlton International (Ed.), Handbook on International Public Relations. Prepared by Executives und Associates of Hill and Knowlton International (pp. 175-197). New York: Praeger.

Schuck, W. P. (1954). Die „Praxis des „Public Relations"-Wesens in den USA. In W. Stamm (Hrsg.), Der Leitfaden für Presse und Werbung (S. 21-25). Essen: Stamm.

Schütze, F. (1992). Sozialarbeit als "bescheidene Profession". In B. Dewe, W. Ferchhoff, & F. O. Radtke (Hrsg.), Erziehen als Profession. Zur Logik professionellen Handelns in pädagogischen Feldern (S.132-170). Opladen: Leske und Budrich.

Schug, A. (2003). Wegbereiter der modernen Absatzwerbung in Deutschland: Advertising Agencies und die Amerikanisierung der deutschen Werbebranche in der Zwischenkriegszeit. Hamburg: Ergebnisse Verlag.

Schug, A. (2007). Deutsche Kultur" und Werbung. Studien zur Geschichte der Wirtschafts-werbung von 1918 bis 1945 (Dissertation). Humboldt-Universität Berlin, Deutschland.

Schulte, S. (2011). Qualifikation für Public Relations. Neue Perspektiven in der PR-Berufsfeldforschung (Dissertation). Westfälische Wilhelms-Universität Münster, Deutschland.

Seiffert, H. (1996). Einführung in die Wissenschaftstheorie. 2. Band. Geisteswissenschaftliche Methoden. München: Beck.

Seitz, N. (2014). Auftrag Politikvermittlung. PR- und Werbeagenturen in der Regierungs-kommunikation der Berliner Republik. Wiesbaden: VS Verlag.

Senfft, H. (2001). Lauter feine Herren. Deutsche Kriegsverbrecher, einige Lords und die Wiederbewaffnung. Blätter für deutsche und internationale Politik, 8, 995- 1004.

Siegmund, I. (2006). Ausbildung für die Medienwirtschaft. In K. D. Altmeppen, & M. Karmasin (Hrsg.), Medien und Ökonomie (S. 169-192). Wiesbaden: VS Verlag.

Siegrist, H. (Hrsg.). (1988). Bürgerliche Berufe: Zur Sozialgeschichte der freien und akademischen Berufe im internationalen Vergleich. (Kritische Studien zur Geschichts-wissenschaft Bd. 80). Göttingen: Vandenhoeck & Ruprecht.

Siegrist, H. (1994). Der Wandel als Krise und Chance. Die westdeutschen Akademiker 1945-1965. In K. Tenfelde, & H. -U. Wehler (Hrsg.), Wege zur Geschichte des Bürgertums (S. 289-314). Göttingen: Vandenhoeck & Ruprecht.

Signitzer, B. (1994). Professionalisierungstheoretische Ansätze und Public Relations. Über-legungen zur PR-Berufsforschung. In W. Ambrecht, & U. Zable (Hrsg.), Normative Aspekte der Public Relations (S. 265-289). Opladen: Leske und Budrich.

Slesina, H. (1965). Unternehmensplanung und Öffentlichkeitsarbeit. In Deutsche Public-Relations-Gesellschaft e.V. (DPRG) (Hrsg.), Erster Public Relations-Lehrgang für Fortgeschrittene 6.- 10. Juli 1964. Nr. 4 der DPRG Schriftenreihe (S. 9-13). Düsseldorf-Oberkassel: Eigenverlag.

Slout, W. L. (1998). Olympians of the Sawdust Circle. A Biographical Dictionary of the 19th Century American Circus. San Bernardino, CA: The Borgo Press.

Spatzier, A. (2011). Über Image zur Profession: Professionalisierung im Berufsfeld Public Relations durch Imagebildung und Imagevermittlung. Ein Theorieentwurf. Hamburg: Kovac.

Stamm, W. (Hrsg.). (1951). Der Leitfaden für Presse und Werbung. Essen: Stamm.

Stamm, W. (Hrsg.). (1953). Der Leitfaden für Presse und Werbung. Essen: Stamm.

Stamm, W. (Hrsg.). (1954). Der Leitfaden für Presse und Werbung. Essen: Stamm.

Steybe, H. (1958). Public Relations. Aufgabe und Probleme der Öffentlichkeitsarbeit deutscher Unternehmen (Dissertation). Universität Tübingen, Deutschland.

Stichweh, R. (1996). Professionen in einer funktional differenzierten Gesellschaft. In A. Combe, & W. Helsper (Hrsg.), Pädagogische Professionalität (S. 49-69). Frankfurt/M: Suhrkamp.

Stöber, G. (2000). Pressepolitik als Notwendigkeit. Zum Verhältnis von Staat und Öffentlichkeit im Wilhelminischen Deutschland 1890-1914. Stuttgart: Franz Steiner Verlag.

Stoddart, H. (2000). Rings of desire. Circus history and representation. Manchester: Manchester University Press.

Stoker, K., & Rawlins, B. (2005). The "Light" of publicity in the progressive era: From searchlight to flashlight. Journalism History, 30 (4), 177-188.

Summer, D. E. (2010). The Magazine Century. American Magazines Since 1900. New York: Peter Lang Publishing.

Sutton, A. C. (2010). Wall Street and the Rise of Hitler. Forest Row: Clairview.

Szyszka, P. (Hrsg.). (1997). Auf der Suche nach Identität. PR-Geschichte als Theoriebaustein. Berlin: Vistas.

Szyszka, P. (1997a). Marginalie oder Theoriebaustein? Zum Erkenntniswert historischer PR-Forschung. In P. Szyszka (Hrsg.), Auf der Suche nach Identität. PR-Geschichte als Theoriebaustein (S. 111-136). Berlin: Vistas.

Szyszka, P. (2009). Kommunikationsberatung als Beobachter dritter Ordnung. Versuch einer systemtheoretischen Vermessung. In U. Röttger, & S. Zielmann (Hrsg.), PR-Beratung. Theoretische Konzepte und empirische Befunde (S. 59- 71). Wiesbaden: VS Verlag.

Szyszka, P., Schütte, D., & Urbahn, K. (Hrsg.). (2009). Public Relations in Deutschland. Konstanz: UVK.

Szyszka, P. (2011). Deutsche PR-Nachkriegsgeschichte als Berufsfeldgeschichte. Ein revidiertes Phasenmodell. Medien & Zeit, 26 (1), 39-53.

Szyszka, P. (2011a). Vom Wiener Kongress bis zur Weimarer Republik. Die Frühgeschichte deutscher PR-Arbeit aus theoriegestützter Perspektive. Medien & Zeit, 26 (1), 16-29.

Szyszka, P. (2015). Berufsgeschichte Public Relations in Deutschland. In R. Fröhlich, P. Szyszka, & G. Bentele (Hrsg.), Handbuch der Public Relations: Wissenschaftliche Grundlagen und berufliches Handeln. Mit Lexikon (S. 487-510). Wiesbaden: VS Springer.

Taschka, S. (2006). Diplomat ohne Eigenschaften?: die Karriere des Hans Heinrich Dieckhoff (1884-1952). Stuttgart: Franz Steiner Verlag.

Tye, L. (1998). The Father of Spin. Edward L. Bernays and the birth of public relations. New York: Crown Publishers.

Verlag Moderne Industrie (Hrsg.). (1976). Who`s Who in Marketing, Verkauf, Werbung, Marktforschung und Marketing-Beratung. München: Verlag Moderne Industrie.

Vogel, E. (1951). Öffentliche Beziehungspflege (Public Relations) in Theorie und unternehmerischer Praxis. Dissertation. Frankfurt/Main: Verlag Fritz Knapp.

von der Heiden, H., & Taylor, S. S. (Hrsg.). (1965). Who´s Who in the Common Markets Press and Advertising. Montreal: Intercontinental Book and Publishing Co. Ltd.

von Hodenberg, C. (2006). Konsens und Krise. Eine Geschichte der westdeutschen Medien-öffentlichkeit 1945-1973. Göttingen: Wallstein Verlag.

von Lingen, K. (2004). Kesselrings letzte Schlacht. Kriegsverbrecherprozesse, Vergangenheits-politik und Wiederbewaffnung: Der Fall Kesselring. Paderborn: Ferdinand Schöningh.

von Müller, S. (1959). Public Relations und Presse. In Deutsche Public-Relations-Gesellschaft e. V. (DPRG) (Hrsg.), Public Relations - eine unternehmerische Aufgabe. Ansprachen anläßlich einer Tagung am 11. Dezember 1959 in Frankfurt/Main. Nr. 2 einer Schriftenreihe (S. 10-13). Düsseldorf-Oberkassel: Eigenverlag.

von Prollius, M. (2006). Deutsche Wirtschaftsgeschichte nach 1945. Göttingen: UTB Vandenhoeck & Ruprecht.

von Rohrscheidt, J. (1962). Die Arbeit einer modernen Werbeagentur. In Deutsche Public Relations Gesellschaft e. V. (DPRG) (Hrsg.), Erster Public Relations-Lehrgang 25.-30. Juni 1962. Nr. 3 der DPRG-Schriftenreihe (S. 69-75). Düsseldorf-Oberkassel: Eigenverlag.

Wagner, H. (1999). Verstehende Methoden in der Kommunikationswissenschaft. München: Verlag Reinhard Fischer.

Walker Laird, P. (1992). From Success to Progress: The Professionalization and Legitimization of Advertising Practioners 1820-1929. Business and Economic History. The Journal of the Business History Conference. Second Series. Volume Twenty-one (pp. 307-316). Chelsea, Michigan: Book Crafters.

Wamser, C. (1999), Die Wissensdimension im Professionalisierungsprozess der Public Relations. (Unveröffentlichte Dissertation). Universität Salzburg, Österreich.

Watson, T. (2015). The proceedings of the international history of Public Relations conference 2015, Held at Bournemouth University July 8-9, 2015. Abgerufen von https://microsites.bournemouth.ac.uk/historyofpr/files/2010/11/IHPRC-2015-Abstracts-Revised.pdf

Weber, M. (1972). Wirtschaft und Gesellschaft. Grundriß der verstehenden Soziologie. Tübingen: J.C.B. Mohr.

Weber, M. (2005). Die protestantische Ethik und der Geist des Kapitalismus. München: Verlag H.C. Beck.

Weger, E. (1966). Die Werbeagentur in Deutschland. Nürnberg: Spindler.

Wehler, H. -U. (2008) Deutsche Gesellschaftsgeschichte. Fünfter Band Bundesrepublik und DDR 1949-1990. München: C.H. Beck.

Wienand, E. (2003). Public Relations als Beruf. Wiesbaden: Westdeutscher Verlag.

Wiesen, S. J. (2006). Germany´s PR Man. Julius Klein and the Making of Transatlantic Memory. In P. Gassert, & A. E. Steinweis (Ed.), Coping with the Nazi Past. West German Debates on Nazism (pp. 294-308). New York: Berghahn Books.

Wilensky, H. L. (1964).The Professionalization of Everyone?. American Journal of Sociology, 70 (2), 137-158.

Wilke, J. (2008). Quantitative Verfahren in der Kommunikationsgeschichte. In K. Arnold, M. Behmer, & B. Semrad (Hrsg.) Kommunikationsgeschichte. Positionen und Werkzeuge (S. 323-341). Berlin: Lit Verlag Dr. Hopf.

Wilke, J. (2013). Vom „wandernden Journalisten" zur Professionalisierung - Was uns die historische Journalismusforschung lehrt. In N. Jackob, M. Maurer, S. C. Ehmig, S. Geiß, & G. Daschmann (Hrsg.), Realismus als Beruf. Beiträge zum Verhältnis von Medien und Wirklichkeit (S. 83-100). Wiesbaden: Springer VS.

Willems, U. (2001). Demokratie und Politik in der Bundesrepublik 1949-1999. Politik-wissenschaftliche Perspektiven. In U. Willems (Hrsg.), Demokratie und Politik in der Bundesrepublik 1949-1999 (S. 9-20). Opladen: Leske und Budrich.

Windolf, P. (1981). Berufliche Sozialisation. Zur Produktion des beruflichen Habitus. Stuttgart: Ferdinand Enke Verlag.

Wolbring, B. (2000). Krupp und die Öffentlichkeit im 19. Jahrhundert. Selbstdarstellung, öffentliche Wahrnehmung und gesellschaftliche Kommunikation. München: C.H. Beck Verlag.

Wright, D. K. (2011). History and development of public relations education in North America: A critical analysis. Journal of Communication Management, 15 (3), 236-255.

Yamazaki, T. (2013). German Business Management: A Japanese Perspective on Regional Development Factors. Tokyo: Springer Verlag.

Yaxley, H. (2011). Exploring the origins of careers in public relations. Public Relations Review, 38 (3), 399-407.

Zapf, W., & Dierkes, M. (Hrsg.). (1994). Institutionenvergleich und Institutionendynamik. WZB-Jahrbuch 1994. Berlin: edition sigma.

Zapp, M. (1942). Zwischen Wallstreet und Kapitol. Politiker und Politik in den USA. Berlin: Limpert.

Zedtwitz-Armin, G. -V. (1961). Tu Gutes und rede darüber. Public Relations für die Wirtschaft. Frankfurt/M. und Berlin: Verlag Ullstein.

Zedtwitz-Armin, G. -V. (1962). Warum sind Public relations so wichtig und so schwierig? (Interview). Führungspraxis, 7, 3-13.

Zentralausschuss der Werbewirtschaft (Hrsg.). (1974). Schleichwerbung: Fallbeispiele, Recht-sprechung, Richtlinien. Bonn-Bad Godesberg: Zentralausschuss der Werbewirtschaft.

Zerfass, A. (1997). Thesen zur PR-Geschichtsschreibung. In P. Szyszka (Hrsg.), Auf der Suche nach Identität. PR-Geschichte als Theoriebaustein (S. 35-36). Berlin: Vistas.

Zimpel (1974). Die PR-Agenturen und PR-Berater in Deutschland. München: Verlag Dieter Zimpel.

Zweigert, K., & Kötz, H. (1996). Einführung in die Rechtsvergleichung. Tübingen: J. C. B.

Anhang

Tabelle 3: Schematische Übersicht der Kategorien, Phasen und Leitfragen (eigene Darstellung)

Kategorie	Phase 1945-58	1958-66	1966-74	Leitfragen
Historische Rahmenbedingungen				Wie war die historische Gesamtsituation im Untersuchungszeitraum? Welche Rahmenbedingungen waren für den Institutionalisierungs- und Professionalisierungsprozess gesetzt? Welche historischen Bestimmungsfaktoren hatten Einfluss auf den Institutionalisierungs- und Professionalisierungsprozess?
Akteure und Markt				Wie waren die maßgeblichen Akteure auf den verschiedenen Handlungsebenen und wie interagierten sie? Welche Tätigkeits- und Kompetenzbereiche beanspruchte PR-Beratung? Wie und in welcher Form institutionalisierten sich erste berufsspezifische Strukturen? Wann und wo manifestierte sich ein erster Markt für PR-Beratung? Wie beeinflussten Nachfrage und Markt den Professionalisierungsprozess?
Wissensbasis				Wo manifestierte sich generelles PR-berufliches Wissen? Welche Wissensbasen standen zur Verfügung? Inwieweit differenzierte sich eine spezifische Wissensbasis PR-Beratung aus?
Ausbildung				Welche Ausbildungsangebote wurden geschaffen? Wer waren die maßgeblichen Akteure und Träger dieser Angebote? An wen richtete sich dieses Angebot? Wann und wo differenzierten sich PR-beratungsspezifische Ausbildungsangebote aus?
Fachliche Organisation				Welche fachlichen Organisationen institutionalisierten sich? Wie organisierte sich das spezifische Berufsfeld PR-Beratung innerhalb des PR-Gesamtberufsfeldes? Welchen Einfluss entwickelte die fachliche Organisation auf die Professionalisierung?
Abgrenzung und interprofessionelle Konkurrenz				Welche Berufsgruppen vertraten einen ähnlich gelagerten Kompetenzbereich? In welchen Bereichen kam es zu Abgrenzungskonflikten? Gelang es dem Berufsfeld PR-Beratung sich gegenüber interprofessioneller Konkurrenz abzugrenzen? Inwieweit beförderte Professionalisierung die Abgrenzung oder wurde durch Abgrenzungsbestrebungen befördert?
Kodizes und Standards				Welche Kodizes und Standards wurden entwickelt? Wer waren die maßgeblichen Akteure bei der Entwicklung erster Standards? Welche Inhalte wurden thematisiert? Aus welchen Ursprüngen heraus entwickelten sich erste ethische Grundlagen?
Identität und Image				Wie und wann bildete sich eine erste Identität des spezifischen Berufsfeldes heraus? Wie nahm die Öffentlichkeit das Berufsfeld wahr? Gab es Unterschiede im Selbst- und Fremdbild? Gab es Veränderungen von Identität und Image im Zeitverlauf? Inwieweit beeinflussten sie Professionalisierungsprozesse?
Interpretationsspezifische Kategorien				
Motive				Welche grundlegenden Motive lassen sich für Professionalisierungsbestrebungen innerhalb des spezifischen Berufsfeldes erkennen? Gab es Unterschiede zum Gesamtberufsfeld? Gab es akteursspezifische Unterschiede?
Strategien				Können innerhalb des Professionalisierungsprozesses spezifische Strategien identifiziert werden?

Tabelle 6: Übersicht ausgewerteter biografischer Daten von PR-Beratern (eigene Darstellung; Quelle: der Heiden & Taylor, 1965)

Name	Titel	geboren	Position	Ausbildung	berufliche Heimat	Verband
Ahrens, Hanns Dietrich	Dr.	1916	PR-Berater/PR-Office (seit 1948)	Studium Wirtschaft	NS-Diplomat Auswärtiges Amt Öffentlichkeitsarbeit	DPRG
Beckmann, Guenther		k.A.	Werbe- und PR-Berater (seit 1953)	Studium Nationalökonomie	Journalist/Chefredakteur/Hochschullehrer	DPRG/RWiV
Bodei, Charles Hubert		1924	Werbe- und PR-Berater	Studium Journalismus	Journalist	
Golombek, Klaus		1931	PR-Berater	Studium Politikwissenschaft	Journalist/ab 1961 Chefredakteur Markt und Meinung	DPRG
Hansmann, Helmut		1924	PR-Berater/Studio für int. Presse- und Öffentlichkeitsarbeit	Studium Geschichte	Journalist und Werber	
Hegemann, Emil	Dr.	1887	Inhaber Werbeagentur	Studium Politikwissenschaft	Banklehre/Manager	
Hentze, Joachim		1920	PR-Berater	gelernter Journalist	Werksredakteur	DPRG/DJV
Hufschmid, Bernd	Dr.	1910	PR-Berater seit 1962	Studium Volkswirtschaft	Redakteur FZ/Handelsblatt/FAZ	DPRG/WPV
Kalisch, Peter		1915	PR-Berater/Inhaber Pan Contact Public Relations	Studium Jura	Journalist/arbeitete von 1959-62 für Julius Klein Inc.	DPRG
Kaufmann, Günter	Dr.	1913	Inhaber PR-Agentur (gegr. 1960)	Studium	Journalist/PR-Chef GWA	
Korte, Friedrich H.		1914	PR-Journalist/Dozent	Studium Psychologie/Literatur	Reporter/Journalist im Krieg/danach PR-Chef HEW	DPRG/HJV/BDW
Kottow, Ernst	Dr.	1913	PR-Berater seit 1962	Studium Heidelberg	1933-39 Werber/1940-46 Officier British Council	DPRG
Lorenz, Wilhelm	Dr.	1913	Berater für PR, Werbung etc.	Studium Wirtschaft/Soz.	Industrieausbildung vornehmlich Werbepositionen	BdW
Molnar, Karl	Dr.	1910	PR-Direktor Dr. Hegemann Werbeagentur	Studium Philisophie	Werber bei IG Farben und seit 1954 McCann Brüssel	DPRG
Muth, Hans	Dr.	1926	Head of J.W. Thompson/Wilkens	Studium Volkswirtschaft	Wirtschaftsjournalist	
Pauli, Helmut		1910	General Manager Infoplan	wirt. techn. Ausbildung	1949-62 verschiedene Positionen bei McCann	
Preilwitz, Werner C.		1931	PR-Berater bei Marathon Int. PR	Werbeakademie	Advertising Manager	DPRG
Redlich, Robert B.		1921	PR-Berater	BA (US-University) Politik	US-Goverment Press Officer 41-45/Zeitungsmanager	
Riedl, Max Joseph		1933	PR-Berater eigenes "Technisch-Literarisches Büro"	Studium Politikwissenschaft	Zeitungsjournalist	DJU
Schulze van Loon, Reiner	Dr.	1922	PR-Berater/Agenturchef Werbung und PR	Studium Philisophie/Journalismus	gelernter Journalist/Werbe- und PR-Manager	HJV/VHW
Siebert, Karl Theodor		1927	PR-Berater	Studium Soziologie/Germanistik	gelernter Journalist/Betriebsredakteur Kraft Foods/Dr. Hegemann	DPRG
Slesina, Horst		1911	Inhaber Werbeagentur seit 1962	Studium Wirtschaft/Politik	Journalist/danach 11 Jahre Partner Heumann Werbegesellschaft	GWA
Thal, Hans-Georg		1926	Inhaber RES PUBLICA Study Group	Studium Politikwissenschaft	CDU-Referent/Dr. Hegemann/PR-Manager Neckermann	
Tschaschel, Gerta		1914	Inhaber Büro für Auslandsinformation seit 1959	k.A.	gelernte Zeitungsjournalistin/Direktorin Infobüro UN	DPRG/IPRA
Zapp, Manfred	Dr.	1903	Inhaber PR-Büro Dr. Zapp seit 1952	Studium (k.A.)	gelernter Journalist	DPRG/WPV

Druck:
Canon Deutschland Business Services GmbH
im Auftrag der KNV-Gruppe
Ferdinand-Jühlke-Str. 7
99095 Erfurt